pkulaw.com
中国法律资源阅读检索系统

中国法律资源阅读检索系统

北大法宝
大数据分析报告
PKULAW Big Data Analysis Reports

（2023—2024）

北大法律信息网◎组织编写

北京大学出版社
PEKING UNIVERSITY PRESS

图书在版编目（CIP）数据

北大法宝大数据分析报告. 2023—2024 / 北大法律信息网组织编写. -- 北京：
北京大学出版社，2024. 12. -- ISBN 978-7-301-35961-7

Ⅰ. D920.4

中国国家版本馆 CIP 数据核字第 2025NY8969 号

书　　　　名	北大法宝大数据分析报告（2023—2024）
	BEIDA FABAO DASHUJU FENXI BAOGAO（2023—2024）
著作责任者	北大法律信息网　组织编写
责 任 编 辑	张文桢　王建君
标 准 书 号	ISBN 978-7-301-35961-7
出 版 发 行	北京大学出版社
地　　　　址	北京市海淀区成府路 205 号　100871
网　　　　址	http://www.pup.cn　http://www.yandayuanzhao.com
电 子 邮 箱	编辑部 yandayuanzhao@pup.cn　总编室 zpup@pup.cn
新 浪 微 博	@北京大学出版社　@北大出版社燕大元照法律图书
电　　　　话	邮购部 010-62752015　发行部 010-62750672　编辑部 010-62117788
印 刷 者	北京鑫海金澳胶印有限公司
经 销 者	新华书店
	730 毫米×980 毫米　16 开本　25.25 印张　477 千字
	2024 年 12 月第 1 版　2024 年 12 月第 1 次印刷
定　　　　价	88.00 元

编 写 说 明

近年来,随着互联网技术以及移动通信技术的广泛应用,移动互联网正在塑造全新的社会生活形态。据中国互联网络信息中心(CNNIC)测算,截至 2023 年 12 月,我国网民规模达 10.92 亿,互联网普及率为 77.5%。随着互联网的全面普及,数据分析研究已经渗透并影响各行各业的发展,法律行业亦不例外。

《北大法宝大数据分析报告》(原书名为《北大法宝文粹》《北大法律信息网文粹》)创办于 2013 年 10 月,定位为网络原创法学文章的集结地,将网络法学文章纸质化。自创办以来已出版《责任高于热爱》《专业源于热爱》《信念超越热爱》《互联网+法律实务的思考》《互联网+法律大数据应用》《人工智能+法律实务的思考》《大数据+法律实务的思考》《北大法宝文粹:法学研究与应用(8)》《北大法宝文粹:法学研究与应用(9)》《北大法宝大数据分析报告(2022—2023)》10 本图书,系列图书出版后受到法律实务界及学术界的广泛关注。本书以"大数据分析""数字法治"为特色栏目,希望本书的"大数据分析"栏目 11 篇分析报告可以为您带来更多的启示和思考。"数字法治"栏目 4 篇文章分别围绕生成式人工智能算法、网约车平台与司机劳资关系、数据安全保护义务等不同维度进行了分析。"焦点法谈"栏目对焦点法律问题以及相关法律实务问题进行了研究,欢迎品读。

随着互联网新媒体的迅速发展,为更加及时快速地传播法律信息和学术前沿动态,北大法宝(chinalawinfo)和北大法律信息网(pkulawinfo)于 2014 年开通了微信公众号,主要推送内容包括:重大立法与案例盘点、最新立法解读、热点案例评析、实务系列文章、学术前沿成果、期刊最新要目、学术会议资讯等,欢迎关注并提出宝贵建议。同时我们热忱欢迎广大实务界及学术界人士加入北大法律信息网的作者队伍中来,我们愿与您一同打造更多精品原创内容,通过网络平台、新媒体平台及纸刊平台多渠道推广,让更多业内人士听到您的声音。

　　《北大法宝大数据分析报告》将持续出版。希望广大优秀作者和忠实读者一如既往地支持,我们将努力把本书打造成业内一流的数据分析出版物。由于目前仍处于初始阶段,还存在诸多不足之处,请专业人士及广大法律爱好者随时为我们提供宝贵意见,以便我们及时改进和完善,在此深表感谢!

　　需要感谢的人很多,感谢多年来一直支持**北大法律信息网**的众多优秀作者,感谢北京大学出版社蒋浩学科副总编的大力推动,感谢编辑们的细致工作,也感谢所有为本书出版工作默默付出的工作人员,努力与执着终将硕果累累。

　　欢迎登录**"北大法律信息网"**及**"北大法宝"**数据库查看更多精彩内容!

北大法律信息网

2024 年 7 月

目　录

▪ 大数据分析

2023 年度法律法规公布及应用情况数据分析报告
　　［北大法宝法律法规研究组］　3

2024 年第一季度法律法规公布及应用情况数据分析报告
　　［北大法宝法律法规研究组］　14

《民法典》新增案由司法案例数据分析报告
　　［北大法宝司法案例研究组］　25

"人民法院案例库"案例大数据分析报告
　　［北大法宝司法案例研究组］　40

"人民法院案例库"行政案例数据分析报告　［林胤翔　赖宇帆］　50

《最高人民法院公报》民商事案例发布状况分析(1985—2023)
　　［北大法宝司法案例研究组］　67

《最高人民法院公报》知识产权案例数据分析报告(1985—2023)
　　［北大法宝司法案例研究组］　76

新赋予立法权的设区的市立法实践报告(2015—2023)
　　［北大法宝立法研究组］　89

法学期刊学术影响力分析报告(2023 年版)
　　——基于法学期刊引证情况的分析　［北大法宝法学期刊研究组］　123

45 家法学核心期刊 2023 年度发文盘点
　　——以"北大法宝·法学期刊库"为例　［北大法宝法学期刊研究组］　154

45 家法学核心期刊 2023 年度博士研究生发文盘点

　　——以"北大法宝·法学期刊库"为例　[北大法宝法学期刊研究组]　213

■ 数字法治

　　大语言模型的法律幻觉:概念界定与实证分析　[姜　聪　刘晔龙]　229

　　生成式人工智能算法的法律风险与综合防控策略研究　[何　丽]　252

　　网约车平台与司机劳资关系认定的宪法视角　[王善超]　270

　　数据安全保护义务:发展演进、理论基础与规范内涵　[彭大千]　294

■ 焦点法谈

　　有限公司股东失权制度研究

　　——以 2023 年《公司法》第 52 条为中心　[薛　波　张灵琦]　313

　　《民法典》与 2023 年《公司法》对法人本质规定性的贯通阐释刍议

　　[潘克三]　327

　　论行政当罚性中的主观过错定位多元化

　　——2021 年《行政处罚法》第 33 条等之解构分析　[孙中原]　352

　　融资租赁交易结构项下"双租赁"的法律性质浅析及实务建议

　　[辛安檩]　370

　　《北大法宝大数据分析报告》稿约　　383

　　北大法宝引证码说明　　389

Contents

■ Big Data Analysis

Data Analysis Report on Promulgation and Application of Laws and Regulations in 2023　［Laws & Regulations Research Team of PKULAW］　3

Data Analysis Report on Promulgation and Application of Laws and Regulations in the First Quarter of 2024　［Laws & Regulations Research Team of PKULAW］　14

Data Analysis Report on Judicial Cases with Causes of Action Newly Added in the Civil Code　［Judicial Case Research Team of PKULAW］　25

Data Analysis Report on Cases from the People's Court Case Database　［Judicial Case Research Team of PKULAW］　40

Data Analysis Report on Administrative Cases from the People's Court Case Database　［Lin Yinxiang, Lai Yufan］　50

Analysis of Civil and Commercial Cases Published in the Gazette of the Supreme People's Court（1985—2023）
［Judicial Case Research Team of PKULAW］　67

Data Analysis Report on Intellectual Property Cases Published in the Gazette of the Supreme People's Court（1985—2023）
［Judicial Case Research Team of PKULAW］　76

Report on Legislative Practices of Districted Cities Newly Delegated with Legislative Power（2015—2023）　［Legislation Research Team of PKULAW］　89

Analysis Report on the Academic Influence of Law Journals（2023）
—Based on Citations in Law Journals ［Law Journal Research Team of PKULAW］　123

Statistical Analysis of Articles Published on 45 Core Law Journals in 2023
　　—Taking PKULAW Law Journal Database as an Example〔Law Journal
　　Research Team of PKULAW〕　154

Statistical Analysis of Articles Published by Doctoral Students on 45 Core Law Jour-
nals in 2023
　　—Taking PKULAW Law Journal Database as an Example〔Law Journal
　　Research Team of PKULAW〕　213

■ Digital Rule of Law

Legal Hallucinations in Large Language Models: Conceptual Definition and Empirical
　　Analysis 〔Jiang Cong, Liu Yelong〕　229

Legal Risks of Generative AI Algorithms and Comprehensive Risk Control Strategies
　　〔He Li〕　252

Determination of Labor Relations Between Ride-Hailing Platforms and Drivers from a
　　Constitutional Perspective 〔Wang Shanchao〕　270

Data Security Protection Obligations: Evolution, Theoretical Foundations, and Norm-
　　ative Connotations 〔Peng Daqian〕　294

■Legal Issues in Focus

Study on the Equity Forfeiture Rules for Limited Companies
　　—with a Focus on Article 52 of the 2023 Company Law
　　〔Xue Bo, Zhang Lingqi〕　313

Coherent Interpretation on the Prescriptivity of the Nature of a Legal Person in the
　　Civil Code and the 2023 Company Law〔Pan Kesan〕　327

On Diversified Definition of Subjective Faults Suiting Administrative Sanctions
　　—Deconstructive Analysis of Article 33 and Other Articles of the New Administra-
　　tive Sanctioning Law〔Sun Zhongyuan〕　352

"Dual Lease" in Financial Leasing Transactions: Legal Nature Analysis and Practical
　　Recommendations〔Xin Anlin〕　370

Contribution to PKULAW Big Data Analysis Reports　383

Explanation of CLI Codes　389

大数据分析

2023年度法律法规公布及应用情况数据分析报告

北大法宝法律法规研究组*

摘要：2023年，我国共公布法律法规3097件，包含中央法律法规328件，地方法规规章2769件。近三年我国法律法规公布总量呈持续下降趋势，其中新制定数量先降后升，修改、废止数量持续下降。行政执法、生态文明建设连续三年均为立法热点。

关键词：法律法规规章　2023年度　立法形式　立法热点　引用情况　统计分析

根据"北大法宝·法律法规库"统计[1]：2023年，我国立法数量达3097件，其中法律14件，有关法律问题和重大问题的决定12件，行政法规28件，司法解释20件，部门规章254件，地方性法规1617件，自治条例和单行条例131件，地方政府规章1021件。2023年未公布法律解释、监察法规。

收稿日期：2024-07-04

* 北大法宝法律法规研究组成员：朴文玉、潘晓岚、石志鸿、李知航。朴文玉，北大法宝信息运营总监；潘晓岚，北大法宝信息运营副总监；石志鸿，北大法宝法规中心副主任；李知航，北大法宝编辑。研究指导：郭叶，北大法律信息网(北大法宝)副总编。感谢北大法宝编辑王丽华、柴旭、贾玮、南黍、左蒙园、张微、伊超亚对本报告写作提供的大力支持。

〔1〕 统计源：截至2024年3月18日，"北大法宝·法律法规库"共收录法律法规及其他规范性文件430万余篇，其中2023年法律法规及其他规范性文件新增超23万篇。本报告仅对2023年公布的法律、法律解释、有关法律问题和重大问题的决定、行政法规、监察法规、司法解释、部门规章、地方性法规、自治条例和单行条例、地方政府规章进行分析。统计周期：2023年1月1日至2023年12月31日。

一、法律法规公布情况〔1〕

(一)中央法律法规公布情况

2023 年公布中央法律法规共 328 件,2022 年、2021 年分别公布 354 件、400 件,近三年中央法律法规公布总量呈持续下降趋势。2023 年新制定法律法规 113 件,总占比 34.5%,包括 6 件法律、11 件有关法律问题和重大问题的决定、7 件行政法规、12 件司法解释和 77 件部门规章;修改法律法规 122 件,总占比 37.2%,包括 8 件法律、1 件有关法律问题和重大问题的决定、18 件行政法规、3 件司法解释和 92 件部门规章;废止法律法规 93 件,总占比 28.4%,包括 3 件行政法规、5 件司法解释和 85 件部门规章。

1.近三年全国人大及其常委会审议通过法律数量逐年下降

2023 年全国人大及其常委会审议通过法律 14 件,与 2022 年相比下降 22.2%,与 2021 年相比下降 68.9%,近三年全国人大及其常委会审议通过法律数量逐年下降。2023 年全国人大审议通过《关于修改〈中华人民共和国立法法〉的决定》,全国人大常委会审议通过《关于修改〈中华人民共和国民事诉讼法〉的决定》、新修订的《公司法》、新修订的《行政复议法》,以及《粮食安全保障法》《无障碍环境建设法》《刑法修正案(十二)》等 13 件法律。涵盖 7 个法律部门,包括宪法相关法 4 件,民法商法 1 件,行政法 3 件,经济法 1 件,社会法 2 件,刑法 2 件,诉讼与非诉讼程序法 1 件。

2.近三年新制定中央法律法规数量变化趋势呈"V"型,2023 年修改、废止中央法律法规数量最低

2023 年新制定中央法律法规 113 件,与 2022 年的 98 件相比增加 15 件,少于 2021 年的 148 件。

法律法规的修改可细分为修订、修正、修正案、打包修改〔2〕四类具体形式。〔3〕2023 年修改中央法律法规 122 件,其中修订 50 件,修正 26 件,修正案 1 件,打包修

---

〔1〕 本报告公布情况统计方法:修改、废止均根据实际修改、废止法律法规数量统计,不单独统计修改、废止决定数量。

〔2〕 打包修改,是指就多部法律法规中涉及同类事项或者同一事由,需要集中予以修改的个别条款,一并提出进行合并修改的方式。参见罗小曼:《改革开放四十年立法形态演进》,载北大法宝·法学期刊库(https://www.pkulaw.com/journal,【法宝引证码】CLI.A.1250534),访问日期:2024 年 3 月 18 日。

〔3〕 参见黄海华:《新时代法律修改的特征、实践和立法技术》,载"北大法宝·法学期刊库"(https://www.pkulaw.com/journal,【法宝引证码】CLI.A.1334701),访问日期:2024 年 3 月 18 日。

改 45 件。近三年中央法律法规修改数量呈先升后降的态势,2023 年数量最低。

法律法规的废止形式分为以决定形式废止和文中废止两种。2023 年废止中央法律法规 93 件,其中以决定形式废止 46 件,文中废止 47 件。近三年废止法律法规数量逐年下降,2023 年数量最低(见图 1)。

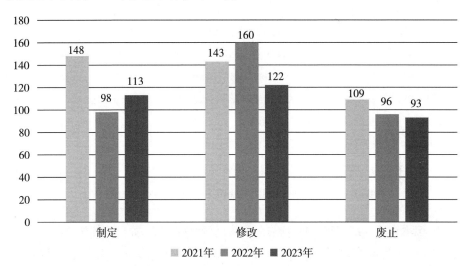

图 1　2021—2023 年中央法律法规立改废数量统计(件)

3.市场监管总局立法数量连续两年位列第一

2023 年公布的 328 件中央法律法规中,单独制定 317 件,总占比 96.6%;联合制定 11 件,总占比 3.4%。中央法律法规共覆盖 42 个制定机关,在中央立法数量 Top10 的制定机关中,市场监管总局立法数量最多,达 38 件,连续两年位列第一;国家发展改革委和海关总署立法数量分别达 29 件,并列第二;除此之外,立法数量在 20—30 件之间的还有国务院、中国证监会、交通运输部及全国人大常委会 4 个制定机关;最高人民法院、中国人民银行和国家卫生健康委立法数量均在 20 件以下[1](见图 2)。2023 年立法数量 Top10 的制定机关与前两年相比有 8 个保持不变,新增中国人民银行、国家卫生健康委 2 个制定机关。

2023 年 3 月《党和国家机构改革方案》印发,本次改革重新组建的科学技术部,年度立法数量 4 件;在中国银行保险监督管理委员会基础上组建国家金融监督管理总局,前者年度立法数量 1 件,后者年度立法数量 8 件;新组建的国家数据局,年内未制定部门规章。

───────────

〔1〕　本报告中的"以上""以下"均包含本数。

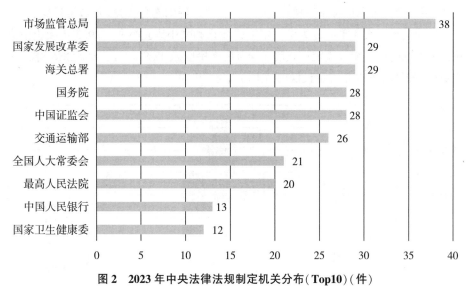

图 2　2023 年中央法律法规制定机关分布(Top10)(件)

4. 金融管理、海关连续两年均为立法热点,行政执法连续三年成为立法热点

2023 年公布的 328 件中央法律法规中,立法热词前五位依次是公司(包括上市公司、证券公司、金融公司等)(19 次)、企业(19 次)、证券(17 次)、海关(16 次)、行政处罚(14 次),反映出立法热点主要集中在金融管理、企业管理、海关和行政执法等领域(见图 3)。其中金融管理、海关连续两年均为立法热点,行政执法连续三年成为立法热点。

图 3　2023 年中央法律法规立法热点分布

2023 年全国人大常委会继续关注重点领域、新兴领域、涉外领域立法，推动中国特色社会主义法律体系更加科学完备、统一权威，具体表现为：修订《公司法》，完善中国特色现代企业制度；修订《行政复议法》，优化案件受理和审理程序，更好地发挥行政复议公正高效、便民为民的制度优势；制定《粮食安全保障法》，全方位夯实粮食安全法治根基；审议通过《刑法修正案（十二）》，坚持受贿行贿一起查，加大对行贿犯罪的惩治力度；修改《民事诉讼法》，完善涉外民事诉讼程序，适当扩大我国法院对涉外民事案件的管辖范围；制定《对外关系法》，为构建系统完备的涉外法律法规体系夯实基础。[1]

（二）地方法规规章公布情况

2023 年公布地方法规规章共 2769 件，与 2022 年（2971 件）、2021 年（3551 件）相比，近三年地方法规规章公布总量下降趋势明显。2023 年新制定法规规章 1289 件，总占比 46.6%，包括 216 件省级地方性法规、618 件设区的市地方性法规、34 件经济特区法规、3 件浦东新区法规、8 件海南自由贸易港法规、42 件自治条例和单行条例、114 件省级地方政府规章和 254 件设区的市地方政府规章；修改法规规章 920 件，总占比 33.2%，包括 337 件省级地方性法规、195 件设区的市地方性法规、25 件经济特区法规、52 件自治条例和单行条例、137 件省级地方政府规章和 174 件设区的市地方政府规章；废止法规规章 560 件，总占比 20.2%，包括 100 件省级地方性法规、71 件设区的市地方性法规、10 件经济特区法规、37 件自治条例和单行条例、168 件省级地方政府规章和 174 件设区的市地方政府规章。

1. 近三年一般地方立法数量逐年下降，特殊地方立法数量先降后升

地方立法分为一般地方立法和特殊地方立法。一般地方立法包括省级地方性法规、设区的市地方性法规、省级地方政府规章、设区的市地方政府规章；特殊地方立法包括经济特区法规、浦东新区法规、海南自由贸易港法规、自治条例和单行条例等。

2023 年公布省级地方性法规、设区的市地方性法规、省级地方政府规章、设区的市地方政府规章共 2558 件，2022 年、2021 年一般地方立法数量分别为 2817 件、3371 件，近三年一般地方立法数量逐年下降。

2023 年公布经济特区法规、浦东新区法规、海南自由贸易港法规、自治条例和单行条例共 211 件，2022 年、2021 年特殊地方立法数量分别为 154 件、180 件，近三年特殊地方立法数量呈先降后升的趋势，2023 年特殊地方立法数量最多。

---

〔1〕 参见《中华人民共和国第十四届全国人民代表大会第二次会议全国人民代表大会常务委员会工作报告》，载北大法宝·法律法规库(https://www.pkulaw.com/law/)，访问日期：2024 年 3 月 18 日。

　　2023 年设区的市地方性法规立法数量的增长与 3 月《立法法》的修改有一定关联。本次修改后,地方立法权再度扩容:一是立法主体扩容,海南省儋州市获得立法权,地方立法主体增至 354 个;二是立法权限扩容,新修改的《立法法》第 81 条将"环境保护"修改为"生态文明建设",并增加规定"基层治理"〔1〕。

　　2.近三年新制定地方法规规章数量先降后升,修改、废止数量逐年下降

　　2023 年新制定地方法规规章 1289 件,与 2022 年的 1203 件相比增加 86 件,少于 2021 年的 1372 件。修改地方法规规章 920 件,其中修订 313 件,修正 170 件,打包修改 437 件。2023 年修改数量少于 2022 年的 1129 件和 2021 年的 1373 件。2023 年废止地方法规规章 560 件,其中以决定形式废止 401 件,文中废止 159 件。2023 年废止数量少于 2022 年的 639 件和 2021 年的 806 件(见图 4)。

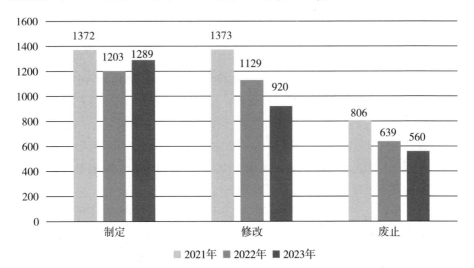

图 4　2021—2023 年地方法规规章立改废数量统计(件)

　　3.广东省、江苏省、山东省、辽宁省四省连续三年位列立法数量 Top10

　　31 个省级行政区 2023 年公布地方法规规章 2769 件。在立法数量 Top10 的省级行政区中,广东省立法数量最多,达 218 件,是唯一连续三年立法数量在 200 件以上的省级行政区;连续三年位列立法数量 Top10 的还有江苏省、山东省、辽宁省(见图 5)。

──────────

〔1〕　参见《关于〈中华人民共和国立法法(修正草案)〉的说明》,载北大法宝·法律法规库(https://www.pkulaw.com/law/),访问日期:2024 年 3 月 18 日。

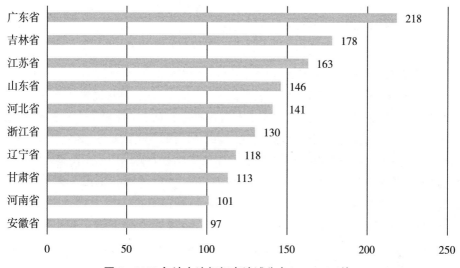

图 5　2023 年地方法规规章地域分布(Top10)(件)

4. 生态文明建设连续三年均为地方立法热点

2023 年地方法规规章立法热词前五位依次是环境(116 次),经济(90 次),垃圾(74 次),污染(64 次),卫生(52 次),反映出立法热点主要集中在生态文明建设、经济建设等领域(见图 6)。此外,出现频次较高的立法热点还有物业(46 次),议事规则(43 次),行政执法(39 次),优化营商环境(35 次),集中在基层治理、人大制度建设、优化营商环境等领域。

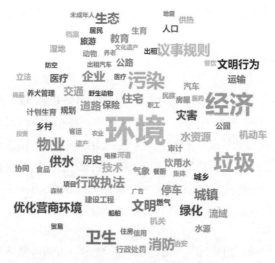

图 6　2023 年地方法规规章立法热点分布

　　比对近三年地方立法热点可以发现,生态文明建设连续三年均为地方立法热点,在地方立法中始终占据重要地位。2023 年 30 个省级行政区公布 228 件与生态文明建设有关的地方法规规章,其中涉及生态保护的有《广东省生态环境教育条例》《山东省黄河三角洲生态保护条例》等 164 件;涉及污染防治的有《上海市土壤污染防治条例》《安徽省长江船舶污染防治条例》等 64 件。经济建设、优化营商环境连续两年成为地方立法热点。2023 年 29 个省级行政区公布 112 件相关地方法规规章,其中涉及优化营商环境的有《上海市优化营商环境条例》《安徽省优化营商环境条例》等 35 件;涉及经济建设的有《福建省海洋经济促进条例》《山西省民营经济发展促进条例》等 77 件。人大制度建设方面,2023 年北京市、天津市等 12 个省级行政区制定或修改 14 件地方立法条例或地方性法规条例;辽宁省、广东省等 16 个省级行政区制定或修改 43 件涉及议事规则的地方性法规;北京市、四川省等 7 个省级行政区制定或修改 8 件涉及人大常委会组成人员守则的地方性法规。基层治理方面,2023 年江苏省、广东省等 23 个省级行政区制定或修改 46 件涉及物业管理的地方法规规章;河北省、湖南省等 18 个省级行政区制定或修改 39 件涉及行政执法的地方法规规章;北京市、山东省等 11 个省级行政区制定或修改 18 件涉及行政处罚的地方法规规章。

二、法律法规的引用情况

　　(一)2023 年公布的法律法规总被引超 47 万次

　　根据"北大法宝"数据统计[1],2023 年公布的 3097 件法律法规,有 970 件被引用,总被引 47.3 万次。其中,中央法律法规 196 件,总被引达 47.1 万次,占比 99.6%;地方法规规章 774 件,总被引 1857 次。

　　(二)《立法法(2023 年修正)》在法律法规库中被引次数最多

　　根据"北大法宝·法律法规库"数据统计,2023 年公布的 3097 件法律法规中,有 951 件被法律法规引用,总被引 5794 次,与 2022 年总被引 5081 次相比增长 14.0%,是 2021 年总被引 11131 次的二分之一。在 2023 年被引次数 Top10 的法律法规中,《立法法(2023 年修正)》被引次数最多,达 341 次;除此之外,被引次数在 100 次以上的还有 6 件,包括 1 件法律、1 件行政法规、4 件部门规章;其余 3 件被引次数均在 100 次以下,包括 2 件法律和 1 件部门规章(见图 7)。2023 年被引次数 Top10 中部

---

　　[1]　"北大法宝"法律法规的引用量统计范围包括法律法规、司法案例、法学期刊、法宝律师、专题参考五个数据库,统计时间截至 2024 年 3 月 18 日。

门规章最多,2021—2022 年被引次数 Top10 中法律最多。

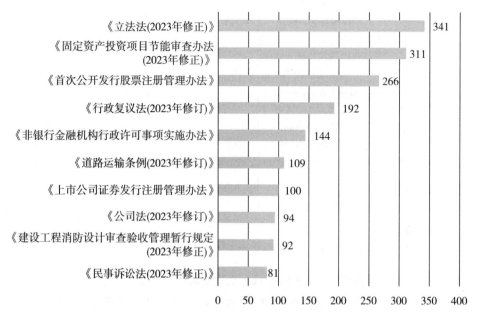

图 7　2023 年公布的法律法规总被引次数统计(Top10)(次)

三、法律法规的浏览情况

(一)2023 年公布的法律法规总浏览量[1]超 176 万次

2023 年公布的 3097 件法律法规中,有 2380 件被浏览,总浏览量超 176 万次。2023 年浏览量 10 万次以上的有法律、部门规章、司法解释、设区的市地方性法规,其中法律浏览量最高,达 82 万余次,总占比 46.9%;浏览量 1 万—10 万次的有省级地方性法规、行政法规、省级地方政府规章、设区的市地方政府规章、有关法律问题和重大问题的决定、经济特区法规、自治条例和单行条例,分别占比 5.6%、4.3%、2.3%、1.9%、1.2%、0.8%、0.6%;海南自由贸易港法规、浦东新区法规浏览量均在1 万次以下(见图 8)。2021 年、2023 年法律浏览量最高,而 2022 年司法解释浏览量最高。

---

〔1〕　总浏览量是指北大法宝·法律法规库在线浏览量(含"北大法宝"V5 版和 V6 版),统计时间截至 2024 年 3 月 18 日。

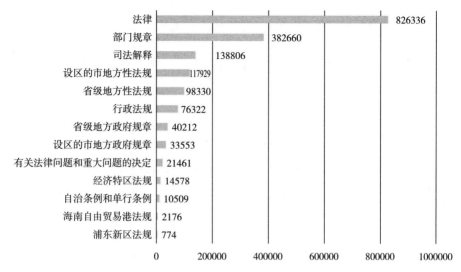

图 8　2023 年公布的法律法规效力位阶浏览量分布(次)

(二)《民事诉讼法(2023 年修正)》浏览量最高

2023 年浏览量 Top10 的法律法规中,浏览量 10 万次以上的有 3 件,其中《民事诉讼法(2023 年修正)》浏览量最高,超 21 万次;《公司法(2023 年修订)》浏览量次之,超 15 万次;《立法法(2023 年修正)》浏览量位居第三,超 12 万次。浏览量 5万—10 万次之间的有 3 件,其余 4 件浏览量在 5 万次以下(见图 9)。

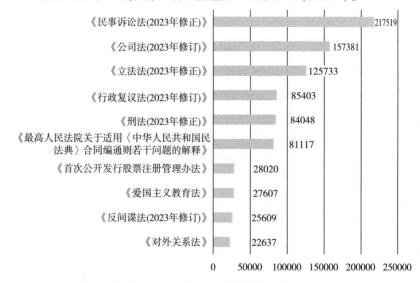

图 9　2023 年公布的法律法规浏览量统计(Top10)(次)

(三)广东省地方法规规章浏览量连续三年最高

2023 年地方法规规章总浏览量 31 万余次。地方法规规章浏览量连续三年均覆盖全国 31 个省级行政区,其中广东省地方法规规章浏览量连续三年最高,江苏省法规规章浏览量连续三年位居第二。连续三年进入浏览量 Top10 的还有浙江省、上海市、山东省、河北省(见图 10)。

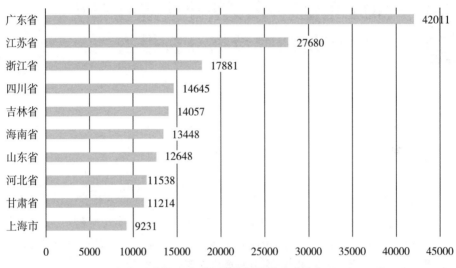

图 10　2023 年公布的地方法规规章浏览量地域分布(Top10)(次)

"北大法宝"结合全国人大常委会会议的召开频率,推出月法律法规公布情况数据分析报告,并在此基础上推出年度法律法规公布及应用情况数据分析报告,以期给法律工作者提供最新的年度立法盘点。感谢广大用户一直以来对"北大法宝"的信任与支持,我们将继续致力于产品的优化,为法学研究及实务工作者提供优质服务,欢迎大家持续关注!

【责任编辑:张文硕】

2024 年第一季度法律法规公布及应用情况数据分析报告

北大法宝法律法规研究组*

摘要：2024 年第一季度，我国共公布法律法规 652 件，包含中央法律法规 134 件，地方法规规章 518 件。与 2023 年同期相比，2024 年第一季度新制定、废止法律法规数量增长，修改数量下降。本季度立法热点集中在营商环境优化、行政执法、金融监管、安全生产、生态文明建设、人大制度建设等方面。

关键词：法律法规规章　2024 年第一季度　立法形式　立法热点　引用情况统计分析

根据"北大法宝・法律法规库"统计[1]：2024 年第一季度，我国立法数量达 652 件，其中法律 2 件，行政法规 31 件，司法解释 8 件，部门规章 93 件，地方性法规 270 件，自治条例和单行条例 13 件，地方政府规章 235 件。2024 年第一季度未公布有关法律问题和重大问题的决定、法律解释、监察法规。

收稿日期：2024-07-04

　　＊　北大法宝法律法规研究组成员：朴文玉、潘晓岚、石志鸿、李知航。朴文玉，北大法宝信息运营总监；潘晓岚，北大法宝信息运营副总监；石志鸿，北大法宝法规中心副主任；李知航，北大法宝编辑。研究指导：郭叶，北大法律信息网（北大法宝）副总编。感谢北大法宝编辑王丽华、柴旭、贾玮、南棽、左蒙园、张微、伊超亚对本报告写作提供的大力支持。

　　〔1〕　统计源：截至 2024 年 5 月 8 日，"北大法宝・法律法规库"共收录法律法规及其他规范性文件 440 万余篇，其中 2024 年第一季度法律法规及其他规范性文件新增 3.5 万余篇。本报告仅对 2024 年第一季度公布的法律、法律解释、有关法律问题和重大问题的决定、行政法规、监察法规、司法解释、部门规章、地方性法规、自治条例和单行条例、地方政府规章进行分析。统计周期：2024 年 1 月 1 日至 2024 年 3 月 31 日。

一、法律法规公布[1]情况

（一）中央法律法规公布情况

2024 年第一季度公布中央法律法规共 134 件，与 2023 年同期的 118 件相比，增长 13.6%。其中新制定法律法规 37 件，总占比 27.6%，包括 5 件行政法规、4 件司法解释和 28 件部门规章；修改法律法规 35 件，总占比 26.1%，包括 2 件法律、10 件行政法规和 23 件部门规章；废止法律法规 62 件，总占比 46.3%，包括 16 件行政法规、4 件司法解释和 42 件部门规章。

1. 新制定、废止法律法规数量同比增长，修改法律法规数量同比下降

2024 年第一季度新制定中央法律法规 37 件，比 2023 年同期多 4 件。

法律法规的修改可细分为修订、修正、修正案、打包修改[2]四类具体形式。[3] 2024 年第一季度修改中央法律法规 35 件，与 2023 年同期的 53 件相比，下降 34%。按具体修改形式来看，修订 11 件，修正 4 件，打包修改 20 件，修正案数量为 0。与 2023 年同期相比，修订减少 12 件，修正增加 2 件，打包修改减少 8 件，修正案数量无变化。

法律法规的废止形式分为以决定形式废止和文中废止两种。2024 年第一季度废止中央法律法规 62 件，与 2023 年同期的 32 件相比，增长 93.8%。其中以决定形式废止 37 件，比 2023 年同期多 22 件；文中废止 25 件，比 2023 年同期多 8 件（见图 1）。

2. 国务院立法数量最多，达 31 件

2024 年第一季度公布的 134 件中央法律法规中，单独制定 125 件，总占比 93.3%；联合制定 9 件，总占比 6.7%。中央法律法规共覆盖 27 个制定机关，在中央立法数量 Top10[4]的制定机关中，国务院立法数量最多，达 31 件；立法数量在 10—30 件之间的有国家发展改革委、财政部、海关总署 3 个制定机关；交通运输部、金融监管总局、最高人民法院、工业和信息化部、市场监管总局、最高人民检察院和民政部立法数量均在 10 件以下[5]（见图 2）。2024 年第一季度立法数量 Top10 的

---

[1]　本报告公布情况统计方法：修改、废止均根据实际修改、废止法律法规数量统计，不单独统计修改、废止决定数量。

[2]　打包修改，是指就多部法律法规中涉及同类事项或者同一事由，需要集中予以修改的个别条款，一并提出进行合并修改的方式。参见罗小曼：《改革开放四十年立法形态演进》，载北大法宝·法学期刊库（https://www.pkulaw.com/journal），访问日期：2024 年 5 月 8 日。

[3]　参见黄海华：《新时代法律修改的特征、实践和立法技术》，载北大法宝·法学期刊库（https://www.pkulaw.com/journal），访问日期：2024 年 5 月 8 日。

[4]　最高人民检察院、民政部立法数量均为 5 件，并列第十，因此本次 Top10 有 11 个制定机关。

[5]　本报告中的"以上""以下"均包含本数。

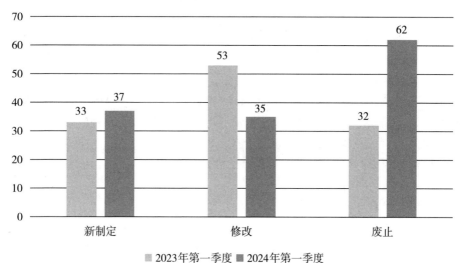

图 1　2023 年第一季度与 2024 年第一季度中央法律法规立改废数量统计(件)

制定机关有 3 个与 2023 年同期一致,分别是国家发展改革委、海关总署、市场监管总局,其余 8 个制定机关为本季度首次进入立法数量 Top10 的制定机关。其中金融监管总局是在中国银行保险监督管理委员会基础上组建的国务院直属机构,第一季度立法数量为 9 件。

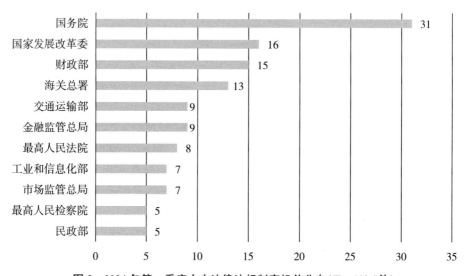

图 2　2024 年第一季度中央法律法规制定机关分布(Top10)(件)

3. 立法热点集中在营商环境优化、行政执法、金融监管、安全生产等领域

2024 年第一季度公布的 134 件中央法律法规中,立法热词前五位依次是企业(14 次)、行政(14 次)、电力(8 次)、贷款(6 次)、安全生产(6 次),反映出立法热点主要集中在营商环境优化(企业、电力监管)、行政执法、金融监管、安全生产等领域(见图 3)。

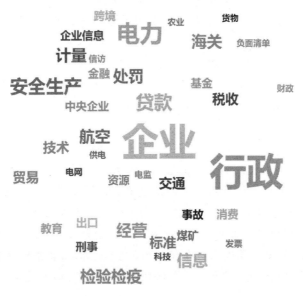

图 3　2024 年第一季度中央法律法规立法热点分布

营商环境优化方面,国务院公布第 777 号令,修改《外国企业常驻代表机构登记管理条例》《企业信息公示暂行条例》,废止《全民所有制工业企业厂长工作条例》《全民所有制工业交通企业设备管理条例》等 5 部行政法规,持续打造有利于企业发展的市场化、法治化、国际化一流营商环境;国家发展改革委第 11 号令修改 9 件涉及电力的部门规章,进一步建立健全电力市场基本工作制度,助力用电营商环境优化。行政执法方面,国办函〔2023〕116 号文明确要求在 2024 年 3 月 1 日前完成涉及行政复议的规章和规范性文件的修改、废止工作,为贯彻通知要求,2024 年第一季度工业和信息化部制定《国家国防科技工业局行政复议实施办法》,修订《工业和信息化部行政复议实施办法》;海关总署制定《中华人民共和国海关审理行政复议案件程序规定》;广电总局废止《广播电影电视行政复议办法》。此外,本季度金融监管总局制定《国家金融监督管理总局行政处罚裁量权实施办法》;自然资源部修订《自然资源行政处罚办法》;教育部废止《教育行政处罚

暂行实施办法》《实施教育行政许可若干规定》。金融监管方面,金融监管总局制定《固定资产贷款管理办法》《流动资金贷款管理办法》《个人贷款管理办法》《消费金融公司管理办法》;中国人民银行修改《支付结算办法》,依法加强监督,推动金融高质量发展。安全生产方面,国务院制定《煤矿安全生产条例》;国务院国资委制定《中央企业安全生产监督管理办法》;交通运输部、应急管理部分别制定《交通运输工程施工单位主要负责人、项目负责人和专职安全生产管理人员安全生产考核管理办法》《生产安全事故罚款处罚规定》,为安全生产提供更加有力的法治保障。

(二)地方法规规章公布情况

2024 年第一季度公布地方法规规章共 518 件,与 2023 年同期的 519 件基本持平。其中新制定法规规章 190 件,总占比 36.7%,包括 53 件省级地方性法规、60 件设区的市地方性法规、1 件经济特区法规、2 件自治条例和单行条例、23 件省级地方政府规章和 51 件设区的市地方政府规章;修改法规规章 192 件,总占比 37.1%,包括 99 件省级地方性法规、22 件设区的市地方性法规、4 件经济特区法规、36 件省级地方政府规章和 31 件设区的市地方政府规章;废止法规规章 136 件,总占比 26.2%,包括 25 件省级地方性法规、5 件设区的市地方性法规、1 件经济特区法规、11 件自治条例和单行条例、38 件省级地方政府规章和 56 件设区的市地方政府规章。2024 年第一季度未公布浦东新区法规和海南自由贸易港法规。

1.地方性法规、自治条例和单行条例数量同比增长,地方政府规章数量同比下降

2024 年第一季度公布地方法规规章共 518 件,其中地方性法规 270 件,包括省级地方性法规 177 件,设区的市地方性法规 87 件,经济特区法规 6 件,与 2023 年同期的 158 件地方性法规相比增长 70.9%;自治条例和单行条例 13 件,比 2023 年同期多 2 件;地方政府规章 235 件,包括省级地方政府规章 97 件,设区的市地方政府规章 138 件,与 2023 年同期的 350 件地方政府规章相比下降 32.9%。两年同期均未公布浦东新区法规、海南自由贸易港法规。

2.地方法规规章修改数量同比增长,新制定、废止数量同比下降

2024 年第一季度新制定地方法规规章 190 件,与 2023 年同期的 195 件相比下降 2.6%。修改地方法规规章 192 件,与 2023 年同期的 181 件相比增长 6.1%。其中修订 62 件,比 2023 年同期少 8 件;单篇修改 44 件,比 2023 年同期多 22 件;打包修改 86 件,比 2023 年同期少 3 件。废止地方法规规章 136 件,与 2023 年同期的 143 件相比下降 4.9%。其中以决定形式废止 108 件,比 2023 年同期少 4 件;文中废止 28 件,比 2023 年同期少 3 件(见图 4)。

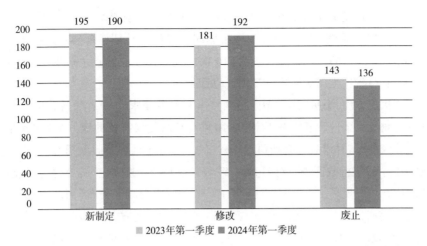

图 4　2023 年第一季度与 2024 年第一季度地方法规规章立改废数量统计（件）

3. 广东省立法数量位列第一, 立法数量 Top10 的省级行政区中, 新进入的占五成

2024 年第一季度公布地方法规规章 518 件, 覆盖 31 个省级行政区。在地方立法数量 Top10 的省级行政区中, 广东省、山东省、江苏省以 53 件、47 件、40 件位列前三, 此外, 陕西省、黑龙江省、福建省立法数量均在 20 件以上, 其余 4 个省级行政区立法数量在 10—20 件之间（见图 5）。2024 年第一季度立法数量 Top10 的省级行政区中有 5 个与 2023 年同期一致, 新增黑龙江省、福建省、贵州省、新疆维吾尔自治区和广西壮族自治区 5 个省级行政区。

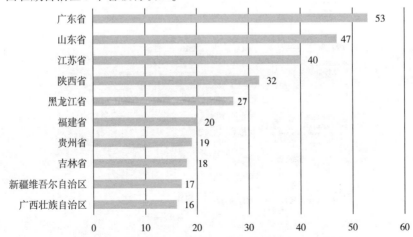

图 5　2024 年第一季度地方法规规章地域分布（Top10）（件）

4. 立法热点集中在行政执法、人大制度建设、生态文明建设等领域

2024年第一季度地方法规规章立法热词前五位依次是行政(35次)、立法(19次)、环境(12次)、防治(12次)、生态(10次),反映出立法热点主要集中在行政执法、人大制度建设、生态文明建设等领域(见图6)。

行政执法方面,为贯彻国办函〔2023〕116号文的要求,7个省级行政区公布《黑龙江省行政复议案件听证审查规定》等10件与行政复议有关的地方法规规章;3个省级行政区公布《甘肃省行政处罚听证程序规定》等5件与行政处罚有关的地方法规规章;5个省级行政区公布《四川省行政裁量权基准管理规定》等7件与行政执法有关的地方政府规章。人大制度建设方面,16个省级行政区公布《河南省地方立法条例》《海南省制定与批准地方性法规条例》等22件与地方立法有关的地方性法规;6个省级行政区公布《山西省人民代表大会议事规则》等6件与议事规则等有关的地方性法规;3个省级行政区公布《宁夏回族自治区人民代表大会常务委员会组成人员守则》《陕西省各级人民代表大会常务委员会规范性文件备案审查规定》等4件涉及组成人员守则、备案审查等工作制度的地方性法规。生态文明建设方面,21个省级行政区公布44件与生态文明建设有关的地方法规规章,其中,涉及生态环保的有《江苏省生态环境保护条例》《山东省黄河保护条例》等36件;涉及污染防治的有《福建省固体废物污染环境防治条例》《中山市工业固体废物污染环境防治条例》等8件。

图6　2024年第一季度地方法规规章立法热点分布

二、法律法规的引用情况

（一）2024 年第一季度公布的法律法规总被引超 500 次

根据"北大法宝"数据统计[1]，2024 年第一季度公布的 652 件法律法规，有 206 件被引用，总被引 545 次。其中，中央法律法规 48 件，总被引 282 次，占比 51.7%；地方法规规章 158 件，总被引 263 次，占比 48.3%。

（二）《最高人民法院关于内地与香港特别行政区法院相互认可和执行民商事案件判决的安排》被引次数最多

根据"北大法宝"数据统计，2024 年第一季度被引次数 Top10 的法律法规中，《最高人民法院关于内地与香港特别行政区法院相互认可和执行民商事案件判决的安排》被引次数最多，达 118 次；除此之外，被引次数在 10 次以上的还有 6 件，包括 1 件法律、1 件行政法规、1 件司法解释、1 件部门规章及 2 件省级地方性法规；其余 3 件被引次数均在 10 次以下，包括 2 件行政法规和 1 件省级地方政府规章（见图 7）。

图 7　2024 年第一季度公布的法律法规总被引次数统计（Top10）（次）

---

〔1〕 "北大法宝"法律法规的引用量统计范围包括法律法规、司法案例、法学期刊、法宝律师、专题参考五个数据库，统计时间截至 2023 年 4 月 22 日。

三、法律法规的浏览情况

（一）2024 年第一季度公布的法律法规总浏览量[1]超 13 万次

2024 年第一季度公布的 652 件法律法规中，有 528 件被浏览，总浏览量超 13 万次。浏览量 1 万次以上的有部门规章、法律、行政法规、省级地方性法规、司法解释，其中，部门规章浏览量最高，达 30359 次，总占比 22.9%；设区的市地方性法规、省级地方政府规章、设区的市地方政府规章、经济特区法规、自治条例和单行条例浏览量均在 1 万次以下(见图 8)。

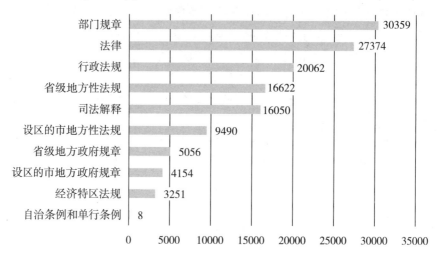

图 8　2024 年第一季度公布的法律法规效力位阶浏览量分布(次)

（二）《国务院组织法(2024 年修订)》浏览量最高

2024 年第一季度浏览量 Top10 的法律法规中，浏览量 1 万次以上的有 2 件，其中《国务院组织法(2024 年修订)》浏览量最高，超 1.5 万次；《保守国家秘密法(2024 年修订)》浏览量次之，超 1.2 万次；浏览量 5000—1 万次之间的有 2 件，分别为《最高人民法院关于审理涉彩礼纠纷案件适用法律若干问题的规定》《消费者权益保护法实施条例》，其余 6 件浏览量在 2000—5000 次之间(见图 9)。

---

　[1]　总浏览量是指"北大法宝·法律法规库"在线浏览量(含"北大法宝"V5 版和 V6 版)，统计时间截至 2024 年 4 月 22 日。

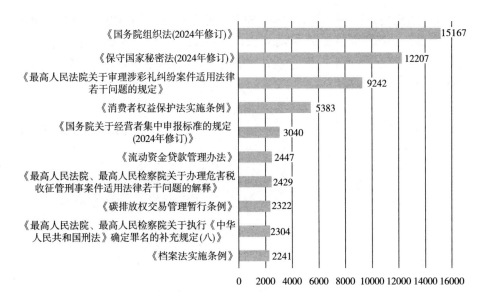

图 9　2024 年第一季度公布的法律法规浏览量统计（Top10）（次）

（三）广东省地方法规规章浏览量最高

2024 年第一季度地方法规规章总浏览量 38581 次，覆盖全国 31 个省级行政区。浏览量 Top10 的省级行政区中，广东省地方法规规章浏览量最高，达 8069 次；浏览量在 2000—5000 次之间的有江苏省、湖南省、山东省、陕西省；其余 5 个省级行政区浏览量均在 1000—2000 次之间（见图 10）。

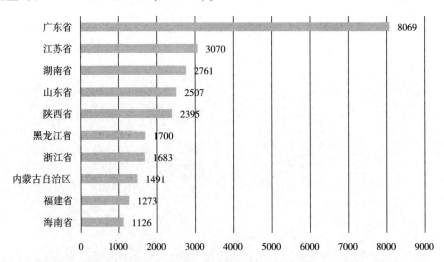

图 10　2024 年第一季度公布的地方法规规章浏览量地域分布（Top10）（次）

　　"北大法宝"按季度推出法律法规公布及应用情况数据分析报告,以期给法律工作者提供最新的季度立法盘点。感谢广大用户一直以来对"北大法宝"的信任与支持,我们将继续致力于产品的优化,为法学研究及实务工作者提供优质服务,欢迎大家持续关注!

【责任编辑:张文硕】

《民法典》新增案由司法案例数据分析报告

北大法宝司法案例研究组*

摘要:2020 年 5 月 28 日,《民法典》公布。为切实贯彻实施《民法典》,最高人民法院于 2020 年 12 月 29 日公布了《最高人民法院关于印发修改后的〈民事案件案由规定〉的通知》,新增 86 种民事案由。2024 年是《民法典》公布四周年,实施三周年,北大法宝司法案例研究组推出《〈民法典〉新增案由司法案例数据分析报告》,以"北大法宝·司法案例库"中的 127104 例适用《民法典》新增案由的司法案例作为研究对象,使用大数据研究方法,从案由分布、案例类型、法院级别、终审结果,以及法律法规引用等多个维度进行统计分析,以期为法学相关领域的理论和实务研究提供参考。

关键词:《民法典》 新增案由 发布状况 适用情况 统计分析

2021 年至 2023 年,各级法院审结的适用《民法典》新增案由的案例共 127104 例,本文以"北大法宝·司法案例库"收录的 127104 例案例作为木次统计源[1],探究其规律。

收稿日期:2024-06-01

* 北大法宝司法案例研究组成员:朴文玉、彭重霞、刘策、陈春菊、丁丹凤。朴文玉,北大法宝信息运营总监;彭重霞,北大法宝信息运营副总监;刘策,北大法宝案例中心研究员;陈春菊,北大法宝案例中心研究员;丁丹凤,北大法宝案例中心编辑。研究指导:郭叶,北大法律信息网(北大法宝)副总编。感谢北大法宝编辑梁安嘉、白梦圆、梁雪钰对本报告写作提供的大力支持。

[1] 除 4.9 万余例信息公开的案例不涉及专题、终审结果、当事人是否聘请律师外,其他维度的统计分析均以 127104 例案例作为分析样本。

一、《民法典》新增案由司法案例发布状况

2020 年 12 月 29 日公布的《最高人民法院关于印发修改后的〈民事案件案由规定〉的通知》(以下简称《通知》)新增 86 种民事案由[1],其中已有案例适用的有 68 种案由,暂无案例适用的有 18 种案由。

(一)86 种新增案由的发布情况

《通知》将案由的编排体系划分为十一大类作为一级案由,具体包括人格权纠纷,婚姻家庭、继承纠纷,物权纠纷,合同、准合同纠纷,劳动争议、人事争议,知识产权与竞争纠纷,海事海商纠纷,与公司、证券、保险、票据等有关的民事纠纷,侵权责任纠纷,非讼程序案件案由,特殊诉讼程序案件案由。

《通知》新增 86 种案由,除海事海商纠纷之外,其余十类均涉及新增案由。新增的 86 种案由,仅特殊诉讼程序案件案由为一级案由,其余 85 种均为子级案由。

从案由分布来看,非讼程序案件案由最多,有 24 种,总占比约为 28%;特殊诉讼程序案件案由有 14 种,总占比约为 16%;合同、准合同纠纷有 12 种,总占比约为 14%;与公司、证券、保险、票据等有关的民事纠纷有 10 种,总占比约为 12%;物权纠纷有 7 种,总占比约为 8%;婚姻家庭、继承纠纷等五部分新增案由均在 5 种以下,其中劳动争议、人事争议新增最少,仅新增 1 种(见图 1)。

(二)68 种已适用的新增案由分布情况

《通知》新增 86 种案由,各级审理法院已适用 68 种案由,特殊诉讼程序案件案由为一级案由,其余 67 种案由均为子级案由。

68 种案由涉及人格权纠纷和婚姻家庭、继承纠纷等十类,特殊诉讼程序案件案由(14 种),婚姻家庭、继承纠纷(5 种),知识产权与竞争纠纷(4 种),劳动争议、人事争议(1 种)四大类新增案由均已全部适用。

非讼程序案件案由和合同、准合同纠纷等六类中的部分案由已适用,其中非讼程序案件案由最多,有 17 种,包括申请指定遗产管理人和申请司法确认调解协议等;合同、准合同纠纷有 10 种,包括预约合同纠纷和债务加入纠纷等;与公司、证券、保险、票据等有关的民事纠纷包括股东损害公司债权人利益责任纠纷等 6 种;物权纠纷、侵权责任纠纷和人格权纠纷均在 5 种以下(见图 2)。

---

[1] 新增案由是指 2021 年施行的《民事案件案由规定》中明确表述为"增加"的案由。参见 2021 年 1 月 1 日施行的《最高人民法院关于印发修改后的〈民事案件案由规定〉的通知》,载北大法宝·法律法规库(https://www.pkulaw.com/chl/fe469f72cc201709bdfb.html? keyword = %E6%B0%91%E4%BA%8B%E6%A1%88%E7%94%B1%E8%A7%84%E5%AE%9A&way = listView),访问日期:2024 年 5 月 7 日。

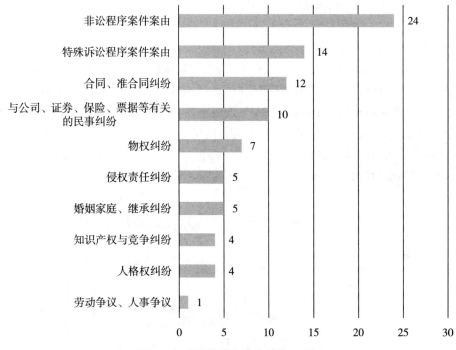

图1　86种新增案由的发布情况（种）

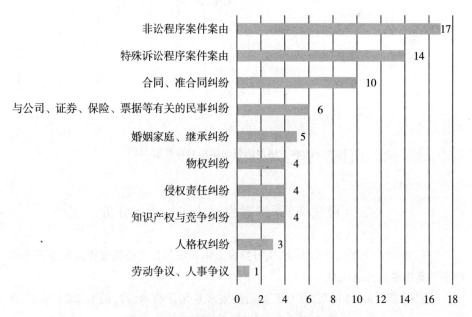

图2　68种已适用的新增案由分布情况（种）

（三）18 种未适用的新增案由分布情况

《通知》新增 86 种案由,各级审理法院暂未适用的有 18 种案由,主要涉及非讼程序案件、物权纠纷、合同纠纷等六部分。

非讼程序案件案由未适用的最多,有 7 种,包括申请恢复监护人资格和申请诉前停止侵害计算机软件著作权等;与公司、证券、保险、票据等有关的民事纠纷有 4 种,包括独立保函开立纠纷和独立保函转让纠纷等;物权纠纷有 3 种,包括探矿权抵押权纠纷和采矿权抵押权纠纷等;合同、准合同纠纷有 2 种,包括排污权交易纠纷和用水权交易纠纷;人格权纠纷和侵权责任纠纷各有 1 种,分别为声音保护纠纷和光污染责任纠纷(见图 3)。

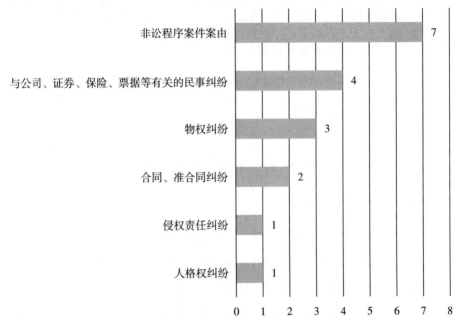

图 3　18 种未适用的新增案由分布情况(种)

二、《民法典》新增案由司法案例适用分析

（一）申请司法确认调解协议、执行异议之诉和股东损害公司债权人利益责任纠纷三种案由总占比近七成

《通知》新增的 86 种案由中,已被司法实践应用的有 68 种,截至 2023 年 12 月

31 日,有 127104 例案例适用了新增案由。案例数量 1 万例以上〔1〕的有 3 种案由,分别为申请司法确认调解协议(49195 例)、执行异议之诉(24343 例)和股东损害公司债权人利益责任纠纷(12367 例),总占比约为 39%、19% 和 10%;5000 例至 10000例之间的有 1 种案由,为非机动车交通事故责任纠纷,有 6307 例,总占比约为 5%;1000 例至 5000 例之间的有第三人撤销之诉和确认调解协议案件等 11 种案由;1000例以下的有申请人身安全保护令和预约合同纠纷等 53 种案由(见图 4)。

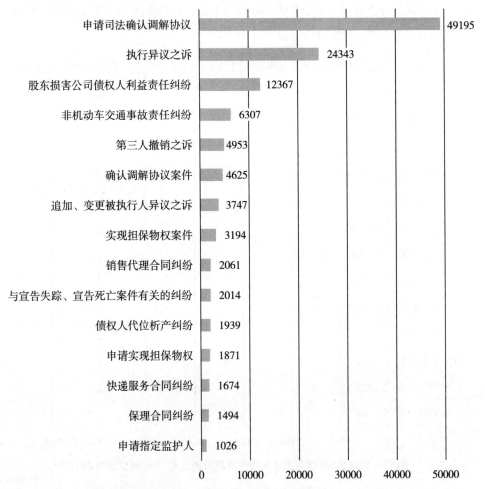

图 4　《民法典》新增案由司法案例对新增案由的适用情况(1000 例以上)(例)

---

〔1〕　本报告中的"之间""以上"包含本数,"以下"不包含本数。

　　(二)新增案由司法案例的专题分类主要集中于交通事故、建设工程及保理合同

"北大法宝·司法案例库"目前已设置 28 个专题分类[1],127104 例《民法典》新增案由司法案例能明确专题分类的有 15180 例,共涉及 21 个专题。其中案例数量 1000 例以上的有 3 个专题,交通事故最多,有 7056 例,总占比约为 46%;建设工程和保理合同分别有 2542 例和 1503 例,总占比约为 17%、10%;500 例至 1000 例之间的有 2 个专题,为民间借贷和医疗卫生,有 965 例和 540 例;100 例至 500 例之间的有金融担保和合伙合同等 9 个专题;100 例以下的有消费维权、涉民营企业和网络购物合同等 7 个专题(见图 5)。

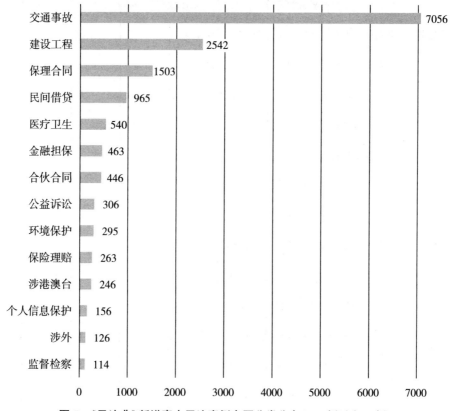

图5　《民法典》新增案由司法案例专题分类分布(100例以上)(例)

----

〔1〕　专题存在复选的,按每个专题分别统计。

（三）新增案由司法案例包括指导性案例和公报案例各2例,均为公益诉讼

127104例《民法典》新增案由重要案例[1]共计138例。其中,指导性案例2例,均为最高人民检察院指导性案例,案由为环境污染民事公益诉讼和未成年人保护民事公益诉讼;公报案例2例,均为最高人民法院公报案例,案由为公益诉讼和消费者权益保护民事公益诉讼;典型案例42例,其中最高人民法院发布1例、最高人民检察院发布17例、最高人民法院和最高人民检察院联合发布4例、地方人民法院发布17例、地方人民检察院发布1例、专门人民法院发布2例,案由涉及环境污染民事公益诉讼和生态环境保护民事公益诉讼等14种;另有参阅案例4例、评析案例5例、优秀案例64例和经典案例19例。

（四）新增案由司法案例的来源地域覆盖最高人民法院及31个省级行政区,有三个直辖市案例数量超万例

127104例《民法典》新增案由司法案例中,能明确来源地域的有127102例[2],涉及最高人民法院及重庆市等31个省级行政区,其中来源于最高人民法院的有331例。31个省级行政区中,案例数量1万例以上的有3个直辖市,为重庆市、上海市和北京市,分别有13265例、11504例和10154例,总占比约为10%、9%和8%;5000例至1万例之间的有8个省级行政区,包括广东省、云南省及山东省等;1000例至5000例之间的有新疆维吾尔自治区、安徽省及四川省等17个省级行政区;1000例以下的有青海省、西藏自治区及海南省3个省级行政区（见图6）。

（五）新增案由司法案例以基层和中级人民法院为主,涉及五类专门人民法院

127104例《民法典》新增案由司法案例中,能明确法院级别的有127102例[3],其中基层人民法院最多,有108709例,总占比约为86%;中级人民法院有15541例,总占比约为12%;高级人民法院和最高人民法院分别有1734例和331例,总占比约为2%;专门人民法院有787例,包括海事法院460例、金融法院144例、铁路运输法院127例、互联网法院34例及知识产权法院22例（见图7）。

---

[1] 重要案例包括指导性案例、"两高"公报案例、典型案例、参阅案例、评析案例,以及精心挑选的来源于书籍和网络的具有较高参考价值的经典案例、各级法院评选的优秀案例。重要案例参照级别存在复选的,按每个参照级别分别统计。

[2] 参见【法宝引证码】CLI.C.419510854,CLI.C.503668376,均为典型案例,正文中无来源地域信息,载北大法宝·司法案例库（https://www.pkulaw.com/case? way=topGuid）,访问日期:2024年5月7日。

[3] 参见【法宝引证码】CLI.C.419510854,CLI.C.503668376,均为典型案例,正文中无法院级别信息,载北大法宝·司法案例库（https://www.pkulaw.com/case? way=topGuid）,访问日期:2024年5月7日。

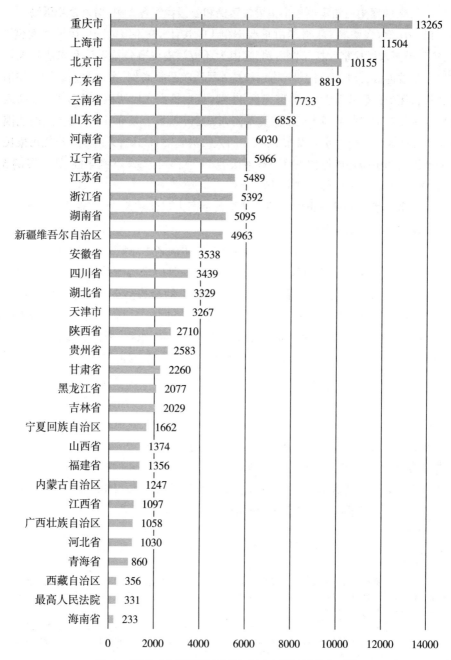

图6   《民法典》新增案由司法案例来源地域分布(例)

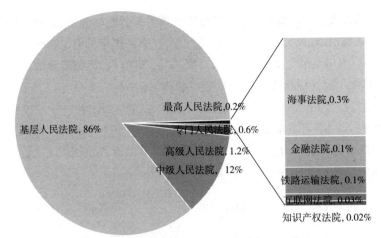

图7　《民法典》新增案由司法案例法院级别分布

（六）新增案由司法案例的文书类型涉及7类，裁定书总占比近七成

127104例《民法典》新增案由司法案例中，能明确文书类型的有127101例[1]，共涉及7类文书类型。其中出具裁定书的有87219例，总占比约为69%；出具判决书的有32227例，总占比约为25%；出具调解书、通知书、决定书、支付令及其他5类文书类型的共计7655例，总占比约为6%。

（七）新增案由司法案例以特别程序为主，适用调解协议司法确认程序的占比最高

127104例《民法典》新增案由司法案例中，能明确审理程序的有127095例[2]，共涉及8类审理程序，其中适用特别程序的最多，有58958例，总占比约为46%。特别程序涉及调解协议司法确认、实现担保物权、宣告失踪、宣告死亡、监护人指定异议及财产代管人申请变更代管5类，其中适用调解协议司法确认程序的案件数量最多，有50650例，总占比约为86%；适用一审的有39371例，总占比约为31%；适用二审的有13446例，总占比约为11%；适用简易、再审、督促、破产及其他5类审理程序的均在1万例以下。

---

〔1〕　参见【法宝引证码】CLI. C. 505538378，CLI. C. 515298852，均为典型案例，CLI. C. 546010291为评析案例，正文中无文书类型信息，载北大法宝·司法案例库（https://www.pkulaw.com/law/），访问日期：2024年5月7日。

〔2〕　参见【法宝引证码】CLI. C. 505555278，CLI. C. 402798649，CLI. C. 545122364，CLI. C. 505538378，CLI. C. 502863048，CLI. C. 408169703，CLI. C. 503474016，CLI. C. 431856741，CLI. C. 408169697，均为典型案例，正文中无审理程序信息，载北大法宝·司法案例库（https://www.pkulaw.com/law/），访问日期：2024年5月7日。

（八）新增案由司法案例终审结果维持原判类占比超六成,以二审维持原判为主

127104 例《民法典》新增案由司法案例中,二审和再审的有 13009 例,终审结果涉及 11 类。终审结果为维持原判的有 2 类,共计 8370 例,案例数量最多,总占比约为 64%,其中二审维持原判的有 8271 例,再审维持原判的有 99 例。终审结果为改判的有 4 类,共计 2094 例,总占比约为 16%,其中二审全部改判的有 1729 例,二审部分改判的有 168 例,再审全部改判的有 146 例,再审部分改判的有 51 例;维持原判和改判均以执行异议之诉为主。终审结果为驳回再审申请、发回重审、裁定提审、裁定再审及裁定终结再审 5 类的共计 2545 例(见图 8)。

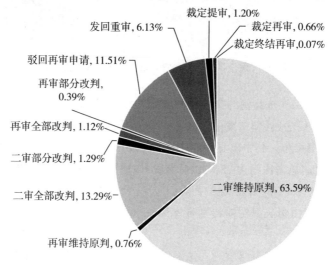

图 8　《民法典》新增案由司法案例终审结果分布

（九）新增案由司法案例当事人聘请律师的占比近四成,以执行异议之诉为主

127104 例《民法典》新增案由司法案例中,当事人聘请律师的有 49235 例,总占比约为 39%。当事人聘请律师的案例共涉及 64 种新增案由,排名前三位的为执行异议之诉有 17378 例、股东损害公司债权人利益责任纠纷有 9748 例,第三人撤销之诉有 3791 例。当事人未聘请律师的有 77869 例,总占比约为 61%。

三、《民法典》新增案由司法案例法律法规适用分析

（一）《民法典》新增案由司法案例共引用 495 部法律法规,涉及中央和地方法规 10 个效力位阶

127104 例《民法典》新增案由司法案例引用现行有效的法律法规共计 495 部,包括

中央法规 437 部和地方法规 58 部。中央法规涉及 6 个效力位阶,其中引用司法解释最多,有 172 部,总占比约为 35%;法律 104 部,总占比约为 21%;部门规章 86 部,总占比约为 17%;行政法规 69 部,总占比约为 14%;行业规定以及党内法规制度分别有 5 部、1 部。地方法规涉及 4 个效力位阶,包括地方性法规 26 部,总占比约为 5%;地方司法文件 14 部和地方政府规章 12 部,总占比分别约为 3%、2%;地方规范性文件 6 部,总占比约为 1%。

(二)《民法典》新增案由司法案例法律引用情况

1. 法律中实体法超九成,《民法典》及《公司法》引用次数均超 1 万次

127104 例《民法典》新增案由司法案例共引用 104 部法律,其中实体法 98 部,总占比约为 94%。从实体法引用次数来看,引用次数 1 万次以上的有 2 部,其中《民法典》引用次数最多,达 23535 次;《公司法》(含历次修正)引用 19842 次;1000 次至5000 次之间的有 2 部,包括《企业破产法》(3963 次)和《反家庭暴力法》引用 1839次;引用 100 次至 500 次之间的有《突发事件应对法》和《道路交通安全法》等 7 部;100 次以下的有《海商法》等 87 部。6 部程序法的引用次数依次是《民事诉讼法》(含历次修正)引用 176664 次、《公证法》(含历次修正)引用 59 次、《人民调解法》引用 46 次、《仲裁法》(含历次修正)引用 33 次、《海事诉讼特别程序法》引用 21 次,以及《刑事诉讼法》(含历次修正)引用 4 次(见图 9)。

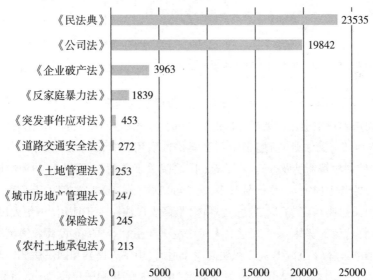

图 9　《民法典》新增案由司法案例实体法引用次数统计(200 次以上)(次)

2.《公司法(2018 修正)》第 28 条引用次数最多,为股东出资

98 部实体法共涉及具体条文 1692 条,其中引用次数 2000 次以上的有 4 条,其中,《公司法(2018 修正)》第 28 条(股东出资)引用 3084 次、第 3 条(公司分类)引用 2750 次、第 20 条(公司股东责任)引用 2547 次,以及《企业破产法》第 2 条(企业重整)引用 2095 次。1000 次至 2000 次之间的有 4 条,其中《公司法(2018 修正)》第 63 条(一人有限责任公司债务承担)引用 1506 次、《民法典》第 1165 条(过错责任原则)引用 1479 次;1000 次以下的有 1684 条(见图 10)。

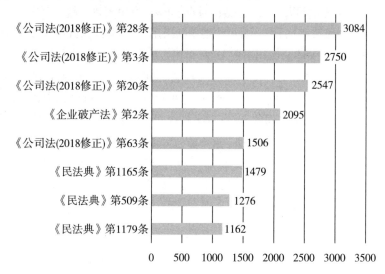

图 10　《民法典》新增案由司法案例实体法法条引用次数统计(1000 次以上)(次)

(三)《民法典》新增案由司法案例司法解释引用情况

1. 司法解释中引用次数超万次的有 3 部,与《民法典》相关的司法解释涉及 6 部

127104 例《民法典》新增案由司法案例共引用 172 部司法解释,其中与《民法典》相关的司法解释涉及 6 部,《最高人民法院关于适用〈中华人民共和国民法典〉时间效力的若干规定》引用次数最多,达 5480 次;《最高人民法院关于适用〈中华人民共和国民法典〉有关担保制度的解释》《最高人民法院关于适用〈中华人民共和国民法典〉物权编的解释(一)》《最高人民法院关于适用〈中华人民共和国民法典〉婚姻家庭编的解释(一)》《最高人民法院关于适用〈中华人民共和国民法典〉继承编的解释(一)》,以及《最高人民法院关于适用〈中华人民共和国民法典〉总则编若干问题的解释》5 部司法解释引用次数均在 100 次以下。

　　172 部司法解释引用次数 1 万次以上的有 3 部,《最高人民法院关于适用〈中华人民共和国民事诉讼法〉的解释》(含历次修正)引用 47500 次、《最高人民法院关于民事执行中变更、追加当事人若干问题的规定》(含历次修正)引用 14170 次、《最高人民法院关于适用〈中华人民共和国公司法〉若干问题的规定(三)》(含历次修正)引用 11508 次;5000 次至 1 万次之间的有 2 部,《最高人民法院关于人民法院办理执行异议和复议案件若干问题的规定》(含历次修正)引用 9924 次、《最高人民法院关于适用〈中华人民共和国民法典〉时间效力的若干规定》引用 5480 次;1000 次至 5000 次之间的包括《最高人民法院审理人身损害赔偿案件适用法律若干问题的解释》(含历次修正)等 5 部引用 3593 次;1000 次以下的有 162 部(见图 11)。

图 11　《民法典》新增案由司法案例司法解释引用次数统计(500 次以上)(次)

　　2. 司法解释中《最高人民法院关于适用〈中华人民共和国公司法〉若干问题的规定(三)(2020 修正)》第 13 条引用次数最多

　　172 部司法解释共涉及具体条文 1773 条,引用次数 5000 次以上的共 2 条,其中《最高人民法院关于适用〈中华人民共和国公司法〉若干问题的规定(三)(2020 修

正)》第13条(股东未全面履行出资义务如何承担责任)引用6272次、《最高人民法
院关于适用〈中华人民共和国民法典〉时间效力的若干规定》第1条(民法典施行前
的法律事实适用)引用5012次;引用次数1000次至5000次之间的有28条,其中《最
高人民法院关于适用〈中华人民共和国民事诉讼法〉的解释(2020修正)》第312条
(案外人提起执行异议之诉)引用4911次、《最高人民法院关于民事执行中变更、追
加当事人若干问题的规定(2020修正)》第17条(追加未缴纳出资股东为被执行人)
引用3501次。引用次数1000次以下的有1743条(见图12)。

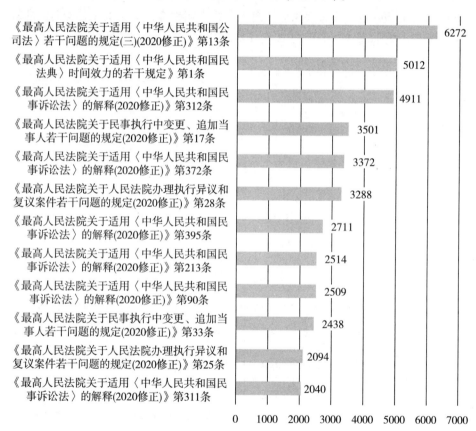

图12 《民法典》新增案由司法案例司法解释法条引用次数统计(2000次以上)(次)

结　语

"北大法宝·司法案例库"全面收录我国各级法院审理的各类案例,总量已达

1.5亿篇,包括指导性案例、公报案例及典型案例等丰富优质的案例资源,已成为大数据分析研究的必备工具。我们将持续关注司法案例研究工作,充分利用"北大法宝"数据库平台优势,陆续推出案例数据分析报告,敬请关注!

【责任编辑:张文硕】

"人民法院案例库"
案例大数据分析报告

北大法宝司法案例研究组[*]

摘要：2024 年 2 月 27 日，"人民法院案例库"[1]正式上线并向社会开放。收录经最高人民法院审核认为对类案具有参考示范价值的案例，旨在最大限度发挥权威案例促进法律正确统一适用、促进深化诉源治理等效能，更好地服务司法审判、公众学法、学者科研、律师办案。[2]北大法宝司法案例研究组以"人民法院案例库"中的 4011 例案例作为研究对象，使用大数据分析方法，从审判年份、案由和关键词等 7 个维度进行统计分析，呈现"人民法院案例库"案例发布特点以及规律，以期为业界案例研究提供参考。

关键词："人民法院案例库" 指导性案例 参考案例 发布状况 数据统计

截至 2024 年 6 月 30 日，"人民法院案例库"已发布 4011 例案例[3]，其中指导性案例 229 例，参考案例 3782 例。本文以"人民法院案例库"公布的 4011 例案例作为本次统计源，探究其规律。

收稿日期：2024-06-30

* 北大法宝司法案例研究组成员：朴文玉、彭重霞、刘策、陈春菊、丁丹凤。朴文玉，北大法宝信息运营总监；彭重霞，北大法宝信息运营副总监；刘策，北大法宝案例中心研究员；陈春菊，北大法宝案例中心研究员；丁丹凤，北大法宝案例中心编辑。研究指导：郭叶，北大法律信息网（北大法宝）副总编。感谢北大法宝编辑梁安嘉、白梦圆、梁雪钰对本报告写作提供的大力支持。

〔1〕 参见人民法院案例库(https://rmfyalk.court.gov.cn/)，访问日期：2024 年 6 月 30 日。

〔2〕 参见最高人民法院公众号于 2024 年 2 月 27 日发布的《人民法院案例库入库参考案例选编》，访问日期：2024 年 6 月 30 日。

〔3〕 本报告对审判年份、案由、关键词、来源地域、法院级别、文书类型及审理程序的统计均以 2024 年 6 月 30 日"人民法院案例库"数据为准。

一、"人民法院案例库"案例的审结年份跨度为 15 年，2021 年达历年最高

　　4011 例"人民法院案例库"案例中，能明确审结年份的有 3791 例，时间跨度为 15 年，自 2010 年至今每年均有涉及。2012 年至 2021 年审结的案例数量逐年增加，2018 年至 2021 年增幅较大，从 186 例上升至 802 例。2021 年审结的案例数量达历年最多。2021 年至 2023 年审结的案例数量逐年下降（见图 1）。

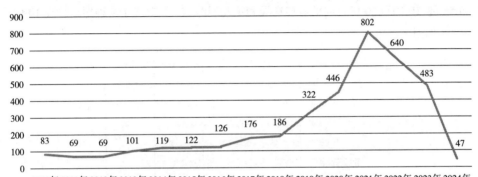

图 1　"人民法院案例库"案例审判年份分布（例）

二、"人民法院案例库"案例案由涉及 5 大类，民事和刑事案例居多，总占比约 82%

　　4011 例"人民法院案例库"案例涉及刑事、民事、行政、国家赔偿和执行 5 大类。其中民事案例最多，有 1773 例，总占比约为 44%；刑事案例有 1512 例，总占比约为 38%；行政案例有 455 例，总占比约为 11%；执行和国家赔偿案例分别有 240 例、31 例，总占比约为 7%。

　　（一）刑事类案由涵盖特别程序及正当防卫、共同犯罪等刑法总则问题，具体罪名中走私、贩卖、运输、制造毒品罪案例最多

　　与中国裁判文书网不同，"人民法院案例库"的案由体系中专门设立了刑法总则及特别程序，特别程序目前仅有 1 例，为适用缺席审判程序审结的案例。刑法总则主要针对社会公众关注度高及与老百姓切身利益密切相关的领域，涵盖正当防卫、共同犯罪及自首和立功等 14 大类，与刑法总则适用相关的案例共计 310 例。其中

自首和立功最多,有 78 例,总占比约为 25%;共同犯罪有 53 例,总占比约为 17%;犯罪和刑事责任有 32 例,总占比约为 10%;10 例至 30 例之间的有数罪并罚、缓刑、量刑、单位犯罪(含企业合规)、认罪认罚,以及犯罪的预备、未遂和中止 6 类。累犯、减刑、假释、时效和刑罚 5 类均在 10 例以下。

　　刑事罪名包含危害公共安全罪和破坏社会主义市场经济秩序罪等 8 类,共涉及 193 种具体罪名,案例数量共计 1512 例。其中 100 例以上的有走私、贩卖、运输、制造毒品罪和故意杀人罪,分别有 104 例、103 例,总占比均约为 7%;50 例至 100 例之间的有 4 种,为故意伤害罪、诈骗罪、受贿罪和危险驾驶罪,分别有 83 例、66 例、63 例和 53 例;10 例至 50 例之间的有盗窃罪和抢劫罪等 28 种;其余 159 种罪名均在 10 例以下(见图 2)。

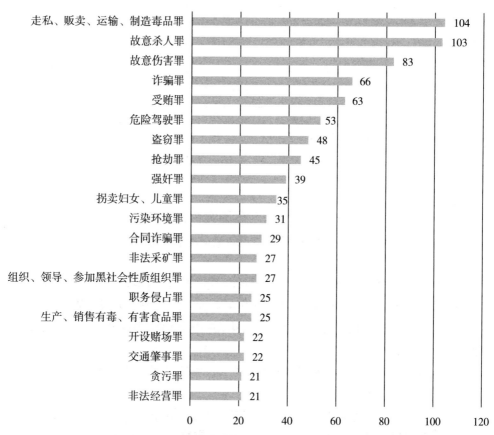

图 2　"人民法院案例库"案例刑事罪名分布(20 例以上)(例)

（二）民事案例涉及 210 种具体案由，专利权权属、侵权纠纷数量最多

"人民法院案例库"民事案由的编排设置与 2020 年公布的《最高人民法院关于印发修改后的〈民事案件案由规定〉的通知》不同，将人格权纠纷、婚姻家庭纠纷、继承纠纷及物权保护纠纷等 42 类子集作为大类案由，共涉及 210 种具体案由，案例数量共计 1609 例。其中 100 例以上的仅有专利权权属、侵权纠纷，有 165 例，总占比约为 10%；50 例至 100 例之间的有 5 种，为著作权权属、侵权纠纷、借款合同纠纷，商标权权属、侵权纠纷，生态环境保护民事公益诉讼和买卖合同纠纷，分别有 85 例、80 例、69 例、66 例和 64 例，总占比约为 23%；10 例至 50 例之间的有植物新品种权权属、侵权纠纷和执行异议之诉等 32 种；10 例以下的有承揽合同纠纷和船舶碰撞损害责任纠纷等 172 种（见图 3）。

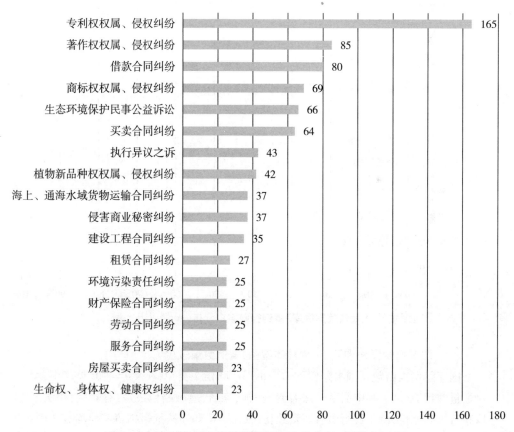

图 3　"人民法院案例库"案例民事案由分布（20 例以上）（例）

（三）行政案例主要涉及专利相关行政案件，数量近百例

行政案由包括行政处罚、行政强制措施和行政强制执行等27种具体案由，案例数量共计455例。其中50例以上的有3种案由，其中专利相关行政案件有97例，总占比约为21%；行政处罚和商标相关行政案件分别有70例、53例，总占比分别约为15%、12%。10例至50例之间有10种案由，其中行政复议最多，有29例，总占比约为6%。10例以下的包含行政强制措施和行政批复等14种案由，共计57例，总占比约为13%（见图4）。

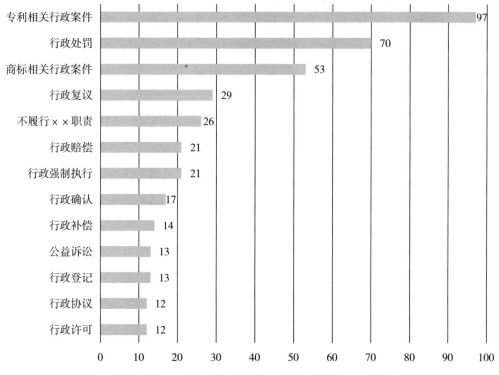

图4　"人民法院案例库"案例行政案由分布（10例以上）（例）

（四）国家赔偿案例涉及14种具体案由，案例数量较少

国家赔偿案由包括刑事赔偿和非刑事司法赔偿2类，共涉及14种具体案由，案例数量共计26例。其中刑事违法查封、扣押、冻结、追缴赔偿最多，有4例；违法采取执行措施赔偿，怠于履行监管职责致伤、致死赔偿和违法刑事拘留赔偿均有3例；再审无罪逮捕赔偿、重审无罪赔偿和无罪逮捕赔偿均有2例；违法采取执行强制措施赔偿、违法执行损害案外人权益赔偿和违法使用武器、警械致伤、致死赔偿等7种案由均有1例（见图5）。

图5　"人民法院案例库"案例国家赔偿案由分布(例)

（五）执行案例以执行监督案件为主，案例数量超百例

执行案由包括3类，分别为实施类、审查类和其他，共涉及6种具体案由，案例数量共计240例。其中执行监督案件最多，有134例，总占比约为56%；执行复议案件有73例，总占比约为30%；执行异议案件和首次执行案件分别有16例、11例，总占比分别约为7%、5%；恢复执行案件和其他执行案件均有3例（见图6）。

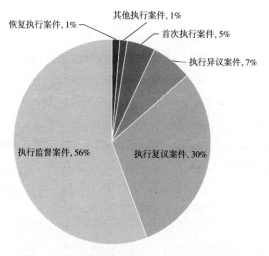

图6　"人民法院案例库"案例执行案由分布

三、"人民法院案例库"案例的关键词
以"民事""刑事"为主,总占比近七成

　　"人民法院案例库"数据能明确关键词的有4772例,包含"民事""刑事""行政""执行"及"故意杀人罪"等15个(见图7)。100例以上的关键词有6个,其中"民事"有1682例,总占比约为35%;"刑事"有1496例,总占比约为31%;"行政"有416例,总占比约为9%;"执行""执行监督"和"故意杀人罪"分别有239例、132例和108例。"故意伤害罪""诈骗罪"及"不正当竞争"等9个关键词均在100例以下。

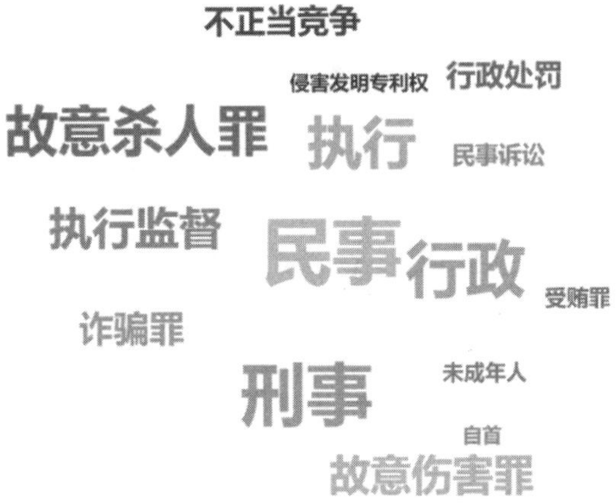

图7　"人民法院案例库"案例关键词分布

四、"人民法院案例库"案例来源于最高人民法院的最多,
100例以上的有9个省级行政区

　　4011例"人民法院案例库"案例中,能明确来源的有3995例,涉及最高人民法院及上海市等31个省级行政区。来源于最高人民法院的最多,有1018例,总占比约为25%。100例以上的有9个省级行政区,排名前三位的为上海市、江苏省和北京市,分别有393例、289例和286例,总占比分别约为10%、7%、7%。50例至100例之间的有福建省和新疆维吾尔自治区〔1〕等10个省级行政区;50例以下的有广西壮族自治区和云南省等12个省级行政区(见图8)。

───────────────

　　〔1〕　新疆维吾尔自治区案例数量包含新疆维吾尔自治区(30例)和新疆建设兵团(20例)。

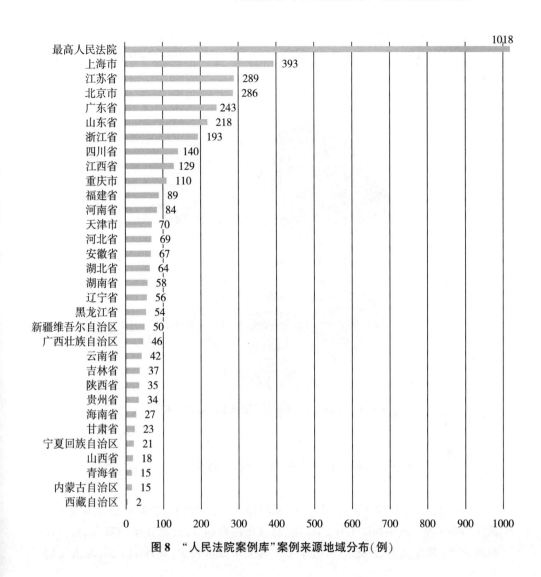

图8　"人民法院案例库"案例来源地域分布(例)

五、"人民法院案例库"案例以中级和
最高人民法院为主,涉及5类专门人民法院

4011例"人民法院案例库"案例中,能明确审理法院的有4007例,包含四级人民法院以及专门人民法院。其中中级人民法院最多,有1261例,总占比约为31%;最高人民法院有1017例,总占比约为25%;基层人民法院和高级人民法院分别有822

例、793 例,总占比分别约为 21%、20%;专门人民法院有 114 例,总占比约为 3%,包含海事法院 42 例、金融法院 26 例、知识产权法院 25 例、铁路运输法院 18 例及互联网法院 3 例(见图 9)。

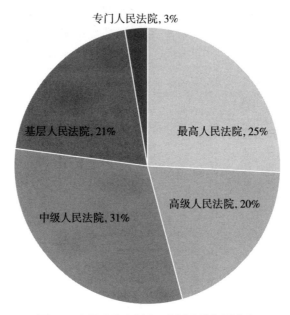

图 9 "人民法院案例库"案例法院级别分布

六、"人民法院案例库"案例以判决书为主,占比超六成

4011 例"人民法院案例库"案例中,能明确文书类型的有 3833 例,涉及判决书及裁定书等 5 类。其中判决书有 2342 例,总占比约为 61%;裁定书有 1378 例,总占比约为 36%;其他文书、决定书和通知书 3 类文书数量较少,共计 113 例,总占比约为 3%。

七、"人民法院案例库"案例适用二审程序的最多,占比达五成

4011 例"人民法院案例库"案例中,能明确审理程序的有 3995 例,涉及一审、二审、再审和执行等 10 类。其中适用二审程序的最多,有 1985 例,总占比约为 50%;一审程序有 1009 例,总占比约为 25%;再审程序有 638 例,总占比约为 16%;执行程序有 242 例,总占比约为 6%;死刑复核、委赔、破产、法定刑以下判处刑罚复核、督促

及其他6类审理程序均在100例以下,共计121例,总占比约为3%(见图10)。

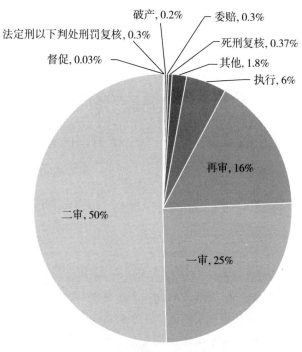

图10　"人民法院案例库"案例审理程序分布

【责任编辑:张文硕】

"人民法院案例库"
行政案例数据分析报告

林胤翔*　　赖宇帆**

摘要： "人民法院案例库"旨在正确统一法律适用,深化诉源治理,现已收录行政案例461件,收录的案例具有权威效力。观察前述案例,不仅得以洞悉案例库现有行政案例的各维度特点,知悉案例库建设及行政案例遴选机制存在的问题,亦得以窥见行政审判实践中的重点、难点。通过分析可见,入库行政指导性案例以2013年至2019年间审判居多,多为中院案例、二审案例,江苏省、四川省法院案例数居省区排名前二,多为自然人起诉。入库行政参考案例以2019年至2023年间审判居多,近半数为最高人民法院案例,审级上以二审案例居多,北京市、上海市法院案例数居省区排名前二,多为法人起诉,暂无社会推荐案例,至少5件案例已被删除出库。两类入库案例均以行政处罚案由居多,规范性文件附带审查少,判决结案多,调解结案少。在审查依据上,《行政诉讼法》及司法解释、"行政三法"、工伤及征收相关法律法规适用率高;公私法原则皆被适用,行政处罚相关原则适用率高。有鉴于此,建议增补实质性化解行政争议案例,落实社会推荐制度,采用出库失效标注制,允许访问裁判文书原文以辅助理解。

关键词： "人民法院案例库"　指导性案例　参考案例　行政审判　行政争议

收稿日期：2024-08-05
* 林胤翔,中国政法大学法学院博士研究生。
** 赖宇帆,北京大学法学院博士研究生。

一、引　言

2023年下半年以来,为规范和深化裁判文书公开制度,充分发挥案例的实用效能,最高人民法院先后印发《关于建设人民法院案例库的通知》《关于加快推进人民法院案例库建设的通知》等通知,大力推进"人民法院案例库"建设工作。随后,"人民法院案例库"也着手面向社会开展参考案例征集工作。

早在案例库建设伊始,最高人民法院便将其视为"完善中国特色案例制度的重要举措",进而有意将其与裁判文书网从功能定位上相区分,强调其促进"正确统一法律适用""深化诉源治理"的使命。一方面,针对裁判文书网所面临的常见案例过多,新型、少见案例数量畸少的问题,案例库则要求案情相似、适用规范相同的案例一般不得超过两例;另一方面,相比于裁判文书网上同一法律问题在不同地域、不同层级的人民法院可能出现裁判差异的问题,案例库的建设强调"正确统一法律适用"的核心功能,从严把关案例的审核入库,形成了各级法院逐级层报、层层筛选、层层把关,最高人民法院相关审判业务部门汇总并就事实认定、法律适用、裁判说理、价值导向进行全面审查,最终交由研究室审核入库的报送机制。

"人民法院案例库"的建设对行政诉讼的意义不容小觑。长期以来,行政诉讼面临着较为严重的程序空转的问题,案件实体审查率低、上诉率和申请再审率高,"一人多案、一事多案"的现象频发。这反映了在行政纠纷中,人民法院诉源治理和实质性化解纠纷的能力存在一定程度的不足。"人民法院案例库"通过入库行政案件,不仅能够为各级人民法院审理行政案件提供客观的裁判指导,也能够为包括行政相对人和行政机关在内的双方当事人提供明确的行为规范。

截至2024年8月2日,"人民法院案例库"收录案例4050件,其中行政案件共有461件,占入库总数的11.4%。本文以上述行政案件作为以下分析的数据来源。[1]

二、"人民法院案例库"行政案例来源情况

（一）指导性案例多为2013年至2019年审判,参考案例多为2019年至2023年审判

"人民法院案例库"建设工作于2023年启动,2024年2月27日正式上线并面向社会公开,故而案例库行政案例的收录时间均为2023年或2024年。根据入库案例

---

〔1〕　参见人民法院案例库(https://rmfyalk.court.gov.cn/),访问日期:2024年8月2日。

编号判断,2023 年收录的行政参考案例共计 283 件,2024 年收录的行政参考案例已达 146 件。

就审判年份而言,收入案例库的行政指导性案例数量自 2009 年至 2013 年呈上升趋势,2013 年至 2019 年有所波动,2019 年后波动下降(见图 1)。整体而言,以 2013 年至 2019 年期间审判的案例居多。对于行政参考案例,自 2010 年起整体呈上升趋势,自 2021 年达到峰值,为 97 件,其后呈下降趋势(见图 1)。其中,审判年份为 2019 年至 2023 年的共计 339 件,占全部 429 件行政参考案例的 79.0%。

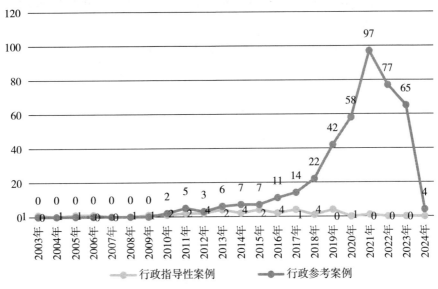

图 1　"人民法院案例库"行政案例审判年份分布(例)

(二)省区排名中,江苏省、四川省法院案例居指导性案例前二,北京市、上海市法院案例居参考案例前二

收入案例库的行政指导性案例的审理法院包括最高人民法院及位于 17 个省、自治区、直辖市的法院(见图 2)。其中,除最高人民法院外,在 17 个省级行政区中,2 件及以上的有 7 个省级行政区,分别为江苏省(3 件)、四川省(3 件)、山东省(2 件)、安徽省(2 件)、浙江省(2 件)、重庆市(2 件)、江西省(2 件)。

对于收入案例库的 429 件行政参考案例而言,审理法院除最高人民法院外,还包含位于 29 个省级行政区的法院(见图 2),案例来源的地域广泛性有所提升。29 个省级行政区中,10 例及以上的有 7 个省级行政区,北京市、上海市分别以 43 件、20 件位居各省区前二,分别占行政参考案例总数的 10.0% 与 4.7%,江苏省、山东省、四川省、安徽省、浙江省分别位居第三至第七位,分别占行政参考案例总数的 3.7%、

3.7%、3.7%、2.6%、2.3%。

　　我国除港澳台外的 31 个省级行政区中,没有行政指导性案例的审理法院位于福建省、河南省、陕西省、辽宁省、黑龙江省、湖南省、甘肃省、山西省、青海省、河北省、新疆维吾尔自治区、宁夏回族自治区、西藏自治区,没有行政参考案例的审理法院位于湖北省、西藏自治区。其中,西藏自治区既无行政指导性案例,亦无行政参考案例。

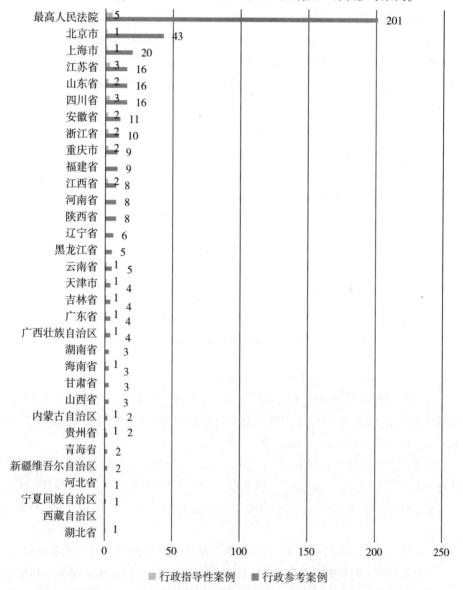

图 2　"人民法院案例库"行政案例审理法院来源分布(件)

(三)指导性案例以中级法院案例居多,参考案例以最高人民法院案例居多

在入库的 32 件行政指导性案例中,审理法院为中级法院的案例达 12 件,占入库行政指导性案例的 37.5%,占比最高(见图 3)。审理法院为基层法院的达 9 件,占比 28.1%,紧随其后。审理法院为最高人民法院的案例有 5 件,占比 15.6%。虽然最高人民法院审理的入库行政指导性案例数量在法院级别上仅排名第三,但在全国三千余家法院中仍属最多。

在入库的 429 件行政参考案例中,有 201 件的审理法院为最高人民法院,占比高达 46.9%,显著高于最高人民法院审理案件占行政指导性案例的 15.6% 的比例(见图 3)。中级法院以 107 件紧随其后,占入库行政参考案例的 24.9%。

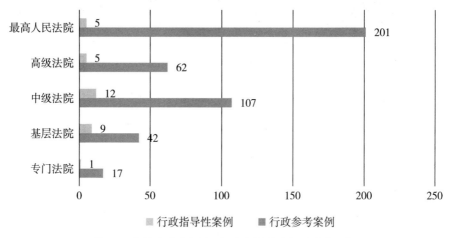

图 3　"人民法院案例库"行政案例法院级别分布(件)

(四)指导性案例、参考案例均以二审居多

在入库的行政指导性案例中,审理程序为二审的有 15 件,在 32 件行政指导性案例中占比最高,为 46.9%;审理程序为一审的有 11 件,排名第二,占比 34.4%;审理程序为再审的有 6 件,排名第三,占比 18.8%。

在入库的行政参考案例中,审理程序占比最高的同样为二审,达 244 件,在 429 件行政参考案例中占比 56.9%。审理程序为再审的排名第二,为 125 件,占比 29.1%。审理程序为一审、其他审理程序的分别有 58 件、2 件,分别占比 13.5%、0.5%。

(五)行政庭、知产庭、民三庭、环资庭等均报送参考案例,暂无社会推荐案例

根据《人民法院案例库建设运行工作规程》第 12 条,最高人民法院各审判业务部门对案例的事实认定、法律适用、裁判说理、价值导向等进行全面审查,经专业法官会议讨论后,认为符合入库标准的,方可报分管院领导审批后送研究室审核。根据该规程第 15 条,最高人民法院研究室也可自行收集、编写案例。且根据该规程第 8 条、第 9 条,基层、中级、高级法院的案例须由高级法院研究室报送最高人民法院相关审判业务部门。

经对入库行政案例右下角标注的业务部门来源进行统计,发现 429 件行政参考案例中,行政庭审核报送 216 件,数量最多,占比 50.3%,知产庭审核报送 83 件,排名第二,占比 19.4%。民三庭审核报送 78 件,排名第三,占比 18.2%。环资庭、立案庭、民一庭、审监庭、研究室分别报送 39 件、10 件、1 件、1 件、1 件,分别占比 9.1%、2.4%、0.2%、0.2%、0.2%。由此可见,行政参考案例并非均由行政庭审核报送。对于行政指导性案例,则均系研究室录入。

值得注意的是,根据《人民法院案例库建设运行工作规程》,社会各界可以推荐参考案例。最高人民法院亦曾面向社会公开发布《关于征集人民法院案例库参考案例的公告》。截至 2024 年 4 月 30 日,全国法院收到了各类社会推荐案例 500 余件,其中部分已经审核入库,并在"人民法院案例库"中标有"社会推荐"字样。[1]在刑事案例领域,"李某强制猥亵案"[2]便是一件标注"社会推荐"字样的由中学教师推荐的入库案例。不过,在行政案例领域,纵观 429 件行政参考案例,没有一件来源于社会推荐并标注"社会推荐"字样。社会推荐参考案例制度在行政案例领域仍有待激活。

三、"人民法院案例库"行政案例案情与裁判情况

(一)参考案例较指导性案例案由更全面,两类案例均以行政处罚案例居多

32 件入库行政指导性案例共涉及 14 种案由(见图 4),其中案由为行政处罚的案例最多,为 8 件,占比 25.0%。案由为行政确认的案例次之,共 5 件,占比 15.6%。案由为××(行政行为)公益诉讼、著作权相关行政案件的案例均为 3 件,各占比 9.4%。

相对于入库行政指导性案例,入库行政参考案例涉及的案由更为广泛、全面,429 件行政参考案例涉及 27 种案由(见图 4),实现了《最高人民法院关于行政案件案由的暂行规定》中的行政案件的二级案由的全覆盖。其中,案例数为 20 例及以上的案由有 7 种,依次是专利相关行政案件、行政处罚、商标相关行政案件、行政复议、

---

〔1〕　参见最高人民法院研究室案例工作小组:《人民法院案例库若干重要问题解读》,载《中国应用法学》2024 年第 3 期。

〔2〕　李某强制猥亵案,人民法院案例库入库编号 2024-14-1-184-001。

不履行××职责、行政强制执行、行政赔偿。除知识产权授权确权和垄断行政案件案由外[1]，行政处罚案由的案例数排名第一，为65件；行政复议案由排名第二，为29件；不履行××职责案由排名第三，为25件。与此同时，在此情形下，行政收费案由的案例为1件，排名倒数第一；行政给付案由、行政允诺案由、行政奖励案由、行政裁决案由的案例均为2件，并列倒数第二。

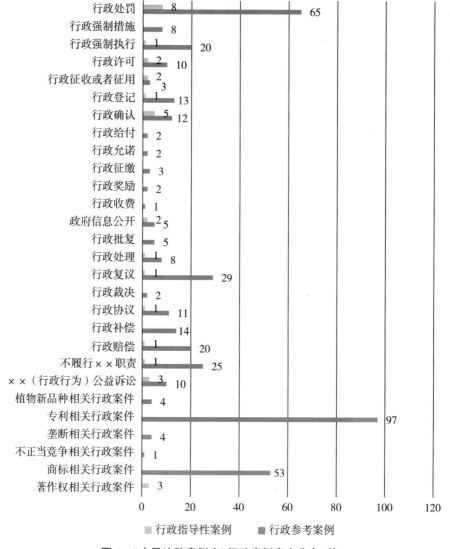

图4 "人民法院案例库"行政案例案由分布(件)

---

[1] 参见《最高人民法院印发〈关于行政案件案由的暂行规定〉的通知》。

（二）指导性案例自然人起诉的居多，参考案例法人起诉的居多

参考《行政诉讼法》第 2 条第 1 款，我们将原告类型划分为自然人、法人、其他组织三种。在 32 件入库行政指导性案例中，原告为法人（不含检察院）的有 11 件，占比 34.4%；原告为自然人的有 17 件，占比 53.1%；原告为检察院的有 4 件，占比 12.5%；没有原告为其他组织的案例。在 429 件入库行政参考案例中，原告包含法人（不含检察院）的最多，有 241 件，占比 56.2%；原告仅为自然人的有 155 件，占比 36.1%；原告包含非法人组织的有 22 件，占比 5.1%；原告为检察院的有 11 件，占比 2.6%。

（三）高频关键词为行政、行政处罚、行政复议

461 件入库行政案例共涉及 15 个关键词（见图 5）。出现 30 次及以上的有行政、行政处罚、行政复议、行政诉讼四词，分别为 421 次、82 次、51 次、39 次。出现 15 次至 29 次的有创造性、行政赔偿、不履行法定职责、受案范围、发明专利权无效五词，分别出现 29 次、24 次、23 次、19 次、15 次。出现 14 次及以下的有行政补偿、发明专利申请驳回复审、行政确认、行政许可、行政协议、行政登记六词，分别出现 13 次、13 次、12 次、11 次、11 次、11 次。

图5　"人民法院案例库"行政案例关键词词云图

（四）规范性文件附带审查案例较少，但包含法院对规范性文件主动审查案例

就是否进行规范性文件附带审查而言，入库的行政指导性案例并未涉及。在入库行政参考案例中，共计 6 件案例述明了对规范性文件进行了附带审查。其中，"梅

某荣诉东台市民政局行政许可及一并审查规范性文件案"〔1〕"罗某诉江西省吉安县发展和改革委员会、吉安县人民政府责令改正、行政复议及规范性文件审查案"〔2〕"苏州某客车制造有限公司诉财政部行政允诺案"〔3〕"唐某洲诉海南省食品安全委员会办公室、海南省人民政府行政奖励及行政复议案"〔4〕"尹某帅、张某甲、尹某莘诉山东省德州经济技术开发区管理委员会、山东省德州经济技术开发区袁桥镇人民政府拆迁安置补偿行政复议案"〔5〕,共计5件案例均系法院依原告申请对规范性文件进行被动审查。在司法实务界,梁凤云、程琥均认为人民法院一般不能依职权审查规范性文件的合法性。〔6〕不过,入库参考案例"孟某诉滨海县医疗保险基金管理中心不履行给付基本医疗保险金职责案"〔7〕涉及了法院依职权主动审查规范性文件的合法性。该案的副标题为"规范性文件主动审查的必要性",裁判要旨指出,人民法院在审理单独行政行为诉讼案件时,应当对行政行为依据的规范性文件进行合法性审查。经审查认为不合法的,不得将其作为认定行政行为合法的依据。

(五)判决书结案为主,行政调解案例少

在32件入库行政指导性案例中,文书类型为判决书的有29件,占比90.6%;文书类型为裁定书的有3件,占比9.4%。在429件入库行政参考案例中,文书类型为判决书的有323件,占比75.3%;文书类型为裁定书的有104件,占比24.2%;文书类型为调解书的仅有2件,占比0.5%。

相对于行政指导性案例,行政参考案例中裁定书占比较高可能与行政参考案例中最高人民法院案例占比大幅高于行政指导性案例中的最高人民法院案例有关。此外,在文书类型为裁定书的行政参考案例中,"嘉兴市某某公司诉嘉兴市南湖区行

---

〔1〕　梅某荣诉东台市民政局行政许可及一并审查规范性文件案,人民法院案例库入库编号2023-12-3-004-003。

〔2〕　罗某诉江西省吉安县发展和改革委员会、吉安县人民政府责令改正、行政复议及规范性文件审查案,人民法院案例库入库编号2024-11-3-015-001。

〔3〕　苏州某客车制造有限公司诉财政部行政允诺案,人民法院案例库入库编号2023-12-3-009-001。

〔4〕　唐某洲诉海南省食品安全委员会办公室、海南省人民政府行政奖励及行政复议案,人民法院案例库入库编号2023-12-3-011-001。

〔5〕　尹某帅、张某甲、尹某莘诉山东省德州经济技术开发区管理委员会、山东省德州经济技术开发区袁桥镇人民政府拆迁安置补偿行政复议案,人民法院案例库入库编号2023-12-3-016-013。

〔6〕　参见梁凤云:《行政诉讼法司法解释讲义》,人民法院出版社2018年版,第401页;程琥:《新〈行政诉讼法〉中规范性文件附带审查制度研究》,载《法律适用》2015年第7期。

〔7〕　孟某诉滨海县医疗保险基金管理中心不履行给付基本医疗保险金职责案,人民法院案例库入库编号2024-12-3-021-005。

政审批局行政许可案"〔1〕"上海某汽车有限公司诉某区市场监督管理局行政处罚案"〔2〕"成都某汽车服务有限公司诉成都市生态环境局、成都市人民政府行政处罚案"〔3〕三案系法院协调双方实质性化解行政争议后,法院裁定准许撤回起诉或上诉。尽管《最高人民法院关于征集人民法院案例库参考案例的公告》包含调解类参考案例体例格式,《最高人民法院关于加快推进人民法院案例库建设的通知》明确在方法理念、机制创新、调解规则等方面具有借鉴参考意义的调解案例也可以作为参考案例入库,目前案例库中行政调解案例仍然数量稀少。

四、"人民法院案例库"行政案例要旨的法律适用情况

(一)法律规范引用情况

裁判要旨是法院而非当事人观点的集中阐释,是入库案例对类案裁判最具指导性、参考性的重要部分〔4〕,本部分主要对"人民法院案例库"行政案例的裁判要旨部分进行分析。

1. 从适用规范的效力位阶来看,461个行政案例在裁判要旨中共引用63部规范,涉及法律、行政法规、司法解释、行政解释及答复类行政解释、部门规章、国家标准、会议纪要、规范性文件、证券交易所基本业务规则等多种规则(见图6、表1)。

其中,法律共33部,占比52.3%;行政法规共13部,占比20.6%;司法解释和部门规章各4部;地方政府规章1部;行政解释共3部,其中针对特定主体进行答复的行政解释有1部〔5〕;国家标准2部。其余还有司法会议纪要1部、上海证券交易所基本业务规则1部、国务院所属部门规范性文件2部(其中1部为答复类行政解释)。

---

〔1〕　嘉兴市某某公司诉嘉兴市南湖区行政审批局行政许可案,人民法院案例库入库编号2023-12-3-004-006。

〔2〕　上海某汽车有限公司诉某区市场监督管理局行政处罚案,人民法院案例库入库编号2024-12-3-001-015。

〔3〕　成都某汽车服务有限公司诉成都市生态环境局、成都市人民政府行政处罚案,人民法院案例库入库编号2024-18-3-001-025。

〔4〕　参见周加海等:《〈人民法院案例库建设运行工作规程〉的理解与适用》,载《中国法律评论》2024年第5期。

〔5〕　有关答复类行政解释的概念及其研究,参见金自宁:《答复类行政解释的行政诉讼法定位及其司法审查》,载《中国法学》2023年第4期。

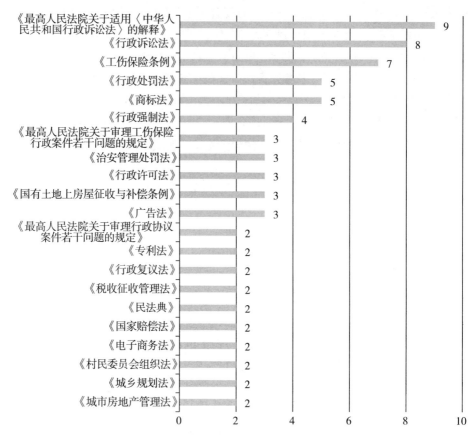

图 6　"人民法院案例库"行政案例裁判要旨适用规范分布(适用 2 次及以上)(次)

表 1　"人民法院案例库"行政案例裁判要旨适用规范分布(仅适用 1 次)

(按照适用规范性质分类)

法律	《著作权法》《执业医师法》《政府采购法》《证券法》《野生动物保护法》《刑事诉讼法》《土地管理法》《水污染防治法》《水法》《食品安全法》《民事诉讼法》《律师法》《禁毒法》《反垄断法》《反不正当竞争法》《道路交通安全法》《安全生产法》
行政法规	《专利法实施细则》《专利代理条例》《植物新品种保护条例》《政府信息公开条例》《征信业管理条例》《信访条例》《危险化学品安全管理条例》《生产安全事故报告和调查处理条例》《陆生野生动物保护实施条例》《劳动保障监察条例》《基本农田保护条例》《道路交通安全法实施条例》
司法解释	《最高人民法院关于审理行政赔偿案件若干问题的规定》

（续表）

部门规章	《普通高等学校学生管理规定》《公安机关办理行政案件程序规定》《道路交通事故处理程序规定》《证券交易所管理办法》
地方政府规章	《上海市网络预约出租汽车经营管理若干规定》
规范性文件	《最高人民法院关于审理行政案件适用法律规范问题的座谈会纪要》《移动互联网应用程序信息服务管理规定》《国家税务总局关于稽查局职责问题的通知》《关于查处著作权侵权案件如何理解适用损害公共利益有关问题的复函》《公安部关于公安机关执行〈治安管理处罚法〉有关问题的解释》《社会生活环境噪声排放标准》《城市居住区规划设计标准》《上海市网络预约出租汽车经营管理若干规定》
其他	《社会生活环境噪声排放标准》《城市居住区规划设计标准》《上海证券交易所股票上市规则》

通过分析可以发现以下几个特点：

第一，行政案件所适用的规范性质较为多元。不同于民事和刑事案件，行政案件除适用法律法规、司法解释和规章之外，还引用了非常多的规范性文件，包括司法机关的会议纪要、行政机关的法律解释、公文和答复，以及主管部门制定的国家标准和行业自律组织所制定的基本业务规则等。这反映出了行政案件不同于其他案件类型的特点，即所适用的规则较为广泛复杂，规则的制定主体多元，规则效力位阶多样。上述特点一定程度上给人民法院选择适用规则、判断规则效力带来了挑战。

第二，行政案件适用规范的性质可以被概括为"一超多元"格局。行政案件中，法律作为被引用最多的规范，占总引用规范的过半数，其次则是行政法规、司法解释和部门规章。从适用规范的数量和次数来看，国家立法占据了绝大多数情况，地方立法则只出现了 1 次。这或许反映出人民法院在司法实践中，不仅根据规范的效力位阶来选择适用，同时可能也考虑了规则制定者是中央国家机关还是地方国家机关这一特点。唯一适用地方政府规章的案件，则涉及"网约车"业务这一新型业态的监管问题。上述特点与《最高人民法院关于审理行政案件适用法律规范问题的座谈会纪要》所体现的规范适用原则相一致，即对于规则统一和因地制宜、先行先试两种不同政策考虑的平衡。

2. 从适用规范的具体内容来看，行政案件适用的高频法律既有规定行政诉讼和行政执法的基本性法律，也有一些特定领域的部门行政法规范。

第一，从整体引用次数来看，引用较多的是《行政诉讼法》及其司法解释，分别引用 8 次和 9 次。从某种程度上，这也反映了《行政诉讼法》司法解释的重要地位：它实际上构成了行政诉讼法律制度不可或缺的一部分，一方面，只有其与立法相结合的统一体,才是我国目前所实施的行政诉讼制度的规范依据;另一方面,单独适用《行政诉讼法》及其司法解释的情况较多,可能也与行政案件裁定/判决的比例过大,程序空转问题较为显著有关。

第二,《行政处罚法》《行政强制法》和《行政许可法》等"行政三法"的引用次数总计为 12 次,加上《行政诉讼法》及其司法解释,引用次数总计为 28 次,其余 58 部规范的引用次数为 87 次。

第三,工伤保险、治安管理、房屋土地征收、市场监管和知识产权领域的具体规范的引用也较为频繁,反映出上述领域行政纠纷多发高发。

(二)法律原则引用情况

461 件入库行政案例的裁判要旨共引用 28 个法律原则,共引用 53 次。其中,过罚相当原则引用次数最高,为 10 次,占比 18.9%;诚实信用原则被引 6 次,排名第二,占比 11.3%;比例原则被引 5 次,排名第三,占比 9.4%。此外,被引用 2 次及以上的法律原则还有处罚与教育相结合原则、正当程序原则,均被引用 3 次,亦有公平补偿原则、最有利被监护人原则、效能原则(高效便民原则),皆被引用 2 次。通过分析可以发现如下特点:

1. 参考案例的裁判要旨相对于指导性案例更关注法律原则的适用

32 件入库行政指导性案例一共仅引用法律原则 2 次,引用率仅为 6.3%。429 件入库行政参考案例共引用法律原则 51 次,引用率为 11.9%。参考案例法律原则引用率较指导性案例法律原则引用率高 89%。

2. 行政处罚相关原则引用率较高

在被引的各个法律原则中,被引次数排名第一与第四的过罚相当原则、处罚与教育相结合原则均系《行政处罚法》明确规定的行政处罚原则。引用排名第三的比例原则的 5 件案例中亦有 1 件系行政处罚案由案例,即"某服饰加工厂诉滁州市广播电视新闻出版局行政处罚案"[1]。在该案中,法院同时适用了比例原则与过罚相当原则。引用排名第五的正当程序原则的 3 件案例中,也有 1 件是行政处罚案由案例,即"张某某诉某区(出口加工区)城市管理局撤销行政处罚案"[2]。这与前文述及的"人民法院案例库"行政参考案例中行政处罚案由的案例数较多的情况相互印证,亦反映出案例库注重对适用行政处罚原则的案例的归纳总结,注重对小过重罚案件的司法审查的指导。

---

[1] 某服饰加工厂诉滁州市广播电视新闻出版局行政处罚案,人民法院案例库入库编号 2023-12-3-001-028。

[2] 张某某诉某区(出口加工区)城市管理局撤销行政处罚案,人民法院案例库入库编号 2023-12-3-001-010。

3.引用的法律原则遍及公私法原则

所引用的 28 个法律原则不仅包含行政法原则、公法原则,亦包含一般法律原则、民事法律原则、知识产权法律原则、劳动法原则等(见图 7),引用原则的范围具有广泛性。其中,行政法原则、公法原则被引 36 次,被引次数最多。民事法律原则被引 9 次,紧随其后。一般法律原则、知识产权法律原则、劳动法原则分别被引 4 次、3 次、1 次。

被引次数排名第二的诚实信用原则既是私法原则,亦是公法原则。该原则共被引 6 次,在引用该原则的其中 3 个行政案例中,其被用以要求当事人在案件涉及的民事法律关系中诚实守信;在另外 3 个行政案例中,其被用以约束政府履行行政协议约定或行政允诺。在行政赔偿领域,源于民法的损益相抵原则也在参考案例"刘某某诉贵州省桐梓县人民政府行政赔偿案"[1]中被予以适用。在"罗某诉江西省吉安县发展和改革委员会、吉安县人民政府责令改正、行政复议及规范性文件审查案"中,民法典的绿色原则被用以确定案涉虚拟货币"挖矿"行为的违法性,并被作为要求其整改的法律依据。前述入库案例表明,相对于在学术研究中,行政法学者对私法原则运用的有限性,行政审判实践在法律原则的适用上已经在一定程度上呈现出公私法交融的样态。

4.所引行政法原则具有普遍性

在学理上,学界对于行政法原则具有较为丰厚的研究成果。纵观各家观点,可以将行政法原则归纳为如下 6 项原则,分别是:其一,依法行政原则(职权法定、法律优先、法律保留);其二,比例原则(合理性原则);其三,正当程序原则(行政公开、程序正当、公众参与);其四,信赖保护原则(合法预期、诚实信用);其五,效能原则(高效便民原则);其六,法律救济原则。在以上原则中,如图 7 所示,依法行政原则、职权法定原则、比例原则、正当程序原则、诚实信用原则、效能原则等多数行政法原则已在裁判要旨部分被予以引用。法律优先原则、法律保留原则、合理性原则、信赖保护原则虽然未在入库案例的裁判要旨中被引用,但亦在入库案例的裁判理由部分被予以引用。由此可见,在法律原则领域,理论研究较为有效地反哺了司法实践,而司法机关通过"人民法院案例库"进一步对法律原则的司法适用规则予以明确化。

此外,值得一提的是,司法救济原则(有权利必有救济原则)既未在裁判要旨部分被引用,亦未在案例的裁判理由部分被法院引用。

---

〔1〕　刘某某诉贵州省桐梓县人民政府行政赔偿案,人民法院案例库入库编号 2023－12－3－021－007。

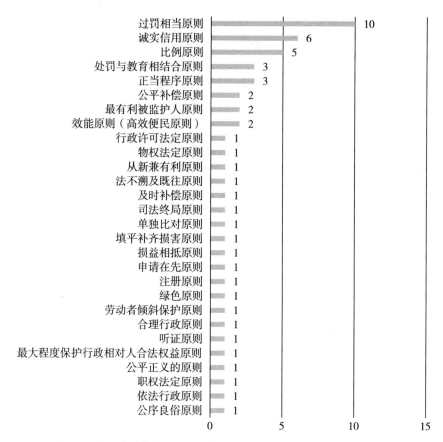

图7　"人民法院案例库"行政案例要旨引用法律原则次数统计(次)

五、代结语:完善建议

基于前述研究及暴露出的实践中存在的问题,我们提出如下建议:

第一,案例库应当增补实质性化解行政争议案例。中共中央、国务院《法治政府建设实施纲要(2021—2025 年)》指出"健全行政争议实质性化解机制"。最高人民法院《关于深化人民法院司法体制综合配套改革的意见——人民法院第五个五年改革纲要(2019—2023)》要求"推动行政争议实质性化解"。当前,全国法院审结一审行政案件以调解、撤诉方式结案的已经超过 20%[1],国内多地省级法院已经发布

----

〔1〕　参见耿宝建:《行政争议实质化解理论与实践探索》,载《中国法律评论》2024 年第 3 期。

了行政争议实质性化解典型案例。与此同时,如何在行政争议实质性化解工作中使协调、调解、和解等非裁判方式与行政诉讼作为诉讼的本身价值、意义相协调,如何在法律、司法解释没有具体规定的情形下,依然在法治的轨道上有序开展行政争议实质性化解并切实保障当事人诉权,如何使行政争议实质性化解工作更加规范、科学以有效应对行政诉讼不得调解原则等传统理论的诘难等问题在实践中逐渐暴露出来,这些都需要最高人民法院积极加强对下指导,完善相关规则。在实质性化解工作需要较大灵活性的前提下,通过遴选行政指导性案例、行政参考案例并将其录入案例库,以规范各级法院化解工作,是相对于仓促制定规范性文件而言更为妥当的方式。然而,如前文所示,当前案例库收录的461件行政案例中,仅有5件涉及实质性化解行政争议,且均未在裁判要旨部分对调解、和解、协调等实质性化解方式的核心理念、工作机制、工作效果、对类案化解工作的指引等进行归纳,尚难以满足前述需求,亟须人民法院在案例库中增补具有典型性、代表性、参照性的实质性化解行政争议案例。

第二,应当充分落实行政参考案例社会推荐制度。《人民法院案例库建设运行工作规程》对社会推荐参考案例的入库流程予以专章规定,最高人民法院专门发布公告公开征集参考案例,然而如前文所述,目前案例库中的行政案例竟无一例源自社会推荐,行政参考案例社会推荐制度在实践中仍然处于尚未真正激活的境地。在参考案例社会推荐制度能够有效运转的情形下,法学教授、律师、法务人员、法科学生等法律专业人士有能力也有积极性发现、分析具有指导价值的典型案例并提炼其精髓,陆红霞案、黄银友案等案例在学术界的探讨中被深入剖析便是典型例证。此外,允许、重视普通社会公众的推荐也有助于拉近司法与人民的距离,有助于通过参与机制贯彻"努力让人民群众在每一个司法案件中感受到公平正义"的指示精神。因此,应当进一步落实参考案例社会推荐制度,适当简化推荐流程,并及时做好采纳或拒绝报送的反馈工作。

第三,应当优化案例出库机制,明确标注失效案例。基于"人民法院案例库"所具有的正确统一法律适用的功能,不仅要在入库案例的选择上从严把关,也应当对案例的出库机制进行优化。现实中,"北大法宝"等部分平台及包含最高人民法院行政审判庭微信公众号在内的众多微信公众号都会对入库案例进行转载,上述转载信息较之案例库存在一定的滞后性。经比对发现,已经至少有5件行政参考案例在"人民法院案例库"中被删除出库。不过,它们仍然存在于部分前述网络平台中,继续指导双方当事人与各级法院。对于出库案例,完全删除其在互联网、已经出版印刷的书籍、已经发表的论文中的所有痕迹并不现实。相较而言,在案例库中进行失效标注而非径直删除,公开说明其失效原因或者失效理由,更有利于社会公众准确获知案例的有效性,更有利于发挥案例对于社会公众的指导效果,有助于形成稳定的社会预期,避免因被删除案例仍留存于转载载体中而误导司法裁判。

第四,应当公开入库案例的各审级裁判文书,增设入库案例裁判文书原文跳转机制。鉴于 2020 年后裁判文书公开的有限性,案例库中部分案例的裁判文书原文并未被裁判文书网收录。而由于案例库中的案例在基本案情、裁判理由、裁判结果等方面较为简略、模糊,这可能给准确理解入库案例的裁判要旨带来一定的困难。在此情形下,增加裁判文书原文跳转机制将有助于帮助读者更加充分地理解案例的裁判精神与审判理念,避免对裁判要旨产生误解。一方面,基于案例库的筛选机制和标准,入选案例的社会导向功能决定了其裁判精神和规则导向往往与文书公开的标准相契合,公开文书能够更好地发挥入库案例的实践效能,而案例入库也能更好地深化文书公开制度。另一方面,即使基于当事人隐私、商业秘密等原因无法直接公开裁判文书原文,也可以对裁判文书的具体信息进行处理,使之脱敏。

【责任编辑:张馨予】

《最高人民法院公报》民商事案例发布状况分析（1985—2023）

北大法宝司法案例研究组*

摘要：北大法宝司法案例研究组以《最高人民法院公报》1985—2023 年发布的 751 例民商事案例作为研究对象，从发布年份、案由、来源地域以及 2023 年新增案例数据情况等多种维度进行统计分析，直接呈现《最高人民法院公报》民商事案例的现状特点及变化，以期为业界案例研究与我国案例制度的发展提供参考。

关键词：最高人民法院公报　民商事案例　发布状况　统计分析

截至 2023 年 12 月 31 日，《最高人民法院公报》已发布 751 例民商事案例，其中 2023 年发布 23 例。本文以"北大法宝·司法案例库"数据为样本，选取登载在《最高人民法院公报》"案例"及"裁判文书选登"栏目中的 751 例民商事案例作为本次统计源，探究其规律。

一、民商事案例 2006 年发布数量最多，2015 年审结的达历年最高

《最高人民法院公报》创刊已 39 年，自 1985 年至 2023 年共发布民商事案例 751 例，每年发布数量在 2 例至 47 例之间不等，其中 2023 年发布 23 例。发布数

收稿日期：2024-4-20

＊ 北大法宝司法案例研究组成员：朴文玉、彭重霞、刘策。朴文玉，北大法宝信息运营总监；彭重霞，北大法宝信息运营副总监；刘策，北大法宝案例中心研究员；研究指导：郭叶，北大法律信息网（北大法宝）副总编。

量在 40 例以上[1]的涉及 2 个年份,为 2006 年(47 例)和 2016 年(42 例);发布数量 20 例至 40 例之间的涉及 2005 年和 2017 年等 19 个年份;发布数量 20 例以下的涉及 2009 年、2003 年等 18 个年份。

751 例民商事案例中能明确审结年份的有 706 例,从审结年份来看,1984 年至 2002 年审结的案例数量均在 20 例以下,共计 142 例,总占比约为 20%;2003 年至 2020 年审结的案例数量均在 20 例以上,共计 537 例,总占比约为 76%;其中 2015 年审结的达历年最高,有 43 例。2021 年至 2023 年审结的案例数量分别有 17 例、9 例和 1 例(见图 1)。

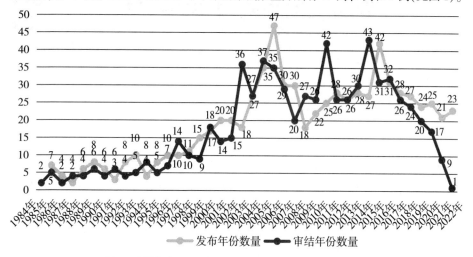

图 1　《最高人民法院公报》民商事案例年份分布(例)

二、民商事案例借款合同纠纷最多, 2023 年新增 2 种《民法典》新增案由

751 例民商事案例中,《民法典》施行后审结的案例有 27 例,较 2022 年(12 例)增加 15 例。涉及 4 种新增案由[2],较 2022 年新增 2 种,为环境污染民事公益诉讼和申请指定遗产管理人。

751 例民商事案例涉及合同、准合同纠纷及与公司、证券、保险、票据等有关的民

---

〔1〕　本报告中的"之间""以上"包含本数,"以下"不包含本数。

〔2〕　新增案由是指 2021 年施行的《民事案件案由规定》中明确表述为"增加"的案由。参见 2021 年 1 月 1 日施行的《最高人民法院关于印发修改后的〈民事案件案由规定〉的通知》,载北大法宝·法律法规库(https://www.pkulaw.com/chl/fe469f72cc201709bdfb.htmlkeyword=%E6%B0%91%E4%BA%8B%E6%A1%88%E4%BB%B6%E6%A1%88%E7%94%B1&way=ist View),访问日期:2024 年 1 月 16 日。

事纠纷等 10 类共计 232 种案由[1],较 2022 年(229 种)增加 3 种,分别为申请指定遗产管理人、环境污染民事公益诉讼及申请破产和解。案例数量排名前三的案由及其数量分别为:借款合同纠纷有 53 例,总占比约为 7%;生命权、身体权、健康权纠纷有 29 例,总占比约为 4%;买卖合同纠纷有 25 例,总占比约为 3%。案例数量 10 例以上的涉及 20 种案由,共计 356 例,较 2022 年(350 例)增加 6 例,分别为劳动合同纠纷增加 2 例,案外人执行异议之诉、建设工程施工合同纠纷、买卖合同纠纷及借款合同纠纷均增加 1 例(见图 2)。

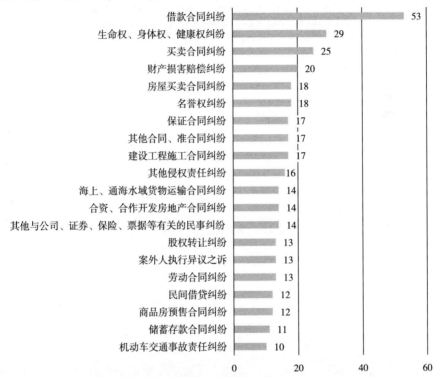

图 2　《最高人民法院公报》民商事案例案由分布(10 例以上)(例)

三、民商事案例涉外专题近两成,2023 年新增案例涉及 10 个专题

　　"北大法宝·司法案例库"目前已设置 28 个专题分类[2],751 例民商事案例能

---

〔1〕　案由存在复选的,按每个案由分别统计。
〔2〕　专题存在复选的,按每个专题分别统计。

明确专题分类的有 395 例,共涉及 20 个专题。案例数量在 40 例以上的有 3 个专题,其中涉外专题最多,有 63 例,总占比约为 16%;金融担保和涉港澳台专题分别有 51 例和 49 例。案例数量 10 例至 40 例之间的有民间借贷及保险理赔等 7 个专题;公益诉讼及"一带一路"等 10 个专题均在 10 例以下。2023 年新增的 23 例中,能明确专题的有 18 例,涉及 10 个专题,其中建设工程和涉港澳台均有 3 例,涉外、保险理赔、"一带一路"和疫情防控均有 2 例,公益诉讼、环境保护、医疗卫生及消费维权均有 1 例(见图 3)。

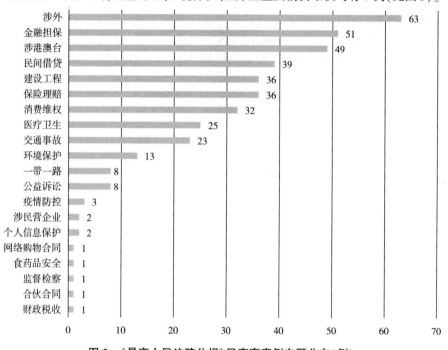

图 3　《最高人民法院公报》民商事案例专题分布(例)

四、2023 年民商事新增案例中最高人民法院及江苏省增量最多

　　2023 年新增的 23 例来源于最高人民法院及 4 个省级行政区,其中最高人民法院及江苏省均有 9 例,增量最多,上海市 3 例,天津市及广东省均有 1 例。751 例民商事案例中,可以明确来源地域的有 750 例[1],涉及最高人民法院及江苏省等 29 个省级行政区。来源于最高人民法院的案例数量增至 318 例,总占比约为 42%;29

---

　　〔1〕　参见【法宝引证码】CLI. C66814,正文无审理法院地域信息。载北大法宝·司法案例库(https://www.pkulaw.com/case/),访问日期:2024 年 1 月 19 日。

个省级行政区中,10 例以上的有 8 个省级行政区,排名前三位的为江苏省、上海市和广东省,与 2022 年一致,分别为 135 例、98 例和 32 例,总占比约为 18%、13%、4%;10例以下的有山东省、重庆市等 21 个省级行政区(见图 4)。

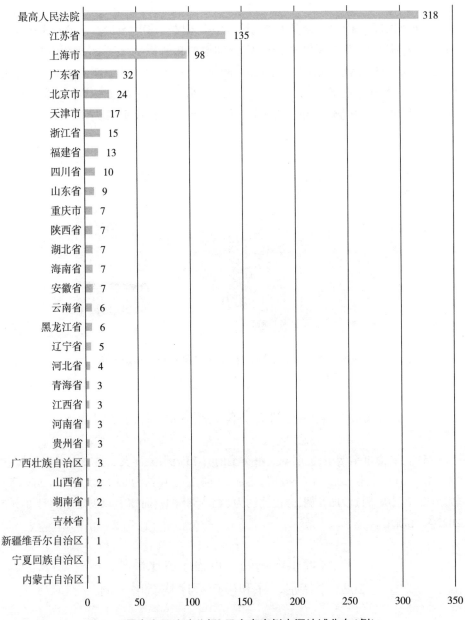

图 4 《最高人民法院公报》民商事案例来源地域分布(例)

五、民商事案例最高及中级人民法院占比超七成，
涉及三类专门人民法院

751 例民商事案例中，最高人民法院和中级人民法院审结的较多，分别有 318 例和 233 例，较 2022 年（309 例和 225 例）分别增加 9 例和 8 例，总占比约为 73.3%。基层人民法院和高级人民法院分别有 90 例和 89 例，较 2022 年（87 例和 87 例）分别增加 3 例和 2 例，占比均约为 12%。专门人民法院有 21 例，较 2022 年（20 例）增加 1 例，其中海事法院 16 例，铁路运输法院 3 例，金融法院 2 例（见图 5）。

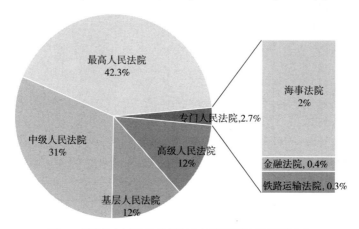

图 5   《最高人民法院公报》民商事案例法院级别分布

六、民商事案例的判决书首次超 600 例，占比超八成

751 例民商事案例中，能明确文书类型的有 735 例，共涉及 5 类文书类型。其中判决书有 613 例，较 2022 年（596 例）增加 17 例，总占比约为 83%；裁定书有 114 例，较 2022 年（108 例）增加 6 例，总占比约为 16%；调解书、通知书和决定书共计 8 例，2023 年无新增。

七、民商事案例的二审程序占比最高，
2023 年特别程序和破产程序均新增 1 例

751 例民商事案例中，审理程序为二审的最多，有 476 例，总占比较 2022 年

(64%)下降1%;再审有134例,总占比较2022年(17%)上升1%;一审有134例,总占比约为18%;特别程序、公示催告程序、破产程序及其他共计15例。2023年新增的23例民商事案例中,审理程序为二审的有12例,再审和一审的分别有7例、2例,特别程序和破产程序各有1例。

八、民商事案例终审结果改判类最多,
改判原因以认定事实错误为主

　　751例民商事案例中,二审和再审案例共有610例,终审结果涉及13类。终审结果为改判的最多,有278例,较2022年(271例)增加7例,总占比约为45.5%;包括二审全部改判110例,二审部分改判93例,再审全部改判52例,再审部分改判23例。其次是维持原判,有261例,较2022年(253例)增加8例,增量最多,总占比为43%;包括二审维持原判250例,再审维持原判11例。驳回再审申请的有41例,总占比约为7%。二审达成调解协议及二审撤回上诉等6类共30例,总占比约为4.5%(见图6)。

　　改判类案例共计278例,从改判原因来看,认定事实错误的最多,有131例,总占比约为47%;适用法律错误的有91例,总占比约为33%;认定事实错误及适用法律错误均涉及的有56例,总占比约为20%。

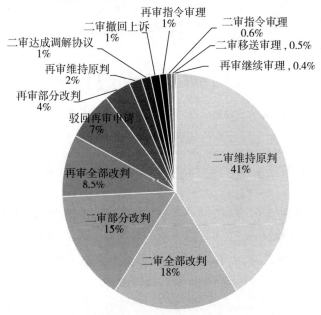

图6　《最高人民法院公报》民商事案例终审结果分布

九、民商事案例关键词为"赔偿责任" "合同义务"及"违约责任"的占比近两成

751 例民商事案例的关键词共有 198 个,使用频次共计 1042 次。使用频次 50 次以上的关键词有 3 个,共计 209 次,总占比约为 20%,其中"赔偿责任"使用频次最多,达 100 次,"合同义务"和"违约责任"分别为 57 次、52 次;使用频次 30 次至 50 次之间的有 4 个,分别为"保险合同"(48 次)、"侵权责任"(42 次)、"合同效力"(41 次)及"保证合同"(30 次),共计 161 次,总占比约为 15%;使用频次 10 次至 30 次之间的有"借款合同""连带责任"及"执行异议"等 17 个;使用频次 10 次以下的有"恶意串通"及"格式条款"等 174 个(见图 7)。

图 7　《最高人民法院公报》民商事案例关键词分布(10 次以上)

十、民商事案例的裁判要点为实体指引的占比近九成

751 例民商事案例中,裁判要点为实体指引的有 661 例,总占比约为 88%;裁判要点为程序指引的有 60 例,总占比约为 8%;裁判要点既含实体指引又含程序指引的有 30 例,总占比约为 4%。2023 年新增的 23 例民商事案例中,裁判要点为实体指引的有 22 例,裁判要点为程序指引的仅 1 例。

十一、民商事案例当事人为法人的占比达九成，
五成以上聘用律师

　　当事人类型〔1〕划分为自然人、法人及非法人组织三种。751 例民商事案例中，当事人含法人的最多，有 673 例，较 2022 年(651 例)增加 22 例，总占比较 2022 年(89%)上升 1%；其中一方为法人的有 346 例，双方均为法人的有 327 例。当事人不含法人的有 78 例，较 2022 年(77 例)增加 1 例，总占比约为 10%；其中双方均为自然人的 73 例，一方为自然人的 5 例(见图 8)。从聘请律师的情况来看，当事人聘请律师的有 395 例，较 2022 年(386 例)增加 9 例，总占比约为 53%。

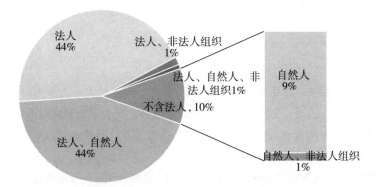

图 8　《最高人民法院公报》民商事案例当事人类型分布

结　语

　　"北大法宝·司法案例库"全面收录我国各级法院审理的各类案例，数据总量已达 1.5 亿篇，包括指导性案例、公报案例及典型案例等丰富优质的案例资源，已成为大数据分析研究的必备工具。"北大法宝"将持续充分利用司法案例库进行大数据分析研究，发挥案例的重要作用，敬请关注！

【责任编辑：张文硕】

────────────

〔1〕　依据《民法典》第 2 条，民法调整平等主体的自然人、法人和非法人组织之间的人身关系和财产关系。因此，当事人类型是对自然人、法人、非法人组织进行统计。

《最高人民法院公报》知识产权
案例数据分析报告(1985—2023)

北大法宝司法案例研究组*

摘要:在第 24 个"世界知识产权日"来临之际,北大法宝司法案例研究组以《最高人民法院公报》1985—2023 年发布的 190 例知识产权案例为研究对象,从案由、来源地域、2023 年新增案例,以及法律法规引用情况等多种维度进行统计分析,以期为相关法学领域的理论和实务研究提供参考。

关键词:最高人民法院公报 知识产权案例 发布状况 法律法规引用 统计分析

截至 2023 年 12 月 31 日,《最高人民法院公报》已发布 190 例知识产权案例,其中,2023 年发布 6 例。本文以"北大法宝·司法案例库"及法律法规库数据为样本,选取登载在《最高人民法院公报》"案例"及"裁判文书选登"栏目中的 190 例知识产权案例及其所引用的法律法规作为本次统计源,探究其规律。

一、《最高人民法院公报》知识产权案例发布状况

(一)知识产权案例 2023 年发布 6 例,2009 年审结的案例数量最多

自 1987 年起,《最高人民法院公报》已连续 37 年发布知识产权案例。发布数量

收稿日期:2024-4-20

* 北大法宝司法案例研究组成员:朴文玉、彭重霞、刘策。朴文玉,北大法宝信息运营总监;彭重霞,北大法宝信息运营副总监;刘策,北大法宝案例中心研究员。研究指导:郭叶,北大法律信息网(北大法宝)副总编。

10 例以上的有 2 个年份,为 2010 年(11 例)和 1995 年(10 例);5 例至 10 例之间的涉及 1999 年和 2004 年等 18 个年份。5 例以下的有 2013 年和 2016 年等 17 个年份。2014 年至 2023 年近 10 年发布数量均在 3—8 例之间不等,其中 2014 年发布数量最多。

190 例知识产权案例能明确审结日期的有 175 例,最早审结的为 1988 年,最新审结的为 2023 年。其中,案例数量 10 例以上[1]的仅有 2009 年,审结案例数量最多,有 11 例;5 例至 10 例之间的涉及 2010 年、2016 年等 17 个年份,共审结 116 例,总占比约为 66%;5 例以下的有 2011 年、2021 年等 16 个年份,共审结 48 例;1987年、2014 年及 2023 年这 3 个年份暂无审结的案例(见图 1)。

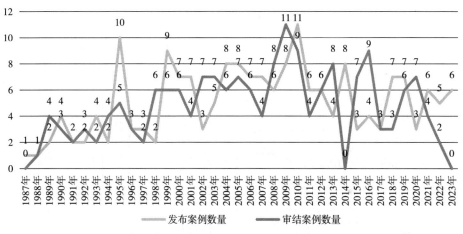

图 1　《最高人民法院公报》知识产权案例年份分布(例)

(二)2023 年知识产权新增案例有 6 种案由,连续 3 年不涉及《民法典》施行后新增案由

2020 年 12 月 29 日发布的《最高人民法院关于印发修改后的〈民事案件案由规定〉的通知》已施行 3 年,190 例知识产权案例未涉及新增案由[2]案件。《民法典》施行后审结的知识产权案例有 6 例,较 2022 年(1 例)增加 5 例。

2023 年新增案例有 6 种案由,包括著作权权属、侵权纠纷,侵害实用新型专利权

---

〔1〕　本报告中的"之间""以上"包含本数,"以下"不含本数。

〔2〕　新增案由:是指 2021 年《民事案件案由规定》中明确表述为"增加"的案由。参见 2021 年 1 月 1 日施行的《最高人民法院印发关于修改〈民事案件案由规定〉的决定的通知》,载北大法宝.法律法规库(https://www.pkulaw.com/chl/fe469f72cc201709bdfb.htmlkeyword=%E6%B0%91%E4%BA%8B%E6%A1%88%E4%BB%B6%E6%A1%88%E7%94%B1&way=listView),访问日期:2023 年 4 月 13 日。

纠纷,侵害技术秘密纠纷,侵害外观设计专利权纠纷,侵害植物新品种权纠纷及技术合同纠纷,均有 1 例。190 例知识产权案例涵盖知识产权权属、侵权纠纷等 4 类共计 48 种案由[1],2023 年无新增案由。案例数量 10 例以上的有 5 种案由,共计 105 例,较 2022 年(103 例)增加 2 例,著作权权属、侵权纠纷和侵害实用新型专利权纠纷各增加 1 例(见图 2)。

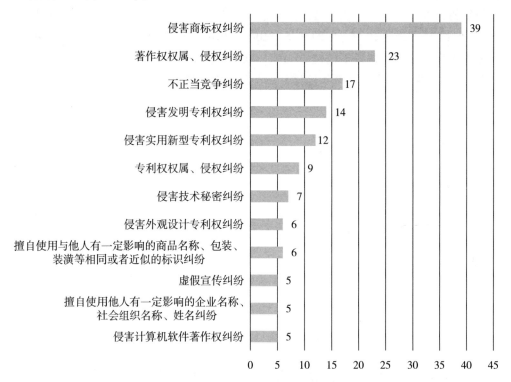

图 2　《最高人民法院公报》知识产权案例案由分布(5 例以上)

(三)知识产权案例来源于最高人民法院的总量和增量最多,2023 年新增海南省

190 例知识产权案例来源于最高人民法院及上海市等 19 个省级行政区域,较 2022 年(18 个)新增了海南省。2023 年新增案例来源于最高人民法院的有 3 例,增量最多,来源于北京市、江苏省和海南省的各 1 例。来源于最高人民法院的案例数量最多,增至 61 例,总占比约为 32%。19 个省级行政区域中,排名前三位的仍为上海市、北京市和江苏省,分别有 34 例、28 例和 25 例,总占比分别约为 18%、15% 和

[1]　案由存在复选的,按每个案由分别统计。

13%。其中,上海市和江苏省仍以侵害商标权纠纷为主,分别有 11 例、10 例,2023 年无新增;北京市仍以著作权权属、侵权纠纷为主,案例数量增至 10 例。广东省、山东省等 16 个省级行政区域案例数量均在 10 例以下(见图 3)。

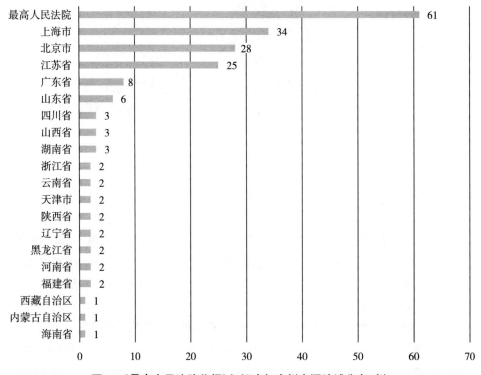

图 3　《最高人民法院公报》知识产权案例来源地域分布(例)

(四)知识产权案例来源中高级人民法院占比最高,专门人民法院新增北京和海南自由贸易港知识产权法院

190 例知识产权案例来源中,高级人民法院最多,有 69 例,较 2022 年统计时(68例)增加 1 例,总占比约为 36%;最高人民法院有 61 例,较 2022 年统计时(58 例)增加 3 例,总占比约为 32%;中级人民法院和基层人民法院,分别有 40 例和 13 例,总占比约为 21%、7%,2023 年无新增。专门人民法院有 7 例,覆盖 3 家知识产权法院,较2022 年统计时新增 2 家,北京知识产权法院和海南自由贸易港知识产权法院各 1例;上海知识产权法院有 5 例,与 2022 年一致(见图 4)。

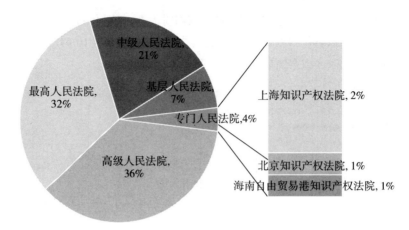

图 4　《最高人民法院公报》知识产权案例法院级别分布

(五)2023 年知识产权新增案例包含判决书和裁定书 2 类,判决书增量显著

2023 年新增案例文书类型包含判决书和裁定书 2 类,其中判决书有 5 例,较 2022 年(1 例)增量显著;裁定书仅有 1 例,较 2022 年(4 例)下降明显。190 例知识产权案例能明确文书类型的有 182 例,共包含 4 类文书类型。其中判决书案例数量最多,有 150 例,总占比约为 82%;裁定书有 27 例,总占比约为 15%;调解书和决定书共计 5 例,2023 年无新增。

(六)知识产权案例的二审程序占比近六成,以侵害商标权纠纷为主

190 例知识产权案例中,审理程序为二审的最多,有 107 例,较 2022 年(102 例)新增 5 例,总占比约为 56%,涵盖 41 种案由,以侵害商标权纠纷为主;一审有 46 例,较 2022 年(45 例)新增 1 例,总占比约为 24%;再审及其他分别有 36 例、1 例,总占比约为 19%,2023 年无新增。

(七)知识产权案例终审结果改判类占比超四成,改判原因以认定事实错误为主

190 例知识产权案例中,二审和再审有 143 例,终审结果有 10 类。其中终审结果为改判的有 4 类,共计 63 例,案例数量最多,较 2022 年(61 例)增加 2 例,总占比约为 44%;包括二审全部改判的有 26 例,二审部分改判及再审全部改判的均有 14 例,再审部分改判的有 9 例。终审结果为维持原判的有 1 类,有 57 例,较 2022 年(55 例)增加 2 例,均为二审维持原判,总占比约为 40%。驳回再审申请、二审达成调解协议、二审撤回上诉、驳回复议请求及二审移送审理 5 类,共 23 例(见图 5)。

改判类案例共计 63 例,从改判原因来看,认定事实错误的最多,有 26 例,总占比约为 41%;认定事实错误及适用法律错误均涉及的有 20 例,总占比约为 32%;适用法律错误的有 17 例,总占比约为 27%。

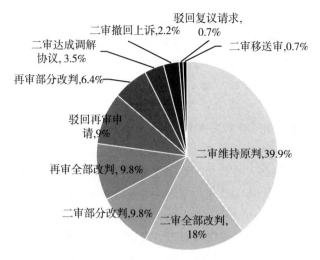

图5　《最高人民法院公报》知识产权案例终审结果分布

（八）2023 年知识产权案例高频词新增 18 个，"专利"出现频次首次超 3000 次

190 例知识产权案例有 72 个高频词，较 2022 年(54 个)新增 18 个，新增高频词出现频次 100 次以上的有 2 个，为"侵权"(187 次)和"证明"(106 次)；100 次以下的包括"专利权"等 16 个。72 个高频词出现频次超 1000 次的为"专利""商标""注册商标"3 个，其中"专利"出现频次最高，为 3046 次，较 2022 年增加 64 次。500 至 1000 次的有 4 个，包括"作品"976 次，较 2022 年增加 38 次；"内容"773 次，较 2022 年增加 74 次；"著作权"670 次，较 2022 年增加 20 次；"专用权"582 次，2023 年无新增。100 次至 500 次之间的包括"外观设计""发明"等 17 个。100 次以上的包括"发明人""保护"等 24 个(见图 6)。

图6　《最高人民法院公报》知识产权案例高频词分布

(九)2023年新增知识产权案例裁判要点均为实体指引

190例知识产权案例中,裁判要点为实体指引的案例数量最多,有176例,总占比约为93%;裁判要点既含实体指引又含程序指引的有10例,总占比约为5%;裁判要点为程序指引的有4例。2023年新增的6例知识产权案例的裁判要点均为实体指引。

(十)2023年新增知识产权案例双方均为法人的增量最多

当事人类型[1]可划分为自然人、法人及非法人组织三种。190例知识产权案例中,当事人双方均为法人的有110例,较2022年(105例)增加5例,增量最多,总占比为58%;当事人一方为法人一方为自然人的有67例,较2022年(66例)增加1例,总占比约为35%;当事人一方为非法人组织的有8例,总占比约为4%;当事人双方均为自然人的有5例,总占比约为3%。从当事人住所地来看,住所地涉外、涉港澳台的共有38例,总占比约为20%,2023年无新增(见图7)。

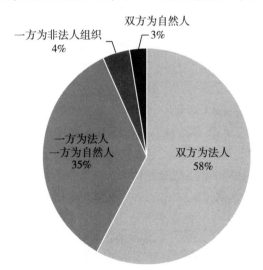

图7　《最高人民法院公报》知识产权案例当事人类型分布

(十一)知识产权案例侵权赔偿数额50万以下的占比超八成,2023年新增案例最高侵权赔偿数额达150万

190例知识产权案例中,法院判决侵权人向知识产权权利人赔偿经济损失的有121例。其中侵权赔偿数额50万以下的案例数量最多,有100例,总占比约为83%;

---

〔1〕 依据《民法典》第2条的规定,民法调整平等主体的自然人、法人和非法人组织之间的人身关系和财产关系。因此,当事人类型对自然人、法人、非法人组织进行统计。

侵权赔偿数额 51 万至 100 万之间的有 8 例,总占比约为 6%;侵权赔偿数额 100 万以上的有 13 例,总占比约为 11%,最高赔偿数额达 944 万,为 2018 年审结的侵害实用新型专利权纠纷案。2023 年新增的知识产权案例能明确侵权赔偿数有 4 例,其中,50 万以下的有 3 例,100 万以上的有 1 例,为 2022 年审结的侵害技术秘密纠纷案,侵权赔偿数额达 150 万(见图 8)。

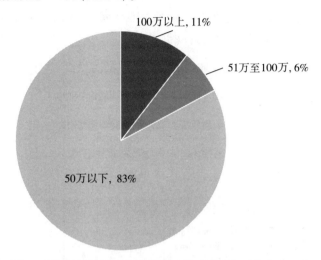

图 8　《最高人民法院公报》知识产权案例侵权赔偿数额分布

二、《最高人民法院公报》知识产权案例法律法规引用情况

(一)法律法规整体引用情况

1. 涉及 4 个效力位阶,2023 年新增 3 部法律法规

190 例知识产权案例共引用 111 部法律法规,较 2022 年新增 3 部法律法规,包括《最高人民法院关于审理侵犯商业秘密民事案件适用法律若干问题的规定》和《最高人民法院关于审理侵害植物新品种权纠纷案件具体应用法律问题的若干规定(2020 年修正)》2 部司法解释,《信息网络传播权保护条例(2013 年修正)》1 部行政法规。111 部法律法规涉及 4 个效力位阶,其中司法解释最多,有 35 部,总占比约为 32%;部门规章有 33 部,总占比约为 30%;法律有 27 部,总占比约为 24%;行政法规有 16 部,总占比约为 14%。

2. 2023 年法律法规引用次数 100 次以上的新增《反不正当竞争法》

110 部法律法规引用次数 100 次以上的有 6 部,均为法律,较 2022 年新增 1 部,为《反不正当竞争法》。具体包括《民事诉讼法》314 次,较 2022 年增加 13 次;《民法通则》129 次,与 2022 年一致;《著作权法》122 次,较 2022 年增加 8 次;《商标法》118 次,与 2022 年一致;《专利法》115 次及《反不正当竞争法》101 次,较 2022 年均增加 5 次。15 次至 100 次之间的包括《最高人民法院关于审理商标民事纠纷案件适用法律若干问题的解释》等 6 部,其中,司法解释 3 部、行政法规 2 部及法律 1 部;15 次以下的有 99 部,其中法律 20 部,行政法规 14 部,司法解释 32 部,部门规章 33 部。190 例知识产权案例目前暂未引用《民法典》(见图 9)。

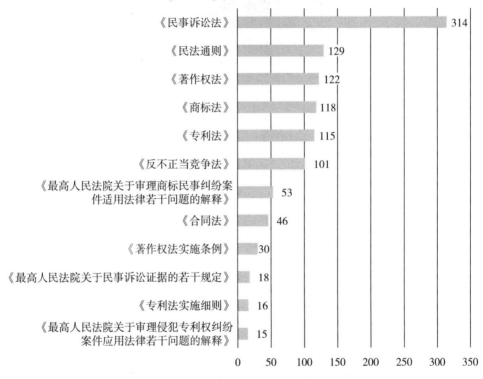

图 9　知识产权案例法律法规引用次数统计(15 次以上)(次)

3. 2023 年法律法规条文新增 46 条,《反不正当竞争法(2019 年修正)》第 9 条增量最多

190 例知识产权案例共引用 635 条法律法规条文,较 2022 年(589 条)增加 46 条,其中《反不正当竞争法(2019 年修正)》第 9 条增加次数最多,达 3 次。635 条法律法规条文引用次数 50 次以上的有 1 条,为《民事诉讼法》第 153 条,共计引用 51 次;引用次数 10 次至 50 次的包括《民事诉讼法(2007 年修正)》第 153 条等 19 条,共计引用 310 次;引用次数 10 次以下的包括《反不正当竞争法》第 9 条等 615 条,共计

引用 1015 次,较 2022 年(957 次)增加 58 次(见图 10)。

图 10 知识产权案例法律法规条文引用次数统计(10 次以上)(次)

(二)27部法律中引用次数超百次的为5部实体法和1部程序法

190例知识产权案例中共引用法律27部,引用次数共1021次。其中,实体法25部,总占比约为93%。从实体法引用次数看,100次以上的有5部,分别为《民法通则》(含历次修正)129次、《著作权法》(含历次修正)122次、《商标权法》(含历次修正)118次、《专利法》(含历次修正)115次、《反不正当竞争法》(含历次修正)101次;10次至100次的有3部;10次以下的有17部。2部程序法的引用次数依次是《民事诉讼法》(含历次修正)314次、《行政诉讼法》8次(见图11)。

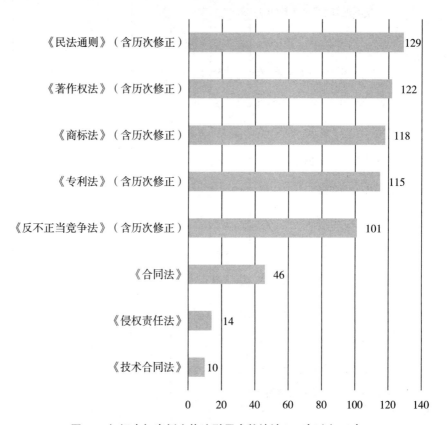

图11　知识产权案例实体法引用次数统计(10次以上)(次)

(三)司法解释中《最高人民法院关于审理商标民事纠纷案件适用法律若干问题的解释》引用最多

190例知识产权案例中共引用司法解释35部,引用次数共215次。其中,引用次数最多的为《最高人民法院关于审理商标民事纠纷案件适用法律若干问题的解释》,达 53 次;引用次数 10 次至 50 次之间的有 7 部,包括《最高人民法院关于民事诉讼证据的若干规定》(含历次修正)29 次、《最高人民法院关于审理侵犯专利权纠纷案件应用法律若干问题的解释》15 次等;引用次数 10 次以下的有《最高人民法院关于审理因垄断行为引发的民事纠纷案件应用法律若干问题的规定》等 27 部(见图 12)。

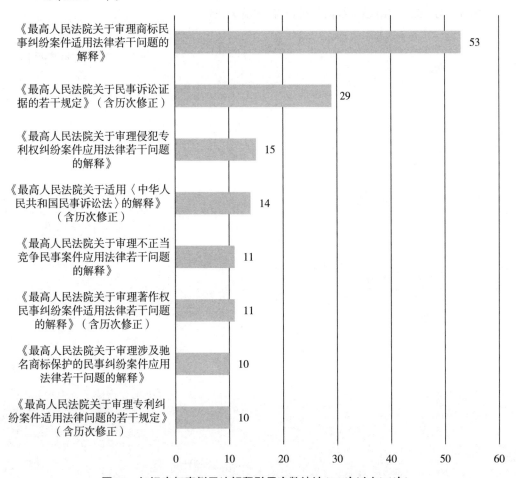

图12　知识产权案例司法解释引用次数统计(10次以上)(次)

结　语

　　"北大法宝·司法案例库"的发展离不开广大用户和法律同人的鼓励与支持,在此由衷表示感谢! 我们将持续关注司法案例研究工作,充分利用"北大法宝"数据库平台优势,陆续推出案例数据分析报告,敬请关注!

【责任编辑:张文硕】

新赋予立法权的设区的
市立法实践报告(2015—2023)

北大法宝立法研究组*

摘要:经过 2015 年和 2023 年两次《立法法》修改,274 个设区的市被新赋予地方立法权,立法事项范围调整,3389 部地方性法规出台。当前,各地立法权确权工作已阶段性完成,"立改废"全流程立法实践逐步推进,立法需求总体较为旺盛,立法工作日益规范化,生态文明建设事项成为主要立法方向,法规被广泛应用于立法、司法和学术领域,各地立法计划公开率较高,立法项目紧扣社会热点和立法趋势。

关键词:设区的市地方性法规 立法权限 立法成果 立法应用 立法计划

经过《立法法》2015 年和 2023 年的两次修改,我国设区的市地方性法规的立法主体在原有 49 个较大的市基础上,先后增加了 274 个新赋予立法权的设区的市(以下简称"设区的市"[1]),目前总数已扩容至 323 个。设区的市地方性法规立法主体的扩容及其立法事项范围的调整,极大提升了我国地方立法成果的丰富度,对进

收稿日期:2024-08-20

* 北大法宝立法研究组成员:曹琴、王铭智。曹琴,北大法宝立法运营总监,北京大学法制信息中心研究人员;王铭智,北大法宝立法运营团队立法研究员。研究指导:郭叶,北大法律信息网(北大法宝)副总编。

〔1〕 本文所称"设区的市",特指新赋予立法权的 234 个设区的市(不含 2019 年与山东省济南市合并的莱芜市)、30 个自治州、5 个在全国人大 2015 年和 2023 年两次发布的《全国人民代表大会关于修改〈中华人民共和国立法法〉的决定》中分别明确的"比照适用"设区的市地方性法规有关规定的不设区的市(广东省东莞市和中山市、甘肃省嘉峪关市、海南省三沙市和儋州市),以及 5 个自 2015 年起陆续新设立的设区的市(西藏自治区林芝市、山南市和那曲市,新疆维吾尔自治区吐鲁番市和哈密市),总计 274 个。

一步完善中国特色社会主义法律体系和在法治轨道上全面推进中国式现代化具有重要意义。

本文将以 274 个设区的市为研究对象,以"北大法宝·法律法规库"中"设区的市地方性法规"为数据样本[1],围绕设区的市立法权限状况、立法成果状况、立法应用状况和立法计划状况等分析点,进行数据统计和多维度分析,从而得出有关设区的市地方性法规立法实践的调研结论,以期为我国地方立法工作提供更有价值的数据支持和实践参考。

一、设区的市立法权限状况分析

(一)立法主体扩容

在《立法法》2015 年修改前,我国共 49 个较大的市拥有地方性法规立法权,包括 27 个省、自治区的省会或首府,4 个经济特区所在地的市和 18 个国务院批准的较大的市。在此期间,从数量上看,拥有地方性法规立法权的较大的市总量不多,各省、自治区平均只有 1—5 个;从地域分布上看,拥有地方性法规立法权的较大的市呈现出"特例式、散点分布"的特点[2]。

《立法法》2015 年修改后,我国设区的市地方性法规立法主体在原有 49 个较大的市的基础上,增加了 273 个设区的市;《立法法》的修改,又增加了海南省儋州市作为设区的市地方性法规立法主体[3]。目前,我国新赋权的设区的市共 274 个,这些设区的市在数量层面和地域层面均呈现出明显的分布特点。

1. 数量分布特点:立法主体数量跨越式增长,8 年内增加 274 个

从数量分布来看,自《立法法》2015 年修改以来,拥有地方性法规立法权的设区的市数量呈跨越式增长。增长数量最多的为四川省,增加了 20 个设区的市;其次是广东省,增加了 17 个设区的市。在原有较大的市基础上经过立法主体扩容,四川省和广东省成为我国下辖地方性法规立法主体最多的省份,总量均为 21 个(见图 1)。

---

〔1〕 本文设区的市地方性法规的数据采集范围,为 2015 年 3 月 15 日至 2023 年 12 月 31 日期间出台的法规。

〔2〕 参见郑磊:《设区的市开始立法的确定与筹备——以〈立法法〉第七十二条第四款为中心的分析》,载《学习与探索》2016 年第 7 期。

〔3〕 参见《全国人民代表大会关于修改〈中华人民共和国立法法〉的决定(2023)》第 40 条第 2 款,海南省儋州市比照适用《中华人民共和国立法法》有关赋予设区的市地方立法权的规定,载北大法宝·法律法规库(https://www.pkulaw.com/chl/babee86ef377f2bfbdfb.html),访问日期:2024 年 7 月 31 日。

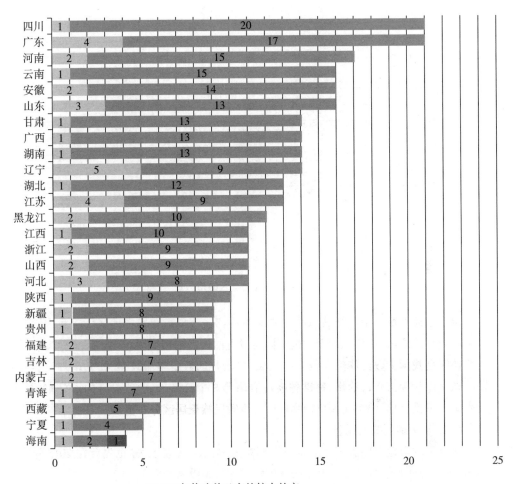

图1　《立法法》修改前后的地市级地方性法规立法主体数量(个)

2.地域分布特点:立法主体大部分位于华东、西南、西北和华中地区

从地域分布来看,我国新增设区的市最多的地区为华东地区,共增加了62个设区的市,约占全国新增设区的市总数的23%;其次是西南地区,共48个,占比约18%;再次是西北和华中地区,分别是41个和40个,均占比约15%(见图2)。

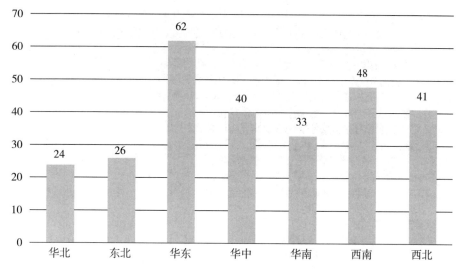

图2　《立法法》修改后各区域设区的市数量[1](个)

　　出现上述地域集中特征的原因主要有两点:其一,华东和华中地区属于我国人口密度较高的地区,单位地理面积范围内所设置的设区的市数量较多;其二,西南和西北地区是我国少数民族聚居较多的区域,自治州的数量相对较多,如云南省一省即下辖文山壮族苗族自治州、楚雄彝族自治州等8个自治州,导致设区的市分布较为密集。可见,设区的市在人口密集地区和少数民族聚居区分布更多。

　　(二)立法事项范围调整

　　在设区的市地方性法规立法主体大幅扩容的同时,《立法法》也先后在2015年和2023年的修改中对设区的市立法事项范围进行了限缩和完善。

　　《立法法》在2015年修改之前,对较大的市立法事项范围采取"概括式"的表述[2],范围总体较为宽泛。原则上,各较大的市人大及其常委会根据本市的具体情况和实际需要,只要不与上位法相抵触,就可以制定有关任何事项的地方性法规。

---

　　〔1〕　按照通行的中国行政地理分区,华北地区包括河北省、山西省和内蒙古自治区,东北地区包括黑龙江省、吉林省和辽宁省,华东地区包括江苏省、浙江省、安徽省、江西省、山东省和福建省,华中地区包括河南省、湖北省和湖南省,华南地区包括广东省、广西壮族自治区和海南省,西南地区包括四川省、贵州省、云南省和西藏自治区,西北地区包括陕西省、甘肃省、青海省、宁夏回族自治区和新疆维吾尔自治区。

　　〔2〕　《立法法(2000年)》第63条第2款规定:较大的市的人民代表大会及其常务委员会根据本市的具体情况和实际需要,在不同宪法、法律、行政法规和本省、自治区的地方性法规相抵触的前提下,可以制定地方性法规,报省、自治区的人民代表大会常务委员会批准后施行。

《立法法》在 2015 年修改之后,对设区的市立法事项范围采取"列举式"的表述[1],对设区的市可立法的事项予以明确限定。包括原较大的市在内的设区的市,其立法事项被主要限缩在城乡建设与管理、环境保护和历史文化保护等方面。2023 年《立法法》修改之后,设区的市立法事项范围进一步完善,"环境保护"被修改为"生态文明建设",并增加"基层治理"这一新的立法事项。[2]

设区的市立法事项范围的限缩和完善,不仅为设区的市指明了立法方向,提高了其积极性,也有助于协调国家级立法、省级立法与设区的市级立法事项范围之间的关系,符合我国既统一又分层次的立法体制的内在要求。

(三)立法权确权状况

2015 年修改的《立法法》第 72 条第 4 款[3]规定了省级人大常委会对新赋权设区的市开始制定地方性法规具体步骤和时间的确定权,为设区的市地方性法规立法工作的开展留出了缓冲时间。《立法法》2023 年的修改亦延续了这一规定。基于此,各省、自治区根据自身实际情况,逐步推进了设区的市地方性法规立法权确权工作。下文将从确权工作整体进度、确权完成时间、确权批次、确权决定生效方式等四个方面对设区的市立法权确权状况进行分析。

1. 确权工作整体进度:现有设区的市均已完成确权,确权工作或随行政区划变动而继续

2015 年《立法法》修改以来,274 个设区的市已全部完成确权工作。2015 年 5 月 21 日,安徽省人大常委会发布决定[4],确定宿州市等 6 个设区的市即日起开始行使地方性法规立法权,安徽成为全国首个发布确权决定的省份。最近一个完成确权

---

[1]　参见《立法法(2015 年修正)》第 72 条第 2 款规定:设区的市的人民代表大会及其常务委员会根据本市的具体情况和实际需要,在不同宪法、法律、行政法规和本省、自治区的地方性法规相抵触的前提下,可以对城乡建设与管理、环境保护、历史文化保护等方面的事项制定地方性法规,法律对设区的市制定地方性法规的事项另有规定的,从其规定。

[2]　参见《立法法(2023 年修正)》第 81 条第 1 款规定:设区的市的人民代表大会及其常务委员会根据本市的具体情况和实际需要,在不同宪法、法律、行政法规和本省、自治区的地方性法规相抵触的前提下,可以对城乡建设与管理、生态文明建设、历史文化保护、基层治理等方面的事项制定地方性法规,法律对设区的市制定地方性法规的事项另有规定的,从其规定。

[3]　参见《立法法(2015 年修正)》第 72 条第 4 款规定:除省、自治区的人民政府所在地的市,经济特区所在地的市和国务院已经批准的较大的市以外,其他设区的市开始制定地方性法规的具体步骤和时间,由省、自治区的人民代表大会常务委员会综合考虑本省、自治区所辖的设区的市的人口数量、地域面积、经济社会发展情况以及立法需求、立法能力等因素确定,并报全国人民代表大会常务委员会和国务院备案。

[4]　参见《安徽省人民代表大会常务委员会关于确定宿州市等六个设区的市开始行使地方立法权的决定》,载北大法宝·法律法规库(https://www.pkulaw.com/lar/5377049b1852da2d382df93ba5f4c0b2bdfb.html),访问日期:2024 年 7 月 31 日。

工作的设区的市是海南省儋州市,2023 年 9 月 19 日,海南人大常委会发布决定〔1〕,确定儋州市自 2023 年 10 月 1 日起行使地方性法规立法权。

值得注意的是,确权工作在未来可能随行政区划的变动而持续开展。自 1983 年我国开始地级行政区划改革以来,原有的 170 个地区中已有 163 个被"撤地设市",至今尚未"撤地设市"的地区还有 7 个〔2〕。"撤地设市"仍是我国行政区划改革的趋势,因此,尽管目前我国设区的市已绝大部分完成确权,但确权工作仍可能因未来新设区的市的设立而继续。

2.确权完成时间:绝大部分集中于 2015 年完成确权,最近一个 2023 年完成

以各省、自治区人大常委会发布确权决定的时间为基准,274 个设区的市中,绝大部分在 2015 年完成确权。2015 年完成确权的设区的市达 207 个,约占设区的市总量的 76%;2016 年完成确权的数量为 60 个,占比约 22%;2017 年完成确权的数量为 5 个,占比约 2%。

图 3　设区的市确权时间分布(个)

27 个省、自治区中,最早完成全部所辖设区的市确权工作的分别是福建省、吉林省、山东省和湖北省,这些省份在 2015 年 7 月一次性完成了全省的确权工作,体现出确权时间集中、赋权速度较快的特点。

3.确权批次:确权工作开展以一批次和两批次为主,兼有三批次和七批次

各省、自治区的确权工作分批次开展,主要有一批次、两批次、三批次和七批次四种类型。通过一批次和两批次完成赋权的省份最多,各 11 个,分别占省份总数的

---

〔1〕　参见《海南省人民代表大会常务委员会关于儋州市开始制定地方性法规时间的决定》,载北大法宝・法律法规库(https://www.pkulaw.com/lar/f14f7f655958095f864f03d9fb2a510bbdfb. html),访问日期:2024 年 7 月 31 日。

〔2〕　目前我国仅剩的 7 个地区,分别为黑龙江省大兴安岭地区,西藏自治区阿里地区,新疆维吾尔自治区的阿克苏地区、喀什地区、和田地区、塔城地区和阿勒泰地区。

41%。以三批次完成确权的有广东省、安徽省、西藏自治区和海南省,共 4 个,占比 15%。确权批次最多的是新疆维吾尔自治区,所辖 8 个设区的市分七批次完成确权 (见图 4)。

以各省、自治区人大常委会发布确权决定的时间为基准,确权时间跨度最长的 是海南省,其三个批次的时间跨度从 2015 年 5 月 27 日至 2023 年 9 月 19 日,历时 8 年零 4 个月。

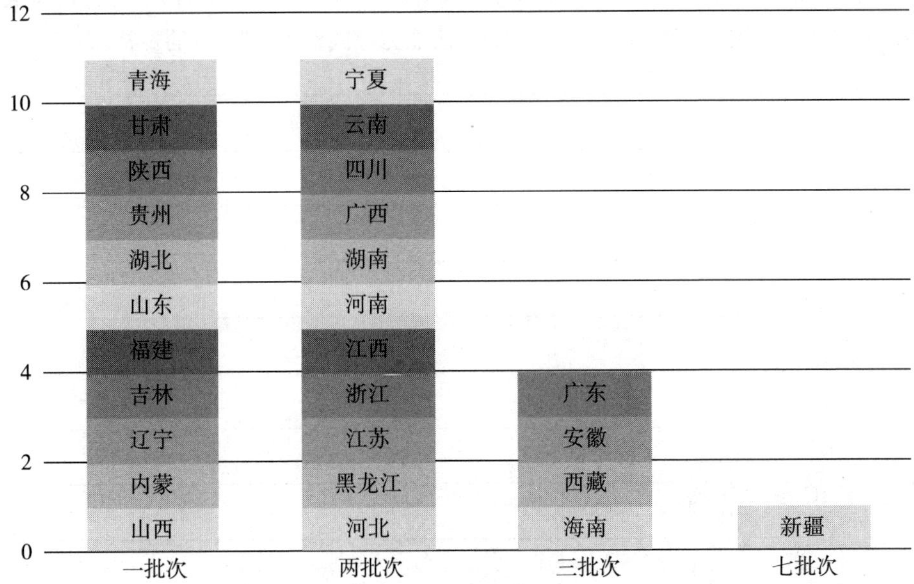

	一批次	两批次	三批次	七批次
	青海	宁夏		
	甘肃	云南		
	陕西	四川		
	贵州	广西		
	湖北	湖南		
	山东	河南		
	福建	江西	广东	
	吉林	浙江	安徽	
	辽宁	江苏	西藏	
	内蒙	黑龙江	海南	新疆
	山西	河北		

图 4　各批次省份分布情况(个)

4.确权决定生效方式:确权决定以立即生效为主,部分决定附期限或附条件 生效

确权决定的生效,是指设区的市可以开始进行地方性法规的制定。对此,各省、 自治区的确权决定主要采取了立即生效、附期限生效和附条件生效三种模式。

采用立即生效模式的设区的市共 160 个,占总数的 58%,如山西省运城市,这 些设区的市“自本决定公布之日起,可以开始制定地方性法规”[1],这意味着确 权决定立即生效,不存在发布与生效之间的时间差。采用附期限生效模式的设区

---

〔1〕 参见《山西省人民代表大会常务委员会关于运城等设区的市人民代表大会及其常务委员会开 始制定地方性法规的决定》,载北大法宝·法律法规库(https://www.pkulaw.com/lar/18006288.html),访 问日期:2024 年 7 月 31 日。

的市共95个,占比35%。其中,确权决定公布后1个月内生效的设区的市最多,共60个,如辽宁省营口市。采用附条件生效模式的设区的市共19个,占比7%。其中,以该市人大常委会"依法设立法制委员会"为条件的有17个,如河南省新乡市[1];以"省人大常委会评估确定"为条件的有2个,如山西省阳泉市[2](见图5)。

确权决定生效时间的差异源自各个省份自身情况的多样性,这种多样性与差异性也体现了《立法法》中"综合考虑本省、自治区所辖的设区的市的人口数量、地域面积、经济社会发展情况以及立法需求、立法能力等因素确定"[3]的精神。

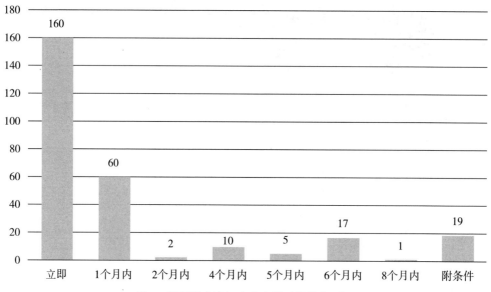

图5　设区的市确权决定生效时间分布(个)

〔1〕　参见《河南省人民代表大会常务委员会关于确定新乡、濮阳、许昌、三门峡、商丘、周口、信阳市人民代表大会及其常务委员会开始制定地方性法规的时间的决定》,载北大法宝·法律法规库(https://www.pkulaw.com/lar/18047363.html),访问日期:2024年7月31日。

〔2〕　参见《山西省人民代表大会常务委员会关于运城等设区的市人民代表大会及其常务委员会开始制定地方性法规的决定》,载北大法宝·法律法规库(https://www.pkulaw.com/lar/18006288.html),访问日期:2024年7月31日。

〔3〕　参见《立法法(2023年修正)》第81条第3款,载北大法宝·法律法规库(https://www.pkulaw.com/chl/6da217477d512dabbdfb.html),访问日期:2024年7月31日。

二、设区的市立法成果状况分析

自 2015 年《立法法》修改以来,各设区的市全面开展地方性法规立法工作,取得了丰硕的立法成果。截至 2023 年 12 月 31 日,273 个设区的市〔1〕共实际出台地方性法规 3389 部,较上年同期新增 548 部,同比增长 19%。其中,出台量最多的省份为山东省,共 262 部;出台量最多的设区的市为山东省潍坊市,共 28 部。下文将从法规时效性分布、立法时间分布、法规类型分布和法规命名特征四个维度切入,对这 3389 部设区的市地方性法规进行统计分析。

(一)法规时效性分布

1. 整体时效性分布:现行有效法规占 90%,部分法规已被修改或已失效

截至 2023 年 12 月 31 日,273 个设区的市实际出台的 3389 部设区的市地方性法规中,时效性为现行有效的法规为绝大多数,共 3051 部,占总量的 90%;已被修改的法规共 325 部,占比 9.6%;已失效的法规共 13 部,占比 0.4%(见图 6)。

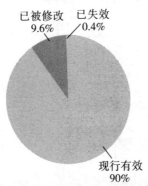

图 6   设区的市地方性法规时效性分布

2. 省份时效性分布:单个省现行有效法规 22—230 部,已被修改 0—32 部,已失效 0—2 部

截至 2023 年 12 月 31 日,27 个省、自治区设区的市地方性法规在现行有效、已被修改和已失效的不同时效性上,数量分布各异(见图 7)。

各省、自治区现行有效设区的市地方性法规数量分布在 22—230 部之间。现行有效法规最多的为山东省,共 230 部,较去年同期增加 38 部,同比增长 20%,较前年增加 3 个百分点;其次为广东省,共 185 部,较去年同期增加 29 部,同比增长 19%,较

---

〔1〕   截至 2023 年 12 月 31 日,海南省儋州市暂未出台地方性法规。

前年增加 4 个百分点。

　　各省、自治区的已被修改法规数量分布在 0—32 部之间。已被修改法规数量最多的为山东省和广东省,均为 32 部。其中,山东省较去年同期增加 8 部,同比增长 33%;广东省较去年同期增加 4 部,同比增长 14%。暂无法规被修改的省份有 1 个,为青海省。

　　已有 9 个省、自治区的法规存在被废止的情况,已失效法规最多的省份为辽宁省、广东省、湖南省和陕西省,分别各有 2 部已失效法规。

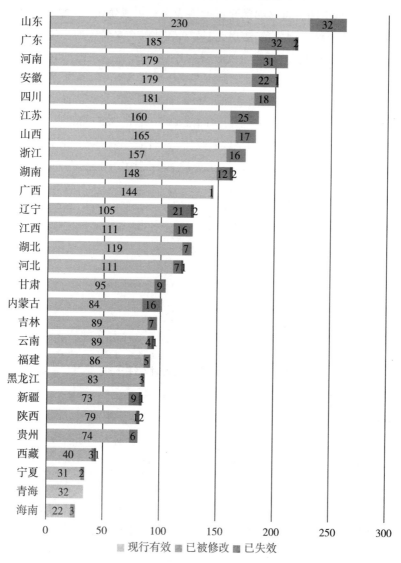

图 7　各省、自治区出台的设区的市地方性法规时效性分布(部)

3. 设区的市时效性分布:单个市现行有效法规 1—22 部,已被修改 0—8 部,已失效 0-2 部

截至 2023 年 12 月 31 日,273 个设区的市全部已行使了地方性法规立法权,各设区的市实际出台法规数量分布在 1—28 部之间。

其中,现行有效法规数量前二的设区的市共 8 个,数量分别为 22 部和 21 部。数量最多的为山西省吕梁市和忻州市、山东省烟台市,各 22 部(见表 1)。

表 1　现行有效法规数量前二的设区的市

序号	设区的市	现行有效数	所属省份
1	吕梁	22	山西
2	忻州	22	山西
3	烟台	22	山东
4	晋中	21	山西
5	四平	21	吉林
6	衢州	21	江苏
7	温州	21	浙江
8	潍坊	21	山东

已被修改法规数量最多的设区的市共 5 个,数量在 6—8 部之间不等。数量最多的为山西省阳泉市和辽宁省营口市,均为 8 部;其次是江苏省扬州市和山东省潍坊市,共 7 部法规已被修改(见表 2)。

表 2　已被修改法规数量最多的设区的市

序号	设区的市	已被修改数	所属省份
1	阳泉	8	山西
2	营口	8	辽宁
3	扬州	7	江苏
4	潍坊	7	山东
5	威海	6	山东

共有 11 个设区的市存在法规被废止的情况,其中以湖南省常德市和广东省肇庆市的数量为最多,各有 2 部已失效法规(见表 3)。

表3　已有法规被废止的设区的市

序号	设区的市	已失效数	所属省份
1	常德	2	湖南
2	肇庆	2	广东
3	廊坊	1	河北
4	锦州	1	辽宁
5	阜新	1	辽宁
6	安庆	1	安徽
7	文山州	1	云南
8	林芝	1	西藏
9	汉中	1	陕西
10	安康	1	陕西
11	伊犁州	1	新疆

(二)立法时间分布

1.历年法规出台量:法规总量逐年递增,2022年增速放缓

自2015年《立法法》修改后,273个设区的市历年地方性法规出台数量总体上呈上升趋势。2015年共出台了4部设区的市地方性法规,2016年出现爆发式增长,共出台272部,较前一年多出台268部。除2022年外,出台数量均逐年增长,2023年共出台544部。2022年出台数量有所回落,共439部,同比减少12%(见图8)。

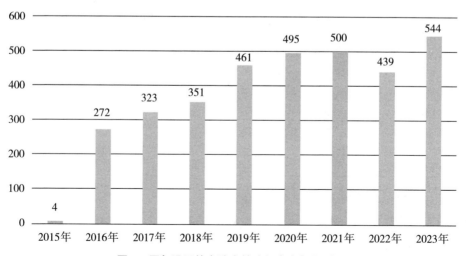

图8　历年设区的市地方性法规出台数量(部)

2. 首部法规出台时间:约 64%设区的市在获得立法权后 1 年内出台首部法规

设区的市获得立法权与开始行使立法权之间存在一定的时间差。在获得立法权后的 1 年内出台首部法规的设区的市共 176 个,占比 64%。其中有 60 个设区的市在确权后 6 个月内出台首部法规,占比 22%(见图 9)。

273 个设区的市中首部出台的法规是 2015 年 9 月 28 日发布的《三亚市白鹭公园保护管理规定》,三亚市在 2015 年 6 月 1 日获得地方立法权,确权与首部法规出台时间相隔不到 4 个月。

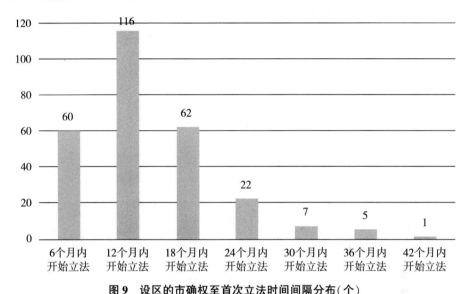

图 9 设区的市确权至首次立法时间间隔分布(个)

3. 法规批准用时:约 93%的法规在起草通过后 4 个月内被省级人大常委会批准

2015 年修改的《立法法》第 72 条第 2 款〔1〕规定了省级人大常委会批准设区的市地方性法规的时限,即法规在起草通过之后,除有合宪合法性问题外,省级人大常委会的法定批准时间应在 4 个月内。2023 年修改的《立法法》亦延续了此规定。

截至 2023 年 12 月 31 日,已实际出台的 3389 部设区的市地方性法规中,绝大多

---

〔1〕 参见《立法法(2015 年修正)》第 72 条第 2 款规定:设区的市的地方性法规须报省、自治区的人民代表大会常务委员会批准后施行。省、自治区的人民代表大会常务委员会对报请批准的地方性法规,应当对其合法性进行审查,同宪法、法律、行政法规和本省、自治区的地方性法规不抵触的,应当在四个月内予以批准。

数在 4 个月的法定期限内被批准,共 3154 部,占比 93%,其中在 2 个月内被批准的法规数量最多,共 1164 部。超出 4 个月的法定期限被批准的法规共 235 部,占比 7%。其中用时最长的为《邢台市物业管理条例》,自 2018 年 11 月 28 日通过至 2020 年 6 月 2 日被批准,历时 18 个月(见图 10)。

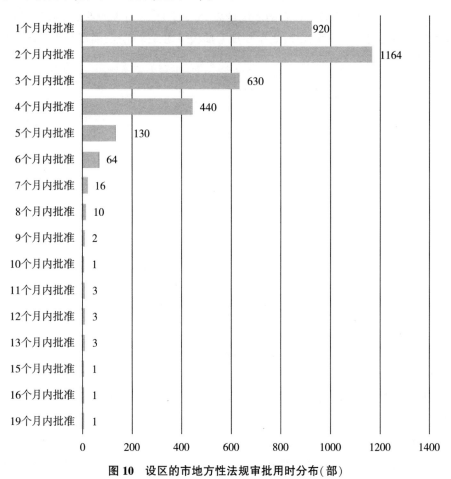

图 10　设区的市地方性法规审批用时分布(部)

(三)法规类型分布

本文对法规类型的划分依据主要是设区的市地方性法规所涉及的立法事项范

围。2023 年《立法法》关于立法事项范围的规定〔1〕,将原有的"环境保护"修改为"生态文明建设",并增加"基层治理"这一新的立法事项。对此需要说明两点:其一,"生态文明建设"是对原"环境保护"内涵范围的继承和发展,故本文将 2015—2022 年间出台的环境保护类法规相应地替换表述为生态文明建设类;其二,在 2015—2022 年间,个别设区的市已经基于城乡建设与管理的立法权限出台了一些实际内容为基层治理的地方性法规,为反映实际法规类型情况,本文将这些地方性法规一律按照基层治理类统计。

1. 整体类型分布:生态文明建设类最多,其次为城乡建设与管理

截至 2023 年 12 月 31 日,已实际出台的 3389 部设区的市地方性法规中,法规类型按照数量多少依次为生态文明建设、城乡建设与管理、历史文化保护、立法程序和基层治理(见图 11)。

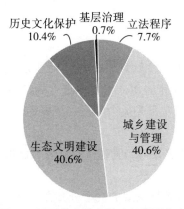

图 11   设区的市地方性法规类型分布

数量最多的是生态文明建设类,共 1376 部,占比约 40.6%,所涉内容包括但不限于市容和环境卫生管理、生态环境保护、污染防治、河道管理、垃圾管理、灾害防治等多个方面,如《张家口市城市市容和环境卫生管理条例》《晋城市沁河流域生态修复与保护条例》《运城市大气污染防治条例》《常州市河道保护管理条例》《南通市城市建筑垃圾管理条例》《萍乡市雷电灾害防御条例》等。

其次为城乡建设与管理类,共 1375 部,占比约 40.6%,所涉内容包括但不限于

─────────

〔1〕 参见《立法法(2023 年修正)》第 81 条第 1 款规定:设区的市的人民代表大会及其常务委员会根据本市的具体情况和实际需要,在不同宪法、法律、行政法规和本省、自治区的地方性法规相抵触的前提下,可以对城乡建设与管理、生态文明建设、历史文化保护、基层治理等方面的事项制定地方性法规,法律对设区的市制定地方性法规的事项另有规定的,从其规定。

城乡规划、文明促进、产业发展、市政管理、国家机关议事规则等各个方面,如《台州市城乡规划条例》《锦州市文明行为促进条例》《辽源市柞蚕产业发展条例》《贺州市农贸市场管理条例》《贵港市户外广告和招牌设置管理条例》《四平市城市供热条例》《三沙市人民代表大会常务委员会议事规则》等。

最后为历史文化保护类,共 353 部,占比约 10.4%,所涉内容包括但不限于文物保护、非物质文化遗产保护、民族文化风俗保护、古树名木保护、红色文化资源保护等,如《铜仁古城保护条例》《北海市非物质文化遗产保护条例》《黔南布依族苗族自治州水书文化保护条例》《临沧市古茶树保护条例》《桂林市红军长征湘江战役红色资源保护传承规定》等。

当前,法定的法规类型中,基层治理法规数量最少,共 23 部,占比约 0.7%,所涉内容主要为街道社区治理、网格化管理、多元化解纠纷、法治乡村建设等,如《龙港市社区治理条例》《枣庄市网格化服务管理条例》《毕节市多元化解纠纷条例》《湖州市法治乡村建设条例》等。

除上述四大实体性法规之外,作为地方性法规制定的规范依据和程序指引,各设区的市还出台了 262 部地方立法程序性法规,对地方性法规的立法准备、起草、审议、发布、解释、适用和备案审查等立法程序进行规定,如《阳泉市地方立法条例》《吕梁市人民代表大会及其常务委员会立法程序规定》《哈密市制定地方性法规条例》等。

2.类型时效性分布:城乡建设与管理现行有效和已被修改最多,生态文明建设失效最多

就时效性而言,不同时效性法规的类型分布存在差异。在 3051 部现行有效法规中,城乡建设与管理类数量最多,共 1257 部,占比 41%;在 325 部已被修改和 13 部已失效的法规中,生态文明建设类数量最多,分别为 185 部和 10 部,占比 57% 和 77%(见图 12)。

3.省份类型分布:不同省份出台法规类型数量和比重各异

城乡建设与管理类法规出台数量最多的是山东省,共 134 部,如《济宁市优化营商环境条例》《日照市养老服务条例》;城乡建设与管理类法规占本省各类法规总出台量比重最大的是吉林省,占比 54%,如《四平市机动车停车条例》《白山市城市户外广告和招牌设置管理条例》。

生态文明建设类法规出台数量最多的是河南省,共 111 部,如《南阳市白河水系水环境保护条例》《安阳市城市绿化条例》;生态文明建设类法规占本省各类法规总出台量比重最大的是内蒙古自治区,占比 59%,如《通辽市罕山国家级自然保护区条例》《鄂尔多斯市农村牧区人居环境治理条例》。

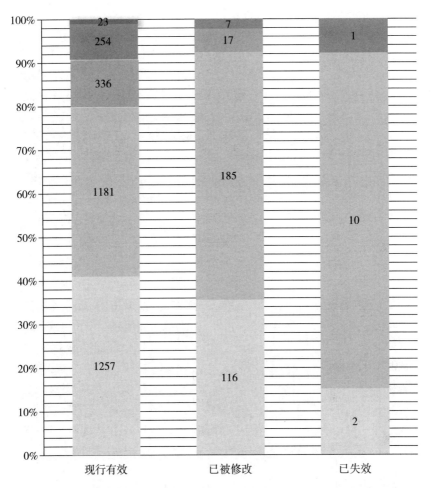

图12 各时效性的法规类型数量及比重

历史文化保护类法规出台数量最多的是广东省，共32部，如《江门市历史文化街区和历史建筑保护条例》《梅州市红色资源保护条例》；历史文化保护类法规占本省各类法规总出台量比重最大的是福建省和广西壮族自治区，占比均为18%，如《泉州市中山路骑楼建筑保护条例》《贵港市太平天国金田起义遗址保护条例》。

基层治理类法规出台数量最多的是山东省和浙江省，均为5部，如《东营市社会治理网格化服务管理条例》《龙港市社区治理条例》；基层治理类法规占本省各类法规总出台量比重最大的是青海省，占比为6%，如《海东市基层社会治理促进条例》

《黄南藏族自治州城乡社区治理促进条例》(见图13)。

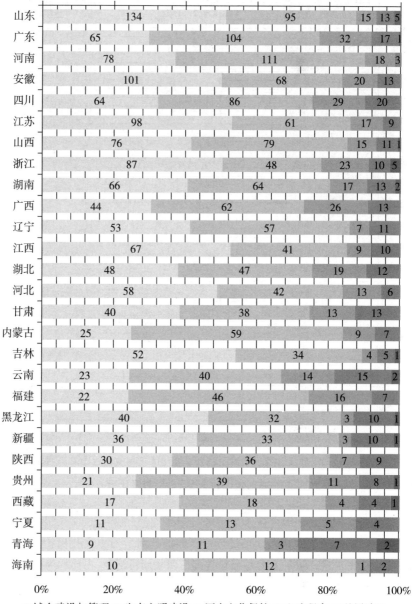

图13　各省、自治区的法规类型数量及比重

4.设区的市类型分布:出台生态文明建设的设区的市数量最多,基层治理立法空间较大

截至 2023 年 12 月 31 日,已出台城乡建设与管理类法规的有 262 个,占全部设区的市的比重为 96%;已出台生态文明建设类法规的有 267 个,占比 97%;已出台历史文化保护类法规的有 199 个,占比 75%;已出台基层治理类法规的有 21 个,占比 8%;已出台立法程序类法规的有 252 个,占比 92%。

可见,各地城乡建设与管理、生态文明建设和历史文化保护等事项的立法进程正在稳步推进,基层治理立法在各设区的市中尚处于起步阶段,有待未来进一步推进。

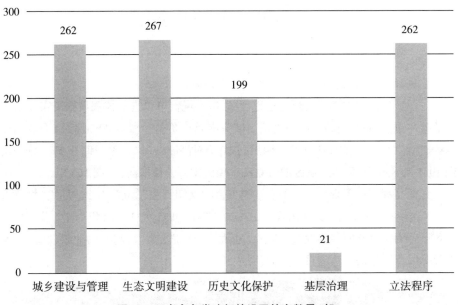

图 14　已出台各类法规的设区的市数量(部)

5.首部法规类型分布:约 72% 设区的市首部法规为立法程序类法规

已出台地方性法规的 273 个设区的市中,首部为立法程序类法规的有 198 个,占比 73%。辽宁省、陕西省、广西壮族自治区、内蒙古自治区、福建省、四川省、贵州省、湖北省、宁夏回族自治区等 9 个省、自治区的全部设区的市均首先出台立法程序类法规(见图 15)。

绝大部分设区的市在被赋予地方立法权后,首先制定立法程序类法规,反映出各地对依法立法原则的具体落实,为后续实体性法规规模化的立改废乃至备案审查

工作都提供了程序基础和规范保障。

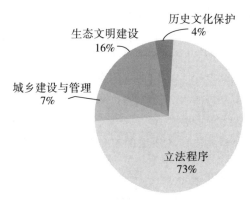

图 15　设区的市首部地方性法规类型分布

(四)法规命名特征

1.法规标题用词:"管理""保护"为绝对高频词

对设区的市地方性法规标题进行词频统计分析,可以直观体现设区的市立法工作的整体重点,对分析设区的市立法实践具有重要价值。截至 2023 年 12 月 31 日,3389 部设区的市地方性法规的标题用词中,绝对高频词为"管理"和"保护",分别出现 1031 和 856 次,反映出设区的市立法事项的主要价值取向(见图 16)。

其他高频词也体现出各地的立法重点,如"文明行为""立法""饮用水""物业管理""城市绿化"等词汇,分别出现了 225 次、178 次、113 次、103 次和 77 次,分别反映了各设区的市对文明行为促进、地方立法程序、饮用水生态保护、物业事项管理、城市园林绿化等立法事项的重点关注(见表 4)。

图 16　设区的市地方性法规标题词频图

表4　设区的市地方性法规标题高频词

词频	词汇
401—1100 次	管理、保护
101—400 次	促进、文明行为、城市、防治、立法、环境卫生、市容、建设、人民代表大会常务委员会、饮用水、物业管理
51—100 次	制定地方性法规、安全、城市绿化、水源、大气污染、农村、流域

2. 法规命名方式:法规命名以"条例"为主,兼有"规定""办法""规则"

截至2023年12月31日,3389部设区的市地方性法规中,以"条例"命名的共3158部,占比93.2%,同比增长18%;以"规定"命名的共154部,占比4.5%,同比增长34%,如《台州市电梯安全管理规定》《绍兴会稽山古香榧群保护规定》《常德市大气污染防治若干规定》等;以"办法"命名的共60部,占比1.8%,同比增长25%,如《漳州市饮用水水源保护办法》《聊城市献血办法》《鹰潭市建设工地扬尘污染防治管理办法》等;以"规则"命名的共17部,占比0.5%,同比增长55%,如《朔州市人民代表大会议事规则》《酒泉市人民代表大会及其常务委员会立法程序规则》《日喀则市人民代表大会常务委员会议事规则》等(见图17)。

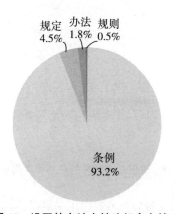

图17　设区的市地方性法规命名情况

三、设区的市立法应用状况分析

在2015年《立法法》修改以来的八年多时间里,各设区的市已出台了3389部地方性法规,立法成果显著,而这些地方性法规只有在社会治理和生活中被广泛遵守、执行和适用,才会发挥实效。为分析设区的市地方性法规的应用现状,下文将以北大法宝法律法规库、司法案例库和法学期刊库中与设区的市地方性法规相关的数据作为统计样本[1],从立法、司法和学术等角度对这些地方性法规的应用现状进行综合分析。

(一)整体应用状况

1.应用量类型分布:约64%地方性法规在立法、司法和学术领域中被应用

自2015年《立法法》修改以来,273个设区的市实际出台的3389部地方性法规中,共有2185部分别在司法案例、法规文件和学术期刊中被应用(引用),同比增长27%。

这2185部法规的总应用量为8977次。其中,法规文件引用量为5230次,占比58%;司法案例应用量为2658次,占比30%;学术期刊引用量为1089次,占比12%。可见,设区的市地方性法规以法规文件和司法案例中的应用(引用)为主要方向(见图18)。

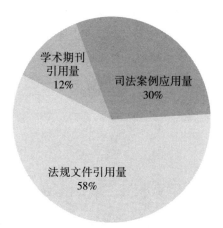

图18　设区的市地方性法规被应用情况

2.应用率地域分布:浙江省和江苏省应用率最高,均超过80%

27个省、自治区出台的设区的市地方性法规,应用率在32.5%至83.2%不等。应用率最高的是浙江省,全省出台的173部法规中,有144部被应用,应用率达83.2%。其次是江苏省,全省185部法规中有150部被应用,应用率为81.1%。再次是湖北省,全省126部法规中有93部被应用,应用率为73.8%(见图19)。

_____

[1]　本文设区的市立法应用状况的数据采集范围,截至2023年12月31日。

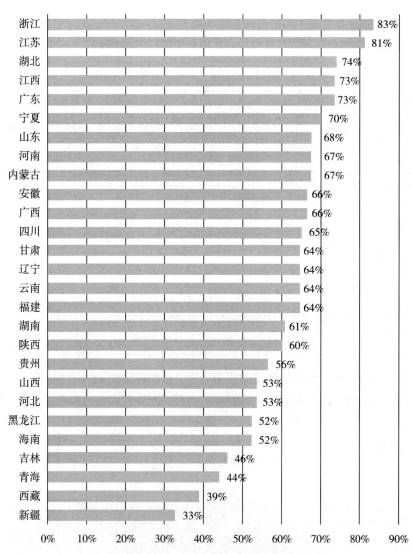

图19　各省、自治区设区的市地方性法规应用率

(二)司法案例中的应用

1.应用量分布:司法案例应用率平均6.0次/部,单部应用量1—254次

在被应用的2185部设区的市地方性法规中,有444部法规被司法案例应用,共被应用2658次,平均6.0次/部,其中有3部法规的司法案例应用量超过100次。应用量最高的法规是《株洲市城市综合管理条例》,被司法案例应用为254次;其次是《漯河市城乡规划条例》,被应用131次;再次为《盘锦市物业管理条例》,被应用117

次。司法案例应用量前十的法规有 9 部为城乡建设与管理类,主要调整物业管理、城市综合执法、城乡规划等法律纠纷高发的立法事项(见表 5)。

表 5　司法案例应用量前十的设区的市地方性法规

序号	法规标题	类别	应用量	发布年份
1	株洲市城市综合管理条例	城乡建设与管理	254	2017
2	漯河市城乡规划条例	城乡建设与管理	131	2019
3	盘锦市物业管理条例	城乡建设与管理	117	2019
4	黄冈市违法建设治理条例	城乡建设与管理	95	2018
5	大庆市物业管理条例	城乡建设与管理	72	2018
6	柳州市城市绿化条例	生态文明建设	67	2018
7	朝阳市城市供热条例	城乡建设与管理	52	2016
8	佛山市住宅物业管理条例	城乡建设与管理	42	2021
9	平顶山市城乡规划建设管理条例	城乡建设与管理	37	2017
10	安阳市城市管理综合执法条例	城乡建设与管理	37	2017

2. 被应用法规类型分布:城乡建设与管理类法规被司法案例应用最多

被司法案例应用的 444 部地方性法规,主要为城乡建设与管理类,共 244 部,占比 55%;其次为生态文明建设类,共 181 部,占比 40.8%;再次为历史文化保护类,共 18 部,占比 4.0%(见图 20)。

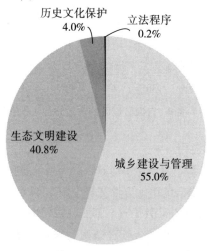

图 20　被司法案例应用法规的类型分布

(三)法规文件中的引用

1.引用量分布:法规文件引用率平均2.8次/部,单部引用量1—28次

在被应用的2185部设区的市地方性法规中,有1893部法规在法规文件中被引用,共被引用5230次,平均2.8次/部。引用量最高的法规是《金华市制定地方性法规条例》,共28次;其次是《台州市居家养老服务条例》和《荆门市城市管理条例》,均为24次;再次为《衢州市城市市容和环境卫生管理条例》,共22次。法规文件引用量前五的法规共8部,其中有5部为城乡建设与管理,主要调整烟花爆竹管理、养老育幼等立法事项;立法程序、生态文明建设和历史文化保护类的法规各1部(见表6)。

表6　法规文件引用量前五的设区的市地方性法规

序号	法规标题	类别	引用量	发布年份
1	金华市制定地方性法规条例	立法程序	28	2016
2	台州市居家养老服务条例	城乡建设与管理	24	2022
3	荆门市城市管理条例	城乡建设与管理	24	2016
4	衢州市城市市容和环境卫生管理条例	生态文明建设	22	2016
5	梧州市烟花爆竹燃放管理条例	城乡建设与管理	20	2019
6	莆田市中小学校幼儿园规划建设条例	城乡建设与管理	20	2018
7	黄山市徽州古建筑保护条例	历史文化保护	20	2017
8	贵港市烟花爆竹燃放管理条例	城乡建设与管理	20	2019

2.被引用法规类型分布:生态文明建设类法规被法规文件引用最多

被法规文件引用的1893部地方性法规,生态文明建设类最多,共808部,占比42.7%;其次为城乡建设与管理类,共716部,占比37.8%;再次为历史文化保护类,共191部,占比10.1%;此外,立法程序类和基层治理类分别被引用170部和8部,占比9.0%和0.4%(见图21)。

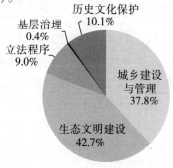

图21　被法规文件引用法规的类型分布

3.引用对象情况:引用对象主要为本市制定的其他法规规章和文件

设区的市地方性法规主要被引用在本市人大及其常委会制定的其他地方性法规,以及本市政府制定的地方政府规章、规范性文件和其他工作文件中,且引用的法规规章和文件与被应用法规多为同一类别。

以《三明市城市市容和环境卫生管理条例》为例,该法规不仅被引用在三明市人大常委会制定的《三明市公共文明行为促进条例》中,而且被引用在三明市人民政府制定的2篇地方政府规章《三明市餐厨垃圾管理办法》《三明市城市建筑垃圾管理办法》中,此外还被三明市人民政府颁布的6篇地方工作文件所引用。

(四)学术期刊中的引用

1.引用量分布:学术期刊引用率平均1.5次/部,单部引用量1—11次

在被应用的2185部设区的市地方性法规中,有721部法规被引用在学术期刊中,共被引用1089次,平均1.5次/部。引用量最高的法规是《河源市恐龙地质遗迹保护条例》,被学术期刊引用11次;其次是《三亚市白鹭公园保护管理规定》,被引用9次;再次为《泰州市公共信用信息条例》和《台州市城市市容和环境卫生管理条例》,均为8次。学术期刊引用量前五的法规共6部,生态文明建设类3部,历史文化保护类2部,城乡建设管理类1部(见表7)。

表7　学术期刊引用量前五的设区的市地方性法规

序号	法规标题	法规类别	引用量	发布年份
1	河源市恐龙地质遗迹保护条例	历史文化保护	11	2016
2	三亚市白鹭公园保护管理规定	生态文明建设	9	2015
3	泰州市公共信用信息条例	城乡建设与管理	8	2016
4	台州市城市市容和环境卫生管理条例	生态文明建设	8	2016
5	镇江香醋保护条例	历史文化保护	7	2016
6	江门市潭江流域水质保护条例	生态文明建设	7	2016

2.被引用法规类型分布:生态文明建设类法规被学术期刊引用最多

被学术期刊引用的721部地方性法规,生态文明建设类最多,共317部,占比44.0%;其次为城乡建设与管理类,共221部,占比30.7%;再次为历史文化保护类,共112部,占比15.5%;此外,立法程序类和基层治理类分别被引用65部和6部,占9.0%和0.8%(见图22)。

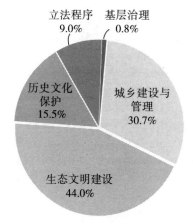

图 22   被学术期刊引用法规的类型分布

四、设区的市立法计划状况分析

设区的市每年度发布的立法计划是本市立法工作的风向标,能够反映出未来一年的立法工作重点。下文将以 128 个设区的市[1]人大常委会或人民政府公开发布的 2024 年立法计划为数据样本,对这些设区的市立法计划及其地方性法规立法项目进行统计分析。

(一)立法计划发布概况

1. 立法计划公开情况:立法计划公开数较上年回落 8%

截至本文立法计划采集完毕时间[2],共有 128 个设区的市公开发布了 2024 年立法计划,较去年同期减少 11 个,同比下降 8%。

所辖设区的市有立法计划公开的省、自治区共 26 个,其中辖区内过半数设区的市公开了立法计划的省、自治区有 10 个,较去年同期减少 3 个,同比下降 23%。其中,福建省的公开率为 100%,即全部公布(见图 23)。

---

〔1〕 通过检索各市的人大常委会和人民政府官网发现,部分设区的市并未公开 2024 年立法计划,全国共 128 个设区的市的 2024 年立法计划被公开,本章以这些立法计划及其地方性法规立法项目为研究对象。

〔2〕 本文 2024 年立法计划采集截止日期为 2024 年 7 月 31 日。

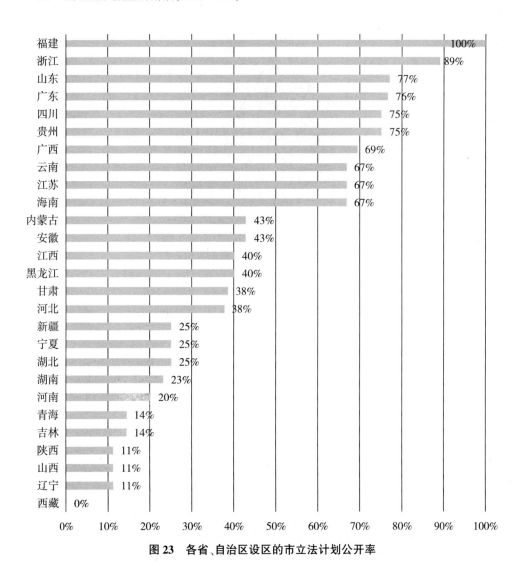

图 23　各省、自治区设区的市立法计划公开率

2.立法计划发布主体:人大常委会发布时间集中于上年末当年初,人民政府集中于当年第 2 季度

公开立法计划的 128 个设区的市中,立法计划发布主体各不相同,其中 55 个由人大常委会发布,73 个由人民政府发布。人大常委会发布立法计划的时间集中于 2023 年第 4 季度和 2024 年第 1 季度,而人民政府则集中于 2024 年第 2 季度。如图 24 所示,人大常委会发布时间的峰值有两个,分别为 2023 年 12 月和 2024 年 2 月,总计有 26 个设区的市人大常委会发布立法计划;而人民政府的峰值位于 2024 年 4

月,此时共有 22 个设区的市人民政府发布立法计划(见图 24)。

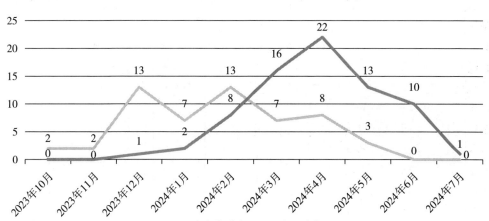

图 24　人大常委会和人民政府发布立法计划时间分布(个)

(二)立法项目分布特征

1.立法形式分布:约 88%立法项目为制定项目,兼有修改项目和废止项目

128 个设区的市的 2024 年立法计划中,共有 737 个地方性法规立法项目,包括法规制定、法规修改和法规废止三种立法形式。其中绝大多数为法规制定项目,共652 个,占比 88%;法规修改项目 84 个,占比 11%;还有 1 个为法规废止项目。

26 个省、自治区中,立法项目数量最多的是广东省,共 87 个,包括 69 个法规制定项目和 18 个法规修改项目。法规制定项目最多的是浙江省,共 78 个;法规修改项目最多的是广东省,共 18 个。此外,吉林省有 1 个法规废止项目,为《四平市黑土地保护条例》的废止计划(见图 25)。

2.优先级分布:以三类项目和一类项目为主,共占比 82%

按照优先级的不同,各设区的市公开发布的 737 个立法项目可以划分为三种,即一类项目、二类项目和三类项目。[1]其中一类项目共 311 个,占比约 42%;二类

---

〔1〕　由于不同设区的市在立法计划中对立法项目的优先级分类不尽相同,为便于读者理解,本义将各种不同分类进行统合,归纳出三个类别并统一表述为:一类项目、二类项目、三类项目。一类项目,是指优先级最高的立法项目,即预计未来 1 年内可以完成全部审议流程并审议通过的项目,在各地立法计划中一般表述为"审议项目""1 月一审""年内完成的立法项目""上年度结转审议项目"等。二类项目,是指优先级中等的立法项目,即预计未来 1 年内不太可能完成审议的项目,在各地立法计划中一般表述为"预备项目""预备审议项目""本年度新增审议项目,转接下年度审议""12 月初审的项目"等。三类项目,是指优先级最低的立法项目,即未来 1 年内确定不会完成审议的项目,在各地立法计划中一般表述为"调研项目""调研类立法项目""立法调研"等。

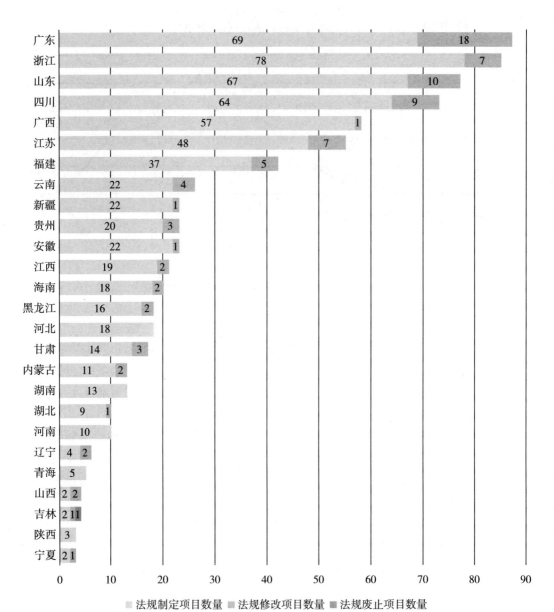

图25　各省、自治区立法计划项目数量分布(个)

项目 132 个,占比约 18%;三类项目 294 个,占比约 40%。可见,各市立法项目主

要为一类项目和三类项目,即未来 1 年内可以完成审议的项目和立法调研项目

(见图 26)。

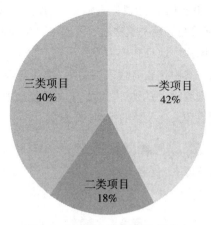

图 26　立法计划项目优先级分布

3.调整事项分布:调整事项以实体类为主,包括 14 个基层治理类项目

各市 2024 年立法项目的调整事项类型较为全面,以实体类为主,程序类为辅,包括 2023 年《立法法》修改新增的基层治理类的立法事项。

737 个立法项目中,城乡建设与管理类有 360 个,占比 48.8%,为项目数量最多的类型;生态文明建设类 205 个,占比 27.8%;历史文化保护类 97 个,占比 13.2%;立法程序类 39 个,占比 5.3%;基层治理类 36 个,占比 4.9%(见图 27)。

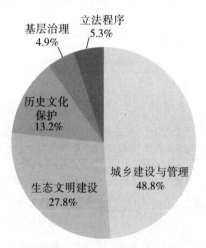

图 27　立法计划项目类型分布

4.词频分布:"管理"为绝对高频词,立法项目紧扣社会热点和民生关切

本文对 737 个地方性法规立法项目进行了词频分析,绝对高频词为"管理",共

出现 257 次。词频高于 20 次的 10 个高频词汇,几乎都属于城乡建设与管理法规中常见的用词,这与城乡建设与管理类立法项目占比 48.8% 的现状相符合(见图 28)。

其余高频词也都不同程度地反映出地方性法规立法对社会热点问题的关切以及地方立法的发展动向。其中比较有代表性的为"物业管理""海绵城市""生活垃圾"等词汇,分别对应物业管理、海绵城市建设、人居环境治理等热点问题,反映了各市立法项目紧扣社会热点和民生关切的特征(见表 8)。

图 28　立法计划项目词频图

表 8　立法计划项目高频词

词频(次)	词汇
101—300 次	管理、保护
21—100 次	促进、建设、防治、发展、服务、城市、立法、安全
11—20 次	物业管理、历史、海绵城市、制定地方性法规、建筑、利用、传承、污染、生活垃圾、人民代表大会常务委员会、纠纷、优化、文明、垃圾、城区

五、研究综述

通过持续性地实证研究可以看出,经过 2015 年和 2023 年对《立法法》的两次修改,设区的市立法工作蓬勃开展,立法成果显著。各设区的市能够根据自身经济社会发展的特征,因地制宜、有所侧重地开展具有本地特色的立法工作,探索地方立法权高质量运行的发展道路。本文通过数据统计和比对分析,得出如下结论。

1. 立法主体和立法事项根据社会治理需要适时调整

《立法法》2015 年修改以来,我国设区的市地方性法规立法主体已扩容至 323 个,其调整背景既有"撤地设市"等行政区划变更的实际需要,也有对不设区的市的社会治理的现实考量。地方立法主体的适时扩容,使我国地方立法的丰富度大幅提升。

设区的市立法事项则根据社会治理的实际需要,在《立法法》的两次修改中适时调整。一次是在 2015 年将从"概括式"规定调整为"列举式"规定;另一次是在 2023 年增加"基层治理"这一立法事项,并将"环境保护"修改为"生态文明建设"。立法事项的调整使设区的市立法具有了明确方向的同时,也能够不断适应新形势的需要。

2. 立法总量和每年增量持续增加,2023 年增量首次突破 500 部

自设区的市立法工作全面开展以来,273 个已确权的设区的市均已制定各自的地方性法规,新增立法数量总体上逐年增加。截至 2023 年 12 月 31 日,设区的市立法总量已达 3389 部,从 2016 年的 272 部到 2023 年的 544 部,除 2022 年的增量较前期稍有回落外,每年的立法增量均高于上一年,尤其是在 2023 年,增量首次突破 500 部,体现了各设区的市普遍旺盛的立法需求和丰硕的立法成果。

3. 法规修改和废止活动逐年增多,立法全流程实践逐步推进

随着上位法规定的调整和经济社会发展,已出台的 3389 部设区的市地方性法规中,有 325 部已被修改,13 部已被废止,数量较往年均有增长。各设区的市发布的 2024 年立法计划中,已有 11% 的法规修改项目,并出现 1 个法规废止项目。这一现状符合"立改废"的全流程立法实践趋势。绝大多数设区的市地方立法程序性法规中也都完整规定了地方性法规的制定、修改、废止和备案审查程序。目前的地方立法实践中,制定、修改和废止实践已经展开并且成果丰硕,根据这一趋势,设区的市地方性法规的备案审查工作或将随之进一步推进。

4. 生态文明建设为当前主要立法方向,其他事项比重稳中有升

在实体性立法事项中,生态文明建设是各设区的市主要的立法方向,不仅在 3389 部现有设区的市地方性法规中占据近一半的数量,而且在法规文件和学术期刊的法规应用过程中均属于比重最高的立法事项。在 2015—2023 年间的立法成果和 2024 年立法计划中,与生态文明建设相关的词汇也均有较高的出现频次。此外,城乡建设与管理、历史文化保护乃至基层治理等立法事项的比重也在立法成果、立法应用和立法计划的具体分布上稳中有升。

5. 法规广泛应用于立法、司法和学术领域,在司法案例中复用率最高

各个设区的市出台的 3389 部地方性法规中,有 2185 部被分别应用于立法、司法

和学术领域。其中,444部法规被司法案例应用2658次,平均6.0次/部;189部法规被地方立法引用5230次,平均2.8次/部;721部法规被学术期刊引用1089次,平均1.5次/部。单部法规的平均应用次数可以反映法规在该领域中的复用率,平均次数越高,说明单个法规在该领域被多次应用的程度越深。三种主要的应用领域中,司法案例以6.0次/部的法规复用率位居首位,体现了司法裁判中对设区的市地方性法规的频繁应用。

6.各地立法计划公开率较高,立法项目紧扣社会热点和民生关切

128个设区的市在本市人大常委会或者人民政府官网公开发布了2024年立法计划,各地立法计划公开率较高,体现出各设区的市对民主立法和科学立法的意识进一步增强。737个立法项目中出现的"物业管理""海绵城市""生活垃圾"等高频词,体现出设区的市地方性法规对社会热点和民生关切的重视和回应。

六、结　语

经过《立法法》2015年和2023年的两次修改,新赋予立法权的设区的市在立法权限状况、立法成果状况、立法应用状况和立法计划状况等方面均有不同程度的进展,274个设区的市立法工作积极开展,地方立法权得到有效行使,立法成果丰硕并被广泛应用。未来,新赋予立法权的设区的市可借助更加高效便捷的立法智能辅助工具,制定出更多符合本地实际、解决现实痛点、体现地方特色的高质量地方性法规,并使其因时制宜、发挥实效,以实现良法善治,更加精准和深入地推进全面依法治国,谱写中国式现代化的立法篇章。

【责任编辑:郐雯倩】

法学期刊学术影响力分析报告（2023年版）
——基于法学期刊引证情况的分析

北大法宝法学期刊研究组*

摘要:本文以"北大法宝·法学期刊库"作为统计源,综合 CLSCI/CSSCI（2021—2022年）(含扩展版)/北大中文核心（2020年版)/AMI 综合（2022年版）4 种期刊评价标准,结合期刊实际出刊情况,同时排除历史过刊,选取了 223 家期刊作为研究对象,通过对法学专刊、高校学报及社科类综合刊（法学文章）、法学集刊、法学英文刊 2020 年、2021 年发表的法学文章在 2022 年的引证统计,分析法学期刊整体被引情况、高被引期刊、高被引文章、高被引作者及所属机构等,总结归纳高被引期刊的共同特征,以期为法学期刊的发展提供相应的实证依据。

关键词:法学期刊　学术影响力　期刊评价　引文分析　引证研究

一、2020—2021 年期刊整体被引情况

223 家统计源期刊中包含法学专刊 90 家、高校学报及社科类综合刊 64 家、法学

收稿日期:2024-06-20

* 北大法宝法学期刊研究组成员:刘馨宇、孙妹、曹伟、范阿辉、李婉秋、宋思婕。刘馨宇,北大法律信息网(北大法宝)编辑部主任;孙妹,北大法律信息网(北大法宝)编辑部副主任;曹伟,北大法宝学术中心副主任;范阿辉,北大法宝研究员;李婉秋,北大法宝研究员;宋思婕,北大法宝编辑。研究指导:郭叶,北大法律信息网(北大法宝)副总编。

集刊 64 家、法学英文刊 5 家。[1]

　　2020—2021 年总发文量 21677 篇,其中被引期刊共 175 家,包含法学专刊 84 家、高校学报及社科类综合刊(法学文章)[2]57 家、法学集刊 32 家、法学英文刊 2 家,被引文章 8246 篇,累计被引 25154 次。从年度情况来看,2020 年被引文章 4006 篇(总占比 48.58%),被引频次 11436 次(总占比 45.46%);2021 年被引文章 4240 篇(总占比 51.42%),被引频次 13718 次(总占比 54.54%)。通过数据分析,223 家期刊 2021 年相较 2020 年被引文章上升 234 篇,被引频次上升 2282 次。

　　(一)核心期刊被引文章占九成,被引频次占九成

　　通过 2020—2021 年 8246 篇被引文章进行统计,被引文章以法学核心专刊为主,非核心期刊尤其法学集刊和法学英文刊相对较少。如表 1 所示,175 家被引期刊中核心期刊 132 家(法学专刊 63 家、高校学报及社科类综合刊 54 家、法学集刊 14 家、法学英文刊 1 家),被引文章 7508 篇(总占比 91.05%),被引频次 24096 次(总占比 95.79%);非核心期刊 43 家(法学专刊 21 家、高校学报及社科类综合刊 3 家、法学集刊 18 家、法学英文刊 1 家),被引文章 738 篇(总占比 8.95%),被引频次 1058 次(总占比 4.21%)。

表 1　2020—2021 年各类型期刊被引情况

期刊类型		统计源(家)	被引期刊(家)	被引文章(篇)	被引文章占比	被引频次(次)	被引频次占比
核心期刊	法学专刊	63	63	6333	76.80%	21302	84.69%
	高校学报及社科类综合刊	57	54	1047	12.70%	2618	10.41%
	法学集刊	17	14	124	1.50%	171	0.68%
	法学英文刊	1	1	4	0.05%	5	0.02%

---

　　[1]　截至 2023 年 9 月 30 日,"北大法宝·法学期刊库"已收录期刊 286 家,综合 CLSCI/CSSCI(2021—2022)(含扩展版)/北大中文核心(2020 年版)/AMI 综合(2022 年版)4 种期刊评价标准,结合实际出刊情况,同时排除历史过刊,选取了 223 家期刊作为统计源,其中《人民司法》含《人民司法(案例)》和《人民司法(应用)》。

　　[2]　本分析报告统计源期刊中高校学报及社科类综合仅统计法学文章,以下简称为高校学报及社科类综合刊。

（续表）

期刊类型		统计源（家）	被引期刊（家）	被引文章（篇）	被引文章占比	被引频次（次）	被引频次占比
非核心期刊	法学专刊	27	21	668	8.10%	977	3.88%
	高校学报及社科类综合刊	7	3	19	0.23%	27	0.11%
	法学集刊	47	18	48	0.58%	51	0.20%
	法学英文刊	4	1	3	0.04%	3	0.01%
合计		223	175	8246	100%	25154	100%

（二）法学期刊、高校学报及社科类综合刊被引文章量和被引频次均有所上升

2021 年法学期刊、高校学报及社科类综合刊在被引文章量和被引频次上均比 2020 年略有上升。如表 2 所示，从被引文章量上看，118 家被引法学期刊（含法学专刊、法学集刊、法学英文刊）2020—2021 年被引文章 7180 篇，其中 2021 年被引文章 3699 篇，占比 51.52%，相较 2020 年被引文章（被引文章量 3481 篇）上升 218 篇。57 家被引高校学报及社科类综合刊 2020—2021 年被引文章 1066 篇，其中 2021 年被引文章 541 篇，占比 50.75%，相较 2020 年被引文章（被引文章量 525 篇）上升 16 篇。

从被引频次上看，118 家被引法学期刊（含法学专刊、法学集刊、法学英文刊）2020—2021 年被引频次 22509 次，其中 2021 年被引频次 12370 次，占比 54.96%，相较 2020 年（被引频次 10139 次）上升 2231 次。57 家被引高校学报及社科类综合刊 2020—2021 年被引频次 2645 次，其中 2021 年被引频次 1348 次，占比 50.96%，相较 2020 年（被引频次 1297 次）上升 51 次。

表 2　2020—2021 年法学期刊、高校学报及社科类综合刊被引情况

期刊类型	统计源（家）	被引期刊（家）	2020 年被引文章（篇）	2021 年被引文章（篇）	2020 年被引频次（次）	2021 年被引频次（次）
法学期刊（法学专刊、法学集刊、法学英文刊）	159	118	3481	3699	10139	12370
高校学报及社科类综合刊	64	57	525	541	1297	1348
合计	223	175	4006	4240	11436	13718

（三）被引文章学科分布情况

如图 1 所示,2020—2021 年被引文章涉及民法学等 15 个学科,主要集中在民法学、诉讼法学、刑法学、理论法学、经济法学、行政法学、司法制度 7 个学科,累计被引频次 20563 次,占比 81.75%。

商法学、国际法学、宪法学、环境法学、知识产权法 5 个学科 2020—2021 年被引频次 4317 次,占比 17.16%。劳动与社会保障法、法律史学、安全法学 3 个学科 2020—2021 年被引频次 274 次,占比 1.09%。

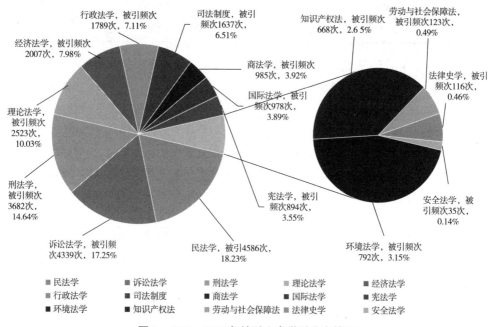

图 1 2020—2021 年被引文章学科分布情况

2021 年累计被引频次 13718 次,相较 2020 年(被引频次 11436 次)上升 2282 次。如图 2 所示,民法学、刑法学、理论法学、经济法学、行政法学、司法制度、商法学、国际法学、宪法学、环境法学、劳动与社会保障法、法律史学、安全法学 13 个学科 2021 年比 2020 年均略有上升。诉讼法学和知识产权法 2 个学科 2021 年比 2020 年有所下降。

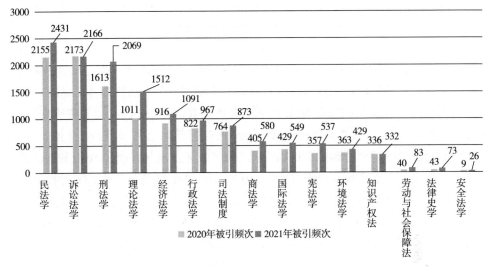

图 2　2020—2021 年各法学学科被引频次变化情况(次)

二、高被引期刊分析

围绕高被引期刊的分析主要从被引频次、被引文章量和篇均引三个维度进行分析。根据"北大法宝"的引证统计分析结果,从被引频次看,高被引期刊主要集中在《中国法学》等 34 家核心期刊(含法学专刊、高校学报及社科类综合刊),被引频次均在 200 次以上,占总体被引量的 74.87%,其中前七位分别为《中国法学》《比较法研究》《法学》《法学研究》《东方法学》《政治与法律》《中外法学》。从被引文章量来看,被引 100 篇以上的有《法律适用》《法学》《政治与法律》等 32 家法学专刊,占总体被引文章量的 57.62%。从篇均引来看,篇均引 2 次以上的期刊共 28 家,《中国社会科学》(法学文章)《中国法学》《比较法研究》《法学研究》篇均引都在 6 次以上。相较 2022 年版法学期刊学术影响力分析,高被引期刊在被引频次(被引频次 200 次以上)、被引文章量(被引文章量 100 篇以上)和篇均引(篇均引 2 次以上)三个方面均呈上升趋势。

(一)高被引期刊被引频次分析

1.高被引期刊集中在《中国法学》等 33 家法学专刊,总占比 73.24%

根据引证统计结果,223 家统计源期刊中被引期刊共 175 家,其中 118 家法学期刊(含法学专刊、法学集刊、法学英文刊)合计被引 22509 次;57 家高校学报及社科类综合刊合计被引 2645 次。从期刊类型上看,118 家被引法学期刊中包括核心期刊 78 家(占比 66.1%)和非核心期刊 40 家(占比 33.9%)。

如表 3 所示,从被引频次上看,200 次以上的法学期刊共计 33 家,合计被引 18423 次,总占比 73.24%。其中被引频次在 700 次以上的期刊共 7 家,分别是《中国 法学》《比较法研究》《法学》《法学研究》《东方法学》《政治与法律》《中外法学》,累 计被引频次 6306 次,其中《中国法学》被引频次最高,为 1238 次;《比较法研究》次 之,被引频次 1025 次。被引频次在 500—699 的期刊共 12 家,分别是《法律适用》 《法商研究》《法律科学》《中国法律评论》《现代法学》《法学评论》《中国刑事法杂 志》《法学家》《政法论坛》《法制与社会发展》《当代法学》《清华法学》,累计被引频 次 7028 次。被引频次在 200—499 次之间的期刊共 14 家,分别是《国家检察官学院 学报》《法学杂志》《环球法律评论》《法学论坛》《华东政法大学学报》《人民检察》 《河北法学》《行政法学研究》《政法论丛》《法治研究》《人民司法》《上海政法学院学 报(法治论丛)》《知识产权》《中国检察官》,累计被引频次 5089 次。

表 3   2020—2021 年法学期刊高被引情况(200 次以上)

(按照累计被引频次降序排序,表中所列期刊按照被引频次降序排序)

期刊名称(被引频次)	被引频次	期刊数量(家)
《中国法学》(1238 次)/《比较法研究》(1025 次)/《法学》(848 次)/《法学研究》(847 次)/《东方法学》(820 次)/《政治与法律》(793 次)/《中外法学》(735 次)	700 次以上	7
《法律适用》(690 次)/《法商研究》(634 次)/《法律科学》(618 次)/《中国法律评论》(604 次)/《现代法学》(592 次)/《法学评论》(589 次)/《中国刑事法杂志》(582 次)/《法学家》(568 次)/《政法论坛》(551 次)/《法制与社会发展》(546 次)/《当代法学》(535 次)/《清华法学》(519 次)	500—699 次	12
《国家检察官学院学报》(472 次)/《法学杂志》(471 次)/《环球法律评论》(460 次)/《法学论坛》(459 次)/《华东政法大学学报》(409 次)/《人民检察》(398 次)/《河北法学》(384 次)/《行政法学研究》(360 次)/《政法论丛》(326 次)/《法治研究》(324 次)/《人民司法》(277 次)/《上海政法学院学报(法治论丛)》(256 次)/《知识产权》(256 次)/《中国检察官》(237 次)	200—499 次	14
合计	—	33

2.高校学报及社科类综合刊中《中国社会科学》(法学文章)被引频次达 410 次

从期刊类型上看,57 家被引的高校学报及社科类综合刊中核心期刊 54 家(占

94.74%），非核心期刊 3 家（占 5.26%）。根据表 4，被引频次 30 次以上的期刊共有 29 家，合计被引 2277 次，总占比 9.05%。被引频次 100 次以上的期刊有《中国社会科学》（法学文章）《苏州大学学报（哲学社会科学版）》《暨南学报（哲学社会科学版）》《浙江工商大学学报》《浙江社会科学》5 家，合计被引 908 次，总占比 3.61%，《中国社会科学》（法学文章）被引频次最高，410 次；被引频次 70—99 次的期刊有《甘肃社会科学》等 8 家，合计被引 654 次，总占比 2.6%；被引频次 50—69 次的期刊有《河南社会科学》等 6 家，合计被引 335 次，总占比 1.33%；被引频次 30—49 次的期刊有《云南社会科学》等 10 家，合计被引 380 次，总占比 1.51%。

表 4　2020—2021 年高校学报及社科类综合刊高被引情况（被引频次 30 次以上）

（按照累计被引频次降序排序，表中所列期刊按照被引频次降序排序）

期刊名称（法学文章被引频次）	被引频次	期刊数量（家）
《中国社会科学》（法学文章）（410 次）/《苏州大学学报（哲学社会科学版）》（147 次）/《暨南学报（哲学社会科学版）》（134 次）/《浙江工商大学学报》（117 次）/《浙江社会科学》（100 次）	100 次以上	5
《甘肃社会科学》（93 次）/《江西社会科学》（93 次）/《广东社会科学》（88 次）/《求是学刊》（82 次）/《南京工业大学学报（社会科学版）》（79 次）/《重庆大学学报（社会科学版）》（78 次）/《武汉大学学报（哲学社会科学版）》（71 次）/《中州学刊》（70 次）	70—99 次	8
《河南社会科学》（65 次）/《浙江学刊》（58 次）/《大连理工大学学报（社会科学版）》（57 次）/《中南大学学报（社会科学版）》（54 次）/《北京航空航天大学学报（社会科学版）》（51 次）/《山东大学学报（哲学社会科学版）》（50 次）	50—69 次	6
《云南社会科学》（49 次）/《社会科学辑刊》（48 次）/《重庆邮电大学学报（社会科学版）》（45 次）/《理论探索》（39 次）/《学习与实践》（37 次）/《河南大学学报（社会科学版）》（35 次）/《行政与法》（34 次）/《学术交流》（33 次）/《深圳大学学报（人文社会科学版）》（30 次）/《上海对外经贸大学学报》（30 次）	30—49 次	10
合计	—	29

（二）高被引期刊被引文章量分析

1. 法学期刊中被引文章量占本刊发文量 85% 以上的有《中国法学》《法学研究》等 7 家法学专刊

118 家被引法学期刊的被引文章共 7180 篇。如表 5 所示，被引文章在 100 篇以上的期刊共 32 家，合计被引文章 4751 篇，总占比 57.62%。其中被引文章 150 篇以上的期刊有 12 家(被引文章 2288 篇),分别是《法律适用》《法学》《政治与法律》《人民检察》《法学杂志》《河北法学》《中国检察官》《中国法学》《人民司法》《中国法律评论》《法学评论》《法律科学》。被引文章 100—149 篇的期刊有《东方法学》《比较法研究》等 20 家(被引文章 2463 篇)。

　　通过引证统计结果显示,被引文章量占其发文量 85% 以上的期刊有 7 家,分别是《中国法学》《法学研究》《比较法研究》《中国刑事法杂志》《法学家》《国家检察官学院学报》《东方法学》,其中《中国法学》被引文章 168 篇,占其发文量的 92.82%;《法学研究》被引文章 127 篇,占其发文量的 92.7%,占比较高。

表5　2020—2021 年法学期刊被引文章情况(被引文章 100 篇以上)

(按照被引文章量占比降序排序,被引文章量占比相同按照期刊名称拼音升序排序)

序号	期刊名称	发文量(篇)	被引文章量(篇)	被引文章占比
1	《中国法学》	181	168	92.82%
2	《法学研究》	137	127	92.7%
3	《比较法研究》	157	141	89.81%
4	《中国刑事法杂志》	122	109	89.34%
5	《法学家》	156	138	88.46%
6	《国家检察官学院学报》	129	111	86.05%
7	《东方法学》	171	146	85.38%
8	《中外法学》	160	135	84.38%
9	《中国法律评论》	187	157	83.96%
10	《法制与社会发展》	139	116	83.45%
11	《当代法学》	168	138	82.14%
12	《现代法学》	168	137	81.55%
13	《法商研究》	169	135	79.88%
14	《法学评论》	194	154	79.38%
15	《法学》	294	230	78.23%
16	《清华法学》	137	107	78.1%
17	《法律科学》	198	152	76.77%
18	《政治与法律》	289	219	75.78%
19	《法治研究》	160	116	72.50%

(续表)

序号	期刊名称	发文量(篇)	被引文章量(篇)	被引文章占比
20	《环球法律评论》	141	102	72.34%
21	《华东政法大学学报》	167	118	70.66%
22	《政法论丛》	162	114	70.37%
23	《行政法学研究》	158	110	69.62%
24	《法学论坛》	184	126	68.48%
25	《政法论坛》	181	123	67.96%
26	《法学杂志》	272	182	66.91%
27	《知识产权》	175	114	65.14%
28	《河北法学》	307	181	58.96%
29	《法律适用》	546	293	53.66%
30	《人民检察》	760	213	28.03%
31	《中国检察官》	817	171	20.93%
32	《人民司法》	1059	168	15.86%

2. 高校学报及社科类综合刊中被引文章量占本刊法学文章发文量 60% 以上的有《中国社会科学》等 6 家

57 家被引高校学报及社科类综合刊的被引文章共 1066 篇。被引文章 20 篇以上的期刊有 23 家,合计被引 745 篇,总占比 9.03%。如表 6 所示,被引文章 40 篇以上的期刊有 5 家(合计被引文章 234 篇),分别是《苏州大学学报(哲学社会科学版)》《江西社会科学》《暨南学报(哲学社会科学版)》《浙江社会科学》《浙江工商大学学报》。被引文章 25—39 篇的期刊有《重庆大学学报(社会科学版)》《河南社会科学》《甘肃社会科学》《大连理工大学学报(社会科学版)》等 13 家,合计被引文章 397 篇。被引文章 20—24 篇的期刊有《武汉大学学报(哲学社会(科学版)》《重庆邮电大学学报(社会科学版)》等 5 家,合计被引文章 114 篇。

通过引证统计结果显示,被引文章量占本刊法学文章发文量 60% 以上的高校学报及社科综合刊有 6 家,分别是《中国社会科学》(法学文章)《南京工业大学学报(社会科学版)》《苏州大学学报(哲学社会科学版)》《武汉大学学报(哲学社会科学版)》《暨南学报(哲学社会科学版)》《浙江工商大学学报》。其中《中国社会科学》(法学文章)被引文章量占比最高,被引文章 27 篇,占其法学文章发文量的 93.1%。

表6　2020—2021年高校学报及社科类综合刊法学被引文章情况(20篇以上)

(按照被引文章量占比降序排序,被引文章量占比相同按照期刊名称拼音升序排序)

序号	期刊名称	文章量(篇)	被引文章量(篇)	被引文章占比
1	《中国社会科学》(法学文章)	29	27	93.1%
2	《南京工业大学学报(社会科学版)》	39	29	74.36%
3	《苏州大学学报(哲学社会科学版)》	71	51	71.83%
4	《武汉大学学报(哲学社会科学版)》	37	24	64.86%
5	《暨南学报(哲学社会科学版)》	73	46	63.01%
6	《浙江工商大学学报》	70	44	62.86%
7	《中南大学学报(社会科学版)》	49	27	55.1%
8	《浙江社会科学》	83	45	54.22%
9	《浙江学刊》	52	28	53.85%
10	《求是学刊》	52	28	53.85%
11	《大连理工大学学报(社会科学版)》	64	34	53.13%
12	《甘肃社会科学》	68	35	51.47%
13	《重庆大学学报(社会科学版)》	74	38	51.35%
14	《社会科学辑刊》	43	21	48.84%
15	《山东大学学报(哲学社会科学版)》	63	29	46.03%
16	《学习与实践》	49	22	44.9%
17	《重庆邮电大学学报(社会科学版)》	56	24	42.86%
18	《中州学刊》	81	34	41.98%
19	《北京航空航天大学学报(社会科学版)》	60	25	41.67%
20	《江西社会科学》	127	48	37.8%
21	《河南社会科学》	96	36	37.5%
22	《学术交流》	99	27	27.27%
23	《行政与法》	147	23	15.65%

(三)高被引期刊篇均引分析

从2020—2021年篇均引来看,篇均引2次以上的期刊共28家,其中《中国社会科学》(法学文章)14.14次、《中国法学》6.84次、《比较法研究》6.53次、《法学研究》6.18 次。

如表 7 所示,从法学期刊看,篇均引在 6 次以上的期刊共有 3 家,分别是《中国法学》《比较法研究》《法学研究》。篇均引在 4—5 次的期刊共有 3 家,分别是《东方法学》《中国刑事法杂志》《中外法学》。篇均引在 3—4 次的期刊共有 12 家期刊,分别是《法制与社会发展》《清华法学》《法商研究》《国家检察官学院学报》等。篇均引在 2—3 次的期刊共有 7 家,分别是《法学》《政治与法律》《法学论坛》《华东政法大学学报》等。

表 7　2020—2021 年法学期刊篇均引 2 次以上情况
（按照期刊篇均引降序排序,篇均引相同的按照期刊名称拼音升序排序）

序号	期刊名称	文章量（篇）	被引频次（次）	篇均引（次）
1	《中国法学》	181	1238	6.84
2	《比较法研究》	157	1025	6.53
3	《法学研究》	137	847	6.18
4	《东方法学》	171	820	4.8
5	《中国刑事法杂志》	122	582	4.77
6	《中外法学》	160	735	4.59
7	《法制与社会发展》	139	546	3.93
8	《清华法学》	137	519	3.79
9	《法商研究》	169	634	3.75
10	《国家检察官学院学报》	129	472	3.66
11	《法学家》	156	568	3.64
12	《现代法学》	168	592	3.52
13	《环球法律评论》	141	460	3.26
14	《中国法律评论》	188	604	3.21
15	《当代法学》	168	535	3.18
16	《法律科学》	198	618	3.12
17	《法学评论》	194	589	3.04
18	《政法论坛》	181	551	3.04
19	《法学》	294	848	2.88

(续表)

序号	期刊名称	文章量(篇)	被引频次(次)	篇均引(次)
20	《政治与法律》	289	793	2.74
21	《法学论坛》	184	459	2.49
22	《华东政法大学学报》	167	409	2.45
23	《行政法学研究》	158	360	2.28
24	《法治研究》	160	324	2.03
25	《政法论丛》	162	326	2.01

如表 8 所示,从高校学报及社科类综合刊看,《中国社会科学》(法学文章)篇均引 14.14 次。篇均引在 2—3 次的期刊有 2 家,分别是《苏州大学学报(哲学社会科学版)》《南京工业大学学报(社会科学版)》。篇均引在 1—2 次的期刊有 20 家,分别是《广东社会科学》《武汉大学学报(哲学社会科学版)》《暨南学报(哲学社会科学版)》《浙江工商大学学报》《求是学刊》《深圳大学学报(人文社会科学版)》《甘肃社会科学》《云南社会科学》《中南林业科技大学学报(社会科学版)》《浙江社会科学》《开放时代》《商业经济与管理》《当代金融研究》《社会科学辑刊》《浙江学刊》《中南大学学报(社会科学版)》《上海大学学报(社会科学版)》《重庆大学学报(社会科学版)》《民族学刊》《上海师范大学学报(哲学社会科学版)》。

表 8 2020—2021 年高校学报及社科类综合刊法学篇均引 1 次以上情况
(按照期刊篇均引降序排序,篇均引相同的按照期刊名称拼音升序排序)

序号	期刊名称	文章量(篇)	被引频次(次)	篇均引(次)
1	《中国社会科学》(法学文章)	29	410	14.14
2	《苏州大学学报(哲学社会科学版)》	71	147	2.07
3	《南京工业大学学报(社会科学版)》	39	79	2.03
4	《广东社会科学》	45	88	1.96
5	《武汉大学学报(哲学社会科学版)》	37	71	1.92
6	《暨南学报(哲学社会科学版)》	73	134	1.84
7	《浙江工商大学学报》	70	117	1.67
8	《求是学刊》	52	82	1.58
9	《深圳大学学报(人文社会科学版)》	21	30	1.43

（续表）

序号	期刊名称	文章量（篇）	被引频次（次）	篇均引（次）
10	《甘肃社会科学》	68	93	1.37
11	《云南社会科学》	37	49	1.32
12	《中南林业科技大学学报（社会科学版）》	21	27	1.29
13	《浙江社会科学》	83	100	1.2
14	《开放时代》	11	13	1.18
15	《商业经济与管理》	13	15	1.15
16	《当代金融研究》	7	8	1.14
17	《社会科学辑刊》	43	48	1.12
18	《浙江学刊》	52	58	1.12
19	《中南大学学报(社会科学版)》	49	54	1.1
20	《上海大学学报(社会科学版)》	27	29	1.07
21	《重庆大学学报(社会科学版)》	74	78	1.05
22	《民族学刊》	4	4	1
23	《上海师范大学学报（哲学社会科学版）》	20	20	1

三、高被引文章及学术热点分析

通过对学术研究热点分析,可以看出高被引文章及高被引期刊特色栏目二者相辅相成,呈现出高度一致性。学术热点高频词中出现次数较多的是个人信息、数据、民法典、算法、企业合规、人工智能等,在法学期刊中都有策划相应的特色专题栏目。

（一）被引频次 10 次以上的文章 411 篇,单篇最高被引频次 74 次

2020—2021 年法学期刊被引文章为 8246 篇,总被引频次 25154 次。其中被引频次 10 次(含 10 次)以上的文章共 411 篇,总占比仅 4.98%,但合计被引频次达 6483 次,总占比 25.77%。具体可见图 3。

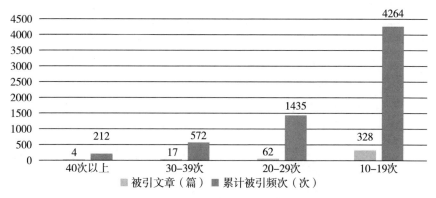

图 3　2020—2021 年文章被引频次 10 次以上情况

　　如表 9 所示,被引频次 30 次以上的文章 21 篇,其中被引频次 40 次以上的文章 4 篇,被引最多的是王锡锌教授在《中国法学》2021 年第 1 期发表的《个人信息国家保护义务及展开》,被引频次 74 次。第二位是丁晓东教授在《中国社会科学》(法学文章)2020 年第 12 期发表的《论算法的法律规制》,被引频次 49 次。第三位是申卫星教授在《中国社会科学》(法学文章)2020 年第 11 期发表的《论数据用益权》,被引频次 48 次。第四位是张文显教授在《法制与社会发展》2021 年第 1 期发表的《习近平法治思想的理论体系》,被引频次 41 次。被引频次 30—39 次的文章共 17 篇,被引频次 572 次。另外,被引频次 20—29 次的文章共 62 篇,被引频次 1435 次。被引频次 10—19 次的文章共 328 篇,被引频次 4264 次。

表 9　2020—2021 年被引频次 30 次以上文章情况
(按照文章被引频次降序排序,被引频次相同的按照期刊名称拼音升序排序)

序号	刊物名称	文章标题	作者	被引频次 (30 次以上)
1	《中国法学》	《个人信息国家保护义务及展开》	王锡锌	74
2	《中国社会科学》 (法学文章)	《论算法的法律规制》	丁晓东	49
3	《中国社会科学》 (法学文章)	《论数据用益权》	申卫星	48
4	《法制与社会发展》	《习近平法治思想的理论体系》	张文显	41
5	《比较法研究》	《积极预防性刑法观的中国实践发展——以〈刑法修正案(十一)〉为视角的分析》	刘艳红	39

（续表）

序号	刊物名称	文章标题	作者	被引频次 （30次以上）
6	《东方法学》	《中国环境立法法典化模式选择及其展开》	吕忠梅	39
7	《法商研究》	《个人信息保护的法律定位》	周汉华	39
8	《中外法学》	《个人信息权利的反思与重塑——论个人信息保护的适用前提与法益基础》	丁晓东	37
9	《中国法律评论》	《企业合规不起诉改革的八大争议问题》	陈瑞华	37
10	《中外法学》	《论个人信息权益的构造》	张新宝	36
11	《法学研究》	《网络平台的公共性及其实现——以电商平台的法律规制为视角》	刘权	34
12	《东方法学》	《构建智能社会的法律秩序》	张文显	33
13	《比较法研究》	《互联网生态"守门人"个人信息保护特别义务设置研究》	张新宝	32
14	《中国法学》	《个人信息处理中的"同意"与"同意撤回"》	万方	32
15	《中国社会科学》（法学文章）	《人性民法与物性刑法的融合发展》	刘艳红	32
16	《法学评论》	《和而不同:隐私权与个人信息的规则界分和适用》	王利明	31
17	《中国刑事法杂志》	《从实体到程序:刑事合规与企业"非罪化"治理》	陈卫东	31
18	《法学研究》	《司法人工智能的重塑效应及其限度》	马长山	30
19	《现代法学》	《增设新罪的观念——对积极刑法观的支持》	张明楷	30
20	《中国刑事法杂志》	《企业附条件不起诉的立法建议》	李勇	30
21	《中国刑事法杂志》	《企业合规不起诉制度研究》	陈瑞华	30

　　（二）高被引文章主要来自《中国法学》《比较法研究》《法学研究》等50家期刊，高被引文章在20篇以上有4家

　　被引频次10次(含10次)以上的文章共411篇,涉及期刊50家(法学专刊41家,高校学报及社科类综合期刊9家)。其中高被引文章(10次以上)20篇以上的期

刊共 4 家,分别是:《中国法学》35 篇,被引频次 650 次;《比较法研究》32 篇,被引频次 558 次;《法学研究》30 篇,被引频次 443 次;《东方法学》22 篇,被引频次 345 次。被引文章 10—19 篇的期刊共 15 家,分别是:《中国刑事法杂志》19 篇,被引频次 298 次;《中外法学》17 篇,被引频次 309 次;《法商研究》16 篇,被引频次 267 次;《政治与法律》16 篇,被引频次 198 次;《中国社会科学》(法学文章)16 篇,被引频次 356 次;《法学评论》14 篇,被引频次 206 次;《政法论坛》14 篇,被引频次 200 次;《法律科学》13 篇,被引频次 205 次;《法学》12 篇,被引频次 165 次;《法学家》12 篇,被引频次 181 次;《环球法律评论》12 篇,被引频次 179 次;《现代法学》12 篇,被引频次 190 次;《当代法学》11 篇,被引频次 177 次;《国家检察官学院学报》10 篇,被引频次 149 次;《清华法学》10 篇,被引频次 174 次。

表 10　2020—2021 年被引频次 10 次以上文章期刊分布情况

序号	期刊名称(高被引文章量)	期刊数量(家)	高被引文章量(篇)
1	《中国法学》35 篇/《比较法研究》32 篇/《法学研究》30 篇/《东方法学》22 篇	4	20 篇以上
2	《中国刑事法杂志》19 篇/《中外法学》17 篇/《法商研究》16 篇/《政治与法律》16 篇/《中国社会科学》(法学文章)16 篇/《法学评论》14 篇/《政法论坛》14 篇/《法律科学》13 篇/《法学》12 篇/《法学家》12 篇/《环球法律评论》12 篇/《现代法学》12 篇/《当代法学》11 篇/《国家检察官学院学报》10 篇/《清华法学》10 篇	15	10—19 篇
3	《法制与社会发展》9 篇/《法学论坛》8 篇/《中国法律评论》8 篇/《华东政法大学学报》6 篇/《行政法学研究》6 篇/《政法论丛》6 篇/《法治研究》5 篇	7	5—9 篇
4	《法学杂志》3 篇/《广东社会科学》3 篇/《暨南学报(哲学社会科学版)》3 篇/《人民检察》3 篇/《上海政法学院学报(法治论丛)》3 篇/《苏州大学学报(哲学社会科学版)》3 篇/《财经法学》2 篇/《法律适用》2 篇/《国际法研究》2 篇/《经贸法律评论》2 篇/《重庆邮电大学学报(社会科学版)》1 篇/《法治社会》1 篇/《法治现代化研究》1 篇/《甘肃社会科学》1 篇/《甘肃政法大学学报》1 篇/《河北法学》1 篇/《南大法学》1 篇/《青少年犯罪问题》1 篇/《人民司法》1 篇/《深圳大学学报(人文社会科学版)》1 篇/《苏州大学学报(法学版)》1 篇/《武汉大学学报(哲学社会科学版)》1 篇/《浙江工商大学学报》1 篇/《知识产权》1 篇	24	1—4 篇
合计	411	50	—

(三)被引频次10次以上文章集中在民法学、诉讼法学、刑法学、理论法学、经济法学、行政法学,占比83.53%

2020—2021年被引频次在10次(含10次)以上的被引文章411篇(被引频次6483次),涉及民法学、诉讼法学、刑法学、理论法学、经济法学、行政法学、环境法学、司法制度、宪法学、商法学、国际法学、知识产权法、劳动与社会保障法共13个学科。

如图4所示,高被引文章(被引10次以上)相对集中在民法学、诉讼法学、刑法学、经济法学、理论法学、行政法学6个学科,合计被引文章340篇,合计被引频次5415次(占比83.53%)。其中民法学被引文章92篇,被引频次1515次(占比23.37%);诉讼法学被引文章68篇,被引频次1086次(占比16.75%);刑法学被引文章70篇,被引频次1074次(占比16.57%);理论法学被引文章37篇,被引频次620次(占比9.56%);经济法学被引文章38篇,被引频次613次(占比9.46%);行政法学被引文章35篇,被引频次507次(占比7.82%)。

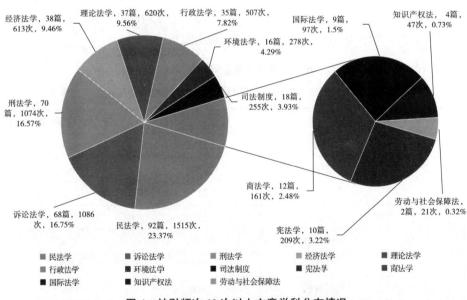

图4   被引频次10次以上文章学科分布情况

(四)学术热点依然集中在"个人信息""数据""民法典""算法"等方面,新学术热点已经出现

通过对8246篇被引文章中的18911个关键词进行统计,如表11所示,被引频次在100次以上的高频词共计88个,其中被引频次在200次以上的高频词共计42个,

与"北大法宝"2022年版法学期刊影响力研究相比,高频热点关键词更加聚焦。学术热点依然集中在"个人信息""数据"(含大数据、数据安全、数据治理、数据权利等)"民法典""算法""企业合规""人工智能""认罪认罚"等内容。其中,"个人信息"关键词被引频次3242次,被引文章299篇;"数据"关键词合计被引频次2949次,合计被引文章382篇;"民法典"关键词被引频次2163次,被引文章439篇;"算法"关键词被引频次1370次,被引文章127篇;"企业合规"关键词被引频次1331次,被引文章109篇;"人工智能"关键词被引频次760次,被引文章186篇。

与"北大法宝"2022年版法学期刊影响力研究相比,通过统计被引频次500次以上的热点关键词发现新增学术热点为"数字"(含数字经济、数字货币、数字贸易、数字时代等)"人格权""公益诉讼""习近平法治思想""未成年人保护""法典化"6个方面内容。其中,"数字"(含数字经济、数字货币、数字贸易、数字时代等)关键词被引频次888次,被引文章138篇;"人格权"关键词被引频次712次,被引文章84篇;"公益诉讼"关键词被引频次672次,被引文章187篇;"习近平法治思想"关键词被引频次622次,被引文章119篇;"未成年人保护"关键词被引频次534次,被引文章155篇;"法典化"关键词被引频次525次,被引文章53篇。

表11   被引文章热点关键词情况(200次以上)

(按照关键词被引频次降序排序,被引频次相同按照被引文章量降序排序)

序号	关键词	累计被引频次	被引文章量(篇)
1	个人信息	3242	299
2	数据	2949	382
3	民法典	2163	439
4	算法	1370	127
5	企业合规	1331	109
6	数字	888	138
7	人工智能	760	186
8	认罪认罚	728	194
9	人格权	712	84
10	公益诉讼	672	187
11	习近平法治思想	622	119
12	隐私权	540	95

（续表）

序号	关键词	累计被引频次	被引文章量（篇）
13	未成年人保护	534	155
14	法典化	525	53
15	反垄断	506	117
16	检察制度	469	142
17	行政处罚	411	70
18	量刑制度	404	102
19	比例原则	398	96
20	生态环境	346	75
21	监察制度	328	89
22	刑法修正案	325	62
23	侵权责任	324	90
24	物权	316	82
25	行政法典	310	14
26	国家治理	295	72
27	知识产权	289	123
28	社会治理	284	57
29	人权	273	86
30	公司法	269	47
31	网络犯罪	266	87
32	著作权	252	101
33	基本权利	245	42
34	环境法典	242	18
35	惩罚性赔偿	241	72
36	抵押权	233	51
37	商标权	232	59
38	依法治国	220	49
39	区块链	219	75

（续表）

序号	关键词	累计被引频次	被引文章量(篇)
40	洗钱罪	209	32
41	刑事诉讼	208	64
42	附条件不起诉	204	24
合计		25354	4565

（五）学术研究热点专题/栏目设置情况

学术热点在法学期刊的栏目设置与专题策划上有非常直观的体现。从法学期刊来看,特色专题和期刊栏目依然集中在"民法典""个人信息""数据""企业合规""算法""人工智能"这些学术热点,但新的热点已然出现。

如表 12 所示,有 49 家期刊开设"民法典"相关特色专题,被引文章 416 篇,被引频次 1765 次。其中《法律适用》2020 年第 23 期、《东方法学》2020 年第 4 期、《甘肃政法大学学报》2020 年第 5 期及《上海政法学院学报(法治论丛)》2021 年第 1 期均特别策划了"民法典"专刊;另外,《东方法学》2021 年第 6 期还策划了"法典化"专刊。有 47 家期刊开设"个人信息"相关特色专题被引文章 198 篇,被引频次 1625 次。有家 53 期刊开设"数据"(含大数据、数据安全、数据治理、数据权利等)相关特色专题被引文章 245 篇,被引频次 1343 次。有 30 家期刊开设"企业合规"相关特色专题,被引文章 80 篇,被引频次 718 次。有 38 家期刊开设"算法"相关特色专题,被引文章 84 篇,被引频次 513 次。有 42 家期刊开设"人工智能"相关特色专题,被引文章 120 篇,被引频次 419 次。

在新的学术热点策划上,有 34 家期刊开设"数字"(含数字经济、数字货币、数字贸易、数字时代等)相关特色专题,被引文章 87 篇,被引频次 373 次。

表 12   法学期刊学术研究热点专题/栏目设置情况

（按照被引频次降序排序,表中所列期刊按照期刊名称拼音升序排序；

表格详情请扫描下方二维码）

　　从高校学报及社科类综合刊来看,通过策划热点专题的方式有非常直观的体现,或者通过常设栏目刊发相应的文章也不同程度地覆盖到了学术热点,多家刊物依然集中在"民法典""数据""个人信息""人工智能""算法"学术热点。如表13所示,有《浙江工商大学学报》《云南社会科学》《武汉大学学报(哲学社会科学版)》等27家期刊开设"民法典"相关特色专题,被引文章88篇,被引频次250次。有《重庆大学学报(社会科学版)》《中南大学学报(社会科学版)》《重庆理工大学学报(社会科学)》等28家期刊开设"数据"(含大数据、数据安全、数据治理、数据权利)相关特色专题,被引文章59篇,被引频次146次。有《北京航空航天大学学报(社会科学版)》《暨南学报(哲学社会科学版)》《河南社会科学》等18家期刊开设"个人信息"相关特色专题,被引文章36篇,被引频次131次。有《北京航空航天大学学报(社会科学版)》《上海师范大学学报(哲学社会科学版)》《学术交流》等23家期刊开设"人工智能"相关特色专题,被引文章47篇,被引频次115次。有《苏州大学学报(哲学社会科学版)》《求是学刊》《上海大学学报(社会科学版)》等9家期刊开设"算法"相关特色专题,被引文章14篇,被引频次47次。

　　但也有新出现的学术热点,有《重庆邮电大学学报(社会科学版)》《河南社会科学》《社会科学辑刊》等16家期刊开设"数字"相关特色专题,被引文章20篇,被引频次90次。

表13　高校学报及社科类综合刊学术研究热点专题/常设栏目设置情况
(按照被引频次降序排序,表中所列期刊按照期刊名称拼音升序排序;
表格详情请扫描下方二维码)

四、高被引作者及所属研究机构分析

　　高被引作者分析主要从高被引作者的被引频次、被引文章量、所属机构、职称分布以及期刊分布等进行了多维度的深入分析。

(一)被引频次在 35 次以上的高被引作者有 104 位

2020—2021 年被引文章共计 8246 篇,涉及作者 4770 位,与"北大法宝"2022 年版法学期刊影响力研究结果相比,高被引作者数量、被引文章量及被引频次均有显著上升[1]。

通过统计,被引频次 35 次以上的高被引作者有 104 位,被引文章 988 篇,合计被引频次 7285 次,占比 28.96%。如表 14 所示,从被引频次上看,被引频次在 200 次以上的,作者有 5 位,被引文章 114 篇;被引频次在 100—199 次的,作者有 9 位,被引文章 96 篇;被引频次在 70—99 次的,作者有 15 位,被引文章 178 篇;被引频次在 60—69 次的,作者有 9 位,被引文章 74 篇;被引频次在 50—59 次的,作者有 20 位,被引文章 189 篇;被引频次在 40—49 次的,作者有 21 位,被引文章 159 篇;被引频次在 35—39 次的,作者有 25 位,被引文章 178 篇;被引频次在 35 次以下的,作者有 4667 位,被引文章 7258 篇。

表 14　被引频次在 35 次以上的作者分布情况
(按照被引频次降序排序,被引频次相同按作者名称拼音升序排序)

被引频次(次)	作者数量(位)	作者情况(被引频次/被引文章)
200 次以上	5	王利明(304 次,38 篇)、陈瑞华(266 次,14 篇)、刘艳红(239 次,20 篇)、张明楷(229 次,22 篇)、程啸(211 次,20 篇)
100—199 次	9	吕忠梅(190 次,14 篇)、丁晓东(172 次,12 篇)、张文显(170 次,10 篇)、王锡锌(166 次,6 篇)、周光权(157 次,13 篇)、陈兴良(112 次,19 篇)、张新宝(112 次,9 篇)、刘权(101 次,9 篇)、申卫星(100 次,4 篇)
70—99 次	15	刘宪权(95 次,20 篇)、雷磊(94 次,11 篇)、许可(94 次,8 篇)、陈卫东(91 次,11 篇)、张卫平(88 次,11 篇)、高圣平(87 次,14 篇)、李本灿(87 次,11 篇)、石佳友(86 次,13 篇)、左卫民(86 次,12 篇)、劳东燕(80 次,9 篇)、杨立新(74 次,21 篇)、周汉华(74 次,4 篇)、崔建远(73 次,17 篇)、谢鸿飞(72 次,11 篇)、李玉华(71 次,5 篇)

---

[1]　北大法宝法学期刊研究组:《法学期刊学术影响力分析报告——基于法学期刊引证情况的分析》(2022 年版),被引频次 30 次以上的高被引作者有 92 位,被引文章 776 篇,合计被引频次 5386 次。《法学期刊学术影响力分析报告——基于法学期刊引证情况的分析》(2023 年版)被引频次 30 次以上的作者有 126 位,被引文章 1132 篇,合计被引频次 7980 次。

（续表）

被引频次（次）	作者数量（位）	作者情况（被引频次/被引文章）
60—69 次	9	龙宗智（68 次,9 篇）、孙海波（68 次,8 篇）、王贵松（64 次,7 篇）、胡凌（62 次,8 篇）、江必新（62 次,17 篇）、马怀德（62 次,8 篇）、马长山（61 次,3 篇）、黎宏（60 次,6 篇）、任重（60 次,8 篇）
50—59 次	20	李勇（59 次,3 篇）、刘俊海（59 次,11 篇）、张凌寒（59 次,10 篇）、章志远（59 次,12 篇）、李奋飞（58 次,9 篇）、周佑勇（58 次,9 篇）、吕炳斌（57 次,6 篇）、赵旭东（56 次,9 篇）、郑曦（56 次,9 篇）、冉克平（55 次,12 篇）、熊樟林（55 次,9 篇）、姜涛（54 次,18 篇）、陈金钊（53 次,13 篇）、房绍坤（52 次,11 篇）、黄文艺（52 次,11 篇）、张翔（52 次,6 篇）、孙宪忠（51 次,9 篇）、邢会强（51 次,8 篇）、蒋大兴（50 次,8 篇）、苏宇（50 次,6 篇）
40—49 次	21	韩旭至（48 次,4 篇）、田宏杰（48 次,10 篇）、马明亮（46 次,5 篇）、孙国祥（46 次,9 篇）、杨东（46 次,10 篇）、赵恒（46 次,9 篇）、赵宏（46 次,8 篇）、朱孝清（46 次,6 篇）、刘艺（45 次,10 篇）、王迁（45 次,12 篇）、江溯（43 次,7 篇）、王新（43 次,6 篇）、王轶（43 次,8 篇）、张勇（43 次,10 篇）、李永军（42 次,13 篇）、万方（42 次,3 篇）、朱虎（42 次,8 篇）、郭春镇（41 次,6 篇）、应松年（41 次,3 篇）、喻海松（41 次,5 篇）、孙晋（40 次,7 篇）
35—39 次	25	刘斌（39 次,9 篇）、裴炜（39 次,9 篇）、周新（39 次,9 篇）、胡玉鸿（38 次,12 篇）、孔祥俊（38 次,8 篇）、王禄生（38 次,5 篇）、叶必丰（38 次,5 篇）、郑智航（38 次,6 篇）、曹志勋（37 次,11 篇）、关保英（37 次,9 篇）、解正山（37 次,5 篇）、刘长兴（37 次,8 篇）、王万华（37 次,3 篇）、陈景辉（36 次,6 篇）、梅夏英（36 次,4 篇）、彭诚信（36 次,7 篇）、秦天宝（36 次,10 篇）、孙长永（36 次,4 篇）、张守文（36 次,10 篇）、冯果（35 次,6 篇）、胡云腾（35 次,5 篇）、孙谦（35 次,4 篇）、唐林垚（35 次,6 篇）、闫召华（35 次,9 篇）、章剑生（35 次,8 篇）
合计	104	

（二）高被引作者来自 40 家研究机构，以教授为主

如表 15 所示，从所属机构来看，104 位作者涉及研究机构共 40 家。中国人民大学法学院有 17 位，中国政法大学有 11 位，清华大学法学院、北京大学法学院各有 10 位，华东政法大学有 8 位，中国法学会有 5 位，东南大学法学院、中国社会科学院法学研究所、武汉大学法学院各有 4 位，吉林大学法学院、山东大学法学院、中国人民

公安大学法学院、上海交通大学凯原法学院、最高人民法院各有 3 位,四川大学法学院、中央财经大学法学院、对外经济贸易大学法学院、南京大学法学院、北京外国语大学法学院、天津大学法学院、西南政法大学、最高人民检察院、全国人民代表大会宪法和法律委员会各有 2 位,中南大学法学院、北京科技大学文法学院等 17 家研究机构各有 1 位。

从高被引作者的职称分布来看,104 位作者中有教授 82 位,副教授 11 位,研究员 3 位,副检察长 2 位,助理研究员 2 位,处长、副研究员、副主任、助理教授各 1 位。与"北大法宝"2022 年版法学期刊影响力研究结果相比,学术影响力依然高度集中在教授群体(相较去年 51 位教授增加 31 位),高被引作者数量占比 78.85%。

表15　被引频次在 35 次以上作者的研究机构分布情况[1]

序号	研究机构	被引频次 (次)	作者数量 (位)	被引文章量 (篇)	作者
1	中国人民大学法学院	1366	17	196	王利明教授、丁晓东教授、张新宝教授、陈卫东教授、高圣平教授、石佳友教授、杨立新教授、王贵松教授、刘俊海教授、李奋飞教授、黄文艺教授、田宏杰教授、杨东教授、王轶教授、朱虎教授、陈景辉教授、张翔教授
2	清华大学法学院	1073	10	110	张明楷教授、程啸教授、周光权教授、申卫星教授、吕忠梅教授、劳东燕教授、崔建远教授、黎宏教授、任重副教授、张卫平教授
3	北京大学法学院	837	10	89	陈瑞华教授、王锡锌教授、陈兴良教授、蒋大兴教授、张翔教授、江溯副教授、王新教授、胡凌副教授、曹志勋助理教授、张守文教授

----

[1]　本部分统计说明:同一作者在不同研究机构发表文章,按照研究机构分开统计。

（续表）

序号	研究机构	被引频次（次）	作者数量（位）	被引文章量（篇）	作者
4	中国政法大学	581	11	88	雷磊教授、孙海波副教授、马怀德教授、刘艳红教授、赵旭东教授、赵宏教授、刘艺教授、李永军教授、应松年教授、刘斌教授、王万华教授
5	华东政法大学	442	8	86	刘宪权教授、马长山教授、章志远教授、陈金钊教授、韩旭至副研究员、王迁教授、张勇教授、胡玉鸿教授
6	东南大学法学院	334	4	29	刘艳红教授、李勇副检察长、熊樟林教授、王禄生教授
7	中国社会科学院法学研究所	224	4	28	周汉华研究员、谢鸿飞研究员、孙宪忠研究员、唐林垚助理研究员
8	吉林大学法学院	185	3	19	张文显教授、房绍坤教授、孙海波副教授
9	中国法学会	183	5	12	吕忠梅教授、张文显教授、朱孝清副主任、胡云腾教授、王利明教授
10	山东大学法学院	171	3	26	李本灿教授、赵恒助理研究员、郑智航教授
11	中国人民公安大学法学院	167	3	16	李玉华教授、苏宇副教授、马明亮教授
12	武汉大学法学院	164	4	34	冉克平教授、孙晋教授、秦天宝教授、冯果教授
13	四川大学法学院	154	2	21	左卫民教授、龙宗智教授
14	中央财经大学法学院	152	2	17	刘权副教授、邢会强教授
15	对外经济贸易大学法学院	130	2	12	许可副教授、梅夏英教授

序号	研究机构	被引频次（次）	作者数量（位）	被引文章量（篇）	作者
16	上海交通大学凯原法学院	112	3	20	孔祥俊教授、叶必丰教授、彭诚信教授
17	南京大学法学院	103	2	15	吕炳斌教授、孙国祥教授
18	北京外国语大学法学院	98	2	12	郑曦教授、万方副教授
19	天津大学法学院	85	2	12	张卫平教授、杨立新教授
20	西南政法大学	71	2	13	孙长永教授、闫召华教授
21	北京科技大学文法学院	59	1	10	张凌寒教授
22	中央党校（国家行政学院）	58	1	9	周佑勇教授
23	最高人民法院	57	3	7	喻海松处长、胡云腾教授、江必新教授
24	最高人民检察院	55	2	8	孙谦副检察长、朱孝清副主任
25	南京师范大学法学院	52	1	17	姜涛教授
26	中南大学法学院	50	1	13	江必新教授
27	厦门大学法学院	41	1	6	郭春镇教授
28	北京航空航天大学法学院	39	1	9	裴炜副教授
29	广东外语外贸大学法学院	39	1	9	周新教授
30	华南理工大学法学院	37	1	8	刘长兴教授
31	上海对外经贸大学法学院	37	1	5	解正山教授
32	上海政法学院	37	1	9	关保英教授
33	浙江大学光华法学院	35	1	8	章剑生教授

（续表）

序号	研究机构	被引频次（次）	作者数量（位）	被引文章量（篇）	作者
34	上海财经大学法学院	23	1	4	胡凌副教授
35	全国人民代表大会宪法和法律委员会	19	2	5	江必新教授、孙宪忠研究员
36	浙江大学国家制度研究院	9	1	2	张文显教授
37	南京师范大学中国法治现代化研究院	2	1	1	姜涛教授
38	新疆大学法学院	2	1	1	孙晋教授
39	东南大学社会科学处	1	1	1	王禄生教授
40	兰州大学法学院	1	1	1	杨立新教授
合计		7285	104	988	——

（三）高被引作者的被引文章来自 90 家期刊

被引频次在 35 次以上的 104 位作者的文章涉及期刊共 90 家,其中核心期刊 85 家(法学专刊 49 家,高校学报及社科类综合期刊 30 家、集刊 5 家、英文刊 1 家),被引文章 971 篇,被引频次 7217 次;非核心期刊 5 家(法学专刊 3 家,高校学报及社科类综合期刊 1 家、集刊 1 家),被引文章 17 篇,被引频次 68 次。

如表 16 所示,法学期刊中被引文章在 25 篇以上的有 16 家期刊,分别是《比较法研究》《东方法学》《中国法学》《中国法律评论》《法学》《政治与法律》《国家检察官学院学报》《中国刑事法杂志》《法律科学》《现代法学》《当代法学》《法学论坛》《法学评论》《法制与社会发展》《清华法学》《中外法学》,文章量 542 篇。被引文章在 15—24 篇之间的有 10 家期刊,分别是《环球法律评论》《法商研究》《法学研究》《政法论坛》《法律适用》《法学杂志》《法学家》《华东政法大学学报》《人民检察》《法治研究》,文章量 197 篇。被引文章在 5—14 篇之间的有 11 家期刊,文章量 101 篇。被引文章在 5 篇以下的有 22 家期刊,文章量 47 篇。

表 16　法学期刊中高被引作者被引文章 5 篇以上情况

（按照被引文章量降序排序,被引频次相同按期刊名称拼音升序排序）

被引文章量 （5 篇以上）	期刊名称（作者数量/文章数量）	期刊数量 （家）	被引文章 总量（篇）
25 篇以上	《比较法研究》41 位,51 篇/《东方法学》36 位,46 篇/《中国法学》42 位,44 篇/《中国法律评论》32 位,39 篇/《法学》31 位,38 篇/《政治与法律》30 位,35 篇/《国家检察官学院学报》28 位,31 篇/《中国刑事法杂志》26 位,31 篇/《法律科学》29 位,30 篇/《现代法学》28 位,30 篇/《当代法学》26 位,29 篇/《法学论坛》25 位,29 篇/《法学评论》27 位,29 篇/《法制与社会发展》24 位,27 篇/《清华法学》25 位,27 篇/《中外法学》26 位,26 篇	16	542
15—24 篇	《环球法律评论》22 位,24 篇/《法商研究》23 位,23 篇/《法学研究》20 位,21 篇/《政法论坛》20 位,21 篇/《法律适用》19 位,20 篇/《法学杂志》17 位,20 篇/《法学家》16 位,18 篇/《华东政法大学学报》18 位,18 篇/《人民检察》15 位,17 篇/《法治研究》13 位,15 篇	10	197
5—14 篇	《上海政法学院学报(法治论丛)》14 位,14 篇/《行政法学研究》12 位,13 篇/《政法论丛》12 位,13 篇/《财经法学》8 位,10 篇/《河北法学》8 位,9 篇/《中国政法大学学报》8 位,9 篇/《法治现代化研究》8 位,8 篇/《中国应用法学》8 位,8 篇/《经贸法律评论》6 位,6 篇/《知识产权》2 位,6 篇/《青少年犯罪问题》3 位,5 篇	11	101

如表 17 所示,高校学报及社科类综合刊中被引文章在 10 篇及以上的有 2 家期刊,分别为《苏州大学学报(哲学社会科学版)》《中国社会科学》(法学文章)。被引文章在 5—9 篇的有 6 家期刊,分别是《浙江社会科学》《暨南学报(哲学社会科学版)》《武汉大学学报(哲学社会科学版)》《浙江工商大学学报》《求是学刊》《社会科学辑刊》,文章量 35 篇。被引文章在 2—4 篇的有 13 家期刊,文章量 34 篇。被引文章 2 篇以下的有 10 家期刊,文章量 10 篇。

表 17　高校学报及社科类综合刊中高被引作者法学被引文章 2 篇以上情况

被引文章量 （2 篇以上）	期刊名称（作者数量/文章数量）	期刊数量 （家）	被引文章 总量（篇）
10 篇以上	《苏州大学学报(哲学社会科学版)》12 位,12 篇/《中国社会科学》(法学文章)10 位,10 篇	2	22

（续表）

被引文章量 （2篇以上）	期刊名称（作者数量/文章数量）	期刊数量 （家）	被引文章 总量（篇）
5—9篇	《浙江社会科学》7位,7篇/《暨南学报(哲学社会科学版)》6位,6篇/《武汉大学学报(哲学社会科学版)》6位,6篇/《浙江工商大学学报》6位,6篇/《求是学刊》5位,5篇/《社会科学辑刊》5位,5篇	6	35
2—4篇	《北京航空航天大学学报(社会科学版)》4位,4篇/《河南社会科学》4位,4篇/《甘肃社会科学》3位,3篇/《广东社会科学》3位,3篇/《山东大学学报(哲学社会科学版)》3位,3篇/《中州学刊》3位,3篇/《重庆大学学报(社会科学版)》2位,2篇/《重庆邮电大学学报(社会科学版)》2位,2篇/《东北师大学报(哲学社会科学版)》2位,2篇/《河南大学学报(社会科学版)》2位,2篇/《江西社会科学》2位,2篇/《云南社会科学》2位,2篇/《中南大学学报(社会科学版)》2位,2篇	13	34

五、高影响力期刊的共同特征及新变化

根据对2020—2021年法学期刊在2022年的引证情况的分析发现,高影响力期刊存在着一些共同特征,例如,年度总体发文量比较稳定,总体被引量与被引频次提升明显,栏目策划与学科前沿热点问题有着高度的紧密性,结合立法热点推出特色专栏或专刊,高度关注新学科、新问题,在知识的融合和前沿动态的引领方面发挥着重要的作用。同时,高影响力期刊在高品质、高质量的新时代学术期刊发展背景下也呈现出一些新特征和新变化。

（一）学术研究百家争鸣,产出更多高质量法学学术成果,特色刊物表现突出,带动和引领专业特色领域研究

通过法学期刊引证研究,发现高影响力期刊在被引频次、被引文章、篇均引、被引作者及研究机构学术成果等方面呈上升趋势,《中国法学》《法学研究》《比较法研究》《法学》等34家法学核心期刊,被引频次总占比达七成以上,被引文章总占比达五成以上。非核心期刊、学术集刊、高校学报及社科类综合刊发展快速,重视法学学科建设,加强法学学术热点研究。法检实务类期刊在被引频次方面整体突出,同时高度关注法学学术热点研究策划。

随着法学研究和法学期刊的繁荣发展,自2019年以来《法律适用》《知识产权》

《中国法律评论》《苏州大学学报(法学版)》等法学期刊快速发展。坚持各自办刊特色,可以更好地带动和引领专业特色领域的研究趋势,同时激发并引导更多专业作者研究和创作高品质的学术成果。

(二)选题策划持续深化习近平法治思想研究、中国特色社会主义法治建设实践和发展研究,关注新兴交叉学科和科技前沿学术热点

高影响力期刊在选题策划方面持续深化习近平法治思想研究和中国特色社会主义法治建设实践和发展研究,《中国法学》《法学研究》《法商研究》《比较法研究》等法学核心期刊围绕习近平法治思想、法治政府建设、新时代中国特色社会主义法治、社会主义市场经济法治、行政法治建设、创新驱动与国际博弈下的知识产权法、促进法学研究与司法实践的良性互动、网络与信息法学研究、生态文明与环境法治等选题进行策划,在建构中国自主法学知识体系、构建中国特色法学体系、推动法学理论创新和法学研究繁荣方面,发挥着不可替代的重要作用。

随着数字时代的发展,法学研究面临着许多新课题和新挑战。在学术热点研究上,法学专刊、非核心期刊、法学集刊、高校学报及社科类综合刊关注立法动态与法治发展实际,立足中国特色法治建设实践,加强了期刊选题策划与栏目设置。这些期刊紧扣法治热点,在关注新学科、新领域和研究新问题方面发挥着积极作用,通过设置特色专题、专栏和专刊等方式围绕"数字"(含数字经济、数字货币、数字贸易、数字时代等)"公益诉讼""习近平法治思想""未成年人保护""法典化"等新学术热点和"民法典""个人信息""数据"(含大数据、数据安全、数据治理、数据权利等)"算法""企业合规""人工智能"等学术热点引领法学研究方向。

(三)高被引作者数量及被引频次上升明显,青年学者正在发挥越来越突出的作用,院校科研力量进一步增强

最新研究数据表明,高被引作者数量及被引频次上升明显,其中青年学者数量大幅增加,在法学研究方面正在发挥越来越突出的作用。高被引作者所属研究机构大多为高等院校,进一步增强了高等院校的科研力量。

青年学者、学子代表着法学学术研究的未来,是学术期刊持续发展的生力军,是学术共同体发展的中坚力量,也是法学期刊尤其高被引期刊重点关注和扶持的作者群体。法学期刊通过刊载青年学者、学子的文章或者开设相关特色专栏等形式为青年学者、学子的成长以及学术成果的传播提供了优质平台,例如《行政法学研究》《东方法学》《中国刑事法杂志》《浙江工商大学学报》《浙江工业大学学报(社会科学版)》开设"青年论坛",《法学杂志》《甘肃政法大学学报》《西部法学评论》《东南法学》开设"青年法苑",《河北法学》开设"青年法学家",《中外法学》《人大法律评论》《浙江工商大学学报》《商事仲裁与调解》开设"青年学苑""青年"等特色栏目,

《河北法学》《北方法学》《北京航空航天大学学报（社会科学版）》开设"博士生园地""博士生论坛"特色栏目，这些特色栏目的开设为青年学者、学子提供了更优质的学术创作和发展空间，激励和引导着青年学者、学子的成长。

（四）高影响期刊着力加强和丰富新媒体宣传形式，多平台多渠道融合宣传已成为趋势

在新媒体快速发展的大背景下，高影响力期刊充分发挥新媒体传播速度快、传播范围广、及时互动性强等优势特点。通过短视频、音频、图文、投票、话题、留言互动等多种方式进行特别策划，丰富并加强了编辑、作者及读者之间的互动联系，同时加强了学术前沿观点的深度传播，为法学期刊提升综合影响力起到积极的促进作用。

新媒体的灵活性和快捷性为法学期刊的媒体宣传提供了更加便利的方式，法学核心期刊、高校学报及社科类综合刊都非常重视通过自有新媒体和第三方平台进行期刊的宣传和学术传播，多平台多渠道融合宣传已成为趋势。例如这些高被引期刊通过自有微信公众号提前策划并积极预热宣传新刊目录及优质文章，相当于"优先出版"，为广大读者提供法学学术前沿动态的同时，也为期刊赢得了极佳的宣传时机和宣传效果。同时，这些高被引期刊也特别注重利用"北大法律信息网""北大法宝""法学学术前沿"等第三方平台进行多渠道传播，增加曝光度，最终实现良好的新媒体传播效果。

结　语

通过"北大法宝·法学期刊库"引证情况的研究分析，再次印证了法学核心期刊是法学学术研究的重要阵地，在构建中国自主法学知识体系方面发挥着重要的平台支撑作用，高校学报及社科类综合刊在法学内容的发文量和期刊栏目选题策划上逐步加强，非核心期刊、法学集刊、法检实务类期刊持续关注学术研究热点。相信随着学术期刊质量、编辑策划以及传播能力的不断提升，法学专刊、法学集刊、法检实务类期刊、高校学报及社科类综合刊中的法学栏目将会为新时代中国特色社会主义法治体系的完善，为实现基本建成法治国家、法治政府、法治社会的总体目标铸就理论、制度和实践基石发挥更大的作用。[1]

【责任编辑：曹伟】

---

〔1〕　参见张文显：《中国法治新征程新坐标》，载《民主与法制》2022 年第 39 期。

45家法学核心期刊2023年度发文盘点

——以"北大法宝·法学期刊库"为例*

北大法宝法学期刊研究组**

摘要:中共中央办公厅、国务院办公厅印发的《关于加强新时代法学教育和法学理论研究的意见》提出,推动法学学术期刊多样化、差异化、高质量发展。学术期刊作为学术交流的关键平台,是繁荣和发展法学学科的重要支撑。本文以"北大法宝·法学期刊库"为数据统计源,统计分析2023年度45家法学核心期刊整体发文情况,归纳和总结学术研究热点、作者及研究机构发文情况。

关键词:法学核心期刊 2023年度 统计分析

收稿日期:2024-06-20

* 统计源:45家法学核心期刊分别为《北方法学》《比较法研究》《财经法学》《当代法学》《地方立法研究》《东方法学》《法律科学》《法律适用》《法商研究》《法学》《法学家》《法学论坛》《法学评论》《法学研究》《法学杂志》《法制与社会发展》《法治研究》《法治现代化研究》《甘肃政法大学学报》《国际法研究》《国家检察官学院学报》《河北法学》《河南财经政法大学学报》《华东政法大学学报》《环球法律评论》《交大法学》《科技与法律》《南大法学》《清华法学》《苏州大学学报(法学版)》《武大国际法评论》《现代法学》《行政法学研究》《政法论坛》《政法论丛》《政治与法律》《知识产权》《中国法律评论》《中国法学》《中国海商法研究》《中国社会科学》(法学文章)、《中国刑事法杂志》《中国应用法学》《中国政法大学学报》《中外法学》。

** 北大法宝法学期刊研究组成员:刘馨宇、孙妹、曹伟、范阿辉、宋思婕、李婉秋。刘馨宇,北大法律信息网(北大法宝)编辑部主任;孙妹,北大法律信息网(北大法宝)编辑部副主任;曹伟,北大法宝学术中心副主任;范阿辉,北大法宝研究员;李婉秋,北大法宝研究员;宋思婕,北大法宝编辑。研究指导:郭叶,北大法律信息网(北大法宝)副总编。

一、45 家法学核心期刊 2023 年度发文盘点

（一）45 家法学核心期刊年度总发文量 3677 篇，期均发文量 12.2 篇

　　本次数字统计源中的 45 家法学核心期刊 2023 年度总发文量为 3677 篇，期均发文量为 12.2 篇。与 2022 年度相比，45 家法学核心期刊 2023 年度总发文量略有下降，期均发文量保持不变。如图 1 所示，45 家法学核心期刊中，《中国应用法学》《清华法学》《法治现代化研究》《环球法律评论》《国际法研究》等 17 家期刊总发文量较 2022 年度有所上升；《中国政法大学学报》《法律适用》《比较法研究》《法治研究》《知识产权》等 24 家期刊总发文量较 2022 年度有所下降；《法商研究》《法学家》《现代法学》《中外法学》2023 年度总发文量同 2022 年度保持一致。

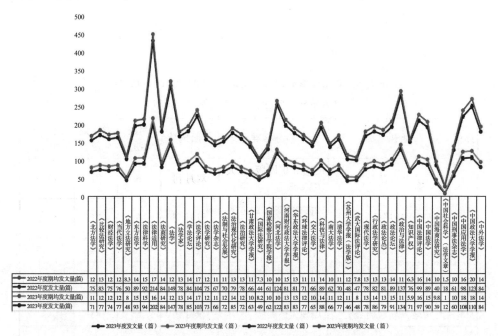

图 1　45 家法学核心期刊 2022—2023 年度总发文量及期均发文量

　　如表 1 所示，从出版周期来看，45 家法学核心期刊中，双月刊有 37 家，月刊有 6 家，季刊 2 家。[1]

　　37 家双月刊中，发文量在 100 篇以上的期刊有 3 家，为《法学评论》《中国应用

---

[1]　统计说明：本部分统计均含本数。

法学》《中国政法大学学报》。发文量在90—100篇之间的期刊有6家,分别是《东方法学》《法律科学》《河南财经政法大学学报》《中国法律评论》《政法论坛》《中国法学》。发文量在70—90篇之间的期刊有19家,分别为《北方法学》《比较法研究》《财经法学》《当代法学》《法商研究》《法学家》《法学论坛》《法学研究》《法制与社会发展》《法治现代化研究》《法治研究》《华东政法大学学报》《环球法律评论》《科技与法律》《清华法学》《现代法学》《行政法学研究》《政法论丛》《中外法学》。发文量在70篇以下的期刊有9家,分别为《地方立法研究》《法学杂志》《甘肃政法大学学报》《国际法研究》《国家检察官学院学报》《交大法学》《南大法学》《武大国际法评论》《中国刑事法杂志》。

6家月刊中,《中国社会科学》仅统计法学文章,共计12篇。发文量在200篇以上的期刊是《法律适用》。发文量在100—150篇的期刊有3家,分别是《法学》《河北法学》《政治与法律》。

2家季刊中,《苏州大学学报(法学版)》发文量为46篇,《中国海商法研究》发文量为39篇。

表1　45家法学核心期刊发文情况(2023.01.01—12.31)

(排名不分先后,按照期刊名称拼音排序)

序号	期刊名称	核心标准	出版周期	期数 (期)	发文量 (篇)	期均发 文量(篇)
1	《北方法学》	CSSCI 扩展版/北大 中文核心	双月刊	6	71	11.8
2	《比较法研》究	CLSCI/CSSCI/北大 中文核心	双月刊	6	77	12.8
3	《财经法学》	CSSCI	双月刊	6	74	12.3
4	《当代法学》	CLSCI/CSSCI/北大 中文核心	双月刊	6	77	12.8
5	《地方立法研究》	CSSCI 扩展版	双月刊	6	48	8
6	《东方法学》	CLSCI/CSSCI/北大 中文核心	双月刊	6	93	15.5
7	《法律科学》	CLSCI/CSSCI/北大 中文核心	双月刊	6	94	15.7
8	《法律适用》	CSSCI 扩展版/北大 中文核心	月刊	12	202	16.8

（续表）

序号	期刊名称	核心标准	出版周期	期数（期）	发文量（篇）	期均发文量（篇）
9	《法商研究》	CLSCI/CSSCI/北大中文核心	双月刊	6	84	14
10	《法学》	CLSCI/CSSCI/北大中文核心	月刊	12	147	12.3
11	《法学家》	CLSCI/CSSCI/北大中文核心	双月刊	6	78	13
12	《法学论坛》	CLSCI/CSSCI/北大中文核心	双月刊	6	85	14.2
13	《法学评论》	CLSCI/CSSCI/北大中文核心	双月刊	6	103	17.2
14	《法学研究》	CLSCI/CSSCI/北大中文核心	双月刊	6	73	12.2
15	《法学杂志》	CLSCI/CSSCI 扩展版/北大中文核心	双月刊	6	66	11
16	《法制与社会发展》	CLSCI/CSSCI/北大中文核心	双月刊	6	72	12
17	《法治现代化研究》	CSSCI 扩展版	双月刊	6	85	14.2
18	《法治研究》	CSSCI 扩展版	双月刊	6	72	12
19	《甘肃政法大学学报》	CSSCI 扩展版	双月刊	6	63	10.5
20	《国际法研究》	CSSCI 扩展版	双月刊	6	49	8.2
21	《国家检察官学院学报》	CSSCI/北大中文核心	双月刊	6	62	10.3
22	《河北法学》	CSSCI 扩展版/北大中文核心	月刊	12	122	10.2
23	《河南财经政法大学学报》	CSSCI 扩展版	双月刊	6	91	15.2
24	《华东政法大学学报》	CLSCI/CSSCI/北大中文核心	双月刊	6	83	13.8
25	《环球法律评论》	CLSCI/CSSCI/北大中文核心	双月刊	6	77	12.8
26	《交大法学》	CSSCI 扩展版	双月刊	6	65	10.8

（续表）

序号	期刊名称	核心标准	出版周期	期数（期）	发文量（篇）	期均发文量(篇)
27	《科技与法律》	CSSCI 扩展版	双月刊	6	88	14.7
28	《南大法学》	CSSCI 扩展版	双月刊	6	66	11
29	《清华法学》	CLSCI/CSSCI/北大中文核心	双月刊	6	77	12.8
30	《苏州大学学报（法学版)》	CSSCI 扩展版	季刊	4	46	11.5
31	《武大国际法评论》	CSSCI 扩展版	双月刊	6	48	8
32	《现代法学》	CSSCI/北大中文核心	双月刊	6	78	13
33	《行政法学研究》	CSSCI/北大中文核心	双月刊	6	86	14.3
34	《政法论丛》	CLSCI/CSSCI/北大中文核心	双月刊	6	79	13.2
35	《政法论坛》	CLSCI/CSSCI/北大中文核心	双月刊	6	91	15.2
36	《政治与法律》	CLSCI/CSSCI/北大中文核心	月刊	12	134	11.2
37	《知识产权》	CSSCI/北大中文核心	月刊	12	71	5.9
38	《中国法律评论》	CSSCI	双月刊	6	97	16.2
39	《中国法学》	CLSCI/CSSCI/北大中文核心	双月刊	6	90	15
40	《中国海商法研究》	CSSCI 扩展版	季刊	4	39	9.8
41	《中国社会科学》（法学文章)	CLSCI/CSSCI/北大中文核心	月刊	12	12	1
42	《中国刑事法杂志》	CLSCI/CSSCI/北大中文核心	双月刊	6	60	10
43	《中国应用法学》	CSSCI 扩展版	双月刊	6	108	18
44	《中国政法大学学报》	CSSCI 扩展版	双月刊	6	110	18.3

（续表）

序号	期刊名称	核心标准	出版周期	期数（期）	发文量（篇）	期均发文量（篇）
45	《中外法学》	CLSCI/CSSCI/北大中文核心	双月刊	6	84	14
总计				302	3677	12.2

（二）文章以诉讼法学、民法学、刑法学、理论法学、经济法学 5 个学科为主,占比 60.7%

45 家法学核心期刊 2023 年度总发文量为 3677 篇,涉及诉讼法学、民法学、刑法学、理论法学、经济法学、国际法学、行政法学、商法学、知识产权法、司法制度、宪法学、法律史学等 16 个学科。如图 2 所示,文章主题以诉讼法学、民法学、刑法学、理论法学和经济法学 5 个学科为主,合计发文量为 2234 篇,总占比 60.7%。国际法学、行政法学、商法学、知识产权法学、司法制度和宪法学 6 个学科发文量为 1245 篇,总占比 33.9%。法律史学、环境法学、劳动与社会保障法学、安全法学和军事法学 5 个学科发文量为 198 篇,总占比 5.4%。

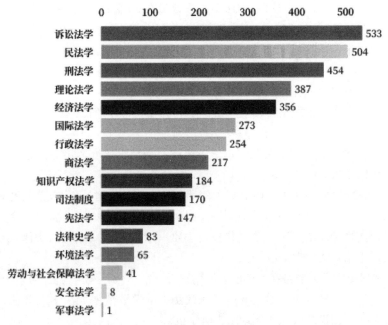

图 2　45 家法学核心期刊学科整体分布情况（2023.01.01—12.31）

(三)诉讼法学、民法学、刑法学文章居多,均有20家以上期刊发文量达10篇以上,有15家期刊均刊发了法律史学和环境法学的文章

从学科分布来看,45家法学核心期刊以诉讼法学、民法学、刑法学文章居多,理论法学、经济法学文章次之,其他学科侧重点各有不同,刊发法律史学、环境法学和劳动与社会保障法学文章的期刊各有20家以上,其中有15家期刊均刊发了法律史学和环境法学文章。[1]如表2所示,民法学文章数量在10篇以上的期刊有31家,其中《法律适用》的民法学文章数量最多,为30篇,有4家期刊文章数量为20—29篇,分别为《比较法研究》《财经法学》《法学》《法学家》,其余26家为10—19篇,分别为《北方法学》《当代法学》《东方法学》《法律科学》《法商研究》《法学论坛》《法学评论》《法学研究》《法学杂志》《法制与社会发展》等。

诉讼法学文章数量在10篇以上的期刊有26家,其中《法律适用》《中国政法大学学报》《中国应用法学》《中国刑事法杂志》《国家检察官学院学报》的诉讼法学文章数量在20篇以上,分别为49篇、31篇、30篇、24篇和22篇。其余21家为10—19篇,分别为《北方法学》《法律科学》《法商研究》《法学》《法学家》《法学论坛》《法制与社会发展》《法治现代化研究》《法治研究》《甘肃政法大学学报》等。

刑法学文章数量在10篇以上的期刊有20家,其中《法律适用》《政治与法律》《中国刑事法杂志》《法学》的刑法学文章数量在20篇以上,分别为30篇、28篇、26篇和25篇。其余16家为10—19篇,分别为《比较法研究》《法学论坛》《法学评论》《法治研究》《甘肃政法大学学报》《国家检察官学院学报》《河北法学》《河南财经政法大学学报》《环球法律评论》《苏州大学学报(法学版)》《清华清学》《行政法学研究》《政治与法律》《中国法学》《中国政法大学学报》。

理论法学文章数量在10篇以上的期刊有15家,分别是《地方立法研究》《东方法学》《法律科学》《法商研究》《法学》《法学评论》《法制与社会发展》《法治现代化研究》《河北法学》《南大法学》《清华法学》《行政法学研究》《政治与法律》《中国法学》《中国政法大学学报》。

经济法学文章数量在10篇以上的期刊有15家,分别是《比较法研究》《财经法学》《东方法学》《法律科学》《法律适用》《法商研究》《法学》《法学评论》《法学研究》《河南财经政法大学学报》《科技与法律》《政法论丛》《政治与法律》《中国法律评论》《中国政法大学学报》。

法律史学文章数量在4篇以上的期刊有9家,分别是《当代法学》《法治现代化研究》《河南财经政法大学学报》《华东政法大学学报》《南大法学》《政法论丛》《政治与法律》《知识产权》《中国政法大学学报》。

---

〔1〕 统计说明:本部分统计均含本数。

表2　45家法学核心期刊各刊各学科分布情况（2023.01.01—12.31）
（排名不分先后，按照期刊名称拼音排序）

期刊名称	诉讼法学	民法学	刑法学	理论法学	经济法学	国际法学	行政法学	商法学	司法制度	宪法学	知识产权法学	法律史学	环境法学	劳动与社会保障法学	安全法学	军事法学	总计（篇）
《北方法学》	10	17	9	5	1	5	8	5	2	2	4	1	2	0	0	0	71
《比较法研究》	3	24	11	8	15	1	8	4	1	1	0	1	1	0	0	0	78
《财经法学》	5	21	5	1	12	1	6	21	2	8	1	0	0	0	0	0	83
《当代法学》	9	14	7	6	8	6	2	7	2	4	3	4	0	0	1	0	73
《地方立法研究》	6	4	3	17	7	2	0	0	0	4	0	2	2	1	0	0	44
《东方法学》	6	16	7	19	13	11	6	2	0	1	4	3	3	0	0	0	91
《法律科学》	13	18	8	18	10	2	6	5	8	2	2	1	0	1	0	0	94
《法律适用》	49	30	30	8	17	4	4	21	18	0	10	1	6	3	1	0	202
《法商研究》	11	11	7	10	12	7	4	9	3	3	3	0	3	1	0	0	84
《法学》	16	24	25	17	16	6	9	5	8	8	2	3	2	6	0	0	147
《法学家》	11	23	8	9	5	1	6	5	4	4	0	2	0	0	0	0	78
《法学论坛》	10	10	12	8	5	4	11	2	7	4	3	0	5	3	0	0	85
《法学评论》	8	10	12	10	12	4	14	5	3	10	5	2	5	0	2	1	103
《法学研究》	6	14	7	7	11	2	3	4	3	7	5	2	1	0	0	0	73
《法学杂志》	7	17	9	4	8	2	5	5	4	4	1	0	0	0	0	0	66

（续表）

期刊名称	诉讼法学	民法学	刑法学	理论法学	经济法学	国际法学	行政法学	商法学	司法制度	宪法学	知识产权法学	法律史学	环境法学	劳动与社会保障法学	安全法学	军事法学	总计（篇）
《法制与社会发展》	13	10	7	24	2	0	5	2	4	2	2	0	1	0	0	0	72
《法治现代化研究》	14	6	8	15	4	1	9	2	12	4	0	8	0	2	0	0	85
《法治研究》	14	14	13	7	8	1	2	7	0	0	1	0	1	3	1	0	72
《甘肃政法大学学报》	10	10	14	4	6	4	4	0	2	2	3	2	2	0	0	0	63
《国际法研究》	2	0	0	1	0	45	0	1	0	0	0	0	0	0	0	0	49
《国家检察官学院学报》	22	7	10	7	0	0	2	7	6	1	0	0	0	0	0	0	62
《河北法学》	15	13	18	22	5	12	7	10	2	4	2	2	6	4	0	0	122
《河南财经政法大学学报》	17	7	18	4	12	5	5	2	4	4	3	4	3	3	0	0	91
《华东政法大学学报》	14	14	2	8	7	1	8	5	5	9	1	7	0	2	0	0	83
《环球法律评论》	15	6	16	6	9	8	4	2	3	3	3	0	1	1	1	0	77
《交大法学》	8	10	4	9	7	6	5	6	0	5	2	2	0	1	1	0	65
《科技与法律》	2	4	5	4	29	1	4	0	1	1	37	0	0	0	0	0	88
《南大法学》	8	15	4	11	5	6	1	2	2	3	3	5	0	1	1	0	66
《清华法学》	12	18	9	10	2	8	4	6	0	2	2	2	1	0	0	0	77
《苏州大学学报（法学版）》	12	4	10	3	3	0	3	0	0	5	5	0	1	0	0	0	46
《武大国际法评论》	0	1	0	3	0	42	0	1	1	0	0	0	0	0	0	0	48

（续表）

期刊名称	诉讼法学	民法学	刑法学	理论法学	经济法学	国际法学	行政法学	商法学	司法制度	宪法学	知识产权法学	法律史学	环境法学	劳动与社会保障法学	安全法学	军事法学	总计（篇）
《现代法学》	16	10	13	9	8	1	8	4	3	1	3	0	2	0	0	0	78
《行政法学研究》	12	1	0	15	7	3	41	0	2	2	0	0	1	0	2	0	86
《政法论丛》	8	10	5	2	16	15	4	4	4	2	4	1	4	0	0	0	79
《政法论坛》	17	10	15	6	8	3	8	8	5	3	3	5	0	0	0	0	91
《政治与法律》	13	12	28	18	11	5	11	8	4	10	3	5	5	1	0	0	134
《知识产权》	3	2	0	1	8	8	0	0	0	0	49	7	0	0	0	0	78
《中国法律评论》	7	11	16	9	11	7	6	5	6	9	2	0	0	0	0	0	90
《中国法学》	12	16	11	11	5	4	8	2	9	5	2	0	2	3	1	0	90
《中国海商法研究》	3	3	1	2	2	19	2	6	0	1	0	0	0	0	0	0	39
《中国社会科学》（法学文章）	0	1	1	1	1	2	0	0	0	2	0	2	0	0	0	0	12
《中国刑事法杂志》	24	0	26	1	1	0	0	0	7	0	1	0	0	0	0	0	60
《中国应用法学》	30	13	19	7	6	1	1	13	13	0	2	1	1	1	0	0	108
《中国政法大学学报》	31	13	7	16	12	5	1	9	4	1	2	5	4	0	0	0	110
《中外法学》	9	10	14	4	9	2	7	5	6	8	6	3	0	1	0	0	84
总计	533	504	454	387	356	273	254	217	170	147	184	83	65	41	8	1	3677

环境法学文章数量在 4 篇以上的期刊有 7 家,分别是《法律适用》《法学论坛》《法学评论》《河北法学》《政法论丛》《政治与法律》《中国政法大学学报》。

(四)各刊基金项目文章 2498 篇,占比 67.9%;国家社会科学基金项目文章 1480 篇,占比 40.3%;有 21 家期刊的基金项目文章占比达 70%以上

如表 3 所示,45 家法学核心期刊 2023 年度总发文量为 3677 篇,其中基金项目文章共计 2498 篇,占比 67.9%。与 2022 年度相比,法学核心期刊基金项目文章占比基本保持平稳,均达 6 成以上。基金类型主要涉及中央国家级基金、地方省市级基金、高等院校基金、科研院所基金 4 种,其中中央国家级基金项目文章居多。基金项目文章占比达 70%以上的期刊有《北方法学》《比较法研究》《当代法学》《法律科学》《法商研究》《法学》《法学家》《法学论坛》《法学评论》《法学杂志》《法制与社会发展》等 21 家。其中《政法论丛》基金项目文章占比高达 100%,《中国海商法研究》基金项目文章占比为 97.4%,《北方法学》《当代法学》《法律科学》《法商研究》《法制与社会发展》《河北法学》《科技与法律》《政法论坛》《中国刑事法杂志》9 家期刊基金项目文章占比均在 80%以上。

表 3　45 家法学核心期刊基金项目文章情况(2023.01.01—12.31)

(排名不分先后,按照期刊名称拼音排序)

期刊名称	发文量(篇)	基金项目文章量(篇)	基金项目文章占比
《北方法学》	71	62	87.3%
《比较法研究》	77	55	71.4%
《财经法学》	74	50	67.6%
《当代法学》	77	64	83.1%
《地方立法研究》	48	30	62.5%
《东方法学》	93	63	67.7%
《法律科学》	94	76	80.9%
《法律适用》	202	62	30.7%
《法商研究》	84	75	89.3%
《法学》	147	110	74.8%
《法学家》	78	56	71.8%
《法学论坛》	85	61	71.8%
《法学评论》	103	76	73.8%

（续表）

期刊名称	发文量（篇）	基金项目文章量（篇）	基金项目文章占比
《法学研究》	73	45	61.6%
《法学杂志》	66	48	72.7%
《法制与社会发展》	72	60	83.3%
《法治现代化研究》	85	45	52.9%
《法治研究》	72	50	69.4%
《甘肃政法大学学报》	63	39	61.9%
《国际法研究》	49	29	59.2%
《国家检察官学院学报》	62	43	69.4%
《河北法学》	122	105	86.1%
《河南财经政法大学学报》	91	69	75.8%
《华东政法大学学报》	83	64	77.1%
《环球法律评论》	77	47	61.0%
《交大法学》	65	35	53.8%
《科技与法律》	88	71	80.7%
《南大法学》	66	39	59.1%
《清华法学》	77	48	62.3%
《苏州大学学报(法学版)》	46	29	63.0%
《武大国际法评论》	48	31	64.6%
《现代法学》	78	59	75.6%
《行政法学研究》	86	62	72.1%
《政法论丛》	79	79	100%
《政法论坛》	91	76	83.5%
《政治与法律》	134	93	69.4%
《知识产权》	71	41	57.7%
《中国法律评论》	97	47	48.5%
《中国法学》	90	56	62.2%
《中国海商法研究》	39	38	97.4%

（续表）

期刊名称	发文量(篇)	基金项目文章量(篇)	基金项目文章占比
《中国社会科学》(法学文章)	12	0	0
《中国刑事法杂志》	60	53	88.3%
《中国应用法学》	108	35	32.4%
《中国政法大学学报》	110	67	60.9%
《中外法学》	84	55	65.5%
总计	3677	2498	67.9%

在基金项目文章中,存在一篇文章获得多种基金支持的情况,如图 3 所示,其中获得中央国家级基金支持的文章有 1994 篇,获得地方省市级基金支持的文章有 418 篇,获得高等院校基金支持的文章有 546 篇,获得科研院所基金支持的文章较少,仅有 12 篇,获得上述 4 种基金类型之外的其他基金支持的文章有 7 篇。[1]

刊载中央国家级基金支持文章 50 篇以上[2]的期刊有 14 家,分别是《当代法学》《东方法学》《法律科学》《法商研究》《法学》《法学评论》《河北法学》《河南财经政法大学学报》《科技与法律》《行政法学研究》《政法论丛》《政法论坛》《政治与法律》《中国法学》。其中《法学》获得中央国家级基金支持的文章有 92 篇,《政治与法律》获得中央国家级基金支持的文章有 79 篇,《河北法学》获得中央国家级基金支持的文章有 77 篇。数量在 30—49 篇之间的期刊有 23 家,分别是《北方法学》《比较法研究》《财经法学》《法律适用》《法学家》《法学论坛》《法学研究》《法学杂志》《法制与社会发展》《法治现代化研究》《法治研究》《甘肃政法大学学报》《国家检察官学院学报》《华东政法大学学报》《环球法律评论》《南大法学》《清华法学》《现代法学》《知识产权》《中国法律评论》《中国刑事法杂志》《中国政法大学学报》《中外法学》。

刊载高等院校基金支持文章 20 篇以上的期刊有 3 家,分别是《法学》《河北法学》《华东政法大学学报》。数量在 10—19 篇之间的期刊有 17 家,分别是《比较法研究》《东方法学》《法律适用》《法商研究》《法学家》《法制与社会发展》《法学评论》《法学论坛》《河南财经政法大学学报》《现代法学》《政治与法律》《政法论丛》《政法论坛》《中国法律评论》《中国刑事法杂志》《中国政法大学学报》《中外法学》(如图 3 所示)。

---

〔1〕　统计方法:中央国家级基金分为国家类和部委类、最高人民法院、最高人民检察院和中国法学会等基金,若一篇文章获得多个中央国家级基金支持,只记一次;若获得地方省市级基金、高等院校基金、科研院所基金和其他基金等多个基金支持,则按实际出现的次数计算。

〔2〕　统计说明:本部分统计均含本数。

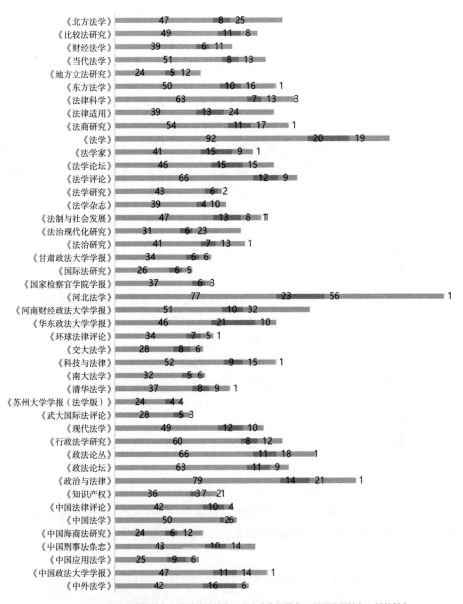

图 3　45 家法学核心期刊各类基金项目文章情况（2023.01.01—12.31）

（排名不分先后，按照期刊名称拼音排序）[1]

---

〔1〕　中国社会科学没有基金文献，故此处共计 44 家，图 4 同。

刊载地方省市级基金支持文章 20 篇以上的期刊有 6 家,分别是《北方法学》《法律适用》《法治现代化研究》《河北法学》《河南财经政法大学学报》《政治与法律》。数量在 10—19 篇之间的期刊有 18 家,分别是《财经法学》《当代法学》《地方立法研究》《东方法学》《法律科学》《法商研究》《法学》《法学论坛》《法学杂志》《法治研究》《华东政法大学学报》《科技与法律》《现代法学》《行政法学研究》《政法论丛》《中国海商法研究》《中国刑事法杂志》《中国政法大学学报》。

中央国家级基金项目以国家社会科学基金项目为主,45 家法学核心期刊 2023 年度国家社会科学基金项目文章共 1480 篇,占比 40.3%。基金类型主要涉及国家社会科学基金重大/重点项目、国家社会科学基金一般项目、国家社会科学基金青年项目、国家社会科学基金西部项目、国家社会科学基金后期资助项目 5 种,其中国家社会科学基金重大/重点项目文章最多,共 767 篇,占比 51.8%;国家社会科学基金一般项目、国家社会科学基金青年项目文章相对集中,共 635 篇,占比 42.9%。

如图 4 所示,刊载国家社会科学基金重大/重点项目文章在 20 篇以上的期刊有 15 家,分别是《比较法研究》《当代法学》《东方法学》《法律科学》《法学》《法学评论》《法制与社会发展》《河北法学》《华东政法大学学报》《科技与法律》《现代法学》《政法论丛》《政法论坛》《政治与法律》《中国法学》。

刊载国家社会科学基金一般项目文章在 10 篇以上的期刊有 20 家,分别是《北方法学》《比较法研究》《法律科学》《法商研究》《法学》《法学家》《法学论坛》《法学评论》《法学研究》《法治研究》《河北法学》《河南财经政法大学学报》《环球法律评论》《政法论丛》《政法论坛》《政治与法律》《知识产权》《中国刑事法杂志》《中国政法大学学报》《中外法学》。

刊载国家社会科学基金青年项目文章在 5 篇以上的期刊有 23 家,分别是《北方法学》《比较法研究》《财经法学》《当代法学》《法商研究》《法学》《法学研究》《法制与社会发展》《甘肃政法大学学报》《河北法学》《河南财经政法大学学报》《华东政法大学学报》《科技与法律》《南大法学》《清华法学》《现代法学》《行政法学研究》《政法论坛》《政治与法律》《中国法学》《中国刑事法杂志》《中国政法大学学报》《中外法学》。

二、45 家法学核心期刊 2023 年度学术热点分析

(一)学术热点依然集中在"数据""数字法治与元宇宙""企业合规""个人信息保护""算法""人工智能"等方面,"中国式现代化""破产制度""ChatGPT"等内容作为新增热点,学术研究趋势显著

通过对 45 家法学核心期刊 2023 年度 3677 篇文章中的 10802 个关键词进行统计,如图 5 所示,发现 45 家法学核心期刊 2023 年度学术热点集中在"数据""数字法

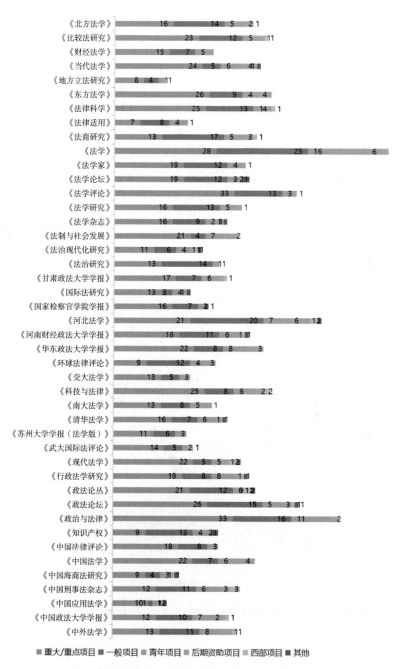

图 4　45 家法学核心期刊国家社会科学基金项目文章情况(2023.01.01—12.31)

（排名不分先后，按照期刊名称拼音排序）

治与元宇宙""企业合规""个人信息保护""算法""人工智能""法典化""民法典""中国式现代化"等方面,对"反垄断""侵权责任""认罪认罚从宽""公益诉讼""习近平法治思想""检察制度"等内容关注程度相对较高。

　　词频在 10 次以上的关键词共 122 个,其中词频在 200 次以上的关键词为"数据"和"数字法治与元宇宙";100 次至 199 次的关键词为"企业合规""个人信息保护""算法"和"人工智能";50 次至 99 次的关键词为"法典化""民法典""中国式现代化""反垄断""侵权责任""认罪认罚从宽""公益诉讼""习近平法治思想""检察制度""破产制度""商标权""知识产权""人格权""网络犯罪""专利权""监察制度";30 次至 49 次的关键词为"物权""隐私权""著作权""国家治理""ChatGPT""量刑制度""依法治国""抵押权""生态环境保护""比例原则""不正当竞争""行政处罚""党内法规""涉外法治";15 次至 29 次的关键词为"能动司法""损害赔偿""司法改革""未成年人保护""法律适用""公共利益"等,共计 38 个;10 次至 14 次的关键词为"备案审查""抽象危险犯""自主知识体系""不当得利""不起诉""法律规制""共同富裕""利益平衡""生态环境损害赔偿""营商环境""程序正义""平台经济"等,共计 48 个。

图 5　45 家法学核心期刊热点关键词情况(2023.01.01—12.31)〔1〕

---

　　〔1〕 本部分统计说明:热点关键词按照文章中关键词出现次数进行归类统计,例如:"数据"涵盖数据安全、数据治理、数据权益、数据竞争等关键词;"个人信息保护"涵盖个人信息、隐私等关键词;"民法典"涵盖中国民法典、民法典各分编等关键词;法典化包含环境法典、行政法典化等关键词。

（二）七成以上法学核心期刊均关注"数据""数字法治与元宇宙""个人信息保护""企业合规""人工智能"等学术热点，"中国式现代化""ChatGPT"作为新增热点备受各刊关注

通过对 45 家法学核心期刊的（词频在 40 次以上）27 个热点关键词 1456 篇文章进行统计，如表 4 所示，学术热点在各刊中有着不同程度的分布，其中"数据"各刊关注度最高，文章数量为 274 篇（涉及 43 家期刊），"数字法治与元宇宙"文章数量为 221 篇（涉及 44 家期刊），"个人信息保护"文章数量为 133 篇（涉及 40 家期刊），"企业合规"文章数量为 113 篇（涉及 33 家期刊），"人工智能"与"ChatGPT"文章数量为 107 篇（涉及 38 家期刊）。

涉及"算法""民法典""法典化""侵权责任""中国式现代化""习近平法治思想""反垄断""公益诉讼""认罪认罚从宽""检察制度""人格权""破产制度""知识产权""网络犯罪""国家治理"的文章数量均在 40 篇以上。其中"算法"85 篇（涉及 36 家期刊），"民法典"72 篇（涉及 31 家期刊），"法典化"66 篇（涉及 28 家期刊），"侵权责任"61 篇（涉及 28 家期刊），"中国式现代化"59 篇（涉及 27 家期刊），"习近平法治思想"56 篇（涉及 23 家期刊），"反垄断"55 篇（涉及 28 家期刊），"公益诉讼"51 篇（涉及 20 家期刊），"认罪认罚从宽"50 篇（涉及 22 家期刊），"检察制度"45 篇（涉及 25 家期刊），"人格权"45 篇（涉及 23 家期刊），"破产制度"44 篇（涉及 20 家期刊），"知识产权"43 篇（涉及 19 家期刊），"网络犯罪"40 篇（涉及 23 家期刊），"国家治理"40 篇（涉及 30 家期刊）（见表 4）。

表 4　45 家法学核心期刊学术热点分布情况（2023.01.01—2023.12.31）

（选取文章数量 40 篇以上关键词，按照关键词文章数量降序排序，
文章数量相同的按照关键词拼音排序，表中所列期刊按期刊名称拼音排序；
表格详情请扫描下方二维码）

（三）学术热点呈现跨学科趋势

通过对 45 家法学核心期刊的（词频在 40 次以上）27 个热点关键词在各法学学科中的热点分布样态进行统计，发现热点关键词在法学各学科领域中均有体现。如

图6所示,其中经济法学、民法学与热点关键词关联程度较高,主要集中于数据、数字法治与元宇宙、个人信息保护、人工智能、算法等方面研究。理论法学与热点关键词关联程度次之,主要集中于数据、数字法治与元宇宙、中国式现代化、习近平法治思想等方面研究。诉讼法学、刑法学、知识产权法学及行政法学等学科的热点关键词均各有所侧重。

通过统计分析,27个热点关键词散见于诉讼法学、刑法学、行政法学、司法制度、商法学、宪法学、国际法学及环境法学8个学科领域的研究,跨学科研究倾向较为明显,与民法学、经济法学、理论法学、知识产权法学等学科研究态势形成较为鲜明的对比(见图6)。

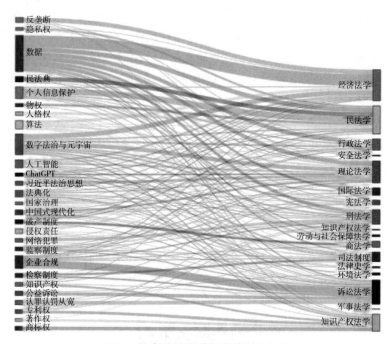

图6　热点关键词学科关联度分布图

三、学术热点在45家法学核心期刊栏目设置中的体现

学术热点在45家法学核心期刊的栏目设置与专题策划中有着非常直观的体现,在通过常设栏目关注学术热点的同时也策划特色专题栏目聚焦学术热点研究。其中,"数字法治与元宇宙""数据""民法典"等学术热点备受各刊青睐,"人工智能""ChatGPT""个人信息保护""习近平法治思想""企业合规""检察制度""网络犯罪"

等学术热点各刊各有侧重,具体如表5所示。

有37家期刊开设"数字法治与元宇宙"相关特色专题或以专题形式刊发相关文章,共261篇,其中《东方法学》于2023年第3期策划"数字化"专刊。有33家期刊开设"数据"相关特色专题或以专题形式刊发相关文章,共185篇。有32家期刊开设"民法典"相关特色专题或以专题形式刊发相关文章,共110篇。有27家期刊开设"人工智能"与"ChatGPT"相关特色专题或以专题形式刊发相关文章,共88篇。有26家期刊开设"个人信息保护"相关特色专题或以专题形式刊发相关文章,共84篇。有26家期刊开设"习近平法治思想"相关特色专题或以专题形式刊发相关文章,共83篇。有25家期刊开设"企业合规"相关特色专题或以专题形式刊发相关文章,共76篇。有22家期刊开设"检察制度"相关特色专题或以专题形式刊发相关文章,共47篇。有19家期刊开设"网络犯罪"相关特色专题或以专题形式刊发相关文章,共46篇。有17家期刊开设"侵权责任"相关特色专题或以专题形式刊发相关文章,共45篇。有18家期刊开设"法典化"相关特色专题或以专题形式刊发相关文章,共41篇。有19家期刊开设"中国式现代化"相关特色专题或以专题形式刊发相关文章,共40篇。有12家期刊开设"知识产权"相关特色专题或以专题形式刊发相关文章,共40篇。

表5　45家法学核心期刊学术热点专题栏目设置情况(2023.01.01—2023.12.31)

(选取词频50次以上关键词,按照学术热点文章数量降序排序,

表中所列期刊按期刊名称拼音排序;表格详情请扫描下方二维码)

四、45家法学核心期刊2023年度作者盘点分析

(一)45家法学核心期刊高产作者50位,文章量326篇

45家法学核心期刊2023年度总发文量3677篇,涉及作者共2565位。文章量为5篇(含本数)以上的高产作者有50位,发文量326篇,与2022年度基本持平。

如表6所示,50位高产作者中文章量为14篇的有1位,为王利明教授;文章量为12篇的有1位,为刘艳红教授;文章量为11篇的有1位,为江必新教授;文章量为10篇的有 3 位,分别是丁晓东教授、莫纪宏研究员、张明楷教授;文章量为 9 篇的有 1 位,为刘俊海教授;文章量为 8 篇的有 3 位,分别是陈兴良教授、姜涛教授、张卫平教授;文章量为 7 篇的有 7 位,分别是程啸教授、高圣平教授、何志鹏教授、李奋飞教授、李建伟教授、刘仁文研究员、赵宏教授;文章量为 6 篇的有 12 位;文章量为 5 篇的有 21 位。

表 6　45 家法学核心期刊高产作者发文情况(2023.01.01—2023.12.31)
(按文章量降序排序,文章量相同的按作者姓名拼音排序)

序号	作者	所属单位	文章量(篇)	期刊名称	刊期	文章标题
1	王利明	中国人民大学法学院	14	《当代法学》	202301	《体系化视野下〈民法典〉婚姻家庭编的适用——兼论婚姻家庭编与其他各编的适用关系》
				《东方法学》	202304	《自媒体时代的回应权》
				《法律适用》	202311	《仲裁协议效力的若干问题》
				《法商研究》	202301	《体系化视角下的恢复原状请求权——以〈民法典〉第 237 条为中心》
				《法学评论》	202302	《论效力性和非效力性强制性规定的区分——以〈民法典〉第 153 条为中心》
				《法学研究》	202304	《数据何以确权》
				《法制与社会发展》	202306	《论数据来源者权利》
				《华东政法大学学报》	202302	《数字时代民法的发展与完善》
				《现代法学》	202301	《罹于时效的主动债权可否抵销?》
				《政法论丛》	202301	《论抵押权的追及效力——以〈民法典〉第 406 条为中心》
				《政法论坛》	202304	《物债二分视角下的物权请求权》
				《政治与法律》	202312	《论编纂式法典化》
				《中国法律评论》	202301	《论一般人格权——以〈民法典〉第 990 条第 2 款为中心》
				《中国应用法学》	202305	《生成式人工智能侵权的法律应对》

（续表）

序号	作者	所属单位	文章量（篇）	期刊名称	刊期	文章标题
2	刘艳红	中国政法大学	12	《比较法研究》	202302	《催收非法债务罪"催收"行为的法教义学展开》
				《东方法学》	202304	《生成式人工智能的三大安全风险及法律规制——以 Chat-GPT 为例》
				《法律科学》	202303	《企业合规责任论之提倡——兼论刑事一体化的合规出罪机制》
				《法学》	202301	《刑事实体法的合规激励立法研究》
				《法学论坛》	202303	《数字经济背景下元宇宙技术的社会安全风险及法治应对》
				《法学研究》	202305	《网络暴力治理的法治化转型及立法体系建构》
				《法制与社会发展》	202303	《我国刑法的再法典化:模式选择与方案改革》
				《清华法学》	202306	《法治强国背景下法学期刊的高质量发展之路》
				《现代法学》	202303	《保护民营企业视角下职务侵占罪的司法适用研究》
				《政法论坛》	202302	《中国刑法的发展方向:安全刑法抑或自由刑法》
				《中国法律评论》	202303	《帮助信息网络犯罪活动罪的司法扩张趋势与实质限缩》
				《中国刑事法杂志》	202301	《刑事一体化视野下少捕慎诉慎押实质出罪机制研究》

（续表）

序号	作者	所属单位	文章量（篇）	期刊名称	刊期	文章标题
3	江必新	湖南大学法学院	11	《法律适用》	202306	《企业合规管理基本问题研究》
				《法学论坛》	202304	《以中国式法治保障中国式现代化建设论略》
				《法学评论》	202305	《论政法工作现代化》
				《法治现代化研究》	202304	《迈向中国特色社会主义法律体系现代化》
				《河北法学》	202310	《法治保障体系的基本构成》
				《华东政法大学学报》	202303	《习近平法治思想中的"推进方略论"》
				《环球法律评论》	202302	《论建设全过程人民民主制度体系》
				《行政法学研究》	202301	《行政法律体系化建设的若干思考——以行政诉讼制度体系建构经验为视角》
				《政法论坛》	202305	《论习近平法治思想中的社会公平正义观》
		对外经济贸易大学法学院		《法学评论》	202301	《在法治轨道上全面建设社会主义现代化国家》
		中国法学会		《中国应用法学》	202303	《习近平法治思想中司法改革理论述要》
4	丁晓东	中国人民大学法学院	10	《比较法研究》	202303	《论数据来源者权利》
				《东方法学》	202303	《从阿帕网到区块链：网络中心化与去中心化的法律规制》
				《法律科学》	202304	《人机交互决策下的智慧司法》
				《法商研究》	202306	《隐私权保护与个人信息保护关系的法理——兼论〈民法典〉与〈个人信息保护法〉的适用》

（续表）

序号	作者	所属单位	文章量（篇）	期刊名称	刊期	文章标题
				《法学研究》	202302	《数据公平利用的法理反思与制度重构》
				《法学杂志》	202302	《新型数据财产的行为主义保护：基于财产权理论的分析》
				《法制与社会发展》	202305	《著作权的解构与重构：人工智能作品法律保护的法理反思》
				《现代法学》	202301	《隐私政策的多维解读：告知同意性质的反思与制度重构》
				《行政法学研究》	202301	《数据跨境流动的法理反思与制度重构——兼评〈数据出境安全评估办法〉》
				《中国法律评论》	202306	《论人工智能促进型的数据制度》
5	莫纪宏	中国社会科学院法学研究所	10	《当代法学》	202306	《论特别行政区制度建设的政理·法理·宪理》
				《法商研究》	202304	《怎样发现宪法精神？》
				《法学》	202303	《增强宪法自觉，促进宪法发展——习近平〈谱写新时代中国宪法实践新篇章纪念现行宪法公布施行 40 周年〉核心要义解读》
				《法学论坛》	202304	《展望社会主义现代化强国的中国宪法》
				《法学评论》	202301	《论全面依法治国总体格局基本形成的重大理论与实践意义》
				《法学杂志》	202303	《党对宪法工作全面领导的方式和机制研究——习近平〈谱写新时代中国宪法实践新篇章——纪念现行宪法公布施行 40 周年〉重要思想解读》
				《法制与社会发展》	202306	《"法学学"视野下中国法学"三大体系"构建的方法论路径》

（续表）

序号	作者	所属单位	文章量（篇）	期刊名称	刊期	文章标题
				《华东政法大学学报》	202304	《论数字权利的宪法保护》
				《政法论坛》	202305	《新立法法视角下宪法保留原则的特征及其规范功能》
				《中外法学》	202306	《论经济特区法规的"区外适用"效力》
6	张明楷	清华大学法学院	10	《比较法研究》	202304	《轻罪立法的推进与附随后果的变更》
				《东方法学》	202304	《预备行为与实行行为一体化立法例下的实质解释》
				《法律科学》	202306	《具体犯罪保护法益的确定依据》
				《法学》	202312	《具体犯罪保护法益的确定标准》
				《法学论坛》	202303	《重刑化与轻刑化并存立法例下的刑法适用》
				《法学评论》	202301	《集体法益的刑法保护》
				《清华法学》	202301	《持有犯的基本问题》
				《现代法学》	202301	《论刑法中的结果》
				《政法论坛》	202301	《抽象危险犯:识别、分类与判断》
				《中国刑事法杂志》	202305	《刑法修正的原则与技术——兼论〈刑法修正案(十二)(草案)〉的完善》
7	刘俊海	中国人民大学法学院	9	《北方法学》	202304	《职工参与公司治理的体系化设计:立法宗旨、制度重构与股权纽带的三重视角》
				《财经法学》	202304	《董事会中心主义神话破灭后的董事会角色定位:兼评〈公司法(修订草案二审稿)〉》
				《法律适用》	202301	《公司登记制度现代化的解释论与立法论:公共信息服务、公示公信效力与可诉可裁标准的三维视角》

（续表）

序号	作者	所属单位	文章量（篇）	期刊名称	刊期	文章标题
				《法律适用》	202305	《论公司 ESG 信息披露的制度设计：保护消费者等利益相关者的新视角》
				《法学杂志》	202305	《论股东会中心主义治理模式的勃兴：评〈公司法（修订草案）〉中股东会的权力机构地位》
				《法治研究》	202304	《论股权家族信托的价值功能与制度创新》
				《交大法学》	202303	《董事责任制度重构：精准问责、合理容错、宽容失败——以弘扬企业家精神为视角》
				《政法论丛》	202302	《论信托型私募基金托管人与管理人的连带责任——基金法、信托法、合同法与侵权法的四重维度》
				《中国应用法学》	202301	《论公司债权人对瑕疵出资股东的代位权——兼评〈公司法（修订草案二审稿）〉》
8	陈兴良	北京大学法学院	8	《比较法研究》	202304	《刑法教义学中的历史解释》
				《法律科学》	202302	《刑法教义学中的规范评价》
				《法学》	202310	《刑法教义学中的语义解释》
				《法制与社会发展》	202303	《刑法教义学中的体系解释》
				《现代法学》	202303	《刑法教义学中的目的解释》
				《政法论坛》	202305	《程序与实体双重视野下认罪认罚从宽制度的教义学反思》
				《中国刑事法杂志》	202303	《轻罪治理的理论思考》
				《中外法学》	202302	《刑法教义学中的形式理性》

（续表）

序号	作者	所属单位	文章量（篇）	期刊名称	刊期	文章标题
9	姜涛	华东政法大学	8	《法律科学》	202305	《网络暴力治理中刑事责任、行政责任与民事责任的衔接》
				《国家检察官学院学报》	202306	《个案论题式刑法教义学之提倡》
				《现代法学》	202305	《法益论的现代困境及其宪法化改造》
				《政治与法律》	202304	《刑法的明确性与口袋罪之限缩适用——兼论"明确优于不明确"公式的运用》
				《中国法学》	202305	《刑法再法典化的法理与蓝图》
				《中国社会科学》(法学文章)	202307	《刑法解释的价值判断》
				《中国刑事法杂志》	202302	《现代刑法的立法转型与再法典化》
				《中国应用法学》	202306	《能动司法与刑法的功能解释》
10	张卫平	烟台大学法学院	8	《北方法学》	202301	《民事执行基本原则:构成要求与体系——以〈民事强制执行法〉的制定为中心》
				《财经法学》	202303	《民事执行根据问题探究》
				《法治研究》	202304	《民事执行法:争点与分析》
				《华东政法大学学报》	202301	《提审:制度机理与演进路向——以法院审级职能定位改革为背景》
				《清华法学》	202305	《防御请求之诉:实体与程序的关联分析——兼论人格权防御请求之诉》
				《清华法学》	202306	《学术问题与学术研究》
				《中国法学》	202306	《"审执分离"本质与路径的再认识》
				《中国政法大学学报》	202302	《论民事执行体制现代化转型》

（续表）

序号	作者	所属单位	文章量（篇）	期刊名称	刊期	文章标题
11	程啸	清华大学法学院	7	《比较法研究》	202302	《论数据安全保护义务》
				《法律科学》	202305	《大型网络平台违反守门人义务的民事责任》
				《法学评论》	202304	《论数据产权登记》
				《国家检察官学院学报》	202305	《论数据权益》
				《华东政法大学学报》	202301	《论个人信息权益》
				《政法论坛》	202306	《个人数据授权机制的民法阐释》
				《中国法律评论》	202301	《论人格权的商业化利用》
12	高圣平	中国人民大学法学院	7	《比较法研究》	202302	《论时间的经过对抵押权行使的影响——基于民法典实施之后的裁判分歧的展开和分析》
				《东方法学》	202301	《论保证人追偿权的发生与行使——基于裁判分歧的展开和分析》
				《法律科学》	202304	《论机动车融资租赁交易的法律构造》
				《法商研究》	202302	《论民法典上保理交易的担保功能》
				《法学评论》	202303	《论民法典上所有权保留买卖交易的担保功能》
				《清华法学》	202301	《论融资租赁交易中出租人的权利救济路径》
				《政法论坛》	202305	《民法典上融资租赁交易的担保功能》

（续表）

序号	作者	所属单位	文章量（篇）	期刊名称	刊期	文章标题
13	何志鹏	吉林大学法学院	7	《北方法学》	202306	《"双碳"目标下气候变化诉讼的人权之维及中国进路》
				《当代法学》	202306	《〈外国国家豁免法〉的司法功能与话语功能》
				《法制与社会发展》	202304	《涉外法治的辩证思维》
				《法治现代化研究》	202306	《涉外法治斗争的战略勇气与战术设计——以应对海外投资法律风险为视角》
				《法治研究》	202303	《论涉外法治的安全维度》
				《中国法律评论》	202302	《全球化、逆全球化、再全球化：中国国际法的全球化理论反思与重塑》
				《中国法学》	202301	《新时代中国国际法理论的发展》
14	李奋飞	中国人民大学法学院	7	《法学杂志》	202305	《证人出庭作证"必要性条款"解释适用研究》
				《法治研究》	202306	《刑事诉讼法"实质法典化"的五大期待》
				《政法论丛》	202302	《不被强迫自证其罪权主体范围的扩展——单位不被强迫自证其罪权研究》
				《政法论坛》	202301	《涉案企业合规刑事诉讼立法争议问题研究》
				《中国法学》	202304	《论涉案企业合规的全流程从宽》
				《中国刑事法杂志》	202304	《涉案企业合规纳入刑事审判的三种模式》
				《中国应用法学》	202303	《认罪认罚量刑建议精准化的检视与改良》

（续表）

序号	作者	所属单位	文章量（篇）	期刊名称	刊期	文章标题
15	李建伟	中国政法大学	7	《法学评论》	202303	《融资性贸易合同的定性及效力规制研究》
				《法治研究》	202303	《商事合同目的解释中举证责任的个案反思》
				《国家检察官学院学报》	202304	《股东查阅会计凭证的公司法修订方案》
				《河北法学》	202309	《公司法强制性规范适用逻辑的个案反思》
				《交大法学》	202305	《论公司社会责任强制性的规范体系建构》
				《政治与法律》	202301	《论公司决议轻微程序瑕疵的司法认定》
				《中国应用法学》	202301	《股东查阅权辅助人制度之立法完善——兼评〈公司法（修订草案）〉"征求意见稿"条款设计之得失》
16	刘仁文	中国社会科学院法学研究所	7	《法学》	202307	《低龄未成年人刑事责任条款的司法适用》
				《法学研究》	202305	《再法典化背景下我国刑法犯罪法律后果体系的完善》
				《法学杂志》	202301	《催收非法债务罪的法益厘清与规范展开》
				《法治研究》	202302	《网络犯罪帮助行为的刑法认定》
				《现代法学》	202304	《再论强化中国刑法学研究的主体性》
				《政治与法律》	202311	《刑事案件并案处理的检视与完善》
				《中国政法大学学报》	202303	《帮助犯因果关系认定的路径选择——以电信网络诈骗犯罪为切入》

（续表）

序号	作者	所属单位	文章量（篇）	期刊名称	刊期	文章标题
17	赵宏	中国政法大学	7	《北方法学》	202305	《网暴案件中的民行刑责任与一体化衔接》
				《比较法研究》	202302	《公共决策适用算法技术的规范分析与实体边界》
				《法学家》	202301	《公法邻人保护中的"考虑要求"》
				《政法论坛》	202302	《妨害公务行为的行政处罚：在规范与现实之间》
				《中国法律评论》	202301	《行政处罚中的违法性认识》
		北京大学法学院		《清华法学》	202306	《从"契约"到"准司法"——国际争端解决的发展进路与WTO争端解决机制改革》
				《中国法律评论》	202302	《新时期国际经贸规则变革的国际法理论问题》
18	陈杭平	清华大学法学院	6	《法律科学》	202302	《论民事诉讼管辖恒定原则》
				《法学研究》	202302	《仲裁协议主观范围理论的重构》
				《法制与社会发展》	202302	《资本"俘获"地方司法了吗？——基于2018—2020年南山法院涉腾讯判决书的分析》
				《法治现代化研究》	202304	《历史视野下的"四级两审制"》
				《中国法学》	202305	《执行价款分配模式转型之辨》
				《中国应用法学》	202301	《论民事执行担保——以完善〈民事强制执行法（草案）〉为中心》
19	陈瑞华	北京大学法学院	6	《比较法研究》	202301	《企业合规整改中的相称性原则》
				《法律科学》	202303	《合规整改中的高层承诺原则》
				《法学论坛》	202302	《合规关联性理论——对企业责任人员合规从宽处理的正当性问题》

（续表）

序号	作者	所属单位	文章量（篇）	期刊名称	刊期	文章标题
				《现代法学》	202301	《轻罪案件附条件不起诉制度研究》
				《政法论坛》	202301	《企业合规整改中的专项合规计划》
				《中国应用法学》	202304	《法院推动企业合规整改的制度模式》
20	高志宏	南京航空航天大学人文与社会科学学院	6	《法学》	202306	《再论消费欺诈行为的构成要件》
				《法学评论》	202302	《大数据时代"知情—同意"机制的实践困境与制度优化》
				《行政法学研究》	202302	《同行监督权的规范构造》
				《政法论丛》	202304	《"双碳"目标下航空碳排放国际规则的中国因应》
				《政法论坛》	202305	《未成年人公益诉讼受案范围:实践扩张、理论逻辑与制度选择》
				《政治与法律》	202312	《非营利性原则抑或公益原则——围绕我国〈慈善法〉第3条、第4条慈善的界定和特质展开》
21	韩大元	中国人民大学法学院	6	《法学评论》	202302	《新时代中国宪法发展的内在规律及其课题——习近平"谱写新时代中国宪法实践新篇章"重要文章的解读》
				《法学研究》	202305	《中国式现代化的宪法逻辑》
				《华东政法大学学报》	202306	《我国宪法非公有制经济规范的变迁与内涵》
				《清华法学》	202306	《〈清华法学〉与清华学术期刊中的宪法学传统》
				《中国法学》	202301	《论我国现行宪法的人民民主原则》
				《中外法学》	202304	《中国宪法学自主知识体系的历史建构》

（续表）

序号	作者	所属单位	文章量（篇）	期刊名称	刊期	文章标题
22	刘宪权	华东政法大学	6	《比较法研究》	202304	《元宇宙空间中数据的分类分级与刑法保护》
				《东方法学》	202301	《元宇宙空间非法获取虚拟财产行为定性的刑法分析》
				《法治研究》	202302	《刑法解释限度的辨析》
				《法治研究》	202305	《网络暴力的刑法规制困境及其解决》
				《现代法学》	202304	《ChatGPT等生成式人工智能的刑事责任问题研究》
				《中国刑事法杂志》	202304	《生成式人工智能对数据法益刑法保护体系的影响》
23	石佳友	中国人民大学法学院	6	《法律科学》	202306	《网络暴力治理中的平台责任》
				《法律适用》	202307	《死后人类辅助生殖生育子女的权益保护》
				《法学评论》	202303	《融资性贸易中名实不符合同效力认定规则之反思》
				《法治研究》	202301	《基因编辑技术的风险应对：伦理治理与法律规制》
				《中国法学》	202303	《人格权编的中国范式与中国式现代化的实现》
				《中国政法大学学报》	202303	《伦理与法律之间的堕胎权争议》
24	时延安	中国人民大学法学院	6	《北方法学》	202306	《涉案企业合规改革中的企业自主权与行政规制问题》
				《法治研究》	202302	《检察机关主导型合规模式中的监督与合作》
				《国家检察官学院学报》	202304	《涉案企业合规改革的政策目标及其实现》
				《政法论坛》	202301	《单位刑事案件合规不起诉的实体条件》

（续表）

序号	作者	所属单位	文章量（篇）	期刊名称	刊期	文章标题
				《中国法学》	202301	《民刑关系问题重述：基于义务违反的视角》
				《中国刑事法杂志》	202302	《中国刑法的宪法根据及其约束力》
25	孙晋	武汉大学法学院	6	《财经法学》	202301	《公平竞争原则下数字平台治理的规则补正》
				《法律适用》	202304	《消费者数据隐私损害的反垄断司法救济及路径拓展》
				《法治现代化研究》	202306	《ChatGPT 对数据合规的风险叠加及法律因应》
				《华东政法大学学报》	202301	《互联网金融平台传统监管的局限与法治化改革》
				《科技与法律》	202301	《数字垄断协议的反垄断法甄别及其规制》
				《中国法律评论》	202303	《数字经济时代反不正当竞争规则的守正与创新——以〈反不正当竞争法〉第三次修订为中心》
26	吴英姿	南京师范大学法学院	6	《法治现代化研究》	202304	《迈向"定制的正义"：民事诉讼程序简化的未来》
				《清华法学》	202305	《论生态环境损害赔偿磋商协议的司法确认》
				《现代法学》	202302	《论保全错误的程序法解释》
				《政治与法律》	202303	《论执行裁决权运行的正当程序——以〈民事强制执行法（草案）〉为对象的讨论》
		南京大学法学院		《法商研究》	202302	《我国应诉管辖的法理重述——从"默示/推定协议解释论"批判开始》
				《法制与社会发展》	202302	《论"确权型"案件的正当程序——略式程序的法理与规则》

(续表)

序号	作者	所属单位	文章量(篇)	期刊名称	刊期	文章标题
27	杨立新	广东财经大学法学院	6	《法律科学》	202302	《股权和其他投资权的民法保护方法》
				《法律适用》	202302	《定期合同期限默示更新规则的通用性与类推适用》
				《法律适用》	202307	《自然人死后人工辅助生殖技术所生子女享有抚养来源丧失损害赔偿请求权——(2022)豫12民初56号民事判决释评》
				《法学论坛》	202306	《相得益彰:民法典司法解释的制定与完善》
				《河北法学》	202304	《乌克兰侵权法对我国侵权法适用的参考价值》
				《河南财经政法大学学报》	202306	《〈民法典〉规定文学艺术作品侵害名誉权责任的基础与实际应用——兼论歌曲〈罗刹海市〉能否构成侵害他人名誉权》
28	周光权	清华大学法学院	6	《比较法研究》	202306	《我国刑法中终身监禁的合宪性改进》
				《法律适用》	202311	《担保真实足额与骗取贷款罪的界限——从两起涉民营企业保护刑事再审典型案例出发》
				《法商研究》	202301	《刑法"创造性解释"的司法现状与控制路径》
				《清华法学》	202306	《为建构中国法学自主知识体系贡献力量——贺〈清华法学〉出刊100期》
				《现代法学》	202302	《权利行使与财产犯罪:实践分析和逻辑展开》
				《中国法律评论》	202304	《财产犯罪:刑法对民法的从属与变通》

（续表）

序号	作者	所属单位	文章量（篇）	期刊名称	刊期	文章标题
29	左卫民	四川大学法学院	6	《法律科学》	202303	《迈向数字诉讼法：一种新趋势?》
				《法学论坛》	202302	《迈向新型的检察官司法? 反思公诉权变迁》
				《法学评论》	202304	《通过技术规训司法：进步与挑战》
				《法学研究》	202303	《拼图抑或印证：中国刑事法官事实认定的实践检视》
				《华东政法大学学报》	202306	《刑事诉讼现代化：历史与未来》
				《清华法学》	202303	《何处寻觅刑事诉讼的中国知识：打造自主知识体系的若干思考》
30	卞建林	深圳大学法学院	5	《当代法学》	202303	《排除非法证据的制度反思》
				《国家检察官学院学报》	202306	《刑事诉讼法与个人信息保护法的衔接》
				《华东政法大学学报》	202305	《论数字检察改革》
				《政治与法律》	202306	《企业刑事合规程序的立法思考》
				《中国刑事法杂志》	202301	《中国式刑事司法现代化的愿景》
31	陈兵	南开大学法学院	5	《法学》	202310	《因应数据要素市场化配置全周期治理的挑战》
				《法治现代化研究》	202306	《国家级数据交易平台建设的法治方向及架构——以〈数据二十条〉为中心的解读》
				《法治研究》	202302	《数字企业数据跨境流动合规治理法治化进路》
				《知识产权》	202308	《通用人工智能创新发展带来的风险挑战及其法治应对》

（续表）

序号	作者	所属单位	文章量（篇）	期刊名称	刊期	文章标题
				《中国应用法学》	202304	《促进生成式人工智能规范发展的法治考量及实践架构——兼评〈生成式人工智能服务管理暂行办法〉相关条款》
32	崔建远	清华大学法学院	5	《法学家》	202301	《论机会利益的损害赔偿》
				《法学杂志》	202306	《先期违约规则:比较、借鉴与整合》
				《法治研究》	202304	《论强制履行》
				《政法论坛》	202301	《第三人的原因造成违约时的责任分配论》
				《中国法律评论》	202306	《合同解释与合同订立之司法解释及其评论》
33	郭旨龙	中国政法大学	5	《法制与社会发展》	202304	《信息理论视角下的数字财产及其刑法保护》
				《国家检察官学院学报》	202304	《计算机犯罪的时代更新》
				《环球法律评论》	202304	《通信记录数据调取的合比例性》
				《政治与法律》	202305	《侵犯虚拟货币刑法定性的三层秩序观——从司法秩序、法秩序到数字经济秩序》
				《中国刑事法杂志》	202306	《极端言论的犯罪化:从伤害原则到冒犯原则》
34	何荣功	武汉大学法学院	5	《法律适用》	202311	《刑事争议案件的分析方法》
				《法学评论》	202303	《洗钱罪司法适用的观察、探讨与反思》
				《交大法学》	202301	《民事欺诈与刑事诈骗的类型化区分》
				《中国应用法学》	202306	《〈全国法院毒品案件审判工作会议纪要〉若干重点问题的理解》
				《中外法学》	202304	《轻罪立法的实践悖论与法理反思》

（续表）

序号	作者	所属单位	文章量（篇）	期刊名称	刊期	文章标题
35	黄文艺	中国人民大学法学院	5	《法学家》	202302	《论构建中国特色、世界一流的法学学科体系》
				《法制与社会发展》	202303	《论习近平法治思想中的法学教育理论》
				《法治研究》	202302	《论习近平法治思想的"大法治观"》
				《清华法学》	202306	《中国法学期刊高质量发展趋势分析》
				《行政法学研究》	202301	《习近平法治思想中的政法理论述要》
36	雷磊	中国政法大学	5	《法律科学》	202304	《法教义学之内的社会科学：意义与限度》
				《法学》	202309	《ChatGPT 对法律人主体性的挑战》
				《法学研究》	202301	《社会主义核心价值观融入司法裁判的方法论反思》
				《法制与社会发展》	202302	《法典化的三重视角》
				《中国法学》	202301	《新科技时代的法学基本范畴：挑战与回应》
37	刘斌	中国政法大学	5	《财经法学》	202302	《安慰函的法律构造与规范进路》
				《法律科学》	202301	《董事会权力的失焦与矫正》
				《法律适用》	202301	《中国公司法语境下的不公平损害救济》
				《法学家》	202302	《担保物权委托持有的法律结构》
				《河南财经政法大学学报》	202304	《公司规模的区分价值与应然标准》

（续表）

序号	作者	所属单位	文章量（篇）	期刊名称	刊期	文章标题
38	罗翔	中国政法大学	5	《比较法研究》	202302	《论人脸识别刑法规制的限度与适用——以侵犯公民个人信息罪指导案例为切入》
				《甘肃政法大学学报》	202306	《沈家本思想与当代重刑主义思潮的检讨性反思》
				《政法论坛》	202305	《犯罪附随性制裁制度的废除》
				《中国法律评论》	202303	《自然犯视野下的侵犯公民个人信息罪》
				《中国刑事法杂志》	202303	《论刑法中的补正解释——以拐卖犯罪为展开》
39	孙道萃	中国政法大学	5	《法学杂志》	202306	《网络犯罪时代刑法行为理论研究》
				《环球法律评论》	202301	《从传统犯罪到网络犯罪：业务犯罪的法理与立法反思》
				《政法论坛》	202306	《微罪体系的构建：从依附向独立》
				《中国应用法学》	202305	《网络暴力犯罪：一个刑法的规范分析》
				《中外法学》	202304	《政策出罪的法理表述与完善逻辑》
40	王雷	中国人民大学法学院	5	《财经法学》	202303	《非典型合同和典型合同中的参照适用》
				《当代法学》	202304	《非合同之债对合同之债有关规定的参照适用》
				《法学杂志》	202306	《〈民法典〉婚姻家庭编适用衔接问题研究》
				《现代法学》	202302	《民法典中参照适用条款的方法论意义》
		中国政法大学		《中国法学》	202301	《民事案件事实形成中的方法论命题》

（续表）

序号	作者	所属单位	文章量（篇）	期刊名称	刊期	文章标题
41	王立民	华东政法大学	5	《当代法学》	202305	《辛亥革命时期中国租界法制之变化与反思》
				《法学》	202304	《成文法:中国租界法制的一个共性》
				《法治现代化研究》	202305	《中国式现代化的重要侧面:新中国民法典编纂若干重要问题》
				《清华法学》	202302	《领事公堂性质辨正》
				《政治与法律》	202303	《传承中华优秀传统法律文化视野下的中华法系》
42	王迁	华东政法大学	5	《东方法学》	202301	《论 NFT 数字作品交易的法律定性》
				《法学》	202305	《论〈著作权法〉中"署名推定"的适用》
				《法学研究》	202302	《许可权抑或禁止权:广播组织权的权能研究》
				《政法论坛》	202304	《再论人工智能生成的内容在著作权法中的定性》
				《知识产权》	202309	《〈专利法〉保护图形用户界面外观设计的界限——兼评金山诉萌家案》
43	吴泽勇	华东师范大学法学院	5	《当代法学》	202301	《网络服务提供者帮助侵权责任诉讼的证明责任问题》
				《地方立法研究》	202304	《个人信息泄露侵权的证明责任问题——以不明第三人侵权为中心》
				《东方法学》	202305	《论环境侵权诉讼中证明责任倒置的实现》
				《法商研究》	202301	《买卖合同标的物瑕疵的证明责任——以买受人通知义务为中心》
				《现代法学》	202305	《表见代理的证明责任问题》

(续表)

序号	作者	所属单位	文章量(篇)	期刊名称	刊期	文章标题
44	武亦文	武汉大学法学院	5	《当代法学》	202305	《中国式现代化背景下长期护理社会保险制度的法治实现》
				《法商研究》	202306	《健康法的基本建构与体系展开》
				《法学家》	202303	《〈民法典〉第 423 条(最高额抵押权担保债权的确定)评注》
				《法学评论》	202302	《统合视角下我国长期护理保险给付的规则形塑与制度建构》
				《中国应用法学》	202304	《〈民法典〉第 1224 条(医疗机构免责情形)评注》
45	谢登科	吉林大学法学院	5	《法律科学》	202305	《网络暴力犯罪的公私协同治理模式》
				《法学论坛》	202301	《个人信息跨境提供中的企业合规》
				《法制与社会发展》	202301	《在线诉讼中证人出庭作证的场域变革与制度发展》
				《中国应用法学》	202305	《论审判阶段刑事合规》
				《中国政法大学学报》	202306	《人工智能驱动数字检察的挑战与变革》
46	解志勇	中国政法大学	5	《比较法研究》	202301	《数字法治政府构建的四个面向及其实现》
				《法律科学》	202303	《行政法上企业合规治理制度体系的建构思路》
				《行政法学研究》	202305	《企业合规在行政执法和解中的导入研究》
				《中国应用法学》	202304	《审判中的企业合规:适用场景及其程序设计》
				《中国政法大学学报》	202303	《人类基因增强的生命伦理法规制进路》

（续表）

序号	作者	所属单位	文章量（篇）	期刊名称	刊期	文章标题
47	喻海松	最高人民法院	5	《法律科学》	202305	《刑事一体化视野下网络暴力的规制模式》
				《法学》	202302	《〈刑法修正案（十一）〉后时代药品犯罪圈的重置》
				《法学杂志》	202305	《数据犯罪刑法规制模式的现状评析与未来展望》
				《政法论坛》	202301	《立法与司法交互视域下网络犯罪规制路径总置评》
				《政治与法律》	202303	《偷渡犯罪刑法规制的理念调适与实务展开——以〈关于依法惩治妨害国（边）境管理违法犯罪的意见〉为中心》
48	张守文	北京大学法学院	5	《法学杂志》	202305	《"破旧立新"：改革试验区建设的法治问题》
				《现代法学》	202301	《经济法的立法路径选择》
				《政法论丛》	202302	《增值税改革与立法的法治逻辑》
				《政法论坛》	202302	《数字经济发展的经济法理论因应》
				《中国法律评论》	202306	《数据行为的经济法规制》
49	张文显	吉林大学法学院	5	《当代法学》	202305	《马克思主义法治思想中国化时代化的重大成果——党的二十大报告对习近平法治思想的创新发展》
				《东方法学》	202306	《中华法系的独特性及其三维构造》
				《法学家》	202302	《论建构中国自主法学知识体系》
				《法制与社会发展》	202301	《全面推进中国特色社会主义法治体系更加完善》
				《中国法律评论》	202301	《论在法治轨道上全面建设社会主义现代化国家》

（续表）

序号	作者	所属单位	文章量（篇）	期刊名称	刊期	文章标题
50	周佑勇	中共中央党校(国家行政学院)	5	《法学评论》	202301	《系统、规范与创新:行政法典编纂的立法技术》
				《行政法学研究》	202301	《健全行政裁量基准的新使命新任务》
				《中国法律评论》	202301	《党政联合发文备案审查的法治监督逻辑与机制完善》
				《中国法学》	202301	《大变局下中国式民主的制度优势与宪法保障》
				《中国应用法学》	202306	《以"六个必须坚持"不断开辟马克思主义法治理论中国化时代化新境界》
总计	50 位			326 篇		

从 50 位高产作者的职称/职务来看,有教授 43 位,副教授 4 位,研究员 2 位,处长 1 位。从 50 位高产作者所属单位的地域分布来看,高产作者主要集中在北京地区,有 31 位,占比 62%,相较 2022 年度(北京地区作者 26 位,占比 52%)有所上升;上海和武汉地区高产作者合计 8 位,占比 16%,相较 2022 年度(上海和武汉地区高产作者合计 15 位,占比 30.0%)下降明显;长春地区高产作者依然是 3 位,与 2022 年度保持一致。

如图 7 所示,从 50 位高产作者的文章量上看,相较 2022 年度(51 位高产作者),有 21 位作者在 2023 年度稳居高产作者之列。[1] 与 2022 年度的文章量相比,有 9 位作者的文章量有所上升,其中刘艳红教授、姜涛教授、何志鹏教授文章量各增加 2 篇;王利明教授、江必新教授、张明楷教授、丁晓东教授、程啸教授、陈瑞华教授文章量各增加 1 篇。雷磊教授、谢登科教授的文章量与 2022 年度一致。

通过对 50 位高产作者的 326 篇文章的来源期刊进行统计,如表 7 所示,刊载文章量在 15 篇及 15 篇以上的期刊有 4 家,分别是《政法论坛》《法律科学》《法学评论》《中国应用法学》。文章量在 10—14 篇的期刊有 12 家,分别是《现代法学》《中国法律评论》《法制与社会发展》《法治研究》《比较法研究》《清华法学》《法律适用》

---

〔1〕 21 位高产作者分别为:陈瑞华、陈兴良、程啸、崔建远、丁晓东、何志鹏、黄文艺、江必新、姜涛、雷磊、刘俊海、刘宪权、刘艳红、王利明、谢登科、杨立新、张明楷、张守文、张卫平、周光权、左卫民。

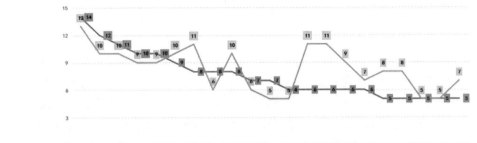

图 7　2022—2023 年 21 位高产作者年度文章量变化情况

（按照 2023 年度作者文章量降序排序，文章量相同的按照姓名拼音排序）

《法学》《中国法学》《法学杂志》《政治与法律》《中国刑事法杂志》。文章量在 5—9 篇的期刊 15 家，文章量在 4 篇以下的期刊有 9 家。

表 7　45 家法学核心期刊刊载 50 位高产作者文章情况（2023.01.01—2023.12.31）

（按照文章量排序，文章量相同的按照期刊名称拼音排序）

序号	文章量（篇）	期刊数量（家）	期刊名称／文章量（篇）
1	≥15	4	《政法论坛》/19 篇、《法律科学》/17 篇、《法学评论》/15 篇、《中国应用法学》/15 篇
2	10—14	12	《现代法学》/14 篇、《中国法律评论》/14 篇、《法制与社会发展》/13 篇、《法治研究》/13 篇、《比较法研究》/12 篇、《清华法学》/12 篇、《法律适用》/11 篇、《法学》/11 篇、《中国法学》/11 篇、《法学杂志》/10 篇、《政治与法律》/10 篇、《中国刑事法杂志》/10 篇
3	5—9	15	《当代法学》/9 篇、《东方法学》/9 篇、《法学研究》/9 篇、《华东政法大学学报》/9 篇、《法商研究》/8 篇、《法学论坛》/8 篇、《法治现代化研究》/7 篇、《法学家》/6 篇、《国家检察官学院学报》/6 篇、《行政法学研究》/6 篇、《北方法学》/5 篇、《财经法学》/5 篇、《政法论丛》/5 篇、《中国政法大学学报》/5 篇、《中外法学》/5 篇
4	1—4	9	《河北法学》/3 篇、《环球法律评论》/3 篇、《交大法学》/3 篇、《河南财经政法大学学报》/2 篇、《知识产权》/2 篇、《地方立法研究》/1 篇、《甘肃政法大学学报》/1 篇、《科技与法律》/1 篇、《中国社会科学》（法学文章）/1 篇
总计		40	326

（二）45 家法学核心期刊刊发副教授、博士研究生、讲师等作者文章的数量呈上升趋势

通过对 45 家法学核心期刊 2023 年度总发文量 3677 篇文章中 2565 位作者的职称/职务和学历情况进行统计,如图 8 所示,教授 894 位,文章量 1597 篇,相较 2022 年度(教授 884 位,文章量 1557 篇),作者数量和文章量有所上升。副教授、博士研究生、讲师、研究员、助理研究员、博士后研究人员、副研究员、法官和助理教授共 1470 位,文章量 1846 篇。相较 2022 年度,副教授、博士研究生、讲师、研究员、助理研究员在作者数量和文章量上均有所上升;博士后研究人员、副研究员、法官和助理教授在作者数量和文章量上略有波动。为体现核心期刊对青年学者的支持,本报告重点研究除教授外以下九类 1470 位作者的发展情况,包括副教授 471 位,文章量 648 篇;博士研究生 377 位,文章量 413 篇;讲师 280 位,文章量 351 篇;研究员 79 位,文章量 120 篇;助理研究员 81 位,文章量 92 篇;博士后研究人员 59 位,文章量 68 篇;副研究员 47 位,文章量 58 篇;法官 42 位,文章量 48 篇;助理教授 34 位,文章量 48 篇。

通过对 2023 年度 45 家法学核心期刊的作者进行统计分析,相较 2022 年度 41 家法学核心期刊,副教授 471 位,比 2022 年度增加 15 位;文章量 648 篇,比 2022 年度增加 44 篇。博士研究生 377 位,比 2022 年度增加 8 位;文章量 413 篇,比 2022 年度文章量增加 14 篇。讲师 280 位,比 2022 年度增加 55 位;文章量 351 篇,比 2022 年度增加 80 篇。研究员 79 位,比 2022 年度增加 14 位;文章量 120 篇,比 2022 年度增加 26 篇。助理研究员 81 位,比 2022 年度增加 28 位;文章量 92 篇,比 2022 年度增加 27 篇。博士后研究人员 59 位,比 2022 年度增加 1 位;文章量 68 篇,比 2022 年度减少 7 篇。副研究员 47 位,比 2022 年度减少 2 位;文章量 58 篇,比 2022 年度增加 1 篇。法官 42 位,比 2022 年度减少 2 位;文章量 48 篇,比 2022 年度减少 5 篇。助理教授 34 位,比 2022 年度减少 13 位;文章量 48 篇,比 2022 年度减少 17 篇。

从刊载文章量来看,如表 8 所示,45 家法学核心期刊均刊载了作者为副教授的文章,文章量在 20 篇以上的期刊有《法学》《政治与法律》《中外法学》《法商研究》《环球法律评论》等 9 家,其中《法学》最多,有 46 篇,《政治与法律》《中外法学》均为 29 篇。有 37 家法学核心期刊刊载了作者为博士研究生的文章,文章量在 15 篇以上的期刊有《甘肃政法大学学报》《河南财经政法大学学报》《交大法学》《财经法学》《科技与法律》等 10 家,其中《甘肃政法大学学报》最多,有 37 篇,《河南财经政法大学学报》次之,为 35 篇。有 44 家法学核心期刊刊载了作者为讲师的文章,文章量在 10 篇以上的期刊有《河北法学》《河南财经政法大学学报》

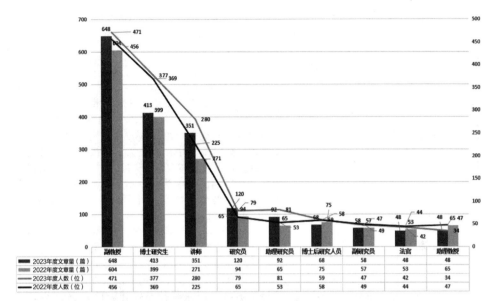

	副教授	博士研究生	讲师	研究员	助理研究员	博士后研究人员	副研究员	法官	助理教授
■ 2023年度文章量（篇）	648	413	351	120	92	68	58	48	48
■ 2022年度文章量（篇）	604	399	271	94	65	75	57	53	65
2023年度人数（位）	471	377	280	79	81	59	47	42	34
2022年度人数（位）	456	369	225	65	53	58	49	44	47

图 8　副教授、博士研究生、讲师、研究员等人数和文章量年度变化情况

《法制与社会发展》《行政法学研究》《北方法学》等 18 家,其中《河北法学》最多,有 21 篇。有 35 家法学核心期刊刊载了作者为研究员的文章,文章量在 4 篇以上的期刊有《法律适用》《国家检察官学院学报》《知识产权》《法学》《政治与法律》等 16 家,其中《法律适用》最多,有 12 篇。有法学核心 35 家法学核心期刊刊载了作者为助理研究员的文章,文章量在 4 篇以上的期刊有《政治与法律》《环球法律评论》《法学》《法学家》《中外法学》等 8 家,其中《政治与法律》最多,有 10 篇。有 32 家法学核心期刊刊载了作者为博士后研究人员的文章,文章量在 4 篇以上的期刊有 5 家,分别是《法学》《比较法研究》《法学家》《华东政法大学学报》《环球法律评论》,其中《法学》最多,有 8 篇。有 32 家法学核心期刊刊载了作者为副研究员的文章,文章量在 3 篇以上的期刊有 4 家,分别是《政治与法律》《比较法研究》《环球法律评论》《行政法学研究》,其中《政治与法律》最多,有 6 篇。有 14 家法学核心期刊刊载了作者为法官的文章,文章量在 3 篇以上的有 3 家,分别是《法律适用》《中国应用法学》《法治现代化研究》,其中《法律适用》因刊物特性文章量最多,有 26 篇。有 31 家法学核心期刊刊载了作者为助理教授的文章,文章量在 3 篇以上的期刊有 4 家,分别是《法治现代化研究》《环球法律评论》《法学家》《中外法学》,其中《法治现代化研究》和《环球法律评论》最多,均为 4 篇。

表 8 45 家法学核心期刊 9 类作者发文情况(2023.01.01—2023.12.31)

(按职称的文章量降序排列,文章量相同的按照期刊名称拼音排序)

序号	类别	人数(位)	文章量(篇)	期刊名称/文章量(篇)
1	副教授	471	648	《法学》/46 篇、《政治与法律》/29 篇、《中外法学》/29 篇、《法商研究》/26 篇、《环球法律评论》/24 篇、《当代法学》/22 篇、《法学家》/21 篇、《中国法学》/21 篇、《政法论坛》/20 篇、《法律适用》/19 篇、《法学评论》/19 篇、《中国政法大学学报》/19 篇、《法治现代化研究》/17 篇、《东方法学》/16 篇、《法律科学》/15 篇、《法学论坛》/15 篇、《法学研究》/15 篇、《清华法学》/15 篇、《中国法律评论》/15 篇、《河南财经政法大学学报》/14 篇、《现代法学》/14 篇、《北方法学》/13 篇、《比较法研究》/13 篇、《河北法学》/13 篇、《华东政法大学学报》/13 篇、《政法论丛》/13 篇、《法制与社会发展》/12 篇、《地方立法研究》/11 篇、《中国刑事法杂志》/11 篇、《财经法学》/10 篇、《科技与法律》/10 篇、《知识产权》/10 篇、《国家检察官学院学报》/9 篇、《苏州大学学报(法学版)》/9 篇、《武大国际法评论》/9 篇、《法治研究》/8 篇、《国际法研究》/8 篇、《行政法学研究》/8 篇、《南大法学》/7 篇、《中国海商法研究》/7 篇、《法学杂志》/6 篇、《中国应用法学》/6 篇、《甘肃政法大学学报》/5 篇、《交大法学》/5 篇、《中国社会科学》(法学文章)/1 篇
2	博士研究生	377	413	《甘肃政法大学学报》/37 篇、《河南财经政法大学学报》/35 篇、《交大法学》/27 篇、《财经法学》/26 篇、《科技与法律》/26 篇、《南大法学》/26 篇、《法律适用》/24 篇、《中国政法大学学报》/22 篇、《河北法学》/19 篇、《华东政法大学学报》/15 篇、《苏州大学学报(法学版)》/14 篇、《东方法学》/13 篇、《法制与社会发展》/11 篇、《行政法学研究》/11 篇、《中国法律评论》/10 篇、《国际法研究》/9 篇、《武大国际法评论》/9 篇、《北方法学》/8 篇、《法学》/8 篇、《法学论坛》/7 篇、《地方立法研究》/6 篇、《法治研究》/6 篇、《知识产权》/6 篇、《法学家》/5 篇、《现代法学》/5 篇、《法律科学》/4 篇、《法学评论》/4 篇、《中外法学》/3 篇、《比较法研究》/2 篇、《当代法学》/2 篇、《法商研究》/2 篇、《法学杂志》/2 篇、《法治现代化研究》/2 篇、《国家检察官学院学报》/2 篇、《中国刑事法杂志》/2 篇、《中国应用法学》/2 篇、《法学研究》/1 篇

（续表）

序号	类别	人数（位）	文章量（篇）	期刊名称/文章量（篇）
3	讲师	280	351	《河北法学》/21篇、《河南财经政法大学学报》/17篇、《法制与社会发展》/16篇、《行政法学研究》/15篇、《北方法学》/14篇、《财经法学》/13篇、《环球法律评论》/13篇、《法商研究》/12篇、《中国海商法研究》/12篇、《清华法学》/11篇、《政治与法律》/11篇、《中国政法大学学报》/11篇、《当代法学》/10篇、《地方立法研究》/10篇、《法学》/10篇、《法学家》/10篇、《华东政法大学学报》/10篇、《南大法学》/10篇、《法学评论》/9篇、《科技与法律》/9篇、《甘肃政法大学学报》/8篇、《现代法学》/8篇、《东方法学》/7篇、《法律适用》/7篇、《法治现代化研究》/7篇、《法学论坛》/6篇、《政法论坛》/6篇、《中外法学》/6篇、《交大法学》/5篇、《比较法研究》/4篇、《法律科学》/4篇、《法治研究》/4篇、《国际法研究》/4篇、《苏州大学学报（法学版）》/4篇、《知识产权》/4篇、《中国法律评论》/4篇、《中国刑事法杂志》/4篇、《中国应用法学》/4篇、《法学研究》/3篇、《武大国际法评论》/3篇、《国家检察官学院学报》/2篇、《法学杂志》/1篇、《政法论丛》/1篇、《中国法学》/1篇
4	研究员	79	120	《法律适用》/12篇、《国家检察官学院学报》/7篇、《知识产权》/7篇、《法学》/6篇、《政治与法律》/6篇、《中外法学》/6篇、《法治研究》/5篇、《国际法研究》/5篇、《法学论坛》/4篇、《法学研究》/4篇、《法学杂志》/4篇、《法治现代化研究》/4篇、《华东政法大学学报》/4篇、《政法论坛》/4篇、《中国法学》/4篇、《中国应用法学》/4篇、《法学评论》/3篇、《现代法学》/3篇、《政法论丛》/3篇、《中国政法人学学报》/3篇、《当代法学》/2篇、《法律科学》/2篇、《法商研究》/2篇、《法学家》/2篇、《法制与社会发展》/2篇、《河北法学》/2篇、《清华法学》/2篇、《比较法研究》/1篇、《财经法学》/1篇、《东方法学》/1篇、《环球法律评论》/1篇、《科技与法律》/1篇、《苏州大学学报（法学版）》/1篇、《中国法律评论》/1篇、《中国社会科学》（法学文章）/1篇

（续表）

序号	类别	人数（位）	文章量（篇）	期刊名称/文章量（篇）
5	助理研究员	81	92	《政治与法律》/10 篇、《环球法律评论》/7 篇、《法学》/5 篇、《法学家》/5 篇、《中外法学》/5 篇、《北方法学》/4 篇、《财经法学》/4 篇、《武大国际法评论》/4 篇、《华东政法大学学报》/3 篇、《科技与法律》/3 篇、《行政法学研究》/3 篇、《知识产权》/3 篇、《中国海商法研究》/3 篇、《比较法研究》/2 篇、《东方法学》/2 篇、《法律科学》/2 篇、《法商研究》/2 篇、《法学研究》/2 篇、《甘肃政法大学学报》/2 篇、《河北法学》/2 篇、《南大法学》/2 篇、《政法论坛》/2 篇、《中国刑事法杂志》/2 篇、《中国应用法学》/2 篇、《当代法学》/1 篇、《地方立法研究》/1 篇、《法律适用》/1 篇、《法学论坛》/1 篇、《法制与社会发展》/1 篇、《国际法研究》/1 篇、《交大法学》/1 篇、《清华法学》/1 篇、《苏州大学学报(法学版)》/1 篇、《中国法律评论》/1 篇、《中国政法大学学报》/1 篇
6	博士后研究人员	59	68	《法学》/8 篇、《比较法研究》/5 篇、《法学家》/4 篇、《华东政法大学学报》/4 篇、《环球法律评论》/4 篇、《北方法学》/3 篇、《法商研究》/3 篇、《法治现代化研究》/3 篇、《交大法学》/3 篇、《政治与法律》/3 篇、《法学论坛》/2 篇、《法制与社会发展》/2 篇、《河南财经政法大学学报》/2 篇、《清华法学》/2 篇、《政法论丛》/2 篇、《中国法律评论》/2 篇、《财经法学》/1 篇、《当代法学》/1 篇、《地方立法研究》/1 篇、《法律科学》/1 篇、《法学评论》/1 篇、《法学研究》/1 篇、《法治研究》/1 篇、《甘肃政法大学学报》/1 篇、《国家检察官学院学报》/1 篇、《武大国际法评论》/1 篇、《行政法学研究》/1 篇、《政法论坛》/1 篇、《中国刑事法杂志》/1 篇、《中国应用法学》/1 篇、《中国政法大学学报》/1 篇、《中外法学》/1 篇
7	副研究员	47	58	《政治与法律》/6 篇、《比较法研究》/3 篇、《环球法律评论》/3 篇、《行政法学研究》/3 篇、《财经法学》/2 篇、《东方法学》/2 篇、《法律适用》/2 篇、《法学》/2 篇、《法学论坛》/2 篇、《法学研究》/2 篇、《法学杂志》/2 篇、《法治现代化研究》/2 篇、《国际法研究》/2 篇、《华东政法大学学报》/2 篇、

（续表）

序号	类别	人数（位）	文章量（篇）	期刊名称/文章量（篇）
				《交大法学》/2 篇、《南大法学》/2 篇、《知识产权》/2 篇、《中国刑事法杂志》/2 篇、《中外法学》/2 篇、《地方立法研究》/1 篇、《法商研究》/1 篇、《法学家》/1 篇、《法学评论》/1 篇、《法制与社会发展》/1 篇、《国家检察官学院学报》/1 篇、《河北法学》/1 篇、《清华法学》/1 篇、《苏州大学学报（法学版）》/1 篇、《政法论丛》/1 篇、《中国法律评论》/1 篇、《中国法学》/1 篇、《中国政法大学学报》/1 篇
8	法官	42	48	《法律适用》/26 篇、《中国应用法学》/5 篇、《法治现代化研究》/3 篇、《武大国际法评论》/2 篇、《知识产权》/2 篇、《中国法律评论》/2 篇、《财经法学》/1 篇、《法商研究》/1 篇、《法学家》/1 篇、《国际法研究》/1 篇、《河南财经政法大学学报》/1 篇、《科技与法律》/1 篇、《中国海商法研究》/1 篇、《中外法学》/1 篇
9	助理教授	34	48	《法治现代化研究》/4 篇、《环球法律评论》/4 篇、《法学家》/3 篇、《中外法学》/3 篇、《法学》/2 篇、《法治研究》/2 篇、《国际法研究》/2 篇、《清华法学》/2 篇、《政治与法律》/2 篇、《中国法学》/2 篇、《中国政法大学学报》/2 篇、《北方法学》/1 篇、《比较法研究》/1 篇、《财经法学》/1 篇、《地方立法研究》/1 篇、《法律适用》/1 篇、《法学评论》/1 篇、《法学杂志》/1 篇、《法制与社会发展》/1 篇、《河北法学》/1 篇、《华东政法大学学报》/1 篇、《交大法学》/1 篇、《科技与法律》/1 篇、《南大法学》/1 篇、《苏州大学学报（法学版）》/1 篇、《现代法学》/1 篇、《行政法学研究》/1 篇、《政法论丛》/1 篇、《知识产权》/1 篇、《中国法律评论》/1 篇、《中国刑事法杂志》/1 篇
总计		1470	1846	—

五、45 家法学核心期刊 2023 年度研究机构分析

（一）研究机构共计 438 家，发文量在 30 篇以上的研究机构有 23 家

2023 年度，45 家法学核心期刊共发文 3677 篇，研究机构共计 438 家。如表 9 所

示,其中发文量在 30 篇以上的研究机构共 23 家,发文量 2139 篇,总占比 58.2%。发文量在 200 篇以上的研究机构有 2 家,分别是中国政法大学、中国人民大学法学院。发文量在 100—199 篇之间的研究机构有 5 家,分别是华东政法大学、武汉大学法学院、北京大学法学院、清华大学法学院和西南政法大学。发文量在 50—99 篇之间的研究机构有 7 家,分别是中南财经政法大学、上海交通大学凯原法学院、中国社会科学院、吉林大学法学院、南京大学法学院、最高人民法院和浙江大学光华法学院。发文量在 30—49 篇之间的研究机构有 9 家。

表 9　45 家法学核心期刊发文量 30 篇以上的研究机构情况(2023.01.01—2023.12.31)
(按发文量降序排序,发文量相同的按研究机构名称拼音排序,作者列按作者姓名拼音排序)

序号	研究机构	发文量 (篇)	作者
1	中国政法大学	330	安晋城、鲍文强、宾岳成、蔡嘉炜、蔡宇姬、蔡元培、曹明德、曹巧峤、陈东阳、陈光中、陈锦波、陈苏豪、陈文聪、陈夏红、陈煜、陈姿君、迟颖、褚福民、褚婧一、褚宁、戴孟勇、董林涛、樊崇义、范明志、范怡倩、丰怡凯、冯晓青、傅蕾、高家伟、高健军、高郵梅、高尚、高祥、耿利航、顾永忠、郭成伟、郭烁、郭旨龙、韩梅、郝安琪、胡静、胡梦瑶、胡明、胡思博、胡晓进、扈芳琼、黄健、黄进、纪格非、焦海涛、焦洪昌、金晶、金天爱、柯勇敏、孔庆江、雷磊、冷新宇、李爱君、李本森、李大朋、李鼎中、李东方、李怀胜、李建伟、李曙光、李松锋、李卫海、李小猛、李晓辉、李雪梅、李扬、李永军、李月、林华、林家睿、林静、蔺庆春、刘斌、刘承韪、刘东辉、刘飞、刘慧、刘静、刘静坤、刘君博、刘磊、刘平、刘少军、刘双阳、刘文杰、刘雅玲、刘艳红、刘艺、刘子赫、罗冠男、罗翔、罗智敏、吕忠梅、马更新、马怀德、马腾飞、孟婕、米莉、缪宇、倪朝、欧元捷、潘文博、邱星美、曲新久、任泽宇、阮晨欣、阮建华、申海恩、沈伟伟、沈韵、施鹏鹏、时建中、史明洲、苏洁澈、孙道萃、孙海波、孙嘉奇、孙跃元、覃榆翔、谭秋桂、谭天枢、陶乾、汪海燕、汪政、王雷、王磊、王理万、王青斌、王世柱、王万华、王显勇、王学深、王迎龙、王由海、王毓莹、王贞会、王植、王志远、卫跃宁、翁明杰、奚哲涵、夏江皓、夏伟、谢立斌、谢澍、解志勇、徐凤、徐瀚冬、许身健、许燕、许志华、薛洁、杨利华、杨幸芳、杨秀清、杨绪峰、印波、于冲、于飞、喻中、苑宁宁、曾文科、翟远见、张法连、张红哲、张晋藩、张丽英、张凌寒、张硕、张涛、张新、张学府、张艺君、张肇廷、赵宝玉、赵宏、赵晶、赵鹏、赵伟中、赵雪爽、赵一单、郑佳宁、郑玉双、周陈、周俊彦、周维平、周玉超、朱利江、朱晓娟、庄诗岳、邹学庚

（续表）

序号	研究机构	发文量（篇）	作者
2	中国人民大学法学院	220	安晨曦、敖博、白睿成、蔡桂生、蔡蔚然、曹权之、曹炜、陈洁、陈景辉、陈卫东、陈璇、陈诣文、成亮、程皓楠、程雷、崔鲲鹏、丁庭威、丁晓东、段沁、范洁、冯玉军、付立庆、付一耀、高泓、高圣平、郭丰璐、郭谭浩、韩大元、韩立余、侯猛、黄骏庚、黄文艺、蒋遐雏、金炜凯、金印、康令煊、李琛、李鼎熙、李奋飞、李建军、李潇洋、李学军、李忠夏、刘欢、刘俊海、刘明祥、刘沛泉、刘品新、刘茹洁、刘忠炫、柳长浩、卢俊安、罗寰昕、罗天、马小红、宁昆桦、彭博、彭小龙、阮神裕、山茂峰、石佳友、石佳宇、石静霞、时延安、孙若军、汤维建、汤莹、唐国昌、田宏杰、田一然、万勇、汪赛飞、王贵松、王雷、王利明、王若冰、王旭、王轶、魏静远、魏晓娜、魏艳伟、文淑、吴琼、武诗敏、肖建国、邢海宝、熊丙万、熊超成、徐阳光、薛亦飒、杨东、杨治朋、姚海放、叶林、余履雪、曾佳、张广良、张吉豫、张世明、张婉婷、张文亮、张新宝、章杰超、赵常成、赵申豪、赵歆扬、赵毅宇、赵志超、钟维、周慕涵、周祥军、周圆、朱虎、朱金阳
3	华东政法大学	176	敖博、陈邦达、陈斌、陈金钊、陈立毅、陈婉玲、陈伟、陈煜鹏、成小爱、程凡卿、程威、程衍、杜成胜、杜涛、封安波、高富平、关博豪、管建强、韩旭至、何勤华、侯艳芳、胡改蓉、胡学军、胡莹莹、胡玉鸿、黄晨阳、黄国群、黄文超、黄武双、姜涛、蒋太珂、焦艳鹏、孔忠愿、李彤、李运杨、练育强、梁苏琴、林志强、刘骏、刘凯丽、刘雷、刘鹏、刘宪权、刘雪红、刘岳川、龙文懋、卢勤忠、栾绍兴、罗曼、罗培新、吕靖文、马乐、马长山、满洪杰、苗梅华、欧阳天健、屈文生、冉高苒、饶志静、戎静、阮开欣、宋丽珏、苏超、孙万怀、孙维飞、谭宇航、唐震、万立、王东光、王刚、王国华、王海军、王浩名、王戬、王立民、王莲峰、王懋、王蒙、王迁、王申、王人平、王艳芳、王勇、王真真、魏昌东、吴冬兴、吴思远、伍坚、肖宇、熊波、徐光华、杨陈、杨慧妍、杨继文、杨凯、杨同宇、杨显滨、杨知文、姚明斌、叶青、俞小海、虞浔、袁锋、张迪、张栋、张璐、张馨予、张勇、张泽平、章志远、赵拥军、郑彧、周立波、周学文、曾大鹏、曾腾、邹子铭

（续表）

序号	研究机构	发文量（篇）	作者
4	武汉大学法学院	139	安宁、柏孟仁、蔡颖、曹守晔、陈海嵩、陈家林、陈金林、陈镜先、冯果、甘勇、高圣惕、高苑丽、国凯、何凯立、何荣功、黄惠康、黄明涛、黄绍坤、黄志雄、江国华、敬力嘉、李安安、李春鹏、李梦云、李天来、廖丽、廖奕、刘聪、刘佳宸、刘静、刘彤彤、刘学在、柳正权、卢成、卢颖异、罗旷怡、罗昆、毛彦、梅扬、孟勤国、莫洪宪、南迪、宁园、潘才敏、秦前红、秦天宝、冉克平、任沫蓉、申晨、施雄文、石泽华、孙晋、王鹤鸣、王汝唯、王颖、王雨亭、卫凯博、温世扬、伍德志、武亦文、肖永平、谢晴川、熊昂、熊琦、熊伟、薛阳、杨巍、杨勇、杨泽伟、叶小琴、叶正国、于秋磊、余祥、虞楚箫、喻术红、袁红萍、袁康、占善刚、张善斌、张素华、张新新、张演锋、张阳、张耀元、张仪昭、郑二威、郑涛、钟宇晴、周叶中
5	北京大学法学院	136	白建军、边仁君、曹舒然、曹志勋、常鹏翱、车浩、陈俊达、陈瑞华、陈晓航、陈兴良、陈永生、储槐植、戴昕、邓栩健、范子豪、冯成丰、冯令泽南、傅郁林、高旭、巩固、辜凌云、关华鹏、关剑夫、郭雳、郭镇源、何其生、洪艳蓉、胡凌、黄智杰、纪海龙、姜程潇、姜明安、蒋大兴、金锦萍、金自宁、李培根、刘建业、刘凝、刘银良、柳昊芃、马平川、马天成、莫若云、潘宁、彭冰、彭錞、沈岿、苏力、孙靖洲、孙子涵、王宾、王成、王华伟、王慧群、王锡锌、王新、王也、王子彧、吴桂德、吴凯杰、吴训祥、奚若晨、夏志毅、徐爱国、许德风、许译文、薛军、叶姗、易继明、俞祺、湛中乐、张弘毅、张厚东、张牧君、张平、张骐、张守文、张双根、张翔、张梓弦、章永乐、赵宏、朱建海、朱禹臣、邹星光、左亦鲁
6	清华大学法学院	131	车丕照、陈楚风、陈杭平、陈曦笛、陈新宇、程啸、崔国斌、崔建远、崔永存、邓卓行、范佳慧、冯祝恒、高其才、韩富鹏、韩世远、何海波、何洪全、何思萌、黄飞翔、康向宇、康子豪、黎宏、李旺、李希梁、李夏旭、李依怡、李勇德、李卓卓、刘晗、刘亦艾、刘紫微、龙俊、鲁楠、孟红艳、聂鑫、皮正德、阙梓冰、任重、融昊、邵红红、申卫星、施天涛、苏亦工、孙鸿亮、陶禹行、屠凯、汪洋、王广利、王洪亮、王佳佳、王敏、王明远、王正鑫、吴伟光、谢德良、徐雨衡、杨国华、杨勇、易延友、余凌云、袁旺然、岳万兵、张晨颖、张建伟、张明楷、张世超、张涛、张月姣、赵亚宁、郑金涛、郑尚元、郑深迪、郑晓军、郑志行、周光权

（续表）

序号	研究机构	发文量（篇）	作者
7	西南政法大学	124	艾明、包冰锋、伯雨鸿、陈耿华、陈建平、陈如超、陈伟、陈喆、董静然、冯子轩、付子堂、甘强、高翔、高星阁、谷佳杰、郝志斌、何江、侯东德、胡骁、黄汇、黄家镇、黄磊、黄忠、姜敏、李昌林、李凌、李雄、李燕、李雨峰、廖吕有、林少伟、林信铭、刘文魁、龙柯宇、龙松熊、马登科、马家曦、马立群、茅孝军、梅傲、梅传强、倪朱亮、任浏玉、施珠妹、石经海、时祖光、苏成慧、孙凌云、孙鹏、孙山、孙莹、谭宗泽、唐力、童春荣、汪青松、王洪、王婷婷、王煜宇、温泽彬、毋爱斌、吴飞飞、吴国章、吴昊天、吴喜、向燕、肖顺武、徐洁、徐庭祥、徐银波、徐真、徐志强、姚万勤、叶明、尹博文、尹开华、喻少如、战东升、张吉喜、张建文、张力、张琼、张晓君、张震、赵俊娟、赵万一、郑志峰、钟英通、周虹、周江、周尚君、朱战威
8	中南财经政法大学	90	曹新明、陈柏峰、陈锦贤、陈景良、陈实、方世荣、付丽霞、高利红、顾培东、关儒、郭泽强、何焰、侯卓、胡弘弘、胡向阳、黄源盛、黄志慧、江河、蒋博涵、黎群、李安、李昊、李璐君、刘大洪、刘德良、刘浩、刘晶、刘鑫、刘杨、刘振轩、彭学龙、彭亚媛、戚建刚、秦小建、覃楚翔、谭冰霖、童德华、汪君、王良顺、王雅佳、王永强、温世扬、吴汉东、吴京辉、夏朗、向在胜、徐汉明、徐立、徐强胜、徐伟功、杨柳、杨琼、于龙刚、袁俊宇、昝强龙、詹建红、张继成、张家勇、张靖晗、张静、张梁、张青波、张亚军、张忠民、周坤琳
9	上海交通大学凯原法学院	88	曹博、巢永乐、陈亮、陈舒筠、陈曦宜、陈韵希、程金华、范进学、方潇、高琪、韩长印、何心月、侯利阳、胡加祥、黄宇骁、季卫东、蒋红珍、孔祥俊、李德旺、李剑、李学尧、林喜芬、林彦、刘冰捷、刘维、潘子怡、彭诚信、秦倩、邱遥堃、沈国明、沈佳燕、沈健州、沈伟、苏伟康、孙悦、孙长永、谭嘉玲、唐安然、唐志威、王福华、王桦宇、王丽琼、王冉冉、魏丽丽、翁壮壮、肖俊、谢杰、熊德中、徐冬根、许素敏、叶必丰、尤娇娇、张陈果、张国斌、赵泽睿、周媛、朱军、朱芒、庄加园
10	中国社会科学院	84	蔡睿、陈国平、陈甦、戴杕、戴瑞君、董坤、管育鹰、郝俊淇、蒋小红、焦旭鹏、李菊丹、李林、李明德、李庆明、李西霞、李赞、梁慧星、林强、刘敬东、刘平、刘仁文、刘绍宇、刘小妹、刘志鑫、莫纪宏、任宏达、孙宪忠、孙禹、谭观福、唐林垚、田夫、王博、王琦、王天玉、席月民、夏小雄、萧鑫、谢鸿飞、谢增毅、徐玖玖、薛宁兰、薛铁成、张浩然、张鹏、张志钢、赵磊、支振锋、周汉华、周辉、朱广新、邹海林、邹玉祥

（续表）

序号	研究机构	发文量（篇）	作者
11	吉林大学法学院	80	艾琳、曹险峰、曹相见、陈洪磊、陈越瓯、房绍坤、龚浩川、管洪彦、何志鹏、侯明明、贾志强、姜翰、李东宇、李海平、李建华、李立丰、李文超、李晓倩、李拥军、刘晓林、刘振华、马新彦、苗炎、闵春雷、钱大军、任喜荣、沈寿文、孙锐、王国柱、王立栋、王俐智、王若思、王彦志、王雨荣、吴亚可、吴梓源、谢登科、邢斌文、杨帆、杨志航、于莹、袁帅、张琼文、张文显、赵大伟、郑军男、俎璐
12	南京大学法学院	67	白云锋、陈全真、狄小华、范健、冯洁语、胡晓红、黄禄斌、黄宇杰、季澄珏、金俭、李晴、李烨、刘俊梅、刘琳、刘文轩、刘勇、罗亚文、吕炳斌、马春晓、缪因知、潘重阳、彭岳、钱进、秦宗文、尚连杰、宋亚辉、孙国祥、田芳、王浩然、王建文、王倩慧、王太高、王雯萱、王诣博、吴英姿、肖泽晟、熊静波、徐凌波、严仁群、杨博炜、杨鸿雁、杨硕、杨晓、张淳、张迪、张华、张婉苏、章晶、朱庆育
13	最高人民法院	64	陈龙业、陈现杰、陈宜芳、杜微科、范怡倩、冯文生、傅蕾、耿宝建、郭修江、何帆、何莉、胡云腾、黄国栋、黄文俊、雷艳珍、李睿懿、李相波、李玉林、刘崇理、刘贵祥、刘海伟、刘树德、刘竹梅、罗灿、吕梅青、马云鹏、沈红雨、司艳丽、宋颐阳、孙超、陶凯元、田心则、汪军、王晓东、杨临萍、杨永清、姚宝华、于同志、余晓汉、喻海松、袁岸乔、张军、张丽洁、张新锋、章扬、赵俊甫、仲伟珩、周加海、周强、朱婧
14	浙江大学光华法学院	62	程乐、钭晓东、杜昕怡、高艳东、何怀文、胡敏洁、胡铭、霍海红、李世阳、梁健、林洹民、栾兆星、马光、牟绿叶、彭巍、钱弘道、邵敏杰、石一峰、孙娟、孙笑侠、童禺杰、王凌皞、王敏远、魏斌、翁晓斌、叶良芳、查云飞、张帆、张伟君、章超钧、章剑生、赵计义、赵骏、郑观、郑磊、周翠、周翔、曾赟
15	复旦大学法学院	49	毕海燕、蔡从燕、蔡培如、丁文杰、杜仪方、杜宇、段厚省、葛江虬、葛伟军、龚柏华、赖骏楠、李传轩、李世刚、李志颖、梁咏、林曦、刘桂强、刘赫、刘忠、路平新、马忠法、任愿达、孙南申、王沛然、谢迪扬、熊浩、徐仁进、许多奇、严益州、叶会成、喻浩东、张乃根、张忆然
16	东南大学法学院	44	毕文轩、曹薇薇、陈洪兵、杜小丽、冯煜清、龚善要、贺彤、冀洋、李蕊、李轩、李元华、梁云宝、刘锦、刘练军、刘耀辉、刘哲石、欧阳本祺、钱小平、冉博、任丹丽、单平基、童云峰、王敬文、王禄生、王苑、熊樟林、杨登峰、杨志琼、叶泉、张运昊

（续表）

序号	研究机构	发文量（篇）	作者
17	西北政法大学	42	步洋洋、常鑫、陈凌云、陈玺、段阳伟、冯冬冬、付玉明、韩松、蒋丽华、李大勇、李龙贤、李艳、倪楠、彭涛、齐飞、钱锦宇、任禹行、舒洪水、谭堃、汪世荣、王瀚、王健、王莹莹、严存生、严阳、杨彬权、杨博文、杨建军、杨思怡、杨宗科、袁震、张鑫怡、赵姗姗
18	山东大学法学院	40	崔永东、冯俊伟、付本超、傅爱竹、郭传凯、何晓斌、侯圣贺、黄兰松、黄世席、江海洋、李本灿、刘加良、刘建臣、柳砚涛、满洪杰、秦文峰、孙犀铭、田立、王笑冰、乌日力嘎、肖金明、谢鹏程、叶高芬、张海燕、张平华、张琦、赵恒、郑智航
19	上海政法学院	39	丁茂中、冯硕、关保英、李晶、李姗萍、刘崇亮、刘军、刘晓红、潘牧天、彭文华、邱燕飞、商建刚、宋俊荣、王康、王倩、王怡然、魏化鹏、魏治勋、吴永辉、徐伟、许庆坤、杨华、杨玉晓、殷敏、张善根、张小宁、赵俊、赵运锋、郑少华
20	南京师范大学法学院	36	陈辉、陈霖、董储超、方乐、公丕祥、洪刚、侯海军、胡丽文、姜红利、李洋、梁志文、刘远、刘韵、庞正、宋颖、王明喆、王彦强、王由海、吴英姿、吴勇、颜林、杨钢、姚兵兵、尹培培、赵莉、郑玲丽、朱瑞
21	中央财经大学法学院	35	曹建军、邓建鹏、杜颖、郭华、李敏、李伟、林剑锋、刘权、沈建峰、宋志红、王世杰、王湘淳、王叶刚、吴晓丹、武腾、邢会强、徐建刚、尹飞、于文豪、朱晓峰
22	苏州大学王健法学院	33	蔡仙、蔡晓荣、陈群、程雪阳、董学立、方翔、方新军、黄学贤、柯伟才、李晓明、李杨、李中原、刘铁光、马勤、邵聪、石肖雪、王克稳、魏超、吴俊、吴叶乾、薛艳华、张学军、朱嘉珺、朱明新、庄绪龙
23	南开大学法学院	30	白佳玉、陈兵、高通、谷静萱、韩良、何红锋、胡建国、胡绪雨、李轶、刘士心、吕怡维、钱日彤、宋华琳、屠振宇、汪义双、王彬、王强军、王瑞雪、王雪、徐曦昊、闫尔宝、邹兵建
	总计		2139

如图9所示，通过对45家法学核心期刊发文量在30篇以上的23家研究机构进行统计分析，相较2022年度(41家法学核心期刊，发文量在30篇以上的有21家研究机构，发文量1949篇)，期刊统计范围增加4家，高产研究机构数量增加2家，发文量增加190篇。前7位高产研究机构依然为中国政法大学、中国人民大学法学院、华东政法大学、武汉大学法学院、北京大学法学院、清华大学法学院、西南政法

大学。

　　从 23 家高产研究机构的发文量上看,相较 2022 年度(21 家高产研究机构),有 19 家研究机构在 2023 年度稳居高产研究机构之列。其中中国政法大学发文量依旧最多,有 330 篇。有 6 家研究机构发文量增长 10 篇以上,分别是中国政法大学,增加 45 篇;上海交通大学凯原法学院,增加 27 篇;浙江大学光华法学院,增加 22 篇;中国人民大学法学院,增加 17 篇;武汉大学法学院,增加 14 篇;中南财经政法大学,增加 10 篇。有 7 家研究机构发文量增长 1—9 篇,西北政法大学增加 5 篇;上海政法学院增加 4 篇;清华大学法学院、西南政法大学各增加 3 篇;南京大学法学院、苏州大学王健法学院各增加 2 篇;复旦大学法学院增加 1 篇。6 家研究机构的发文量略有减少。

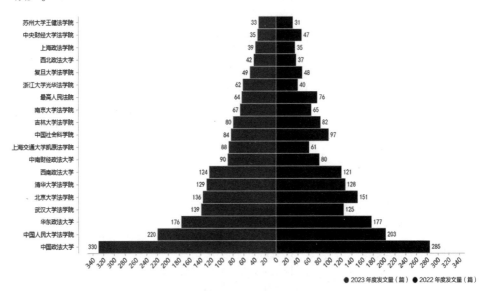

图 9　2022—2023 年 19 家高产研究机构年度发文变化情况
(按照研究机构发文量降序排序)

　　(二)9 家高产研究机构发文覆盖法学核心期刊达八成以上

　　通过对 23 家高产研究机构所发的 2139 篇文章的来源期刊进行统计,在 30 家以上期刊发文的研究机构有 13 家,其中华东政法大学、中国政法大学发文覆盖 44 家法学核心期刊;中国人民大学法学院发文覆盖 43 家法学核心期刊;清华大学法学院发文覆盖 41 家法学核心期刊;北京大学法学院、武汉大学法学院发文覆盖 40 家法学核心期刊;南京大学法学院发文覆盖 38 家法学核心期刊;吉林大学法学院、西南政法大学发文覆盖 37 家法学核心期刊;中南财经政法大学、中国社会科学院发文覆盖 34 家法学核心期刊；上海交通大学凯原法学院发文覆盖 33 家法学核心期刊；浙江大学光华法学院发文覆盖 30 家法学核心期刊。

从统计情况上看，发文量在 100 篇以上的有 7 家研究机构，分别是中国政法大学、中国人民大学法学院、华东政法大学、武汉大学法学院、北京大学法学院、清华大学法学院、西南政法大学。

中国政法大学发表的文章主要刊载在《中国政法大学学报》《中国应用法学》《政法论坛》《比较法研究》《行政法学研究》等 26 家期刊，共 272 篇，占比 82.4%。中国人民大学法学院发表的文章主要刊载在《法学评论》《法律适用》《南大法学》《中国政法大学学报》《法制与社会发展》等 27 家期刊，共 182 篇，占比 82.7%。华东政法大学发表的文章主要刊载在《法学》《政治与法律》《法学研究》《科技与法律》《东方法学》等 24 家期刊，共 139 篇，占比 79%。武汉大学法学院发表的文章主要刊载在《法律适用》《甘肃政法大学学报》《河南财经政法大学学报》《法学评论》《华东政法大学学报》等 16 家期刊，共 88 篇，占比 63.3%。北京大学法学院发表的文章主要刊载在《中国法律评论》《法学》《现代法学》《法律科学》《清华法学》等 15 家期刊，共 85 篇，占比 62.5%。清华大学法学院发表的文章主要刊载在《比较法研究》《甘肃政法大学学报》《中国法律评论》《清华法学》《法学评论》等 13 家期刊，共 75 篇，占比 57.3%。西南政法大学发表的文章主要刊载在《科技与法律》《河北法学》《法学》《法学评论》《华东政法大学学报》等 15 家期刊，共 83 篇，占比 67.5%（见表 10）。

表 10　高产研究机构在 45 家法学核心期刊发文情况（2023.01.01—2023.12.31）

（按研究机构名称拼音升序排列；表格详情请扫描下方二维码）

结　语

　　"北大法宝·法学期刊库"的蓬勃发展离不开期刊社、高校老师和广大法律同仁们的鼓励与支持，在此由衷表示感谢！我们将持续关注法学期刊研究工作，以期为法学界提供最新的法学学术前沿研究动态，为法学事业的繁荣发展尽绵薄之力。欢迎期刊社老师、高校师生、广大法律同人关注！

【责任编辑：曹伟】

45家法学核心期刊2023年度
博士研究生发文盘点
——以"北大法宝·法学期刊库"为例*

北大法宝法学期刊研究组**

摘要:本文以中国法学会的中国法学核心科研评价来源期刊(CLSCI)、南京大学的中文社会科学引文索引(CSSCI)来源期刊以及北京大学的《中文核心期刊要目总览》为标准,选取了"北大法宝·法学期刊库"收录的45家法学核心期刊作为本次统计源,以法学新青年暨博士研究生2023年度在45家法学核心期刊发文情况作为研究对象,通过对高产博士研究生来自哪里、文章发表在哪些期刊、文章分布在哪些学科等情况进行分析总结,达到传播博士研究生学术成果,彰显青年学术风采的目的。

关键词:法学核心期刊 2023年度 博士研究生 统计分析

45家法学核心期刊2023年度发文总量为3677篇,其中博士研究生发文413

收稿日期:2024-04-20

* 统计源:北大法宝·法学期刊库已收录法学期刊290家,其中核心期刊139家,非核心期刊50家,集刊92家,英文期刊9家。截至2024年3月31日,北大法宝·法学期刊库共收录法学文章309624篇。依据北大法宝·法学期刊库收录的法学核心期刊,以中国法学会的中国法学核心科研评价来源期刊(CLSCI)、南京大学的中文社会科学引文索引(CSSCI)来源期刊以及北京大学的《中文核心期刊要目总览》为标准,选取了45家法学核心期刊作为本次统计源。

** 北大法宝法学期刊研究组成员:刘馨宇、孙妹、曹伟、范阿辉、李婉秋、宋思婕。刘馨宇,北大法律信息网(北大法宝)编辑部主任;孙妹,北大法律信息网(北大法宝)编辑部副主任;曹伟,北大法宝学术中心副主任;范阿辉,北大法宝研究员;李婉秋,北大法宝研究员;宋思婕,北大法宝编辑。研究指导:郭叶,北大法律信息网(北大法宝)副总编。

篇,总占比 11.2%。如表 1 所示,2021—2023 年博士研究生发文量逐年递增,发文量总占比略有波动,2023 年博士研究生发文量相较 2022 年增加 14 篇,总占比下降 0.5%;相较 2021 年增加 38 篇,总占比上升 0.4%。

表 1　2021—2023 年博士研究生历年发文情况

年份(年)	发文量(篇)	总占比
2023	413	11.2%
2022	399	11.7%
2021	375	10.8%

一、高产博士研究生分析

413 篇博士研究生文章作者共 377 位,其中发文量为 2 篇以上的博士研究生共 33 位,文章量为 69 篇。如图 1 所示,2021—2023 年,高产博士研究生人数和文章量均有所增长。2023 年博士研究生数量相较 2022 年(发文量为 2 篇以上的博士研究生共 27 位,文章量为 56 篇)增加 6 位,文章量增加 13 篇;相较 2021 年(发文量为 2 篇以上的博士研究生共 23 位,文章量为 47 篇)增加 10 位,文章量增加 22 篇。

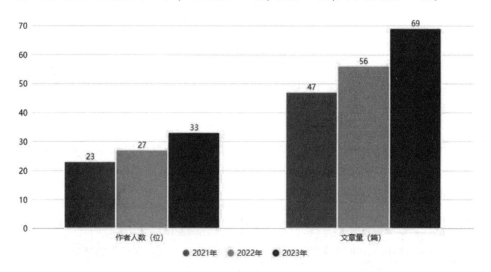

图 1　2021—2023 年高产博士研究生历年人数及文章量情况

33 位高产博士研究生中文章量为 3 篇的有 3 位,其中南京大学法学院黄宇杰博士研究生的文章刊载于《甘肃政法大学学报》2023 年第 2 期、《交大法学》2023 年第 6 期和《苏州大学学报(法学版)》2023 年第 4 期;清华大学法学院李希梁博士研究生的文章刊载于《河南财经政法大学学报》2023 年第 4 期、《交大法学》2023 年第 2 期和《知识产权》2023 年第 6 期;上海交通大学凯原法学院赵泽睿博士研究生的文章刊载于《东方法学》2023 年第 3 期、《交大法学》2023 年第 3 期和《中国政法大学学报》2023 年第 1 期。发文量为 2 篇的有安宁、曹舒然、褚婧一、段沁、冯祝恒、辜凌云、何凯立、贺彤、扈芳琼、李月、刘沛泉、刘文轩、刘业、罗寰昕、罗亚文、马平川、孟红艳等 30 位博士研究生(见图 2)。

图 2　2023 年文章量 2 篇以上高产博士研究生

(一)高产博士研究生来自 11 所高等院校

如表 2 所示,33 位高产博士研究生来自 11 所高等院校。具体来说,中国人民大学法学院有 6 位,北京大学法学院、中国政法大学各有 5 位,南京大学法学院、清华大学法学院各有 4 位,武汉大学法学院有 3 位,上海交通大学凯原法学院有 2 位,东南大学法学院、厦门大学法学院、浙江大学光华法学院和中共中央党校(国家行政学院)各有 1 位。

(二)高产博士研究生文章刊载在 27 家期刊上

33 位高产博士研究生的 69 篇文章刊载在 27 家期刊上,《交大法学》刊载最多,为 8 篇;《财经法学》次之,刊载 6 篇;《甘肃政法大学学报》《华东政法大学学报》《南大法学》均刊载 5 篇;《河南财经政法大学学报》《苏州大学学报(法学版)》均刊载 4 篇;《法律适用》《知识产权》《中国法律评论》均刊载 3 篇;《法学》《法制与社会发展》等 6 家期刊均刊载 2 篇;《地方立法研究》《东方法学》等 11 家期刊均刊载 1 篇。

表 2　2023 年度发文量 2 篇以上的 33 位高产博士研究生文章情况

（按照作者的发文量降序排列,发文量相同的,按照作者姓名拼音排列,

表中所列期刊按照期刊名称拼音排列）

序号	作者	作者单位	发文量(篇)	文章标题	期刊名称	刊期
1	黄宇杰	南京大学法学院	3	《作品类型限定保护范围论的批判——整体保护观之提倡》	《甘肃政法大学学报》	202302
				《民法典视域下侵犯商业秘密行为规则的反思与完善》	《交大法学》	202306
				《著作权法领域适用惩罚性赔偿的限制》	《苏州大学学报(法学版)》	202304
2	李希梁	清华大学法学院	3	《原料药行业反垄断的法律适用研究——基于 17 份行政处罚书的实证分析》	《河南财经政法大学学报》	202304
				《反垄断监管与事前监管——互联网平台监管模式的二元建构》	《交大法学》	202302
				《平台互联互通的法理问题与监管限度》	《知识产权》	202306
3	赵泽睿	上海交通大学凯原法学院	3	《法律即代码:法典化中的公平提示原则》	《东方法学》	202303
				《网络信息内容生态共同治理的法治保障》	《交大法学》	202303
				《算法论证程序的意义——对法律规制算法的另一种思考》	《中国政法大学学报》	202301
4	安宁	武汉大学法学院	2	《乡村振兴视域下政府提供公共法律服务的现代化治理路径》	《河北法学》	202303
				《治理理论下的市场准入负面清单制度》	《中国法律评论》	202302

（续表）

序号	作者	作者单位	发文量（篇）	文章标题	期刊名称	刊期
5	曹舒然	北京大学法学院	2	《后〈民法典〉时代对抗性体育运动致人损害案件的归责路径——基于对格斗致害案件的实证研究》	《甘肃政法大学学报》	202301
				《区块链智能法律合约的规范效应与实践优化——以对传统智能合约的困境纾解为视角》	《科技与法律》	202303
6	褚婧一	中国政法大学	2	《情感计算的信息隐私法律风险及其应对》	《交大法学》	202303
				《"用户—平台"关系中告知同意规则修正的路径选择》	《苏州大学学报（法学版）》	202302
7	段沁	中国人民大学法学院	2	《论合宪性审查决定的普遍约束性及其限度》	《华东政法大学学报》	202305
				《国家目标条款的规范力——以德国宪法为借镜》	《中国法律评论》	202305
8	冯祝恒	清华大学法学院	2	《〈民法典〉第 186 条（违约与侵权请求权竞合）诉讼评注》	《华东政法大学学报》	202301
				《〈德国民事诉讼法慕尼黑评注〉第 256 条（确认之诉）》	《苏州大学学报（法学版）》	202303
9	高旭	北京大学法学院	2	《消费公益诉讼惩罚性赔偿金的归属与分配——基于分配正义理念的跨法域研究》	《法学》	202312
				《优先主义理念下债权人撤销权的制度重构：以程序法为中心》	《南大法学》	202304

（续表）

序号	作者	作者单位	发文量（篇）	文章标题	期刊名称	刊期
10	辜凌云	北京大学法学院	2	《论数据泄露通知义务的制度构造》	《科技与法律》	202303
				《"商标在先使用抗辩"规范结构反思与分析框架塑造》	《知识产权》	202305
11	何凯立	武汉大学法学院	2	《锁定效应下互联网平台反竞争行为的法治因应》	《甘肃政法大学学报》	202306
				《平台互联互通的双向竞争效应及其优化进路》	《河南财经政法大学学报》	202304
12	贺彤	东南大学法学院	2	《安全作为个人信息保护的法益》	《财经法学》	202303
				《私密信息的概念构成与规则体系》	《华东政法大学学报》	202303
13	扈芳琼	中国政法大学	2	《网络消费欺诈的民事责任研究》	《法律适用》	202308
				《破产重整中的先期出售制度研究》	《中国应用法学》	202301
14	李月	中国政法大学	2	《维持抑或驳回:论合法适当行政行为的复议决定种类》	《行政法学研究》	202304
				《论实质性化解行政争议视角下的行政复议变更决定》	《中国法律评论》	202305
15	刘沛泉	中国人民大学法学院	2	《刑事裁判文书说理规范化的法律形式主义构建》	《华东政法大学学报》	202301
				《单位适用自然人刑事诉讼程序的范围与边界》	《中国刑事法杂志》	202305
16	刘文轩	南京大学法学院	2	《审判中心视域下刑事法律援助范围再构》	《法律适用》	202303
				《试论商业秘密刑事诉讼程序保护》	《知识产权》	202307

（续表）

序号	作者	作者单位	发文量（篇）	文章标题	期刊名称	刊期
17	刘业	厦门大学法学院	2	《美欧数据跨境流动博弈中的欧盟技术主权战略及其实现》	《国际法研究》	202306
				《域外管辖规则下的代表制度：欧盟 GDPR 的实践与启示》	《武大国际法评论》	202306
18	罗寰昕	中国人民大学法学院	2	《算法控制视域下平台用工劳动关系认定的困境与出路》	《交大法学》	202302
				《隐私政策的过去、现在和未来：从合同、基准到信任背书》	《南大法学》	202305
19	罗亚文	南京大学法学院	2	《商品房买卖合同与借款合同的效力关联——以最高人民法院"王忠诚案"为例》	《财经法学》	202301
				《不动产物权期待权实体法外溢的反思与厘正——基于 31 份二手房"先卖后抵"判决书之整理》	《法治研究》	202303
20	马平川	北京大学法学院	2	《平台数据权力的运行逻辑及法律规制》	《法律科学》	202302
				《数字经济的治理转型与秩序塑造》	《法制与社会发展》	202301
21	孟红艳	清华大学法学院	2	《诈骗罪中"取得财产"的教义学阐释》	《法学》	202309
				《想象竞合犯"择一重罪从重处断"的提倡与适用》	《国家检察官学院学报》	202304
22	邵红红	清华大学法学院	2	《著作权合理使用算法化：必要、可能与限度》	《财经法学》	202304
				《算法推荐服务提供者的著作权注意义务探究》	《苏州大学学报（法学版）》	202301

（续表）

序号	作者	作者单位	发文量（篇）	文章标题	期刊名称	刊期
23	石佳宇	中国人民大学法学院	2	《论领取错误汇款的刑法评价——无罪说之再证成》	《甘肃政法大学学报》	202302
				《不法归属视野下违法性认识的功能论证——兼论〈刑法〉第14条之规范解释》	《南大法学》	202304
24	孙娟	浙江大学光华法学院	2	《第三人缔约过失的责任性质及规则适用》	《财经法学》	202305
				《人格权中经济利益侵权的损害赔偿金酌定》	《河北法学》	202305
25	覃榆翔	中国政法大学	2	《〈民法典〉视阈下违约金司法酌减规则的区分适用论》	《财经法学》	202303
				《再论违约金的规制模式：异化与回归》	《南大法学》	202301
26	谭嘉玲	上海交通大学凯原法学院	2	《部门规章制定主体范围的规范阐释及立法完善》	《交大法学》	202302
				《证监会规章制定权的合法性反思及调整》	《南大法学》	202301
27	唐国昌	中国人民大学法学院	2	《元市舶则法变迁研究》	《河南财经政法大学学报》	202302
				《元代和买法律制度考论》	《交大法学》	202301
28	王宾	北京大学法学院	2	《自动化行政中算法的法律控制》	《财经法学》	202301
				《工伤认定争议的程序空转及解决》	《交大法学》	202304
29	杨海涛	中共中央党校（国家行政学院）	2	《备案审查衔接联动机制的功能、运行和完善》	《地方立法研究》	202306
				《试论八二宪法修改的最低必要限度原则及其实现》	《河南财经政法大学学报》	202301

（续表）

序号	作者	作者单位	发文量（篇）	文章标题	期刊名称	刊期
30	杨晓	南京大学法学院	2	《合同损害的基本类型与裁判规则》	《法律适用》	202311
				《论保险人说明义务的免除》	《中国应用法学》	202306
31	张婉婷	中国人民大学法学院	2	《个人信息"合理利用"的规范分析》	《法学评论》	202306
				《〈民法典〉"强制性规定"条款解释困境的出路——以宪法基本权利保护为基础》	《华东政法大学学报》	202302
32	郑二威	武汉大学法学院	2	《我国犯罪记录整体封存的制度构建》	《法制与社会发展》	202304
				《洗钱罪的司法扩张与理性反思》	《甘肃政法大学学报》	202305
33	周陈	中国政法大学	2	《我国个人破产免责考察期制度的反思与重构》	《法商研究》	202306
				《破产公共服务供给的本土化重构——以世行营商环境供给商事破产"公共服务"指标为视角》	《中国政法大学学报》	202306
总计	33 位			69 篇		

二、八成核心期刊刊载博士研究生文章

　　如表 3 所示,45 家法学核心期刊中有 37 家期刊刊载博士研究生文章,其中《甘肃政法大学学报》刊载文章量最高,为 37 篇。《河南财经政法大学学报》次之,为 35 篇。《交大法学》《财经法学》《科技与法律》《南大法学》《法律适用》《中国政法大学学报》6 家期刊刊载博士研究生文章量在 20—30 篇之间,共计 151 篇。

　　《河北法学》《华东政法大学学报》《苏州大学学报(法学版)》《东方法学》《法制与社会发展》《行政法学研究》《中国法律评论》7 家期刊刊载博士研究生文章量在 10—19 篇之间,共计 93 篇。

刊载博士研究生文章量在 5—9 篇之间的,有 10 家期刊,文章量为 69 篇。

刊载博士研究生文章量在 1—4 篇之间的,有 12 家期刊,文章量为 28 篇(见表 3)。

表 3　2023 年度博士研究生文章涉及期刊情况
(按照期刊名称拼音排序)

序号	文章量(篇)	期刊名称
1	20+	《甘肃政法大学学报》《河南财经政法大学学报》《交大法学》《财经法学》《科技与法律》《南大法学》《法律适用》《中国政法大学学报》
2	10—19	《河北法学》《华东政法大学学报》《苏州大学学报(法学版)》《东方法学》《法制与社会发展》《行政法学研究》《中国法律评论》
3	5—9	《国际法研究》《武大国际法评论》《北方法学》《法学》《法学论坛》《地方立法研究》《法治研究》《知识产权》《法学家》《现代法学》
4	1—4	《法律科学》《法学评论》《中外法学》《比较法研究》《当代法学》《法商研究》《法学杂志》《法治现代化研究》《国家检察官学院学报》《中国刑事法杂志》《中国应用法学》《法学研究》

2021—2023 年间关注博士研究生研究成果的核心期刊呈现增长趋势,2023 年有 10 家期刊注重博士研究生的学术研究,策划了"青年""博士生"或"新锐"等相关特色栏目。

10 家期刊中有 4 家期刊策划"青年论坛"栏目,其中《科技与法律》发文 9 篇,《行政法学研究》发文 8 篇,《法治研究》发文 4 篇,《东方法学》发文 3 篇。有 2 家期刊策划"青年法苑"栏目,其中《甘肃政法大学学报》发文 4 篇,《法学杂志》发文 2 篇。

《交大法学》策划"法学新锐与新知"栏目,发文 15 篇;《河北法学》策划"博士生园地"和"青年法学家"栏目,分别发文 7 篇和 2 篇;《北方法学》策划"博士生论坛"栏目,发文 7 篇;《中外法学》策划"青年"栏目,发文 2 篇。

三、博士研究生文章的学科分布情况

如图 3 所示,413 篇文章涉及 14 个学科类别,其中民法学、诉讼法学、经济法学、理论法学、刑法学、国际法学、行政法学 7 个学科的文章较多,合计发文量为 324 篇,占比 78.5%。知识产权法学、商法学、宪法学、司法制度 4 个学科的文章次之,合计发文量为 70 篇,占比 16.9%。法律史学、环境法学、劳动与社会保障法学 3 个学科的相关研究较为薄弱,合计发文量为 19 篇,占比 4.6%。

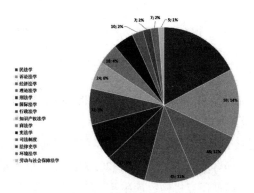

图 3　2023 年度博士研究生文章学科分布情况

如图 4 所示,2021—2023 年,经济法学、理论法学、国际法学、环境法学、劳动与社会保障法学 5 个学科[1]博士研究生发文量呈上升趋势,其中理论法学发文量上升明显,2023 年发文量相较 2021 年、2022 年分别增加 18 篇和 7 篇。经济法学 2023 年发文量相较 2021 年、2022 年分别增加 11 篇和 8 篇。民商法学和知识产权法学发文量呈下降趋势,其中民商法学 2021 年发文量与 2022 年发文量相同,均为 97 篇,2023 年发文量相较 2021 年、2022 年均减少 7 篇。知识产权法学 2023 年发文量相较 2021 年、2022 年分别减少 8 篇和 2 篇。

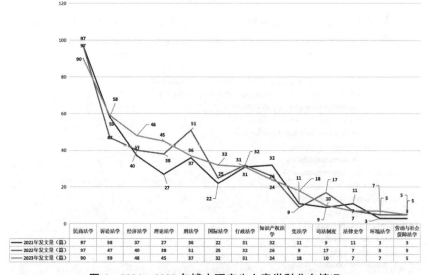

	民商法学	诉讼法学	经济法学	理论法学	刑法学	国际法学	行政法学	知识产权法学	宪法学	司法制度	法律史学	环境法学	劳动与社会保障法学
2021 年发文量(篇)	97	58	37	27	36	22	31	32	11	9	11	3	5
2022 年发文量(篇)	97	47	40	38	51	25	32	26	9	17	7	5	5
2023 年发文量(篇)	90	59	48	45	37	32	31	24	18	10	7	7	5

图 4　2021—2023 年博士研究生文章学科分布情况

[1]　统计说明:为方便与 2021 年、2022 年作对比分析,本部分将民法学与商法学发文量合并计算。

四、核心期刊中博士研究生所属研究机构

　　413 篇博士研究生文章涉及研究机构 58 家,其中发文量在 5 篇以上的研究机构共 19 家,发文量为 346 篇,占比 83.8%。对比分析历年研究机构,相较 2021 年(研究机构 62 家,发文量 375 篇)、2022 年(研究机构 72 家,发文量 399 篇)研究机构数量略有下降,发文量略有上升。对比分析历年高产研究机构,相较 2021 年(发文量 5 篇以上高产研究机构 19 家,发文量 314 篇)、2022 年(发文量 5 篇以上高产研究机构 15 家,发文量 305 篇)高产研究机构数量和发文量上下略有浮动。

　　2023 年中国人民大学法学院和中国政法大学稳居前两位,文章量分别为 53 篇和 44 篇。相较 2021 年和 2022 年,中国人民大学法学院从第二位升至第一位。

　　如图 5 所示,发文量在 20—39 篇之间的研究机构有 5 家,分别为北京大学法学院、清华大学法学院、武汉大学法学院、南京大学法学院和上海交通大学凯原法学院。

　　发文量在 10—19 篇之间的研究机构有 4 家,分别为华东政法大学、东南大学法学院、西南政法大学和吉林大学法学院。

　　发文量在 5—9 篇之间的研究机构有 8 家,分别为中南财经政法大学、浙江大学光华法学院、北京师范大学法学院、对外经济贸易大学法学院、复旦大学法学院、南京师范大学法学院、南开大学法学院和西北政法大学。

　　发文量在 2—4 篇之间的研究机构有 17 家,发文量为 1 篇的研究机构有 22 家。

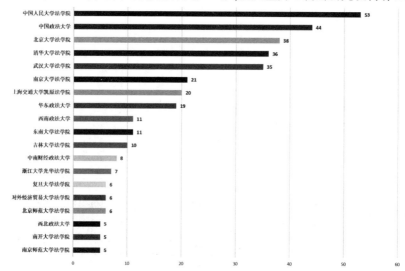

图 5　2023 年度发文量在 5 篇以上的研究机构情况

结　语

　　"未来属于青年,希望寄予青年。""北大法宝·法学期刊库"的蓬勃发展离不开青年学者、期刊社、广大法律同仁们的鼓励与支持,在此由衷表示感谢! 未来我们仍将陪伴法学新青年在学术道路上跋涉与求索,欢迎大家使用"北大法宝·法学期刊库"进行学术研究。我们将发挥"法律大数据+人工智能"的优势,迈向智慧学术新台阶,助力广大法律同仁们的学术及实务研究工作。

【责任编辑:曹伟】

数字法治

大语言模型的法律幻觉：
概念界定与实证分析[*]

姜　聪^{**}　刘晔龙^{***}

摘要:大语言模型在法律行业的应用前景十分广泛,但是大语言模型的"幻觉"问题导致其生成的答案准确性存在争议。大语言模型的幻觉问题在国内外受到了研究者的高度重视,但是现有研究仍未明确幻觉的准确定义,并且国内暂时缺少针对国产大语言模型在中文语境下的幻觉问题评估。大语言模型幻觉的原理是由其技术本质决定的,大语言模型法律幻觉在我国成文法背景下的概念以法律条文适用和法律推理三段论为核心来界定。为评估大语言模型在法律问题中出现幻觉的频率,类比法律推理"三段论"的方法,将对某一法律问题的分析拆解为事实确立、案件分析与案件推理三个步骤。采用以大语言模型为对象的实证方法,针对每个步骤构建相应的数据集进行测试。实验结果表明,通用大语言模型和法律大语言模型都存在法律幻觉问题,联网、检索等方法可以显著改善幻觉问题,但仍无法完全消除法律幻觉。未来大语言模型的法律应用需要重点关注如何解决法律幻觉问题,才能更好地用人工智能技术促进良法善治。

关键词:大语言模型　法律幻觉　法律人工智能　实验方法

收稿日期:2024-07-31

* 基金项目:"十四五"国家重点研发计划项目"跨领域知识驱动的法治调研智能感知及辅助决策技术研究"(2022YFC3301902)、北京大学—武汉东湖智能社会治理开放课题"智能社会法律生成和运行的模式研究和模型设计"(ZX2222M)。

** 姜聪,北京大学法学院经济法学博士研究生。

*** 刘晔龙,北京大学法学院知识产权法学硕士研究生。

一、引　言

大语言模型(LLMs)已经成为各行各业革新的重要驱动力,法律领域也不例外。大语言模型利用最先进的生成式人工智能技术,不仅能够理解复杂的法律语言,还有可能像律师、法官一样完成多种法律工作。大语言模型能在诸如合同审核、法律问答、文书起草等多个方面发挥作用,大幅提高法律专业人士的工作效率。通过自动阅读法律案件的相关文书,大语言模型可以辅助律师快速识别案件关键点,提出合适的诉讼策略。[1]在我国,大语言模型已经开始辅助法官整理案件事实,甚至在某些简单的判决中提供辅助决策支持。[2]大语言模型的广泛应用,使法律服务可能变得更为高效、普及和精准,尤其是面临海量的法律数据和案件时,大语言模型展现出了不可替代的优势。

虽然大语言模型给法律职业带来了巨大潜力,但是其实际应用过程中也暴露出不容忽视的问题。其中,最为突出的便是大语言模型"幻觉"。所谓幻觉,指的是大语言模型在缺乏充分事实证据依据的情况下,仍然生成错误或虚构的信息。[3]这一现象在法律领域尤为危险,因为它可能直接影响法律文书的准确性和法律决策的公正性。例如,在美国某法院审理的案件中,律师提交的诉状包含了使用大语言模型输出的案例。法官发现,该案例并非真实存在,而是模型幻觉输出的虚假案例。模型幻觉问题,直接导致该方败诉,律师也因不当使用大语言模型而受到处罚。[4]因此,虽然大语言模型在处理法律工作时具备极大的效率优势,但在未经人工充分审核和验证的情况下,其生成的幻觉内容可能给法律工作带来巨大风险。

为了克服这些挑战,国内外大语言模型厂商已开始采取多种先进的技术措施来减轻或消除幻觉现象。在我国,很多国产大语言模型已经集成了联网搜索、检索增强生成(RAG)等辅助算法和模块,这些技术能够在模型生成回答前,通过搜索在线的法律文本和本地的法律数据库来获取真实信息,从而增加模型输出内容的准确性

---

[1]　See Jinqi Lai, Wensheng Gan et al., Large Language Models in Law: a Survey (Jun. 1, 2024), https://arxiv.org/abs/2312.03718.

[2]　参见余东明:《AI 助手,懂得法官需求》,载《法制日报》2024 年 5 月 28 日。

[3]　See Lei Huang et al., a Survey on Hallucination in Large Language Models: Principles, Taxonomy, Challenges, and Open Questions(Jun. 1, 2024), https://arxiv.org/abs/2311.05232.

[4]　参见《ChatGPT 造假"害惨"纽约律师》,载参考消息网(https://ckxxapp.ckxx.net/pages/2023/06/19/e4a774adfaac40599482257ac0945890.html),访问日期:2024 年 7 月 29 日。

和可靠性。[1]此外,大语言模型厂商也开始研发垂直领域的专业大语言模型。这些法律大语言模型在海量法律数据上进行了持续预训练和微调,能够更好地理解法律文本的概念和语境,显著提高了法律语料理解、分析和处理的精确度。[2]

尽管国际上已有学者开始关注大语言模型在法律领域应用中的幻觉问题,但是既有研究主要集中在英美判例法体系和英文大语言模型上。[3]不管是法系和语言,都与我国存在较大差异。针对我国的国产大语言模型在中国法律语境下的研究仍然匮乏。这一研究空白不仅使我们难以全面了解大语言模型在中国法律语境下的表现,也限制了我们在中国法的框架下对模型进行有针对性的优化和应用广度的拓展。考虑到中国法律语言的特殊性和法律体系的复杂性,本土化的自主研究显得尤为重要。[4]

在这样的背景下,本文在理论上对法律幻觉进行了界定和分类,然后通过严谨的实验方法,首次对国产大语言模型在法律领域的幻觉现象进行了评估。我们首先从广泛的法律数据集中提取了多种类型的法律文书,包括判决书、法律条款、案例分析等,并利用这些文档构建了一系列测试场景,旨在模拟真实世界的法律思维活动与流程,在实验中,我们详细记录了模型在各种法律问题上的表现,特别关注模型是否生成幻觉内容,以及这些幻觉内容的种类和原因。通过这些实验,我们得以量化大语言模型的法律幻觉问题,明确其在实际应用中的优势与不足。我们的实验结果旨在为大语言模型在法律领域的应用提供重要的实证支持,并帮助其明确优化方向,也为法律职业群体使用人工智能技术提供有价值的参考。

二、大语言模型法律幻觉:原理与定义

(一)大语言模型产生幻觉的原因

大语言模型已在法律领域显示出巨大的潜力,正在广泛应用于法律文书自动生成、法律案件分析、法律咨询等任务中。例如,大语言模型能够理解美国税法,可以执行税法法律业务。[5]大语言模型在提高法律文档理解和解释能力方面也显示出

---

〔1〕　See Wenqi Fan, Yujuan Ding et al., a Survey on RAG Meeting LLMs: Towards Retrieval-Augmented Large Language Models(Jun. 1,2024),https://arxiv. org/abs/2405.06211.

〔2〕　See Quzhe Huang et al.,Lawyer llama technical report(Jun. 1,2024),https://arxiv. org/abs/2305.15062.

〔3〕　Matthew Dahl et al., Large Legal Fictions: Profiling Legal Hallucinations in Large Language Models, 16 Journal of Legal Analysis 63(2024).

〔4〕　参见黄文艺:《论习近平法治思想与自主法学知识体系建构》,载《东方法学》2024 年第 4 期。

〔5〕　Nay, John J. et al., Large Language Models as Tax Attorneys: a Case Study in Legal Capabilities Emergence,Philosophical Transactions of the Royal Society,2024.

潜力。例如,通过增强 GPT-4,可以更准确地解释法律术语,并提供与案例法相关的上下文信息,从而提高解释的质量和准确性。[1] 在中国,大语言模型已经用于法条检索、案例分析和司法审判,支持多个部门法领域的法律咨询与解答,同时提高了司法审判的效率和公正性。[2]已有研究机构在开源的大语言模型基础上进行微调,进一步训练出了更精通法律的法律大语言模型,如 ChatLaw 和 Lawyer LLaMA 等。这些模型覆盖了婚姻、借贷、海商、刑事等多个法律领域,期望模型在法律领域提供通俗易懂的法律咨询服务,能够为普通民众和法律从业者提供便利。[3]

　　然而,大语言模型也并非完美,其输出内容存在很多错误和虚假信息,即所谓的"幻觉"问题。在通用场景下,大语言模型幻觉是指,模型在没有充分证据支持的情况下生成不准确或完全虚构的信息。比如,询问大语言模型,第一个在月球上行走的人是谁? 模型回复,Charles Lindbergh 在 1951 年月球先驱任务中第一个登上月球。实际上,第一个登上月球的人是 Neil Armstrong。幻觉现象在模型尝试生成复杂或详细的回答时更加明显,特别是在输出需要依赖于特定知识源的场合。幻觉不仅可能误导用户,还可能在关键应用中导致严重后果。

　　幻觉的产生与多个因素相关。首先是训练数据的问题。如果模型的训练数据包含错误、偏见或者不全面的内容,模型就可能学习并复制这些不准确的信息。例如,如果模型主要使用的训练数据来源于特定地区或特定时间段的知识和信息,则它在处理其他地区或时期的问题时就可能无法准确回答实际情况。模型的训练方式也是幻觉产生的一个关键因素。当模型过度拟合训练数据中的特定特征而未能广泛学习更普遍的规律时,它们在现实世界的应用中往往不能准确输出。此外,模型的训练算法可能存在局限性,如不能充分捕捉到复杂的语言规律或逻辑关系,尤其在需要精确和专业知识的领域如法律和医疗,这种算法上的不足就会更明显。模型架构和设计也可能限制其处理复杂问题的能力。例如,尽管基于 Transformer 的模型设计旨在捕捉长距离的依赖关系,但在处理非常长的文本或复杂的逻辑链条时,模型的注意力机制可能无法完全有效,导致输出的质量下降。[4]

---

〔1〕 See Jaromir Savelka et al. , Explaining Legal Concepts with Augmented Large Language Models (GPT-4)(Jun. 1,2024), https://arxiv.org/abs/2306.09525.

〔2〕 参见《深圳法院人工智能辅助审判系统打造司法智能化转型的"深圳样本"》,载深圳政府在线网(https://www.sz.gov.cn/cn/xxgk/zfxxgj/zwdt/content/post_11399256.html),访问日期:2024 年 7 月 29 日。

〔3〕 See Jiaxi Cui et al. , Chatlaw: Open-Source Legal large Language Model with Integrated External Knowledge Bases(Jun. 1,2024), https://ar5iv.labs.arxiv.org/html/2306.16092.

〔4〕 See Vipula Rawte et al., A Survey of Hallucination in Large Foundation Models (Jun. 1,2024), https://arxiv.org/abs/2309.05922.

为了缓解大语言模型幻觉的问题,研究者们提出了多种技术和方法。例如,通过改进模型的训练过程,使用更高质量的数据集来减少数据偏见;或者通过引入更多的校正机制,如检索或数据库,来提高模型的准确性和可靠性。[1]但是,目前在技术上尚未有能够完全消除模型幻觉的解决方案。理解模型幻觉的原理和分析产生这些幻觉的原因,对于开发更有效的解决方案至关重要。尤其是在法律、医疗等高风险领域,对信息的准确性和可靠性要求更高,减少模型幻觉显得尤为重要。

(二)什么是法律幻觉

当我们将大语言模型应用于法律领域回答法律问题时,大语言模型同样也难以避免产生幻觉。法律幻觉是将大语言模型应用于法律领域时特有的一种幻觉现象。在法律领域,幻觉通常表现为模型生成的关于法律规定、法律解释或法律建议的不准确、歪曲或完全虚构的信息。例如,一个法律咨询模型可能错误地解释一个法律条文的含义,或者在不存在相应法律支持的情况下,创造出一个看似合法的规则。

法律幻觉的产生原因与一般领域的幻觉类似,包括数据问题、模型训练的方法、算法设计的局限性以及模型优化策略等。然而,法律文本的复杂性和专业性要求更高,使得法律幻觉的问题更加严峻。法律文本常常包含严密的逻辑结构、特定的术语和复杂的句式,这些都增加了模型处理和理解法律文本的难度。此外,法律制度的地域性和不同法域之间的差异也要求模型必须具有高度的适应性和精确性,以准确反映特定法域内的法律实际。法律领域的特殊性要求内容的准确性和可靠性极高,任何误导性或错误的信息都可能导致严重的法律后果和法律责任。因此,幻觉问题在法律和通用领域,其风险存在显著区别。

在国外,已有研究者讨论了大语言模型在英美法体系下的法律幻觉,将法律幻觉定义为模型的输出不准确或者依据错误这两种情形。[2]输出不准确是指,模型给出的结论存在错误。而依据错误是指,模型给出的内容中,依据的判例是不存在的或与结论没有关联。这样定义的原因是,判例法强调对先例的遵循,法律判断很大程度上依赖对先前案例的解释和应用,即使模型的回答结论正确,如果模型不是依据正确的判例得出该结论,其在司法实践中也属于错误。因此,在该背景下,强调的是模型输出需要有真实案例的支持。模型在此背景下的幻觉问题通常表现为错误引用或虚构不存在的案例。

但在我国法律体系下,对大语言模型法律幻觉的理解,与判例法国家存在区别。

---

〔1〕　See Yunfan Gao et al., Retrieval-Augmented Generation for Large Language Models: a Survey,(Jun. 1,2024) https://arxiv. org/abs/2312. 10997.

〔2〕　See Varun Magesh et al., Hallucination-Free? Assessing the Reliability of Leading AI Legal Research Tools(Jun. 1,2024), https://arxiv. org/abs/2405. 20362.

我国是一个成文法体系国家。在成文法体系下,没有判例法下的遵循先例原则,法官在作出判决时,并不需要引用既有的案例。成文法体系强调的是对法条的直接应用和解释。[1]因此,在我国的成文法背景下,法律幻觉的定义和分类并不能直接沿用判例法研究下的既有结论。目前,就我们的了解,不管是在我国还是其他成文法国家,尚未有研究者系统地讨论成文法背景下的大语言模型法律幻觉问题。

因此,本文对法律幻觉的讨论,会更多地体现在模型错误解释法条、错误应用法规或生成与现有法律不符的规定。幻觉的定义需要相应调整,以反映成文法的特点和法律实践的需求。在成文法体系下,我们认为大语言模型的法律幻觉是以法条为核心的,如编造不存在的法条、输出的法条不准确、对法条的理解和适用存在错误。

在成文法下,法律幻觉主要表现为三种类型。

第一种类型是虚构法律与事实。在这种情况下,模型可能会生成完全不存在的法律规则或判决,这通常是因为模型在训练过程中未能正确地学习到法律知识的边界。例如,模型可能基于其从非法律文本中学习到的一般知识,错误地创建与现有法律体系不符的"新"法律规则。这种类型的幻觉在模型尝试处理与其训练数据显著不同的法律问题时尤为常见。

第二种类型是对法律条文的错误解释。这种情况发生在模型对法律语言的理解不足或者训练数据中法律表述存在偏差时。例如,一个模型可能会将某一法律条款的适用条件理解错误,或者将其解释为适用于不相关的情况,这种误解可能来源于模型训练时使用的数据集不够全面,或者数据集中的法律条文解释存在错误。

第三种类型是不恰当的法律适用,其中模型可能会在不适当的情况下应用某条法律规则。这种幻觉可能发生在模型处理复杂案件,涉及多个法律关系或适用多个法条的时候。模型可能无视法律规则之间的关系与限制,从而提出错误的推理分析与结论。

需要注意的是,我们在此并非先要对法律幻觉进行一个完备的定义,我们的目标是先从理论上对法律幻觉的内涵给出一个大致的范围,从而指导后续的实验设计。在后续对实验结果的分析和总结后,笔者希望基于评测结果,得出一个更完善的大语言模型法律幻觉的概念范畴。

三、实验设计

本部分将设计一套实验方案与思路,以验证国内的大语言模型是否会在有关法

---

〔1〕　参见雷磊:《指导性案例法源地位再反思》,载《中国法学》2015 年第 1 期。

律问题的回应中出现幻觉,并探索出现幻觉的原因。本部分将从实验任务设置出发,介绍实验任务设置基准与意义,接着对实验细节进行说明,包括模型选择、数据集构建、结果评价体系。

(一)实验任务设置

为了探索生成式大语言模型何时会出现幻觉,依据法律推理的过程,将实验任务分为三大模块:事实确立、案件分析与案件推理。首先要确立客观事实部分无误。这是大语言模型会出现幻觉的可能原因之一,即对现实事实记忆不清,包括法条回忆错误、没有及时更新索引数据库等情形。在确立了法律事实的准确性后,法律推理要求法律人对案件事实与法条事实进行分析,包括对案件事实进行分析、对法律条文进行解释等。在前两步的基础上,法律推理将案件事实与法律条文进行匹配,得出最终的结论。

1. 事实确立任务

在事实确立任务中,通过向模型提问的方式,使模型输出特定的事实问题,以判断模型是否能够正确且准确地输出相关事实。

子任务一:法条回答任务。在法律推理中,正确的法律是分析的基础。因此,设置该任务以检验模型能否在法律条文上保持正确且准确的输出。由于我国是成文法国家,判例对法院判决不具有约束力,在该任务中仅需要输出法条即可。事实确立任务中的第一个子任务为输出相关法条,即向模型提问特定版本的法律中的特定条文,并检验模型输出的内容是否符合法条的真实内容。

子任务二:针对近年修订法条的法条回答任务。法律并不是一成不变的,也会随着经济、社会、技术和生活的改变而进行修订。大语言模型学习到的法律,是否为当下现行有效的版本,尚存疑惑。因此,在第一个子任务的基础上,为了探寻模型的训练数据集是否及时更新,第二个子任务被设置为2023年出台或进行过修订的法律法规,以检验模型是否跟踪法律法规的最新版本,以及检验 RAG 对模型性能的影响。

子任务三:指导性案例与热门案例回答。即使我国不是判例法国家,但最高人民法院发布的指导性案例在司法裁判中具有很强的指导意义。[1]因此,为了探究模型能否具备法条以外事实的记忆能力,第三个子任务被设置为输出最高人民法院发布的指导性案例与社会影响较大的案件,以遵循司法裁判的“不成文法律”。

2. 案件分析任务

在法律推理中,如果对现有法律事实认定无误,则进入第二个阶段,即案件分

---

[1]　参见胡云腾、于同志:《案例指导制度若干重大疑难争议问题研究》,载《法学研究》2008年第6期。

析。在本部分,根据法律推理的逻辑设置了两个子任务:法律解释任务和案件事实提取任务。

子任务一:法律解释任务。该任务是指给定模型法条、法律概念、合同条文等法律文本,模型能够回答正确的法律术语的含义。该任务希望展现模型对法律术语的正确理解以及在特定语境下对特定法律概念的解释。该任务不仅反映了模型更高层级的法律知识积累,也能够判断模型输出错误结果是由于对法律本身理解有误或是在特定语境下,没有正确认识法律概念的具体含义。

子任务二:案件事实提取任务。在法律分析中,事实中关键信息抽取是重要的环节,抽取准确的关键信息是定罪与判罚的关键。子任务希望检验模型对给定事实的分析能力。因此,给定模型案件事实,要求模型输出特定的案件信息,包括案件当事人、违法犯罪行为、案件涉及具体物品等。以盗窃案件为例,给定模型一段盗窃案件事实的描述,要求模型输出犯罪嫌疑人、受害人、被盗货币、被盗货币价值、被盗物品、被盗物品价值等信息。

3. 案件推理任务

在前两步的基础上,测试模型的推理能力。模型的推理能力应当复杂于事实回忆能力以及案件分析能力,即在事实与法律之间建立联系,在事实抽取正确与法律理解正确的基础上得出正确结论,这考验模型更高阶的推理能力。因此,笔者构建了三个子任务以测试模型推理能力:案件适用法律分析任务、定罪行为与量刑行为区分任务及司法考试题目回答任务。

子任务一:案件适用法律分析任务。在模型对法律正确理解并且抽取正确事实的基础上,最后的任务是将案件事实与对应法律匹配,以得出正确结论。该任务的设置目的是判定模型在事实提取正确的情形下,能否将违法犯罪事实与相关法条之间建立联系,输出正确的法律适用。在该任务中,如果模型出现法律适用错误,会进一步要求模型解释其作出判断的原因。

子任务二:定罪行为与量刑行为区分任务。在明确案件适用法条后,法官通常会根据定罪行为与量刑行为的区分作出最后的判决。根据犯罪嫌疑人有无减轻刑罚的行为或升格罪名的行为,法官会在适用法条的基础上对判决结果进行修正。因此,正确区分定罪行为与量刑行为是模型得出正确结论的必经之路。

子任务三:司法考试题目回答任务。司法考试作为法律从业者的必经之路,象征着一定水平的法律推理与法律应用能力。因此,为了更全面地测试模型的能力,笔者选择了司法考试中有关法律推理的不定项选择题,要求模型给出答案。

(二)实验方法

本部分将介绍实验的相关细节,包括选用的大语言模型、参数设置、数据集构建、提示词(prompts)设置以及评价指标构建。

1. 大语言模型选择

笔者选取了四个通用场景的大语言模型与一个专门为法律场景设计的大语言模型进行实验。在选取标准上,笔者参照了大语言模型的热门程度、市场占有率、模型表现、是否开放 API 调用等因素,最终采用文心一言、百川、Kimi、通义千问四个通用场景的大语言模型,以及法律大语言模型通义法睿进行测试。仅选择一个法律大语言模型的原因是:一方面法律大语言模型的开发应用较晚,市面上缺少成熟可善用的法律大语言模型;另一方面是多数法律大语言模型并未开放 API 调用,不便于测试。通义法睿基于通义千问基座大语言模型,能力较为成熟,同时可以支持 API 调用。综合以上考虑,笔者选取通义法睿作为代表,检验中国法律大语言模型的表现。此外,对比通义法睿与通义千问的模型表现,还可以更直观地得出法律大语言模型相较于通用大语言模型的改进。

文心一言:笔者选择了 ERNIE-4.0-Turbo-8K 模型,是百度自研的旗舰级超大规模大语言模型,综合效果表现出色,广泛适用于各领域复杂任务场景;支持自动对接百度搜索插件,保障问答信息时效。相较于 ERNIE 4.0 在性能上表现更优秀。ERNIE-4.0-Turbo-8K 是 2024 年 6 月 28 日首次发布的模型版本。[1]此外,该模型可以自主选择是否开启联网搜索能力,笔者将该模型分为 ERNIE-4.0-联网与 ERN-IE-4.0-不联网两个子模型分别进行测试。

百川:百川智能发布的 Baichuan 4 是一款最新一代基座大语言模型,相较于之前的版本 Baichuan 3,在各项能力上均有显著提升。在 SuperCLUE 评测中,Baichuan 4 以总得分 80.64 分刷新了国产大语言模型的纪录,成为国内排名第一的模型。[2]在本次实验中,笔者选择 Baichuan4 作为实验模型,并且默认其关闭联网搜索模式。

Kimi:Moonshot 的文本生成模型(指 moonshot-v1)是训练用于理解自然语言和书面语言的,它可以根据输入生成文本输出。moonshot-v1 模型可以用于各种任务,包括内容或代码生成、摘要、对话、创意写作等。[3]在本次实验中,笔者选择 moonshot-v1 作为实验模型,并且其没有开放联网搜索模式,因此该模型无联网搜索能力。

---

〔1〕 参见《文档中心-ERNIE 4.0 TURBO》,载百度智能云千帆平台(https://cloud. baidu. com/doc/WENXINWORKSHOP/s/7lxwwtafj#%E8%AF%B7%E6%B1%82%E5%8F%82%E6%95%B0),访问日期:2024 年 7 月 19 日。

〔2〕 参见《产品介绍》,载百川大语言模型平台(https://platform. baichuan-ai. com/homePage),访问日期:2024 年 7 月 19 日。

〔3〕 参见《文档-使用手册》,载 Moonshot AI 开放平台(https://platform. moonshot. cn/docs/intro#%E4%B8%BB%E8%A6%81%E6%A6%82%E5%BF%B5),访问日期:2024 年 7 月 19 日。

通义千问:通义千问是阿里巴巴推出的一个大规模语言模型,旨在提供高质量的文本生成和对话能力,能够回答问题、创作文字,以及进行多轮对话等任务。[1]本次实验我们选择了 Qwen-max 作为实验模型,并且默认其关闭联网搜索模式。

通义法睿:通义法睿是以通义千问为基座经法律行业数据和知识专门训练的法律行业大语言模型产品,综合运用了模型精调、强化学习、RAG 检索增强、法律 Agent 及司法专属小模型技术,具有回答法律问题、推理法律适用、推荐裁判类案、辅助案情分析、生成法律文书、检索法律知识、审查合同条款等功能。[2]本次实验我们选择了 farui-plus 作为实验模型。但是与文档中介绍的不同,通义法睿在 API 调用中并没有开放联网搜索模式,故除文心一言以外的模型均没有开启联网搜索模式。

2. 参数设置

在本次实验中,笔者控制了模型输入的两个参数:是否进行联网搜索与模型的温度(temperature)。在上述模型中,本次实验只在文心一言的 ERNIE-4.0-Turbo-8K 上分别开启与关闭联网搜索模式进行两轮实验,其余模型均关闭联网搜索模式。由于通义法睿没有开放联网搜索模式接口,为了确保实验的一致性,其余模型均选择不使用联网搜索模式,以探究法律大语言模型与通用大语言模型的性能差异。此外,为了探究检索增强 RAG 对模型法律能力提升的影响,笔者在 ERNIE-4.0-Turbo-8K 上进行了对照试验,以开启和关闭联网搜索模式进行了对比。温度(Temperature)是一个用于控制人工智能生成文本的创造力水平的参数。通过调整"温度"可以影响 AI 模型的概率分布,使文本更加集中或更多样化。如果温度较低,则对除对数概率最高的类之外的其他类进行采样的概率会很小,并且模型可能会输出最正确的文本。如果温度高,模型可以生成的文本会更加多样化,但出现幻觉的可能性更高。温度的取值范围通常在 0 到 2 之间,但不能取 0。由于法律文本的回答需要精确,笔者选取的温度值为 0.1,以期获得更准确的答案。

3. 数据集建构与提示词设置

笔者对每一个子任务,均构建了专属的数据集。本部分将以子任务的顺序依次介绍数据集的内容与提示词的设置。

(1)事实确立任务

事实确立任务——子任务一:法条回答任务。由于法律法规包含成文法律、行政法规以及地方性法规等文本,本次实验选择了以下八部法律法规构建数据集:《刑

---

[1] 参见《产品文档》,载阿里云百炼大语言模型平台(https://help.aliyun.com/zh/model-studio/),访问日期:2024 年 7 月 19 日。

[2] 参见《产品文档》,载阿里云百炼大语言模型平台(https://help.aliyun.com/zh/model-studio/),访问日期:2024 年 7 月 19 日。

法(2023 年)》《民法典》《劳动合同法(2012 年修正)》《消费者权益保护法(2013 年修正)》,《工伤保险条例(2010 年修正)》《道路交通安全法实施条例(2017 年修正)》《江苏省医疗保障条例》《浙江省医疗保障条例》。其中包含四部法律、两部行政法规以及两部地方性法规。每部法律文本选择了 10 个条文,以｛条文序号,条文内容｝构建数据集。提示词设置为:"请输出+《法律名称》+第 x 条"。

　　事实确立任务——子任务二:针对 2023 年修正法条的法条回答任务。为了验证模型的时效性与 RAG 的有效性,笔者选择了 2023 年进行过修正或 2023 年颁布的法律法规,包括《民事诉讼法(2023 年修正)》《刑法(2023 年)》《未成年人网络保护条例》《私募投资基金监督管理条例》。其中,前两部法律为 2023 年进行修正,在构建数据集时各选择了最新修正的 5 个条文;后两部行政法规为 2023 年颁布的行政法规,在构建数据集时各选择了其中的 5 个条文。上述文本均以｛条文序号,条文内容｝构建数据集。提示词设置为:"请输出+《法律名称》+第 x 条"。

　　事实确立任务——子任务三:指导性案例与热门案例回答任务。对于指导性案例的选择,笔者随机选择了最高人民法院发布的指导性案例中的 10 个案例,指导性案例由案例编号、案件名称、关键词、相关法条、基本案情、裁判结果、裁判要点等部分构成。其中,指导性案例通过裁判要点对相似案情的案件判决进行指导,笔者着重判断模型能否输出正确的相关法条与裁判要点。因此,数据集构建以｛案例编号,案件名称,相关法条,裁判要点｝为格式选取 10 个案例。提示词设置为:"请输出最高人民法院指导性案例+第几号案件+案件名称、相关法条与裁判要点,并以｛案件名称,相关法条,裁判要点｝的形式输出。"

　　对于热门案例的选择,"热门"属于主观性标准,而最高人民法院与中央广播电视总台共同主办的"新时代推动法治进程年度十大案件"的评选可以为本实验的热门案例提供数据。以 2022 年为例,案件的评选过程为,通过对全国法院 2022 年所审结的各类案件进行筛选和初评,共选出 40 个具有较大影响力的典型案件进行网络投票。经专家委员会评选,并综合网民投票结果,最终评选出新时代推动法治进程2022 年度十大案件和十大提名案件。[1]因此,十大案件的选择不仅反映了人民的热切关注,而且体现了专家委员会的意见,在司法应用中能够发挥一定作用。在本次实验中,笔者着重关注案件当事人、罪名、罪量是否正确。因此,本文选取了 2021年与 2022 年的十大案件,共 20 个案件,以｛案件名,当事人,罪名,罪量｝进行数据集构建。提示词设置为:"请输出新时代推动法治进程+具体年份+年度十大案件

---

〔1〕　参见《新时代推动法治进程 2022 年度十大案件揭晓》,载中国法院网(https://www.chinacourt.org/article/detail/2023/01/id/7106758.shtml),访问日期:2024 年 7 月 22 日。

中+案件名+的当事人、基本案情、当事人判处罪名、罪量、并以{当事人,基本案情,罪名,罪量}形式输出,如果你不知道或没有具体罪名、罪量,可以省略或回答不知道。"

（2）案件分析任务

案件分析任务——子任务一:法律解释任务。法律解释任务关注模型能够争取理解法律概念,本次实验选取了民法与刑法中各 10 个概念,并提供了给定的法律解释,法律解释来源于 Legalhub 的《中文法律术语汇编》。[1] 为了验证模型理解法律概念,本次实验将给定的法律解释进行修改,刻意将某些法律解释中的关键条文改错,如法人的定义为"……,作为民事主体,法人能参加民事法律关系,具备独立承担民事责任的能力……"本文将其修改为:"……,作为民事主体,法人能参加民事法律关系,但不具备独立承担民事责任的能力……"有些法律条文进行了单处或多处改错,有的法律条文保持正确解释。数据集结构为{法律概念,法律含义}。提示词设置为:"我给你的是一段法律术语的含义,请你判断该陈述中有无错误之处,如果有,请指出应当如何改正,错误可能不止一处。如果你认为没有错误,回答没有错误即可。以下是法律陈述。"

案件分析任务——子任务二:案件事实提取任务。本次实验选取了中国法律智能技术评测(CAIL2021)中信息抽取任务使用的数据集,本次任务所使用的数据集主要来自于网络公开的若干罪名起诉意见书,总计 7500 余条样本,10 类相关业务、相关实体,分别为犯罪嫌疑人、受害人、作案工具、被盗物品、被盗货币、物品价值、盗窃获利、案发时间、案发地点、组织机构。[2] 本次任务仅涉及盗窃罪名的相关信息抽取。本次实验选取了 10 个案例,以{案件事实、犯罪嫌疑人、受害人、作案工具、被盗货币、货币价值、被盗物品、物品价值、案件时间、案件地点、盗窃获利}进行构建。提示词设置为:"我给你的是一个案件事实,请你根据案件事实抽取出案件信息,包括犯罪嫌疑人、受害人、被盗货币(如果盗窃的是现金)、货币价值(如果盗窃的是现金)、物品价值(如果盗窃的是物品)、被盗物品(如果盗窃的是物品)、时间、地点、作案工具、盗窃获利、并以{犯罪嫌疑人、受害人、被盗货币、货币价值、物品价值、被盗物品、时间、地点、作案工具}的格式输出。如果你不知道或案件事实中未涉及该信息,请留空。以下是案件事实。"

---

〔1〕　参见《中文法律术语汇编》,载中文法律术语汇编网站(https://terms.legalhub.cn/),访问日期:2024 年 7 月 22 日。

〔2〕　参见《CAIL2021 信息抽取任务》,载中国法律智能技术评测网(http://cail.cipsc.org.cn/task_summit.html? raceID=7&cail_tag=2021),访问日期:2024 年 7 月 22 日。

（3）案件推理任务

案件推理任务——子任务一:案件适用法律分析任务。数据集参照了CAIL2018法条推荐数据集与LeCaRD数据集。CAIL2018法条推荐数据集来自"中国裁判文书网"公开的刑事法律文书,其中每份数据由法律文书中的案情描述和事实部分组成,同时也包括每个案件所涉及的法条、被告人被判的罪名和刑期长短等要素。[1]LeCaRD数据集是中国刑事判决书的类案检索数据集,其中包含107个查询案例和43823个候选案例。[2]查询案例和候选案例均取自中国裁判文书网,其中包含案情与罪名的数据。本次实验在CAIL2018法条推荐数据集中选取10个案例,LeCaRD数据集中选择5个案例,尽量保障罪名不重合,构建{事实,犯罪嫌疑人,罪名,刑法条文}数据集。提示词设置为:"我给你的是一个案件事实,请你根据案件事实预测案件中的犯罪嫌疑人所涉及的罪名与相应的犯罪行为,预测其涉及罪名与刑法条文。如果有多个可能的罪名,请输出最可能的罪名,并以{犯罪嫌疑人、犯罪行为、预测罪名、刑法条文}的格式输出。以下是案件事实。"

案件推理任务——子任务二:定罪行为与量刑行为区分任务。本次实验在子任务一案件适用法律分析任务的数据集上进行手动标注,明确案件中的定罪行为与量刑行为。构建{事实、犯罪嫌疑人、罪名、刑法条文、定罪行为、量刑行为}数据集。提示词为:"我给你的是一个案件事实,请你根据案件事实分析案件中的犯罪嫌疑人最可能涉及的罪名与相应的刑法条文。如果有多个可能的罪名,请输出最可能的罪名,并分别指出影响其定罪与量刑的事实并以{犯罪嫌疑人、预测罪名、定罪行为、量刑行为}的格式输出。如果没有影响量刑事实可以填无。以下是案件事实。"

案件推理任务——司法考试题目回答任务。本文所使用的司法考试数据集来源于JEC-QA数据集,JEC-QA数据集中共计有26365条多项选择题,每个问题都包含一个问题描述和四个候选选项。JEC-QA中存在单答案和多答案问题。数据集中包含一套全国统一法律职业资格考试辅导书和中国法律规定构成的参考书目文档。[3]问题分为知识驱动问题(KD问题)和案例分析问题(CA问题)。KD问题注意法律概念的定义和解释,而CA问题则需要对实际情况进行分析。回答两种类型

─────────

〔1〕　See Chaojun Xiao et al., CAIL2018: A Large-Scale Legal Dataset for Judgment Prediction(Jun. 1, 2024), https://arxiv.org/abs/1807.02478.

〔2〕　See Yixiao Ma et al., LeCaRD: A Legal Case Retrieval Dataset for Chinese Law System(Jun. 1, 2024), https://dl.acm.org/doi/10.1145/3404835.3463250.

〔3〕　See Haoxi Zhong et al., JEC-QA: A Legal-Domain Question Answering Dataset, Proceedings of the AAAI Conference on Artificial Lntelligence, 2020.

的问题都需要推理能力。在本次实验中,选取了 KD 问题与 CA 问题各 10 道,以｛题目,选项,答案｝构成数据集。提示词为:"我给你的是一个法律问题与 A、B、C、D 四个选项,请你选出该问题的答案。答案均是不定项选择题。你需要给出明确的答案,并说出选出该选项的理由。问题如下:题目+选项。"

4.评价指标构建

基于 Magesh 等人的研究,其将法律大语言模型的幻觉定义为模型作出了错误的或没有根据的回答。[1]其中,错误指的是模型的回答与真实事实不符,包括结论错误等事实不准确的信息;没有根据是指模型作出了正确的回答,但是引用的资料并不能支持正确的回答,即回答关键事实命题时曲解了资料来源或引用错误材料,将会被认定为没有根据。笔者与 Magesh 的研究侧重不同,Magesh 侧重于研究 RAG 机制能够有效避免幻觉问题,而笔者侧重于研究中文大语言模型在中国的法律体系下是否会出现幻觉问题以及成因。因此笔者借鉴 Magesh 的研究,将评价答案的分析角度定为:正确的回答与准确的回答。

正确的回答意为模型正确地给出了结论,如果一个回答包含了事实上错误的信息,那么这个回答就是不正确的。如在事实确立任务下的法条回答任务中,如果模型没有正确输出法条,或输出的法条不完全正确,则将会被认定为错误。再如,在案件推理任务下法条适用任务中,如果模型没有回答对正确的法条,将会被认定为错误。

准确的回答意为模型给出的结论正确,但是抛开结论,还有其他信息不准确。在本次实验中,不准确可以具体分为几类:①如果得出了正确的结论,但结论中还包含其余不相关的信息,将会被认定为不准确。如案件分析任务下的法律解释任务。部分答案在指出全部错误之处并改正后,还指出了其余的"错误"并加以改正,但改正后与原本的意思基本相同。换言之,所谓的"改正"是模型为了输出更细致的回答,其错误标准过于严苛,成为"过于严厉的改卷者"。本次实验认定该回答为不准确。②如果结论中包含多方面,模型只回答出一方面,则将会被认定为不准确。如案件推理任务下的案件适用法律分析任务,案件事实中可能包含两个罪名,盗窃罪与掩饰、隐瞒犯罪所得、犯罪所得收益罪,但回答中只指出了盗窃罪。笔者认为这属于不准确的回答。司法考试题目回答任务除外,模型必须回答出所有的正确答案。③如果结论包含较为精细的答案与较为粗糙的答案,只回答较为粗糙的答案将会被认定为不准确。如将特定规定输出为一般规定,将信用卡诈骗罪输出为诈骗罪。④如果结论正确,但推理过程错误,笔者认为这也是不准确的回答。如案件推理任

---

[1] See Varun Magesh et. al., Hallucination-Free? Assessing the Reliability of Leading AI Legal Research Tools(Jun. 1,2024),https://export. arxiv. org/abs/2405. 20362 (2024).

务下的司法考试题目回答任务,如果选对了答案,但是分析过程是错误的,笔者认为是不准确的。

因此,基于以上两个分析角度,笔者将答案的标准分类定为以下三类:正确的回答,不准确的回答,错误的回答。正确的回答是既做到结论全面且正确,又论述了正确的推理过程,且没有冗余的回答。不准确的回答包含冗余的回答、不全面的回答、粗糙的回答以及错误因果的回答。错误的回答包括结论错误的回答,以及模型拒绝输出的回答(如"抱歉,输出内容含有不合适的信息")。综合以上评测标准和我们对法律幻觉的理论分类,笔者认为错误的回答、不准确的回答都属于法律幻觉的情形。

四、实验结果与讨论

(一)实验结果与分析

本次实验将按照任务的顺序对实验结果进行展示,并进行简要的分析。每个模型在每个数据集上的结果均以正确数量/不准确数量/错误数量的形式加以展示,最后将统计模型在某一个任务上的总体正确率。

1.事实确立任务

(1)法条回答任务

法条回答任务结果见表1。其中,表现最好的是基于联网搜索的 ERNIE-4.0-Turbo,以及不接入网络的 Farui-plus。可以看到,联网后的 ERNIE-4.0-Turbo 是综合类大语言模型中表现最好的,且显著好于其他大语言模型。由此可得,RAG 功能的开启对于事实确立任务的效果具有显著的提升。Farui-plus 作为法律大语言模型,其训练数据含有很大一部分法律文本。从表1可以看出,Farui-plus 只在《江苏省医疗保障条例》和《浙江省医疗保障条例》下表现极差,在其余法律与行政法规上表现优异,可以推出其训练数据中并不包含地方性法规。

表 1　法条回答任务结果

模型名称	《民法典》	《刑法》	《劳动合同法》	《消费者权益保护法》	《工伤保险条例》	《道路交通安全法实施条例》	《江苏省医疗保障条例》	《浙江省医疗保障条例》	正确率
ERNIE-4.0-Turbo-联网	7/0/3	10/0/0	9/0/1	6/0/4	5/0/5	5/0/5	7/0/3	10/0/0	73.6%
ERNIE-4.0-Turbo-不联网	8/0/2	7/0/3	10/0/0	6/0/4	7/0/3	3/0/7	0/0/10	0/0/10	51.3%

（续表）

模型名称	《民法典》	《刑法》	《劳动合同法》	《消费者权益保护法》	《工伤保险条例》	《道路交通安全法实施条例》	《江苏省医疗保障条例》	《浙江省医疗保障条例》	正确率
Baichuan4	1/0/9	4/0/6	5/0/5	6/0/4	3/0/7	1/0/9	0/0/10	0/0/10	25%
Moonshot-v1	2/0/8	1/0/9	4/0/6	2/0/8	1/0/9	0/0/10	0/0/10	0/0/10	12.5%
Qwen-max	3/0/7	4/0/6	9/0/1	7/0/3	5/0/5	3/0/7	0/0/10	0/0/10	38.6%
Farui-plus	8/0/2	10/0/0	10/0/0	10/0/0	10/0/0	7/0/3	1/0/9	0/0/10	60%

（2）针对2023年修正法条的法条回答任务

针对2023年修正法条的法条回答任务结果见表2。其中,表现最好的仍然是基于联网搜索的ERNIE-4.0-Turbo,以及不接入网络的Farui-plus。这与本次实验的期待结果相符,即由于RAG的开启以及训练数据包含法律数据,模型能够较为实时地更新法条,较少出现事实认定错误的情形。

表2　针对2023年修正法条的法条回答任务结果

模型名称	《民事诉讼法》	《刑法》	《未成年人网络保护条例》	《私募投资基金监督管理条例》	正确率
ERNIE-4.0-Turbo-联网	2/0/3	4/0/1	2/0/3	4/0/1	60%
ERNIE-4.0-Turbo-不联网	0/0/5	0/0/5	0/0/5	0/0/5	0%
Baichuan4	0/0/5	0/0/5	0/0/5	0/0/5	0%
Moonshot-v1	0/0/5	0/0/5	0/0/5	0/0/5	0%
Qwen-max	0/0/5	0/0/5	0/0/5	0/0/5	0%
Farui-plus	3/0/2	3/0/2	0/0/5	0/0/5	30%

（3）指导性案例与热门案例回答任务

指导性案例与热门案例回答任务结果见表3。其中,表现最好的是基于联网搜索的ERNIE-4.0-Turbo。可以推测,大语言模型的训练数据不包括案例部分,因此对于案例回答的任务其表现较差。与前两个子任务不同,在该子任务中出现了不准确的案例,大多是没有给出全部的案情或罪量。

表 3　指导性案例与热门案例回答任务结果

模型名称	2021 年十大案例	2022 年十大案例	指导性案例	正确率
ERNIE-4.0-Turbo-联网	9/0/1	9/1/0	9/1/0	90%
ERNIE-4.0-Turbo-不联网	4/3/3	2/8/0	0/0/10	20%
Baichuan4	2/0/8	0/6/4	0/0/10	6.7%
Moonshot-v1	3/1/6	1/1/8	0/0/10	13.3%
Qwen-max	5/1/4	4/1/5	0/0/10	30%
Farui-plus	1/1/8	1/0/9	0/0/10	6.7%

综上所述,在事实确立任务中表现最好的模型是 ERNIE-4.0-Turbo-联网,其与不联网的 ERNIE-4.0-Turbo 相比,在事实回顾任务中正确率获得了显著提高。因此,在事实确立任务中,RAG 的开启对于减少模型的不准确与错误回答是很有必要的。

错误答案可以分成"编造型错误"与"拒绝回答型错误"。"编造型错误"是指模型输出了一段完全不正确的法条,"拒绝回答型错误"是指模型表明在自身的知识储备中没有更新相关内容。对于事实回顾任务中的错误,编造答案相较于拒绝回答的后果更为严重,因为如果模型没有掌握相应的法律条文,其很难在后续的分析中得出合理的结论,如果模型能够坦白或提示用户自身缺乏相关的知识储备,用户基于其回答被误导的可能性也会降低。

2. 案件分析任务

(1)法律解释任务

在法律解释任务中展现的是模型对于法律定义的正确理解能力与纠错能力,要求模型不仅能够正确理解法律定义,还要准确找到给定概念中错误的表述并加以改正。其中,错误的答案是指没有找到"故意出错的表述"并改正。不准确的答案包括:将正确的语句标为错误并改正,但改正后的结果与原句一致;在解释中出现了新的错误。

法律解释任务结果见表 4。在该实验中,是否联网对于 ERNIE-4.0-Turbo 的表现影响不大,而 Qwen-max 和 Farui-plus 虽然基于同样的底层模型,但表现相差较大。原因在于 Farui-plus 在回答时时常找出过多的错误,将本该正确的语句定义为错误,笔者称之为"过于认真的错误",表明其对文本的分析能力较差。

表 4　法律解释任务结果

模型名称	《民法典》	《刑法》	正确率
ERNIE-4.0-Turbo-联网	8/0/2	9/0/1	85%
ERNIE-4.0-Turbo-不联网	8/0/2	8/1/1	80%
Baichuan4	3/1/6	7/1/2	50%
Moonshot-v1	8/0/2	6/2/2	70%
Qwen-max	7/1/2	7/1/2	70%
Farui-plus	5/2/3	4/3/3	45%

(2)案件事实提取任务

法律事实提取任务结果见表 5。在案件事实提取任务中,错误的答案较少,但不准确的答案较多,通常是遗漏或错误归类了某些案件信息,如有两个作案时间只标明一个,将与受害人的配偶也归类为受害人等。在该任务中,Farui-plus 的表现依旧较差,证明其对文本的分析能力较差。

表 5　案件事实提取任务结果

模型名称	盗窃罪数据集	正确率
ERNIE-4.0-Turbo-联网	8/2/0	80%
ERNIE-4.0-Turbo-不联网	8/2/0	80%
Baichuan4	5/4/1	50%
Moonshot-v1	8/2/0	80%
Qwen-max	7/3/0	70%
Farui-plus	4/6/0	40%

综上所述,在案件分析任务中由于通常给定相关的文本,只需模型对文本进行理解与提炼,模型会判断该任务无须联网,导致是否联网对模型表现影响不大。但是,由于法律解释任务只包含了《民法典》与《刑法》的数据,在较为冷门的法律法规出错时,模型仍可能调用 RAG 功能以辅助判断。此外,法律大语言模型的表现逊色于综合大语言模型,可以看出法律大语言模型在文本理解与分析方面的能力弱于综

合大语言模型,可能的原因是法律大语言模型在 fine-tuning 的阶段不如综合大语言模型细致,且法律大语言模型的使用与迭代需求小于综合大语言模型。

3.案件推理任务

(1)案件适用法律分析任务

案件适用法律分析任务结果见表6。在案件适用法律分析任务中,法律大语言模型的表现依旧较差,其不准确的结果通常是没有指出犯罪行为,或少输出罪名。通用大语言模型的表现较为相近,错误的结果往往将易混淆的罪名混淆,如敲诈勒索罪与抢劫罪。法律大语言模型在某些易混淆罪名的表现上优于通用大语言模型,如过失致人死亡罪与故意杀人罪的区分,Baichuan4 和 Moonshot-v1 均分析为故意伤害,而其余四个模型正确区分了二者。

表 6　案件适用法律分析任务结果

模型名称	法条适用数据集	正确率
ERNIE-4.0-Turbo-联网	13/1/1	86.7%
ERNIE-4.0-Turbo-不联网	13/1/1	86.7%
Baichuan4	9/3/3	60%
Moonshot-v1	11/1/3	73.3%
Qwen-max	11/2/2	73.3%
Farui-plus	6/5/4	40%

(2)定罪行为与量刑行为区分任务

定罪行为与量刑行为区分任务结果见表7。在该任务中,法律大语言模型的正确率相较于上一个任务显著提升,可能的原因在于通过阶段性分析,让模型区分了定罪行为与量刑行为,模型能够更好地将行为与法条匹配,进而得出正确结论。此外,在本实验中,模型通常难以正确识别量刑行为,一方面由于量刑行为与主观恶意的关联较大,答案较为开放;另一方面也反映了模型在训练中仍需增强定罪与量刑阶段式思维的构建。

表 7　定罪行为与量刑行为区分任务结果

模型名称	法条适用数据集	正确率
ERNIE-4.0-Turbo-联网	10/1/0	90.9%
ERNIE-4.0-Turbo-不联网	9/2/0	81.8%
Baichuan4	6/3/2	54.5%

（续表）

模型名称	法条适用数据集	正确率
Moonshot-v1	7/1/3	63.6%
Qwen-max	9/2/0	81.8%
Farui-plus	8/3/0	72.7%

（3）司法考试题目回答任务

司法考试题目回答任务结果见表8。司法考试题目作为本次实验中最难的实验，其融合了事实确立、案件分析与案件推理。在该任务中，ERNIE-4.0-Turbo 与 Qwen-max 的表现较好，其背靠的公司分别为百度与阿里巴巴。司法考试题目更接近于现实生活中的法律咨询工作，需要正确理解提问者的处境与诉求，并给予正确的回答。

表 8　司法考试题目回答任务结果

模型名称	知识驱动问题	案例分析问题	正确率
ERNIE-4.0-Turbo-联网	9/0/3	3/1/6	54.5%
ERNIE-4.0-Turbo-不联网	8/0/4	4/1/5	54.5%
Baichuan4	5/1/6	1/0/9	27.3%
Moonshot-v1	3/0/9	2/0/8	22.7%
Qwen-max	8/0/4	3/1/6	50%
Farui-plus	2/0/10	4/0/6	27.3%

（二）讨论

1.法律大语言模型的表现是否优于通用大语言模型

法律大语言模型在更多法律语料和法律任务上进行了训练和微调，其表现一定胜过通用大语言模型吗？我们的实证结果是否定的。以表9的案例为例，犯罪嫌疑人伙同他人以暴力手段强迫受害者交出财物，并造成受害者轻微伤害的情况，根据描述，正确罪名应为抢劫罪。在此案例中，通用大语言模型正确预测了罪名为抢劫罪，符合实际的法律规定和案件事实。通用大语言模型凭借其广泛的信息训练基础和对多领域知识的整合能力，能够准确地捕捉到案件描述中的关键元素如"暴力手段""强迫交出财物"等，并据此作出合理的法律推断。相反，法律大语言模型却预测错误,将案件定性为敲诈勒索罪,这显示了法律专用模型在此案例中的一个明显失误。尽管法律大语言模型被设计为专注于法律领域的语言理解和条款应用,但它在这里未能准确解读涉案行为的法律本质,其错误可能源于对案件细节的过度解读或是模型在特定情境下的推理限制。

　　这个案例表明,尽管法律大语言模型专为处理法律相关的任务而训练优化,但其表现并不一定总是超过通用大语言模型。在某些情况下,通用大语言模型可能因其更广泛的训练数据和多领域知识的综合应用而展现出更优的问题解决能力。这与其他的实证研究结论相契合,更大参数量的通用大语言模型,其可能比参数量小的法律大语言模型表现更好。[1]可见研究者还需要找到更合适的法律大语言模型设计与训练方法,确保其在专业法律任务中的可靠性和有效性。

表 9　法律大语言模型与通用大语言模型表现对比

任务类型	模型输入/案件事实	通用大语言模型反馈	法律大语言模型反馈
案件适用法律分析任务:	2011 年 6 月 28 日下午,曾建波(另案处理)邀集罗国龙及曾某 1、曾某 2(均在逃)至丰城市新城区金港湾宾馆,由罗国龙开好房间,曾某 1 打电话将被害人罗某 1 骗至金港湾宾馆,之后,罗国龙伙同曾某 1、曾某 2、曾某 3 以罗某 1 打麻将时"杀猪"(玩假)为由,对罗某 1 进行殴打,摔烂罗某 1 的手机,逼罗某 1 退还罗国龙及曾某 1 输掉的钱,迫使罗某 1 交出 15000 元并写下一张还清欠款的便条,才让罗某 1 离开。经鉴定,罗某 1 的伤势为轻微伤乙级。2011 年 8 月 3 日,罗国龙同曾某 1 退还赃款及赔偿医疗费共计 22000 元给被害人罗某 1,取得了被害人罗某 1 的谅解。2015 年 9 月 21 日,罗国龙到丰城市公安局孙渡派出所投案自首。	犯罪嫌疑人:罗国龙,犯罪行为:伙同他人以暴力手段强迫受害者交出财物,摔烂受害者手机,造成被害人轻微伤乙级,后自首并退还赃款及赔偿,预测罪名:抢劫罪,刑法条文:《中华人民共和国刑法》第 263 条	犯罪嫌疑人:罗国龙,犯罪行为:伙同他人以赌博作弊为由对被害人进行殴打,并迫使被害人交出钱财和写下还款便条,造成被害人轻微伤乙级,涉嫌敲诈勒索罪,预测罪名:敲诈勒索罪,刑法条文:《刑法》第 274 条:敲诈勒索公私财物,数额较大或者多次敲诈勒索的,处 3 年以下有期徒刑、拘役或者管制,并处或者单处罚金;数额巨大或者有其他严重情节的,处 3 年以上 10 年以下有期徒刑,并处罚金;数额特别巨大或者有其他特别严重情节的,处 10 年以上有期徒刑,并处罚金。

　　[1]　See Zhiwei Fei et al., LawBench: Benchmarking Legal Knowledge of Large Language Models(Jun. 1, 2024), https://arxiv.org/abs/2309.16289.

2.联网检索是否能显著提升大语言模型回答法律问题的能力

在实验中,笔者观察到非联网模型与联网模型在处理法条确立任务时的性能差异。总体而言,联网模型在处理需要真实法条的相关任务上能力更强,保证了法律信息的即时准确。

以表10为例,针对《浙江省医疗保障条例》第三条的查询,ERNIE-4.0-Turbo不联网版本由于无法实时接入外部法律数据库或更新资源,其回答仅限于提供概念性指导和一般性条款的可能内容。该模型明确其功能局限,指出自身无法提供具体法律条文,推荐用户直接查询官方网站或通过权威的法律信息平台进行详细查证。这种处理方式虽保证了信息提供的谨慎性,却使得用户需额外步骤来获得必要的法律文本,增加了法律实务操作的复杂度。相较之下,联网后的模型凭借其接入实时数据的能力,直接提供了《浙江省医疗保障条例》的具体法条内容。此举大幅提高了模型在法律信息查询中的实用性与效率,用户可以即刻获得精确的法律条文,从而为法律研究与实务提供更多便利。

表 10　RAG 功能对模型性能影响对比

任务类型	模型输入	不联网模型反馈	联网模型反馈
事实确立任务:法条回答任务	请输出《浙江省医疗保障条例》第3条	ERNIE-4.0-Turbo-不联网:《浙江省医疗保障条例》第3条内容可能涉及该条例的基本原则、适用范围或者医疗保障体系的基础构成等方面,但具体的条文内容需要直接引用相关的法律法规文件或官方发布的文本。由于我无法直接访问最新的法律法规数据库或官方文件,因此无法直接提供该条例第三条的准确内容。 为了获取准确信息,建议您直接访问浙江省人民政府的官方网站、浙江省医疗保障局的官方网站,或者通过其他权威的法律数据库和平台,查找并阅读《浙江省医疗保障条例》的完整文本。这样,您可以直接了解到该条例第三条的具体内容,以及其他相关条款的详细规定。	ERNIE-4.0-Turbo-联网:《浙江省医疗保障条例》第3条内容如下: 医疗保障应当坚持覆盖全民、城乡统筹、权责清晰、保障适度、可持续方针,遵循保障水平与经济社会发展水平相适应、权利与义务相对应、公平与效率相结合原则,统筹推进医保、医疗、医药联动改革。 这一条款明确了浙江省医疗保障的基本原则和目标,强调了医疗保障的广泛覆盖性、城乡统筹性、权责明确性、保障适度性以及可持续性,同时指出了医保、医疗、医药三者之间的联动改革方向。这些原则和目标为浙江省医疗保障体系的建立和完善提供了重要的指导和依据。

五、结　论

本研究对我国法律背景下的法律幻觉进行了定义。法律幻觉是指大语言模型在法律推理时输出编造、虚构法律相关内容的现象。法律幻觉分为三种:首先是虚构法律与事实,其次是对法律条文的错误解释,最后是不恰当的法律适用。通过实证分析,笔者测量了大语言模型在法律领域应用时产生的幻觉现象。实验设计遵循了法律推理的结构,分别测试了事实确立、案件分析和案件推理三个阶段,对不同类型的法律问题进行了详尽的测试。结果显示,虽然大语言模型能够在多数情况下提供合理的法律建议和分析,但其幻觉现象仍然不可忽视,目前并没有能够完全消除幻觉的大语言模型。

实验结果进一步证实,模型的表现受到训练数据质量、模型架构及其对特定法律语境的适应性的显著影响。例如,法律大语言模型在处理地方性法规和最新修订法律时表现不佳,这可能与其训练数据的局限性有关。此外,检索增强、联网搜索技术的使用可以在一定程度上缓解幻觉问题,提高模型输出内容的准确性。

鉴于以上发现,笔者建议未来的法律大语言模型开发应更加注重模型训练的全面性和时效性。同时,模型在实际应用前应进行严格的验证和调整,确保其在法律专业领域的安全性和可靠性。法律专业人士在使用大语言模型进行法律工作时,应当警惕其潜在的幻觉风险,结合专业判断,避免完全依赖模型输出。

综上所述,大语言模型在法律领域具有广泛的应用前景,但要安全有效地利用这些技术,还需解决幻觉问题,确保模型的透明度和可解释性。笔者希望本研究能够为未来相关技术的发展和应用提供实证基础和方向指导。

【责任编辑:吴晓婧】

生成式人工智能算法的法律风险
与综合防控策略研究

何　丽*

摘要:生成式人工智能作为新型科技代表,正迅速影响数字社会的各个领域,尤其在数字营销新业态中,数据与算法的深度融合已使传统营销模式产生深刻变革。然而,伴随算法权力的逐渐失控,一系列法律风险随之浮现,包括消费者法律主体地位的异化、个性化推荐算法中的歧视现象、算法黑箱导致的信息茧房效应等,这些问题共同导致了算法信任的逐渐丧失。为化解算法危机与风险,需重构算法信任并建立算法问责机制,从责任归属、契约诚信及技术设计三个维度构建算法规范的治理信任。在此基础上,通过规制算法、重塑法律层面的主体—行为—责任链条,并借助区块链技术实现算法风险的法治化防控。

关键词:算法信任　算法问责　数据访问　数字营销　算法权力

一、问题的提出

21世纪作为互联网的时代,随着数据、算法和算力之间的深度融合,使得人类以一种极具颠覆性的方式迈入数字社会。随着以ChatGPT为代表的生成式人工智能的出现,使得算法、数据和人工智能之间的连接更为紧密。生成式人工智能算法借

收稿日期:2024-06-30
* 何丽,美国芝加哥大学博士研究生。

助数据逐渐异化成一种社会性权力,掌控社会上权利义务和财富资源的再分配。当下数字经济的蓬勃发展使得数字营销新业态展现了无限的生机与活力。而数字营销伴随着数字经济的发展日益凸显其前沿性、重要性,并逐步渗透到互联网环境下的各类营销活动、运营之中,深刻影响着企业与消费者之间的互动。同时,由于生成式人工智能算法在其中的异化,使得数字营销新业态的发展出现了众多不良因素,当算法和平台商家相结合,深入且广泛地嵌入我们的生活并不断拓展之时,看似理性的算法却引发了一系列算法危机和法律风险,算法歧视、算法黑箱、信息茧房、算法霸权等法律问题层出不穷。而由于生成式人工智能算法权力异化带来的问题使得在数字营销新业态中存在诸多不确定因素,消费者对于算法产生了极强的不信任感,也使得平台商家通过算法侵犯到消费者的合法权益而可以利用技术主义逃避责任,因此如何重构算法信任成了摆在数字营销新业态发展面前的一大难题。算法信任作为社会信任在数字时代的一种信任形式,社会信任反映的是对陌生人或者社会上大多数人的信任,是社会正常运作的诚信基石。在数字时代之前,社会正常运作则依赖人际信任[1]和法律信任[2]的共同维系,但随着数字科技的发展,信息的不对称和法律功能的下降使得社会信任体系日渐式微。尤其是生成式人工智能的出现,在生成式人工智能算法强大算力的加持下使得算法风险愈演愈烈,在数字营销新业态中对于算法、交易以及平台的信任愈发脆弱。法律对于生成式人工智能等新兴科技的出现显示的滞后性和模糊性,使得本身并不平等的法律主体之间的权利义务更加不平衡,强势的一方运用生成式人工智能算法加剧了信息的不对称性,从而进入不断加剧权利义务不平衡的恶性循环之中。如果放任算法权力的异化,终究不利于数字营销新业态的良性发展。如何在数字营销新业态中实现生成式人工智能算法风险的法治化防控是促进数字经济良性发展亟待解决的理论困境和现实问题。

不少学者基于前瞻性和预测性的立场,开始探讨生成式人工智能算法风险的法治化防控路径。有学者提出,应以监管权的开放协同、监管方式的多元融合、监管措施的兼容一致为特征推动监管范式的全面革新,迈向面向人工智能"2.0"时代的"治理型监管"。[3]也有学者提出,应当实现多元主体协同、制度设计优化、治理工

---

[1]　人际信任是指个体在人际互动过程中建立起来的对交往对象的言辞承诺以及书面或口头陈述的可靠程度的一种概括化期望。

[2]　法律信任是指社会主体对法律及法律现象的理性认知和积极评价以及由此产生的对法律坚定不移的信仰和尊重,它既是法律存在的基础,也是法律实施的关键。

[3]　参见张欣:《生成式人工智能的算法治理挑战与治理型监管》,载《现代法学》2023年第3期。

具创新的同频共振,推动生成式人工智能监管落实。[1]或者从算法透明度的角度出发提出技术上制造可解释人工智能是实现算法透明的一种新的选择。[2]抑或从治理算法歧视出发,提出推动公民权利意识、算法素养、意识形态主体地位的确立,综合应用多种手段以防范化解消除算法歧视带来的有害影响。也有学者从治理算法共谋角度出发,提出既要注重公平竞争与消费者保护,也要兼顾效率目标,来开展算法技术创新和发展。[3]或者从算法安全审查入手,提出充分发挥平台经营者和使用者的协同共治效能,夯实算法审查的社会基础。[4]学界对于生成式人工智能算法风险的法治化防控路径角度多样,但都认识到传统依赖法律规制的常规手段已然无法适应数字社会的发展,应当建构涵盖以法律规则、行业规制和技术准则为基础的敏捷性治理。算法风险会引发公众对算法决策的信任危机,产生算法恐慌情绪并可能导致算法污名化,进而阻碍数字中国的进程。[5]随着《生成式人工智能服务管理办法》的出台,对于生成式人工智能算法风险的治理日趋规范,信任和责任是一体两面,建构算法信任便是重塑算法切断的法律主体—行为—责任链条,重塑算法的问责机制。

二、生成式人工智能算法的信任异化和法律风险

在数字营销新业态中,平台商家借助生成式人工智能算法、虚拟数字人等人工智能新技术攫取商业利益,拉大了商家与消费者之间不平等的权利义务地位。数字营销新业态与传统商业营销有着质的突变,平台商家通过虚拟数字人进行背后操控,从而对整个交易进行隐形控制,同时平台商家运用算法权力掌握了交易的主动权,而处于相对弱势地位的消费者和用户则在算法权力的异化过程中逐渐丧失主体人格地位。生成式人工智能算法依靠和数据的深度融合,从单纯意义上的函数演变为分配权利义务的社会性权力,而在数字营销新业态的具体场景中,平台商家则借助算法权力掌握消费者和用户的消费者数据,从而作出个性化推荐的算法歧视,消费者和平台商家原先建构的平等交易机制由此被颠覆。大数据的蓬勃发展,推动着

---

〔1〕　参见陈兵、董思琰:《生成式人工智能的算法风险及治理基点》,载《学习与实践》2023年第10期。

〔2〕　参见杨志航:《算法透明实现的另一种可能:可解释人工智能》,载《行政法学研究》2024年第3期。

〔3〕　参见刘奕麟:《人工智能时代反垄断法的挑战:算法共谋的竞争威胁与制度构建》,载《网络安全与数据治理》2023年第11期。

〔4〕　参见邹开亮、刘祖兵:《论类ChatGPT通用人工智能治理——基于算法安全审查视角》,载《河海大学学报(哲学社会科学版)》2023年第6期。

〔5〕　参见黎梦兵:《数字中国背景下算法决策的社会信任机制研究》,载《理论导刊》2021年第10期。

人工智能算法在工商业活动中的深度应用,此过程中,数据分析和算法内部演算带来了针对特定群体的歧视性对待。[1]同时,平台商家运用算法自动化决策使得消费者逐渐被自身数据包裹成一个信息茧房,消费者由于逐渐丧失交易的主动性,平台商家则借助算法掌握了消费者的相关数据,使得消费者逐渐异化为生产数据的客体,消费者在算法权力的异化过程中逐渐失去法律人格,由此在数字营销新业态中,平台商家可以借助算法形成绝对强势地位。消费者对于平台商家和算法的信任在一次次算法自动化决策过程中逐渐丧失,算法借助互联网摆脱了法律主体—行为—责任链条,从而产生了一系列新兴法律风险,而算法权力的异化终究会反噬数字营销新业态的良性发展,算法危机的来临终究不利于数字社会的长治久安。

(一)算法歧视破坏交易平等机制

在虚拟数字人等数字科技和算法等人工智能技术结合下,网络直播等平台营销手段发生了质的突变。自治算法作为电商平台自治的技术手段,本身具有合法性和中立性。[2]相较于以往消费平台而言,数字营销可以通过利用数字人等虚拟技术从而减少人工介入,以 ChatGPT 为代表的生成式人工智能,使得商家可以运用算法通过虚拟数字人与消费者进行交互。虚拟数字人作为以往平台运用算法等数字技术的集大成者,使得算法风险更加具有隐蔽性和欺骗性。对于传统的营销手段,商家通过网络直播等形式直接面向消费者推销商品,对于商品的真实性和价值则基于商家和消费者之间的交互以及消费者对商品的认知等进行综合判断。传统营销手段由于没有借助算法等人工智能技术,商家和消费者之间的交易地位则依赖人际信任和法律信任进行规制,双方基于交易习惯和伦理道德维持交易的契约精神,同时基于《民法典》《电子商务法》《消费者权益保护法》等现行法律法规,以及未来将出台的《数字经济促进法》,对商家和消费者的行为通过法律进行规制和追责。而在虚拟数字人为代表的生成式人工智能深度嵌入平台营销后,运用虚拟数字人切断了商家和消费者之间的人际交互,虚拟数字人背后的算法则依托技术主义斩断了法律主体—行为—责任链条,商家通过算法摆脱了原有的束缚从而破坏了《电子商务法》《消费者权益保护法》倾向于保护消费者的交易平等机制。

算法运行过程中产生的偏见及问题,其本质是社会偏见在人工智能时代的映射,逐渐显现侵害社会公众的人格平等权、隐私权,并对数据安全形成威胁甚至破

---

[1]　参见朱宝丽:《数据正义、算法歧视与规制》,载《征信》2023 年第 3 期。

[2]　参见程增雯:《平台经济领域自治算法滥用与反垄断规制》,载《南方金融》2021 年第 10 期。

坏,从而导致对社会危害现象的发生。[1]平台商家通过虚拟数字人代替了原先的人工服务,而虚拟数字人等生成式人工智能在和消费者交互过程中,则依赖对消费者已有数据作为基础进行算法训练,通过对消费者的消费习惯和交易记录等消费信息从而进行个性化推荐,通过对消费能力和消费次数综合预测消费者的未来消费可能性。同时,平台商家基于规避责任和不利信息从而攫取最大经济利益的出发点,在运用算法时主观上很大程度上会对算法的训练数据进行刻意剔除原先不利的记录和信息,在算法开始收集训练样本时便使算法产生了偏向性和歧视性选择。人工智能的发展让经营者基于消费者信息精准预测其支付意愿从而进行价格歧视成为可能。[2]随着虚拟数字人的形象朝写实、仿真的方向发展,使得虚拟数字人的外表、动作、语言等与真人难以区分,同时借助元宇宙场景的复刻使得消费者难以分辨,图灵测试的奇点随着生成式人工智能的产生已然愈发临近。虽然虚拟数字人等生成式人工智能还属于弱人工智能的范畴,但由于虚拟数字人基于现有法律规范难以对其进行法律界定,从而使得商家可以以此为契机挣脱法律束缚。虚拟数字人向消费者推销商品时,由于其交互的话语都是基于算法自动化决策输出的结果,并不如传统营销是基于自身感受和主观意志形成,虚拟数字人无法真实感知商品的真实性,很容易对消费者尤其是青少年群体产生欺骗和误导。同时算法可以针对不同消费者群体甚至特定消费者量身定做相应的话术,形成误导性引导消费者购买商家商品。而消费者在事后维权时则由于难以证明自身存在重大误解等可撤销事由,无法撤销相应的合同。诚信和信任是人们更新社会价值观的基础,是实现社会价值变革、推动价值观体系创新的催化剂。[3]平台商家借助算法运用个性化推荐从而破坏了原本的交易平等机制,大数据杀熟现象在实务中早已司空见惯,实质上侵犯了消费者的公平交易权,从而流失消费者对平台商家的信任,长此以往不利于数字营销新业态的健康发展。

(二)算法黑箱编织交易信息茧房

算法黑箱对算法决策提出了挑战,算法透明要求算法可解释。[4]平台商家借助虚拟数字人这一生成式人工智能技术在损害交易平等机制外,由于虚拟数字人交

---

[1] 参见岳平、苗越:《社会治理:人工智能时代算法偏见的问题与规制》,载《上海大学学报(社会科学版)》2021年第6期。

[2] 参见李倩、〔荷兰〕尼尔斯·J.菲利普森:《人工智能驱动下算法价格歧视的反垄断规制:一个法经济学分析》,载《财经法学》2023年第4期。

[3] 参见宇文利:《从个人诚信到社会信任:价值观内在伦理秩序的建构》,载《伦理学研究》2020年第6期。

[4] 参见杨志航:《算法透明实现的另一种可能:可解释人工智能》,载《行政法学研究》2024年第3期。

互的内容都依赖算法,平台商家在输入训练数据时便早已注入了带有偏见性和歧视性的主观意识。算法本身作为一种中立性技术的存在,最初只表示数学意义上的函数运算,其并不具备社会层面上的权力分配。但由于算法和数据的深度嵌入使得在数字经济的当下,社会的运行无法抛开数字的深层次影响。算法由于其内部运作的不可解释性,即便是专业人士去分析算法运作的代码和函数依旧存在极大困难,而对于消费者等普罗大众由于巨大的知识鸿沟的存在,无法对算法的运行代码和关键因素进行认知和理解。算法作为人类利用机器抓取、处理并输出数据的手段,其所得结果受到编写者主观偏差、技术偏差等多种影响。[1]对于算法从知识转化为数据输入,再从数据输出转化为知识这一过程,其中数据和数据的相关关系并不是法律层面上的因果关系,难以从现有认知中对算法自动化决策作出合理解释。而算法的质料则来源于消费者遗留的数据废料,在传统营销中并不注重或者难以使用的数据成为平台商家获取商机和市场份额的重要竞争优势。消费者在进入平台时,平台商家通过和消费者签订同意用户协议而获得消费者的个人信息和数据,由于《个人信息保护法》中将收集个人信息采取知情同意作为基本原则,但平台商家利用格式条款规避责任,并利用消费者个人信息进行算法自动化决策打开方便之门。

　　平台"大数据杀熟"是通过算法侵害消费者权益的行为,存在社会伦理和技术伦理的双重可责性,应当予以规制。[2]平台商家利用收集到的消费者个人信息,通过数据训练形成个性化算法,以此做出的用户画像可以针对特定消费者的消费习惯量身定制,实时动态监控消费者在平台上的一切痕迹。消费者个人在平台面前所谓的私权利早已暴露无遗,消费者的个人信息、隐私成为平台商家进一步发展的商业资源,甚至成为改善平台商家的服务模式的重要契机。搜集消费者数据形成的算法则将消费者群体进行划分,以此进行个性化推荐,消费者在平台上所获得的信息都是根据用户画像特定推送的。消费者难以知晓和识破算法个性化推荐的信息是否属于最优解,有些时刻算法推送的信息的确契合消费者内心的真实意愿,但由于算法并不具备法律上甚至逻辑上的因果关系,算法自动化决策的结果准确率很大程度上取决于训练数据和远期数据是否拟合。当平台商家尽其所能搜集特定消费者数据,并以此形成个性化算法时,消费者所获得的信息的确很有可能是其内心的真实法效意思。但这些消费者自身的数据通过算法在消费者身旁逐渐形成一道道隐形的信

---

〔1〕　参见吴椒军、郭婉儿:《人工智能时代算法黑箱的法治化治理》,载《科技与法律(中英文)》2021年第1期。

〔2〕　参见郑鹏程、龙森:《公共性视角下平台"大数据杀熟"的规制逻辑与路径》,载《吉首大学学报(社会科学版)》2022年第6期。

息围墙,将消费者包裹进算法编织的信息茧房中。算法编织的信息茧房导致消费者作为完全民事行为能力人的意思表示真实性大打折扣,实施行为时消费者内心的真实意思表露于外,但由于消费者获得的信息都具有偏向性和歧视性,平台商家甚至可以通过算法预测消费者的未来消费行径,消费者内心的意思是否真实难以得到有效保障;同时,信息茧房是否可以以消费者重大误解为基础的撤销权事由仍旧存疑,消费者在算法编织的信息茧房中无法获得交易的有效信息,使得交易的公平性难以保证,消费者所实施的法律行为由于判断依据的狭隘和偏向性使得行为的有效性存在瑕疵。

(三)算法权力异化交易主体地位

生成式人工智能算法本质是作为数学意义上的函数运算,由于运用到计算机上的代码和编程成为数据处理模型。当下的数字经济,通过对数据背后经济价值的挖掘和利用,使得数据成了社会新兴的生产要素参与分配。数据的价值则基于算法的集成效应,数据在没有经过收集、处理和分析汇聚成大数据之前,其并没有相应的经济价值。算法和数据的深度融合使得两者相辅相成,数据的价值由算法决定,算法则需要数据作为质料。平台商家借助算法通过对消费者数据的占有、处理和结果输出,演变成针对消费者的经验策略,同时借助消费者数据掌握市场的份额和走向,算法俨然成为主宰平台交易的权力之手。人工智能的加持使得数据同时具备自然属性和社会属性,平台商家借助手中掌握的消费者数据,对消费者获取信息的渠道和范围进行限制,从而在交易上占据主动和主导地位,使得消费者本已处于弱势的主体地位岌岌可危。平台商家在数字营销中通过掌握消费者数据来影响甚至操控消费者的预期消费行为,虚拟数字人的出现使得算法权力的操控显得更加具有隐蔽性和欺骗性。算法借助虚拟数字人逐渐对消费者的主体地位进行侵蚀。一方面算法影响消费者的内心真实意思表示,从主观层面开始消解消费者法律上的主体资格;另一方面算法通过信息茧房对消费者实施的民事法律行为产生影响,在客观层面开始规范消费者的个人行为。算法从消费者主客观层面逐渐异化其法律上的主体地位,生成式人工智能算法俨然成了数字时代新兴的社会性权力,算法对各方权利义务的重新配置愈发显示出重要性。

平台商家运用算法权力不仅通过收集海量的消费者数据来获得高额利润,更为严重的则是监视资本主义的形成,将消费者嵌入数据生产的链条之中,消费者从主体地位异化为被算法支配控制的客体。平台商家在搜集海量消费者数据后进行分析处理,对消费者进行单向监视,以此来预测和调整消费者的未来消费行为,从而占据市场份额和获得高额收益。监视资本主义是算法和平台的深度融合下的必然产物,平台商家在算法权力的帮助下更加深入和全面地获取消费者数据,形成了无孔不入的商业监视,平台商家以免费提供服务来获取消费者数据,其中包括消费者个人信息、消费记录、消费习惯和位置信息等一切相关数据。平台商家的监控除获取消费者数据之外,在算法分析处理消费者数据之后,通过虚拟数字人来对消费者提供个性化推荐和评分机制,以此来影响消费者的未来消费行径。同时,消费者过往的消费信息和消费习惯成了个性化定价的重要依据,平台商家借助虚拟数字人对消费者进行轻推,说服消费者购买相应的商品和服务,在监视资本主义的作用下,平台商家通过算法来实现收益,对于商家而言,算法成了其未来商业决策的重要甚至唯一考量因素,使得商家自身在实施商业行为时的自主性同样受到了挑战。算法权力逐渐异化了平台商家和消费者这对交易相对方的法律主体地位,消费者在算法权力面前的价值成了经济利益的生产数据价值,在监视资本主义建构的数据生产体系中异化为数据商品和市场原料。平台经济模式的成功建立在社会信任和期许之上,而平台经济近年来出现的各类问题则可能触发了"背信厌恶"的社会心理机制,导致较为强烈的负面情绪,由此促使决策者调整规制力度。[1]

三、生成式人工智能算法规范的法理逻辑重构

数字营销新业态下,平台商家运用生成式人工智能算法使得整个交易环境和体系难以形成信任的良好社会氛围,消费者对于商家和算法产生了极强的不信任感,如何化解算法权力带来的算法信任危机成了数字营销新业态亟待解决的一大难题。算法信任的危机则来源于平台商家利用算法斩断了法律主体—行为—责任链条,使得平台商家可以躲藏在技术主义的盾牌之后规避现有法律规制。在数字营销新业态中,重构算法信任的顶层设计则是确立算法责任归属,将被算法斩断的法律主体—行为—责任链条重塑,确立平台商家的法律责任。在外部算法治理的基础之上,从平台商家和消费者内部的交易契约形成的意思自治中,确立算法使用的智能合约,以此确立交易的诚实信任原则,从而在数字营销新业态的交易环境中形成算法合约信任。而在算法信任的底层设计中则需要秉持对算法的客观中立的态度,对算法自动化决策保持利用和监管的双准则,可以利用算法的智能合约和匿名化等技术保障交易安全和信息安全,通过重构算法信任从而化解算法权力异化带来的现实危机和法律风险。

(一)责任归属:算法规范的治理起点

生成式人工智能算法在数字时代借助和数据的深度嵌合摆脱了传统法律主

---

〔1〕　参见戴昕:《平台责任与社会信任》,载《法律科学(西北政法大学学报)》2023 年第 2 期。

体—行为—责任的责任归属,要实现从算法危机到算法信任的转变,需要在算法治理中重建法律主体—行为—责任这一链条,以此重构算法信任的问责治理。对于平台商家在数字营销中算法的规制则在《电子商务法》第18条设置了相应义务,平台商家运用算法进行推荐时也应当提供非个性化推荐的一般结果,但在区分个性化搜索结果和自然搜索结果时,在实务中依旧难以落地,平台商家运用搜索算法时必然会以消费者数据作为训练样本,所谓的自然搜索结果在技术层面难以实现。同时《电子商务法》基于尊重和保护消费者权益的立法原则,即便提供了自然搜索结果,是否为保护消费者权益的最优路径同样存疑。根据帕累托最优,平台商家即便提供相应的自然搜索结果渠道,暂且不论平台商家为此承担的成本,消费者通过自然搜索是否能够获取本身所需可能难以企及个性化推荐,自然搜索结果渠道在和个性化推荐的实践竞争中并没有优势,终究会被数字经济市场所淘汰。数据分享已经成为数字时代的社会共识,与其限制算法个性化推荐的使用,不如规范算法的使用。《电子商务法》中对于违法算法责任规定更为直接的是平台商家承担相应的行政责任,而对于消费者民事权益的救济却没有规范,司法实践中,由于消费者举证、取证困难以及维权成本过高等一系列问题,使得此类案件的数量少之又少,和数字营销新业态蓬勃发展的新兴趋势形成了巨大的反差。背后显现的则是消费者对于平台商家和算法的不信任,平台商家的数字营销可能在短期内会实现发展,但对于重构算法信任和促进数字营销新业态的持续发展产生了不可估量的恶性影响。

　　传统的线性商业模式通过自身创造产品和服务创造价值,而在平台经济的商业模式下,通过网络连接解决客户群之间的协调和交易成本问题来创造价值。[1]《电子商务法》对于数字营销平台设置算法责任的根本目的是调整平台商家和消费者之间日益拉大的差距,自然这并非民商法领域第一次了为对双方权利义务进行再分配做出的努力。《消费者权益保护法》出于倾斜性保护消费者的考虑,为消费者设置了知情权、选择权和公平交易权,以此作为抗衡平台商家的法律之盾。《电子商务法》对消费者权益具体化针对性地提出了平台商家运用算法的义务和责任,从而在责任归属中建构算法治理信任。数字营销新业态下的平台商家对算法的广泛运用,则是基于对消费者数据的掌握、分析和控制,从而使得平台商家和消费者在交易等信息上处于一种极为不平衡的状态,交易的公平诚信等信任机制则难以发挥实际作用,甚至平台商家借助虚拟数字人等新兴科技大肆掠夺消费者数据,从而对消费者形成信息茧房。《个人信息保护法》中提出的知情同意原则却由于算法的出现形同虚设,

---

　　[1]　参见董京波:《平台自治的监管问题研究——以平台的双重身份为视角》,载《商业经济与管理》2020年第7期。

算法和数据的深度融合以及人工智能,使得匿名化技术等个人数据和隐私的保护机制难以发挥其真实效应。数字营销新业态中平台商家借助算法使得数字经济生活中人人平等的基本原则逐渐被颠覆,算法个性化推荐在数字营销下演化成合法歧视的错误常态。算法成为数字营销新业态中平台商家掠夺消费者的隐形武器,《消费者权益保护法》中构建的消费者知情权和自主选择权在算法面前失去了实际意义,算法权力在商业平台的异化危机使得消费者和用户的劣势地位逐渐加剧。平台商家和消费者之间的力量悬殊,使得消费者由于维权难度和成本的高昂不得不容忍这种司空见惯的违法行径。数字营销新业态中平台商家对于算法的运用,使得维系个人数据保护和共享的知情同意机制在算法权力面前被彻底击碎。消费者成了算法控制数据生产链条中的重要一环,一方面作为生产者不断生产数据;另一方面又作为消费者不断反馈使用数据。在数字营销新业态中重构算法信任的基础则是重新链接法律意义上的主体—行为—责任,应当在《电子商务法》的基础上建构算法责任归属,以此建构算法治理信任。应以监管权的开放协同、监管方式的多元融合、监管措施的兼容一致为特征推动监管范式的全面革新,迈向面向人工智能"2.0 时代"的"治理型监管"。[1]

(二)契约诚信:算法规范的合约要点

进入大数据时代,生成式人工智能算法权力的兴起已是不争的事实,对个人生活越来越具备"构成性地位"。[2]在外部的算法治理层面,通过重构法律主体—行为—责任这一链条来实现责任归属,在算法治理信任上建立外部监管上的信任机制。而在内部的算法合约层面,数字营销新业态中,平台商家和消费者则是实现算法合约的契约双方,传统的合同可能难以适应算法权力异化数字营销新业态的新型交易模式。可以以智能合约作为基础,实现双方的交易目的和保障交易安全,以及保护消费者的个人信息。平台商家为了尽可能地占有市场份额和获取商业信息,需要获得消费者的个人信息,而消费者则需要借助平台获得所需的服务和商品。平台商家和消费者之间基于数据和算法作为中介形成了数据服务合同和数字营销买卖合同的混合合同。同时根据《电子商务法》《消费者权益保护法》中规定的平台商家的算法义务和法律责任,以此形成算法合约。在算法合约中应当载明平台商家收集消费者信息的范围和用途,对于一般个人信息,由于其私密性较低,平台商家可以采取默示同意的方式收集消费者的此类信息。基于社会本位对个人信息采取保护和流通并重的态度,消费者的个人信息由于没有成为大数据中的组成部分,具备潜在

---

〔1〕　参见张欣:《生成式人工智能的算法治理挑战与治理型监管》,载《现代法学》2023 年第 3 期。
〔2〕　参见曹博:《算法歧视的类型界分与规制范式重构》,载《现代法学》2021 年第 4 期。

的经济价值,但如果不对消费者个人信息进行处理、分析、集成,那么消费者个人信息也仅仅是信息罢了,消费者在互联网上留存的大量信息则是在各个平台之中,平台在收集消费者的信息时如果单纯依赖现有《个人信息保护法》的知情同意原则处理,则无法实现个人信息保护和数据流通利用的双重要求。在获取个人数据时,未来的应用和后果通常无法预知或不够明确[1],可以通过以哈希算法为基础的智能共识作为消费者和平台商家签订的格式合同,对于消费者的个人信息采取默示同意的做法从而实现个人数据的收集,而对于消费者的隐私信息则采取明示知情同意的做法进行授权,实现个人信息的分层保护。智能合约代码的执行方式比人们的行为方式更容易预测。[2]现有平台的隐私信息条款则可以被智能合约所取代,以哈希算法作为技术支持实现合同的格式化,从而保障消费者作为弱势群体的合法权益,智能合约的不可篡改性可以使消费者在遭受侵权后,以此作为证据向平台商家追责,为了矫正双方的不对等地位,应当以无过错原则作为归责基准,要求平台商家对自身无过错提供相应证据。

如果数据控制者对数据主体提供的数据具有商业利益,则会导致该利益与其对数据主体的责任发生冲突。[3]平台商家为获得消费者个人信息形成的契约应当作为一种数据服务合同认定。由于数据无限复制的特性使得数字营销无法满足买卖合同要求合同标的具有唯一性和排他性的要件。同时数据在消费者手中并不能作为智力成果进行规制,如果将两者的关系作为许可合同则并不符合《著作权法》规定的智力成果的创新性、新颖性等基本特点。如果将其看作承揽合同,则无法涵盖行为的整个过程。承揽合同是要求完成一定工作并交付劳动成果作为标的的合同类型,而平台商家对消费者数据则是通过数据爬取、API 接口、Web 采集工具和数据库查询等方式获取,再将数据进行脱敏、清洗、审核等处理收集流程而完成收集,对于消费者个人信息的收集并不是基于承揽关系。数据作为无形的比特流,在消费者手中是以信息的形态存在,平台商家无法直接将信息转化为数据,整个数据收集过程则依靠互联网。平台商家收集消费者的数据并不是为了完成数据本身的排他性使用,而是为了将消费者的信息转化为平台商家所需的数据,平台商家为消费者提供所需的服务,以此为对价获取的信息和网络服务合同类似,可以看成数据服务合同。

---

〔1〕　参见〔荷兰〕玛农·奥斯特芬:《数据的边界:隐私与个人数据保护》,曹博译,上海人民出版社2020 年版,第 237 页。

〔2〕　See Tycho Graaf,From Old to New:From Internet to Smart Contracts and From People to Smart Contracts, 35 Computer Law & Security Review 7(2019).

〔3〕　See Sylvie Delacroix,Neil D. Lawrence,Bottom-Up Data Trusts:Disturbing the 'One Size Fits All' Approach to Data Governance, 9 International Data Privacy Law 241(2019).

当前《民法典》并未包括服务合同,则可以作为一种无名合同参照最接近的有名合同进行规制,可以参照买卖合同对数据服务合同进行规范。建立用户与平台之间的信息服务合同,令平台让渡部分算法控制权给用户,预防算法对用户轻微的精神性一般人格权益的侵害。[1]通过在平台商家和消费者内部建构意思自治的算法合约,对平台商家收集消费者数据和消费者保护个人信息、隐私确立智能合约的格式合同,从而在数字营销新业态的交易环境中形成契约诚信,以此达成算法合约信任。数字信任具有计算性信任与组织信任双重特征,个人信息保护制度体系有必要削弱通知——同意的制度功能,并建立基于风险的数据保护规则与基于场景的商业模式行为规范。[2]

(三)客观中立:算法规范的技术目标

算法规范在外部建构的治理信任和内部建立的合约信任的基础之上,应当对算法秉持一个中立客观的态度,与其说大众是恐惧算法本身的不可解释性,不如说是对被算法操控的恐惧。在数字时代的当下,生成式人工智能算法作为一种新兴科技早已渗透社会的各个角落。应当在法律监管的基础上对算法保持开放的态度。数字营销新业态下平台商家在运用算法收集消费者的信息时,消费者可以要求平台商家对自己的信息进行匿名化处理,以此保护消费者自身的合法权益。根据《个人信息保护法》第73条对于个人信息匿名化的规定,规范了个人信息匿名化是指个人信息经过处理不可识别特定自然人且不可复原的过程。欧盟的《通用数据保护条例》(GDPR)中对匿名化的规定是是否具有可识别性要点考虑所有可能性的合理手段,客观因素都应当考虑在内。美国由于采取分散立法,其提出的则是去身份化或去识别化,规定为无法识别且没有理由相信可以被识别出来是个人信息。匿名化、去身份化、去标识化的技术手段都是希望对个人信息进行处理转换成非个人信息,从而保护个人信息的安全。法律上对于个人信息的兜底保护措施则是在现有技术的基础之上实现,现有算法对于个人信息和隐私的保护则在数据源上进行技术限制,保证后续消费者个人信息的安全性。平台商家则应当将运用算法实现消费者个人信息的匿名化作为格式合同中的一项内容予以固定,以此实现消费者个人信息保护和数据流通利用的平衡。

人工智能是一种技术,无论如何,关于自动化决策过程的讨论不应局限于技术学。[3]去标识化算法作为个人信息匿名化的初期算法,其主要原理是通过泛化和

---

〔1〕　参见周子琪:《论算法侵害的私法规制》,载《湖南社会科学》2022年第3期。

〔2〕　参见谢尧雯:《基于数字信任维系的个人信息保护路径》,载《浙江学刊》2021年第4期。

〔3〕　See Rolf H. Weber, Socio-ethical Values and Legal Rules on Automated Platforms: The Quest for a Symbiotic Relationship, 9 Computer Law & Security Review 3(2020).

抑制的方式在数据挖掘过程中保护个人信息隐私安全。其中泛化技术是基于降低对数据操作微粒来提供个人信息和隐私保护，抑制技术则是通过删除数据中相对敏感隐私属性的内容来保护个人信息和隐私。其中具有代表性的有 T-近邻算法、L-多样性算法和 K-匿名算法等。但随着大数据产业的蓬勃发展，原先的技术开始滞后，随之产生了联邦学习模型和差分隐私模型。其中联邦学习模型作为一种隐私计算模型，在数据收集中的运用尤为突出。其原理是一种分布式机器学习技术，在分布式机器学习框架下满足交易各方对于信息、隐私和数据安全的需求。从根本上讲则是数据不发生转移，算法输入后直接输出结果，显著特征就是针对不同用户分别提供数据需求和训练模型，不同用户的数据并不会相互交互，数据运行过程中各个机器之间也是独立运行操作。并不需要对其他数据进行处理，只需要对与自身相关的数据进行处理。同时数据的权属并不会发生转移，使得数据收集的形式从数据流转转化为数据运算的结果。联邦算法的这一核心优势使得其在数据收集中有效解决了数据流通利用和个人信息隐私保护的矛盾，从而在技术层面实现了消费者个人信息的安全性。重构算法信任从底层逻辑上则是对算法规范的技术信任，算法在一定程度上可以作为保护消费者个人信息的技术手段，同时从内部实现合约信任、外部实现治理信任，从而在数字营销新业态中重构算法信任和算法问责，重塑算法切断的法律主体—行为—责任链条。

四、生成式人工智能算法风险的预防及规范化治理

在数字营销新业态下以重构生成式人工智能算法信任和算法问责为基础，实现算法危机到算法信任的转变。在算法规范的治理信任方面，则需要建构以《电子商务法》《消费者权益保护法》为基础的原则性的平台问责制，从而规避平台商家利用法律漏洞逃避法律责任；同时在平台商家和消费者之间形成合约信任，在基于智能合约的基础之上，赋予消费者数据访问权，从而实现数据流通利用和个人信息隐私保护的平衡；最后则对算法这项中立性技术秉持客观中立的态度，运用区块链技术从技术层面治理算法，从而实现以技术治理技术的底层设计。业已开展的算法治理不宜过度冒进，宜审慎处理好当前与未来、名义与实质、规范与发展的关系。[1]未来应当建构算法专项部门法，从而推进算法和数据、技术层面的共同治理，实现数字营销新业态中生成式人工智能算法风险的法治化防控。

---

〔1〕　参见刘泽刚：《论算法认知偏差对人工智能法律规制的负面影响及其矫正》，载《政治与法律》2022 年第 11 期。

（一）算法归责：平台问责制

《电子商务法》中规定了平台商家规范的算法结果的明示义务、算法自然搜索结果的提供义务等内容，希望对平台商家的算法归责具体化从而在实务中具备可操作性，但实际情况却和立法者的初衷背道而驰。《电子商务法》过于细致具体的规范很有可能使得平台商家规避算法的监管审查，平台商家可以通过设置相对隐蔽的自然搜索结果入口等方式使得《电子商务法》规定的算法归责丧失存在基础。数字营销新业态在当下发展得越发繁荣，使得平台商家为了自身的商业经济利益，将对算法的元规制流于表面形式，甚至利用算法以规避现有法律法规的责任归属。法律规定平台商家在运用算法时不得进行歧视性的个性化推荐，但平台商家可以通过改换数据从而规避法律限制。在此情形下，行政监管部门很容易陷入算法监管的悖论怪圈，在不断接到消费者的举报和投诉后，投入相应的时间和人力成本进行算法审查和评估，但平台商家则可以轻易对算法进行针对性篡改从而规避法律监管。平台商家通过算法获得不正当利益的同时并没有承担相应的法律责任，而追究其本质则是平台商家通过算法权力和掌控数据，相较于消费者处于一个相对强势的地位，从而违背现行法律规范、运用算法不当获利以及侵犯消费者的合法权益。将算法文化监控、算法可解释性和算法可控性纳入算法审查范围，合理评估算法对国家和社会的冲击，明确算法安全内容。[1]因此在数字营销新业态中对平台商家的此类行为进行原则性规定，定性为侵害消费者的欺诈、诱导和滥用优势地位等侵权行为，从而扩大对平台商家的算法监管范围，减少法律漏洞。在坚持平台侵权责任过错归责的基础上，对于可以确认为新型侵害的个人敏感信息泄露适用过错推定和因果关系推定，对产生歧视后果的平台算法适用无过错责任。[2]

同时应当拓宽消费者的维权路径和提高消费者的维权收益，从而激活消费者和平台商家在算法责任上的民事权利义务博弈。《个人信息保护法》第70条规定了人民检察院、法律规定的消费者组织和由国家网信部门确定的组织拥有保护消费者个人信息的公益诉讼制度，但从实践情况而言，个人信息的公益诉讼使用率极低。虽然《个人信息保护法》为了平衡平台商家和消费者之间的力量从而引入第三方对算法进行监管，但基于算法等人工智能知识鸿沟的存在，第三方无法单独依靠自身对算法的内容进行理解和认知，更难以做到实质意义上的算法法律监管。如何将《个人信息保护法》中规定的个人信息公益诉讼制度落到实处，则需要消费者和第三方

---

〔1〕 参见邹开亮、刘祖兵：《论类 ChatGPT 通用人工智能治理——基于算法安全审查视角》，载《河海大学学报（哲学社会科学版）》2023 年第 6 期。

〔2〕 参见丁宇翔：《跨越责任鸿沟——共享经营模式下平台侵权责任的体系化展开》，载《清华法学》2019 年第 4 期。

以及专业的算法监管机构共同对算法进行系统性监管,建构算法的元规制和独立规制的二元监管机制。应当建构《电子商务法》算法义务基础之上的平台问责制,《电子商务法》规范了数字营销新业态下平台商家运用算法的明示义务和自然搜索结果提供义务,但平台商家则会借助过于细致的现行法律规范逃避事后责任归置,未来应确立平台商家运用算法的原则性责任和义务,从而涵盖现有实务中大量具有争议的算法责任问题。算法问责制应当涉及平台在使用算法时的具体场景、理由和具体算法解释,在数字营销新业态的具体场景中根据算法运用的特殊性确认其隐含的认知和规范标准。对平台商家设置的算法问责制内核在于矫正平台商家与消费者之间权利义务悬殊的纠偏机制,因此算法问责制应当以矫正两者之间悬殊的地位差距作为具体路径。分类分级作为我国当前算法治理体系和对生成式人工智能服务监管的共同原则,是应对生成式人工智能算法风险的重要切入点。[1]未来算法规制应当在意思自治和公平诚信的指导原则下,基于《电子商务法》《消费者权益保护法》《民法典》等现行法律的算法规制体系,通过对数字营销新业态下平台商家不当应用算法的侵权行为认定、消费者激励机制和算法问责制的构建,以此重塑算法的法律主体—行为—责任链条,从而建构算法治理信任和外部的算法监管机制。

(二)个人赋权:数据访问权

生成式人工智能算法和数据的深度融合使得在数字营销新业态下平台商家可以获取海量与消费者相关的一切数据和信息,平台商家在获得海量的与消费者相关的数据和信息后利用算法形成商业决策,从而攫取商业经济利益。社会本位下消费者的个人数据和信息需要平衡流通利用和保护之间的关系,原先提倡的数据生产者权,为了维护消费者的合法权利进行了倾斜性的保障,将消费者自身产生的数据作为财产客体予以保护。但数据生产者权方案存在难以克服的弊病,例如数据生产者的范围和界限并不明晰、数据生产者权为保护消费者而设置壁垒从而具有排他性等一系列问题。《个人信息保护法》第45条第3款设置了数据转移权,但数据转移权的设置并不能完全解决数字营销新业态下平台商家和消费者之间由于信息不对称、谈判力量不对等带来的市场失灵问题。从一定程度上讲,数据携带权仅仅指向消费者的历史数据,并不包括实时传输数据和数据互操作性的规范,由此而言,数据携带权的设立更多侧重于保护消费者的数据信息安全,而并非为了实现数据的流通利用。同时数据携带权设置的权利主体是一切数据主体,数据携带权并不能被放弃,由于未能考虑到平台商家和消费者不平等的交易地位,从而在实际情况中反而限制了数据的流通利用。应当将数据携带权修正为数据访问权,其核心内容则是为消费

---

[1] 参见陈兵、董思琰:《生成式人工智能的算法风险及治理基点》,载《学习与实践》2023年第10期。

者设立数据访问权和数据携带权,以保障数据的全面流通利用。

要解决数据流通问题,绝不可能通过数据访问、数据权属、数据保护或者数据交易规则的安排而单独实现,而必须站在数据治理的高度,对数据流通问题进行整体把握。[1]数据访问权的设置从权利主体方面应当涵盖平台商家和消费者以及享有合法权益的主体,数据访问权是基于人的主体身份而产生,具有不可放弃性,因此权利人之外的其他人无法基于合同获得权利救济。假设具有合法利益的主体没有被涵盖到数据访问权人之中,则其无法从法律上获得相应救济。在权利客体方面,数据携带权不应仅仅将与消费者相关的数据作为保护客体,而应当扩大到非个人数据和间接获得的数据,从而使得权利人获得更为广泛的数据使用自由,进而更好地预防和解决算法带来的危机和法律风险;在权利内容上,数据访问权则包括数据携带权和数据访问权,从而平衡数据流通利用和对消费者个人信息、隐私的保护。数据访问权方案相较于数据生产者权方案不具有排他性,使得消费者作为权利主体并不能妨碍平台商家获得和利用其个人数据,同时数据访问权提供的救济在保障消费者等权利主体获取、使用数据的同时带来的负面影响较小。数据访问权的设立则更有利于保护消费者的合法权利,数字营销新业态下平台用户同时也具备消费者的身份,对于消费者个体而言,保护与自身数据相关的信息和隐私以及在平台获得相应的服务和产品,远比数据本身隐藏的商业经济价值更为重要。而对于平台商家而言,获取相关数据作为商业竞争的重要资源日益重要,只有数据流通利用才能实现商业价值。数据访问权的固有属性则可以免除消费者因处于弱势地位而丧失数据权利的法律风险,平台商家和消费者之间由于算法产生的悬殊的议价能力,使得仅凭数据生产者权方案难以真正发挥实际效能,甚至可能面临实际困境而不得不放弃的境地。数据访问权的设立使得消费者可以抵消算法带来的劣势因素,使得平台商家不得不保障消费者的合法权益,从而实现平台商家和消费者内部的合约自治,以此形成良性的交易环境。

(三)以技治技:区块链技术

人工智能时代算法风险的法律规制体系须结合算法、代码、数据、智能机器等之间的内在运行机理加以分层构建。[2]数字营销新业态下为了从技术上规制算法,则可以借助区块链技术做到以技治技。区块链技术是指一种按时间顺序存储数据的链式数据结构,区块链则可以看作一种分布式数据库,其运作原理是通过网络中

────────

〔1〕　参见王洪亮、叶翔:《数据访问权的构造——数据流通实现路径的再思考》,载《社会科学研究》2023年第1期。

〔2〕　参见胡小伟:《人工智能时代算法风险的法律规制论纲》,载《湖北大学学报(哲学社会科学版)》2021年第2期。

每个节点的共同记账、相互验证,从而达成对一笔网络交易记录的共识。区块链技术允许财产交易的虚拟去中介化和自动化,这可能有助于设计未来的平台,[1]区块链依靠的是智能合约、哈希算法、共识机制、非对称加密和分布式等数字技术。通过区块链技术,以及技术的加持共同保证交易记录的完整性和不可篡改性。在平台交易中,通过区块链技术,交易记录得以真实完整地记录下来,并且可以生成相应的智能合约,从而极大地降低了平台交易的成本,同时也保证了平台交易的安全性。区块链使得平台商家和消费者对算法规范的技术信任进行了相应简化,区块链技术去中心化的做法其实也表明区块链本身就是一个信任机器,使得区块链可以直接代替中心化模式。由于区块链技术依靠算法并不需要依靠人类的操作可以进行自动化决策,使其可信度远远高于不稳定的人际信任。现代社会信任体系因为信息不对称加剧与法律功能下降而式微,区块链技术以去中心化、不可篡改等特征成为一种新的信任机制,从而构建数字信任。[2]由于区块链展现的高度信任,使得平台商家和消费者可以依靠其作为中立性的技术从而实现交易的公平性和安全性。

区块链技术作为技术信任的标杆,以其特有的去中心化运作模式赋予技术信任以'强信任感',使得技术信任超过人们对专家系统的信任,为人们带来了一种全新的社会信任模式。[3]从空间角度来看,区块链技术是依赖哈希算法、智能合约等特定算法形成的技术信任,依靠互联网这个网络空间,使得其可以摆脱有限群体约定俗成的既有文化约束,也可以挣脱以血缘姻亲为纽带的人际关系。算法规范的技术信任倚重的是平台商家和消费者双方在区块链技术的既定法则下形成契约,达成共识,并不会受到伦理道德和传统习俗的约束。在区块链技术中,依靠的则是算法作为中立性技术带来的契约诚信和意念自治,在平台交易中区块链技术使得交易各方主观上改变了对算法原有的偏见和质疑,交易双方可以从客观技术层面开始对算法作为辅助工具带来的安全便利持肯定态度。而从技术角度出发,其底层逻辑依靠的则是算法技术的加持,作为一项自动化决策技术,区块链技术并不需要人工的介入便可以自行运转,使得其成了一个信任机器,并不会带有人为主观性从而规避人性的缺陷。从人际互动角度入手,区块链技术作为免受人际关系互动的信任机器,避免了个人信息和隐私的泄露,保证了平台交易的安全和保密。同时交易各方可以通

〔1〕　See Rosa M. Garcia-Teruel, Héctor Simón-Moreno, The Digital Tokenization of Property Rights: A ComParative Perspective, 41 Computer Law & Security Review 1(2021).

〔2〕　参见张清、郭胜男:《人际信任、法律信任与数字信任:社会信任的谱系及其演进》,载《哈尔滨工业大学学报(社会科学版)》2021年第6期。

〔3〕　参见徐祥运、高海鑫:《区块链技术对社会信任模式的影响及所致信任风险的防范》,载《学术交流》2023年第1期。

过区块链技术提前知晓对方的信用情况,从而对是否进行交易进行预判。算法规制的真正对象不应落脚于算法,而应揭开算法的面纱,穿透算法去规制算法背后的种种力量。[1]通过区块链技术使得从技术层面规制算法,从而保证平台商家和消费者对于算法秉持技术信任,通过区块链技术治理算法达到算法信任的底层技术规制,从而重塑算法切断的法律主体—行为—责任链条,实现算法的问责机制。

结　语

面对智能数字技术的飞跃式发展,尤瓦尔·赫拉利曾指出,未来数字经济链的顶端将是各种类型的人工智能算法。聚焦于数字营销新业态之中,生成式人工智能的算法权力异化带来的一系列法律风险和危机使得算法信任荡然无存。生成式人工智能算法作出的自动化决策与各种平台有机结合,不断颠覆并快速带领人们迈向算法媒介性社会。面对新的社会样态,我们应当抱有客观、包容的心态给予算法技术足够的创新空间,但与此同时还应审慎和理性地分析算法危机的根源和特征,并有针对性地总结算法治理经验,探索最佳治理方案。从缓解算法焦虑到迈向算法信任,重构数字营销新业态中的生成式人工智能算法信任,重塑法律层面的主体—行为—责任链条,实现平台商家的算法问责制,并且通过区块链技术治理算法,以此化解算法危机,实现算法信任。生成式人工智能算法风险的法治化防控依靠的不仅是算法技术本身的优化和完善,更需要在凝聚共识的基础上建立有效应对的算法治理机制。创新先行、治理助力,如此才可从容应对、稳步前进,最终实现数字营销新业态中生成式人工智能算法风险的法治化防控,促进数字经济的良性可持续发展。

【责任编辑:金梦洋】

---

〔1〕　参见蔡星月:《以算法规制算法》,载《华中科技大学学报(社会科学版)》2023 年第 4 期。

网约车平台与司机劳资
关系认定的宪法视角

王善超*

摘要：七部门联合发布的《网络预约出租汽车经营服务管理暂行办法》(2022 年修正)仅仅从民法的角度将网约车平台与司机间法律关系认定为运输合同关系,解决了机动车交通事故中责任承担问题,但还是将平台与司机间劳资关系的法律性质委诸平台与司机间的约定。既有的判决对平台与司机间法律关系的认定也莫衷一是。通过对网约车平台与司机关系的分析可知,该办法及现有的判例一方面无法给予处于弱势一方的司机以实质性的保护;另一方面也无法系统性地解决零工经济模型中的社会问题。这一方面是因为缺乏价值指引;另一方面也是因为部门法发挥作用的局限性。在解决网约车平台与司机间法律关系的时候,应该基于既有的社会研究,一方面,以《宪法》中劳动权与"劳动义务条款"所组成的体系为核心进行体系解释来解决对于司机劳动权的保障问题;另一方面,应该以《宪法》的"人权条款"为桥梁,调动《宪法》中相应的资源,系统性地解决零工经济模型中的社会问题,实现人权的全面保障。

关键词：网约车平台与司机的劳资关系 劳动权 "劳动义务条款" 零工经济

收稿日期:2024-06-05
* 王善超,中国人民大学法学院宪法与行政法学博士研究生,伦敦玛丽皇后学院人权法 LLM。

一、问题的提出

随着互联网技术的持续发展,"互联网+"模式的兴起,共享经济成为当今经济发展的一种不可忽视的现象。其中网约车的产生可谓是对人们生活方式改变最大的一种共享经济的形式之一。根据滴滴公司《滴滴出行企业公民报告(2017)》提供的数据,滴滴日订单量达到 2500 万单,在滴滴平台上获得收入的司机超过 2100 万人,相当于 2016 年全国第三产业就业人员的 6.2%。这些数据足见共享经济下网约车行业所蕴含的巨大的经济价值和社会价值。然而,与网约车行业迅猛发展所不相适应的,与之相匹配的法律制度供给则迟迟没有跟上市场需求。一个重要的标志是,时至今日,对于网约车平台与司机之间的劳资关系尚未有一个清晰的界定。2021 年 7 月 12 日,由交通运输部等七部门起草的《关于修改〈网络预约出租汽车经营服务管理暂行办法〉的决定(征求意见稿)》公开向社会征求意见。然而在本次修改的征求意见稿中,仍然维持了 2019 年以及 2016 年《暂行办法》有关网约车平台与司机法律关系的规定。根据 2019 年修正的《网络预约出租汽车经营服务管理暂行办法》第 16 条的规定:网约车平台公司承担承运人责任,应当保证运营安全,保障乘客合法权益。第 18 条规定,网约车平台公司应当保证提供服务的驾驶员具有合法从业资格,按照有关法律法规规定,根据工作时长、服务频次等特点,与驾驶员签订多种形式的劳动合同或者协议,明确双方的权利和义务。上述规定仅仅从侵权法或者合同法的角度对网约车平台以及司机之间的劳资关系作出了界定。这既是从解决实际问题的角度出发,为了规制因网约车所造成的日益增加的机动车交通事故责任的承担者的问题以及劳资关系问题所制定的部门规章,也是因为交通运输部所制定的部门规章在功能上限于"执行法律或者国务院的行政法规、决定、命令的事项"[1]而无法对平台与司机之间的法律关系进行进一步的建构。然而令人遗憾的是,2020 年出台的《民法典》亦未对网约车平台与司机之间的劳资关系作出规定。[2]这无疑不利于网约车行业的健康成长。

与立法领域对网约车平台与司机劳资关系界定的滞缓不同的是,在司法领域,由于法院不能因法律模糊而拒绝裁判,在司法实践中,在对网约车平台与司机间劳

---

[1]　参见《立法法》第 91 条第 2 款。
[2]　《民法典(草案)》最初存在网约车条款,但仍然规定在侵权责任编中。在全国人大常委会一次审议后遂被删去。根据张素华、孙畅的观点,被删去的原因,一是因为网约车条款本身存在用语模糊的问题;二是对网约车平台侵权责任的分担机制认识不清,争议过大。参见张素华、孙畅:《民法典视野下网约车平台侵权的法律适用》,载《河北法学》2020 年第 8 期。

资关系的认定上则呈现多元化的趋势。这无疑为进一步立法提供了宝贵的经验,但同时也极易造成"同案不同判"的结果,从而难以实现法律规范可预期性的功能。另外,囿于司法权的消极被动,法院往往是在处理具体的侵权案件中为解决问题附带提及,难以对网约车平台与司机间的劳资关系作进一步说明和论证。

立法的滞缓与司法的"同案不同判"无疑对于有着 3.37 亿网约车用户的网约车行业是一个巨大的法律风险。[1]而英国最高法院则于 2020 年 7 月 21 日和 22 日通过 Uber BV and others v. Aslam and others 案(以下简称"Uber 案")以六位法官一致意见(Lord Kitchin 因病未参加庭后合议和判决书撰写)认定司机是优步公司的雇员(workers),从而界定了网约车平台与司机之间的雇佣关系(employment)。[2]英国最高法院认为,第一,平台主导了司机的报酬,司机"没有议价权"。[3]第二,提供给司机的合同条款是格式条款,司机如果想进入平台只能同意。[4]第三,司机对于订单并没有如 Uber 公司所主张的自由,司机对于接受订单只有有限的选择。[5]第四,平台控制司机运营的路线。[6]第五,平台限制司机与乘客之间的沟通。[7]英国最高法院重申在 Autoclenz 案所确立的裁判规则,认为一个合同是否属于"雇员合同"(worker's contract),取决于立法的含义而不适用合同法原则。[8]这一判例所列举的理由以及裁判规则无疑值得我国立法领域以及司法领域借鉴。

笔者认为,网约车平台与司机之间劳资关系的法律界定,归根结底应当回到现实中网约车平台与司机之间事实上劳资关系的生态环境,通过研究双方之间的社会互动来确定双方在这一事实上的劳资关系中的力量对比。再根据这一力量对比的差异在法律上赋予相应的权利义务,以维系网约车行业两端的平衡,从而实现网约车行业生态的健康。基于此种考虑,本文在对《网络预约出租汽车经营服务管理暂行办法》以及现今司法裁判路径进行初步的总结、归纳与评论后,再将目光置于网约车平台与司机间事实关系的分析。通过分析,笔者认为网约车平台与司机处于一个事实上生成的"游戏"机制之中,出于适应剩余价值获取机制的历史阶段性发展的需要,在司机一端生成了"同意"机制以维系甚至加强平台对司机的剩余价值的获取。形式上的独立性的增强反而加剧了实质依附的增强的后果。这使得司机的劳

---

[1]　参见《2019 年上半年我国网约车行业用户规模发展现状分析》。
[2]　See Uber BV and Others v. Aslam and Others, [2021] ICR 657.
[3]　See Uber BV and Others v. Aslam and Others, [2021] ICR 657 [94].
[4]　See Uber BV and Others v. Aslam and Others, [2021] ICR 657 [95].
[5]　See Uber BV and Others v. Aslam and Others, [2021] ICR 657 [96].
[6]　See Uber BV and Others v. Aslam and Others, [2021] ICR 657 [98].
[7]　See Uber BV and Others v. Aslam and Others, [2021] ICR 657 [100].
[8]　See Uber BV and Others v. Aslam and Others, [2021] ICR 657 [68].

动权被迫在这种"同意机制"以及实质依附中被放弃。此外,通过绘制司机人群的脸谱本文发现,司机人群符合零工经济模型的基本特征,属于社会上脆弱的群体,这更加剧了司机人群的依附性,需要予以特殊的保障。而零工经济中所触及的多方面社会问题,在网约车司机的脸谱中也非常典型。这意味着对于网约车司机的保障不能局限于法律上劳动关系的认定,还需要多领域的系统性解决方案。

在此基础上,笔者认为可以构建以《宪法》中劳动权和"劳动义务条款"为核心的体系以解决司机在网约车机制下被迫放弃劳动权益的问题,督促国家依照《宪法》所确定的国家任务条款介入网约车行业,对平台与司机间的关系进行再平衡。除此之外,为解决构成零工经济模型所造成的诸多社会问题,以从根本上解决劳动者权益保护不足的问题,笔者认为应当以《宪法》中"人权条款"作为搭载桥梁,将劳动权和"劳动义务条款"这一宪法中的一部分与整个宪法连接起来,与其他基本权利的保障和其他国家任务条款结合起来,为解决劳动者权益问题提供系统性的解决方案。

二、现有立法与司法对平台与司机间劳资关系的认定

(一)现有立法对平台与司机间劳资关系的认定

《网络预约出租汽车经营服务管理暂行办法》第16条规定:网约车平台公司承担承运人责任,应当保证运营安全,保障乘客合法权益。该条从民法角度规定了在发生交通运输事故时平台与司机之间的法律关系,非常明确且无疑义。所存在的问题在于,该条之目的是解决交通运输事故中的责任承担问题。然而,平台与司机在民法上的承运关系却不足以推导出平台与司机间的劳资关系的法律性质,因此尚需要寻找别的规范基础。

最为直接认定网约车平台与司机之间劳资关系的,当属《网络预约出租汽车经营服务管理暂行办法》第18条。该条规定,网约车平台公司应当保证提供服务的驾驶员具有合法从业资格,按照有关法律法规规定,根据工作时长、服务频次等特点,与驾驶员签订多种形式的劳动合同或者协议,明确双方的权利和义务。在交通运输部等公布的《网络预约出租汽车经营服务管理暂行办法(征求意见稿)》第18条中,原规定网络预约出租汽车经营者应当……与接入的驾驶员签订劳动合同,否定了订立其他形式协议的可能性。但是最终公布的《暂行办法》加入了其他协议。笔者揣测是为更好地适应网约车平台不同的接入主体。然而,《网络预约出租汽车经营服务管理暂行办法》看似将网约车平台与司机之间的劳资关系委诸其他法律或者下位法以及网约车平台来决定,但事实上,一方面下位法的地方政府规章或有并未涉及有关内容的规制者,或有沿用了《网络预约出租汽车经营

服务管理暂行办法》的规定者[1][2]。而网约车平台在服务协议中则以各种方式规避认定为劳动协议。例如,笔者对 2019 年第一季度出行用户规模最大的三个公司的服务协议进行检索[3],D 公司在某下架平台的协议中明确写明:本协议正文及其附件受《民法典》等民事法律约束。我司与所有提供网约车服务的司机仅存在挂靠合作关系,不存在任何直接或间接的劳动关系,不适用《劳动法》《劳动合同法》《社会保险法》《住房公积金管理条例》等法律法规。[4]S 平台的服务协议中则未清楚载明是否为劳动协议。[5]Y 平台的协议中也直接写明:因合作事项的客观属性,双方不形成合同上或事实上的劳动合同/雇佣合同,双方是平等的经济/商业合作主体,且无上下级关系。[6]这样一来,《网络预约出租汽车经营服务管理暂行办法》中签订劳动合同这一规定事实上被架空。另一方面,作为劳动保障领域的《劳动法》以及《劳动合同法》亦未有对何种关系应当认定为劳动关系、何种情况下的合同应当认定为劳动合同作出足够清晰的界定。例如《劳动法》第 16 条规定:劳动合同是劳动者与用人单位确立劳动关系、明确双方权利和义务的协议。建立劳动关系应当订立劳动合同。该条看似对于劳动合同进行了界定,可是劳动合同定义的界定在于劳动关系的界定,而何谓劳动关系、劳动关系与其他诸如合同关系之间的区别何在却语焉不详。再如,《劳动合同法》第 12 条规定了劳动合同的种类:劳动合同分为固定期限劳动合同、无固定期限劳动合同和以完成一定工作任务为期限的劳动合同。第 13 条、第 14 条、第 15 条分别对固定期限劳动合同、无固定期限劳动合同以及以完成一定工作任务为期限的劳动合同作了定义。例如,第 15 条第 1 款对于以完成一定工作任务为期限的劳动合同的规定:以完成一定工作任务为期限的劳动合同,是指用人单位与劳动者约定以某项工作的完成为合同期限的劳动合同。该规定与民法中承揽关系之间的区别何在,并没有被指出。也正因为如此,实践中,网约车平台可以辩称自己与司机之间的关系不属于劳动关系而属于其他民事关系,从而使得《劳动法》《劳动合同法》的规定事实上被架空。

---

[1]　例如,《西安市网络预约出租汽车经营服务管理暂行办法》(2020 年修正)中仅沿用了《网络预约出租汽车经营服务管理暂行办法》中平台承担承运人责任的规定,未涉及劳动协议的规定。

[2]　例如成都市网络预约出租汽车经营服务管理实施细则》第 15 条仅细化了订立劳动协议和合作协议应当考虑的事项,却继续沿用了《网络预约出租汽车经营服务管理暂行办法》中"网络平台公司应……与驾驶员签订多种形式的劳动合同或者协议"的规定。参见《成都市网络预约出租汽车经营服务管理实施细则》第 15 条、《汕头市网络预约出租汽车经营服务管理实施细则》第 20 条等。

[3]　参见天风证券:《滴滴:打造出行领域航空母舰》,载《证券研究报告》2021 年 6 月 21 日。

[4]　参见《滴滴车主服务合作协议》第 9 条。

[5]　参见《神州专车用户服务协议》。

[6]　参见《易到用车驾驶员接入协议》。

（二）现有司法判例对平台与司机间劳资关系的认定

相较于立法领域法律和规章难以发挥作用的尴尬，司法判例在对平台与司机之间劳资关系的认定上则呈现过分的主动态势。这固然有法院不能在法律规定不清时拒绝裁判的义务的原因，也存在社会现实对于解决这类问题的迫切需要逼迫法院采取司法能动主义立场来解决问题的因素。

就现有对平台与司机之间劳资关系的判例来看，大体可归为五类：第一类属于服务合同关系。例如，在张子豪与滴滴出行科技有限公司、马振帮机动车交通事故责任纠纷一案中，法院认为，原告通过滴滴快车模式搭乘被告马振帮的车辆，滴滴公司提供软件将乘客信息与快车车主车辆信息进行匹配，车主与乘客自愿成立服务合同关系。[1] 第二类属于合作关系。例如，在李红霞与王怀东、滴滴出行科技有限公司交通事故责任纠纷一案中，法院支持了滴滴公司的主张，即滴滴出行科技有限公司与肇事人之间并无劳动、雇佣关系，滴滴出行科技有限公司和网约车司机之间为合作关系[2]。法院认为，被告滴滴公司主张对被告王怀东通过网络平台发送乘客信息的行为，并不是针对特定的王怀东，而是面向平台所有的合作司机，且合作司机有权选择何时何地提供劳务以及是否提供劳务；合作司机接收乘客信息后，有权根据个人意愿决定是否抢单、接单；合作司机提供驾驶服务车辆由司机自行提供，平台对服务车辆无法实现有效控制；合作司机的收入取决于个人的接单量，收入直接来源于乘客的车费给付，平台只是提供支付手段，据此，王怀东与滴滴公司之间并不存在劳动或雇佣关系。第三类属于平台只是为司机提供网络应用服务。例如，在田冬军与中华联合财产保险股份有限公司邯郸中心支公司、滴滴出行科技有限公司机动车交通事故责任纠纷案中，法院认为，滴滴出行科技有限公司系网约车平台公司，为司机与乘客提供用车信息。[3]第四类应当承担承运人责任。例如，在王国芳、滴滴出行科技有限公司与沈小辉、沈太平机动车交通事故责任纠纷案中，二审法院直接根据《网络预约出租汽车经营服务管理暂行办法》第16条有关承运人责任的条款认定网约车平台承担承运人责任。[4]第五类属于挂靠关系。例如，在王国芳、滴滴出行科技有限公司与沈小辉、沈太半机动车交通事故责任纠纷案中，原审法院认为：以挂靠形式从事道路运输经营活动的机动车发生交通事故造成损害，属于该机动车一方责任，当事人请求由挂靠人和被挂靠人承担连带责任的，人民法院应予支持。

除此之外，法院在判决中也展现了一些其他的观点。例如，在前述王国芳案中，

---

〔1〕　河南省郑州市二七区人民法院（2018）豫 0103 民初 10652 号民事判决书。

〔2〕　安徽省合肥市瑶海区人民法院（2018）皖 0102 民初 2957 号民事判决书。

〔3〕　河北省邯郸市丛台区人民法院（2019）冀 0403 民初 1736 号民事判决书。

〔4〕　江苏省南京市中级人民法院（2019）苏 01 民终 918 号。

原审法院认为:滴滴出行科技有限公司是危险开启者、运行支配者以及利益分配者,判决滴滴公司承担连带责任具有事实基础。[1]又如,在前述李红霞一案中,法院也主张:本着公平原则,双方均获得了利益,对外风险应共同承担。[2]

综上所述,从现有的立法与司法判例的分析来看,网约车平台与司机间的劳资关系在规范层面上与实际操作中有较大的差距。《网络预约出租汽车经营服务管理暂行办法》将平台与司机间的劳资关系委诸法律与其他规范,意在兼顾网约车行业多样的合作关系。但现实是,法律规范的模糊性难以为现实变动不居的关系提供足够明确的指引,其他地方政府规章亦不愿意对《网络预约出租汽车经营服务管理暂行办法》的规定作进一步细化,萧规曹随。在司法领域则出现虽有相关规范依据法官却呈现多元化判断的局面,这不利于实现"同案同判"以及法律系统稳定规范性预期的功能。上述现象的产生自然存在因法律规范规定不清所造成的混乱,但也同时存在对于网约车平台与司机间事实关系上认定不准确的问题。据此,笔者接下来试图跳出对规范与判例的分析与总结,在实然层面分析平台与司机之间的关系以及网约车司机的生存生态,以期为正确建构平台与司机之间的法律关系提供指引。

三、网约车平台与司机实然层面关系的分析与存在的问题

(一)形式从属性的弱化与实际从属性的增强

在《政治经济学批判(1861—1863 年手稿)》中,马克思区分了劳动对资本的形式从属与实质从属。所谓形式从属,是指对于绝对剩余价值的生产而言,劳动只要在形式上从属于资本即可。所谓实质从属,是指在绝对剩余价值生产向相对剩余价值生产的过程中,资本家对个体劳动者的控制演变为对整个劳动者群体的控制,进而实现劳动对资本实质的从属。而这种实质从属的实现,根据布若威的研究,一种形式是通过"游戏的社会过程"来实现的。

工业社会学的调查表明,工人顺从于固有的工作掠夺,并采取迈克尔·曼(Michael Mann)所指的"实用主义的角色接受(pragmatic role acceptance)"态度[3]。布若威指出:工作现实(物质条件、重复和惯例)引起了剥夺(损害、烦闷和疲倦),而剥夺造成了相对满意(习惯、吸引或驯良,以及满足)。[4]在布若威看来,劳资双方在

---

　[1]　江苏省南京市中级人民法院(2019)苏 01 民终 918 号。

　[2]　安徽省合肥市瑶海区人民法院(2018)皖 0102 民初 2957 号民事判决书。

　[3]　参见〔美〕迈克尔·布若威:《制造同意:垄断资本主义劳动过程的变迁》,李荣荣译,商务印书馆 2008 年版,第 86 页。

　[4]　参见〔美〕迈克尔·布若威:《制造同意:垄断资本主义劳动过程的变迁》,李荣荣译,商务印书馆 2008 年版,第 87 页。

劳动过程中创造出了一种"游戏",这种"游戏"并不依赖一种相互一致同意的价值共识,而是在于为了适应内在于工作中剥夺的历史性特殊斗争以及与资方争夺定义规则的权力斗争之中[1]。而当劳动者加入这一"游戏"过程之中时,劳动者对这一"游戏"所产生的条件,即对其背后剩余价值获取的生产关系的注意力就被劳动过程中对具体的奖惩规则的注意力所取代。换言之,当劳动者加入劳动过程之后,就产生了一种对于这种游戏规则背后剩余价值获取关系的同意。

　　然而,单纯的对剩余价值获取关系的同意仍不足以说明这种实质从属是如何产生的。布若威通过研究发现,要持续地吸引玩家:首先,不确定性不能过大而使得结果完全超脱于玩家的控制范围。例如,当工人所要完成的指标是其无论如何都难以实现的时候,工人就可能放弃该指标。其次,不确定性如果过小而变得完全可控时,玩家也会丧失兴趣。如果工作过于乏味,"玩家"在从事一个工作的同时可能会走开找别的活来干。[2]最后,当"玩家"对结果漠不关心时,"玩家"也会丧失兴趣。简而言之,要进一步实现"玩家"的实质从属,资方必须设计出具有部分可控的不确定性机制,使"玩家"在"挑战"中将注意力放在实现"游戏"设置的标准上,从而忽视剩余价值获取的根本性质。

　　同时,这种"游戏"的实现还借助于周遭社会的评价。在实现"游戏"设定的目标过程中,这种不同标准的实现会形成"游戏"的评价机制。而如果想在这个群体中得到尊重,最好的办法莫过于实现更多的"游戏"目标。这样,劳动者就被劳动评价机制以及社交关系牢牢地绑定,劳动者专注于实现这些机制与改善和维持其社交关系中的评价,实现了对这种剩余价值获取关系的同意。

　　当将这套理论置于网约车平台与司机之间的劳资关系之中,笔者发现司机正是处于形式从属的疏离与实质从属的加强的过程之中。与传统出租车行业不同,在网约车平台与司机间的劳资关系中,劳动者在这种非固定劳资关系中获得了一定的个人自由,在工作中有了更多的自主决策权,同时也不再需要完全只服务于一家平台,这种形式从属性得到弱化。[3]但是,根据齐昊等在南京市对网约车司机的调查可以发现,虽然全部司机每月平均总收入为11446元,在扣除日常成本及出租车租金后,比2018年南京市全日制用工小时最低工资高48%,但这都是在不考虑折旧、劳

---

〔1〕 参见〔美〕迈克尔·布若威:《制造同意:垄断资本主义劳动过程的变迁》,李荣荣译,商务印书馆2008年版,第87页。

〔2〕 参见〔美〕迈克尔·布若威:《制造同意:垄断资本主义劳动过程的变迁》,李荣荣译,商务印书馆2008年版,第95页。

〔3〕 参见周绍东、武天森:《个体自由与集体禁锢:网约车平台的劳资关系研究》,载《河北经贸大学学报》2021年第2期。

动者自行提供生产资料的风险补偿的情况下,此外,司机有 49.9% 的净收入源于平台对司机的奖励。[1]在网约车司机进入平台所创造的机制之中后,出于维持生计的需要被迫同意平台的剩余价值获取机制。而通过极高比例的平台奖励收入,司机不得不去完成平台所设计的"游戏"机制以获得更高的收入,这就进一步掩盖了平台不平等的剩余价值获取的实质,使司机的注意力转移到实现平台所设计的奖励机制之上,从而进一步强化了对于这种剩余价值获取关系的自觉"同意"。

此外,这套奖励机制还会影响对司机的评价,并且间接影响司机的收入。研究表明,司机日常的出车情况、接单情况、服务情况与接好单、大单相关。[2]这既是平台设计出的评价机制,也是一种"游戏"机制。通过评价机制,司机必须承受来自司机与乘客间的社交关系的压力以使其改进服务,自觉加入竞争之中;通过"游戏"机制,司机将对剩余价值获取关系的注意力转移到实现"游戏"设定的标准上,加剧了司机对于机器(汽车)的依赖性,也实现了对于不平等剩余价值获取关系的进一步"同意",形成了实质从属性的加强。

需要注意的是,有观点认为,有的网约车司机是兼职性质,不存在上文所描述的实质从属性或实质从属性很弱。这一观点的认识未必正确。例如,在齐昊等的研究中即指出,即使是兼职司机也要平均每天工作 6.9 小时,平均每周 4.9 天。[3]从工作时间来看,至少我国网约车司机更像传统出租车司机。因此不能以是否兼职来判断实质从属性的状况,而应该根据司机是否符合模型中"加入不平等剩余价值获取机制—实现机制规定的目标—加深对不平等剩余价值获取规制的认同"的程度来判断实质从属性的状况。

劳动法理论上通常认为,判断是否属于劳动关系的一个重点在于判断劳动者是否处于从属性地位。如果以这种标准来衡量,那么网约车平台与司机之间的劳资关系在法律上应当被认定为劳动关系而非契约关系或其他平等主体之间的法律关系。

(二)零工经济下系统性人权保障的缺失

根据个人与发展研究所(CIPD)的定义,所谓零工经济,是指一种基于劳动者从事临时性工作或从事工作的不同部分,并分别被支付报酬,而不是为一个雇主工作

---

〔1〕　参见齐昊、马梦挺、包倩文:《网约车平台与不稳定劳工——基于南京市网约车司机的调查》,载《政治经济学评论》2019 年第 3 期。

〔2〕　参见周绍东、武天森:《个体自由与集体禁锢:网约车平台的劳资关系研究》,载《河北经贸大学学报》2021 年第 2 期。

〔3〕　参见齐昊、马梦挺、包倩文:《网约车平台与不稳定劳工——基于南京市网约车司机的调查》,载《政治经济学评论》2019 年第 3 期。

的工作方式[1]。零工经济可被总结为三个主要特征:第一个特征是不稳定性。第二个特征是经济上的脆弱性。报告指出:以零工经济作为收入的主要来源的劳动者,有58%被认为在经济上是脆弱的。[2]零工经济劳动者的每小时平均工资很低[3]。第三个特征是零工经济恶劣的工作环境。例如,缺乏社会保险保障,许多零工经济劳动者存在职业病。

根据齐昊等所绘制的网约车司机脸谱,一个典型的司机形象是一个养家糊口的男性,来自外地,读完高中即开始工作,三十多岁,已婚并有一个孩子,个人需要承担的生活负担比较重[4]。这个脸谱与零工经济的模型非常吻合。首先,在研究报告中,网约车行业司机流动性很强,有40.9%的司机入行不到半年。[5]其次,在经济脆弱性上,全职司机比兼职司机更有可能来自外地,在"以租代购"形式入行的司机中,农村户口的司机占42.2%。[6]85.7%的司机有一个或一个以上的子女。[7]最后,网约车平台与司机间往往没有劳动合同,只有34.4%的司机参加了社会保险,却有63.4%的司机反映了自身存在与驾驶相关的健康问题。[8]这证明了司机工作环境的恶劣。这些实证研究都证明网约车司机符合零工经济模型的特征。

零工经济值得关注并不仅仅因为这是一种新型经济形式,更是因为零工经济背后体现了一系列的社会问题,需要我们重点关注。以零工经济的特征而言,每一个特征都暴露了零工经济背后复杂的社会问题。零工经济的第一个特征涉及城市社会服务资源的分配不均、平等对待的缺失等问题。零工经济的劳动者通常为外地户口,且在经济上更加迫切地需要倾斜照顾。但本地的社会资源往往优先照顾本地户

---

〔1〕　See To Gig or not to Gig? Stories From the Modern Economy(Jun. 30,2024), https://www. cipd. co. uk/knowledge/work/trends/gig-economy-report.

〔2〕　See To Gig or not to Gig? Stories From the Modern Economy(Jun. 30,2024), https://www. cipd. co. uk/knowledge/work/trends/gig-economy-report.

〔3〕　See To Gig or not to Gig? Stories From the Modern Economy(Jun. 30,2024), https://www. cipd. co. uk/knowledge/work/trends/gig-economy-report.

〔4〕　参见齐昊、马梦挺、包倩文:《网约车平台与不稳定劳工——基于南京市网约车司机的调查》,载《政治经济学评论》2019 年第 3 期。

〔5〕　参见齐昊、马梦挺、包倩文:《网约车平台与不稳定劳工——基于南京市网约车司机的调查》,载《政治经济学评论》2019 年第 3 期。

〔6〕　参见齐昊、马梦挺、包倩文:《网约车平台与不稳定劳工——基于南京市网约车司机的调查》,载《政治经济学评论》2019 年第 3 期。

〔7〕　参见齐昊、马梦挺、包倩文:《网约车平台与不稳定劳工——基于南京市网约车司机的调查》,载《政治经济学评论》2019 年第 3 期。

〔8〕　参见齐昊、马梦挺、包倩文:《网约车平台与不稳定劳工——基于南京市网约车司机的调查》,载《政治经济学评论》2019 年第 3 期。

口的居民,致使零工经济劳动者缺少必要的社会政策以及社会资源的分配。零工经济的第二个问题则体现了国家收入分配、教育资源分配不公平的问题。零工经济劳动者在经济收入上偏低,且负有极重的家庭生计维持的任务,一旦发生变故就容易使家庭陷入困境。偏低的经济收入与极重的家庭生计维持任务体现了收入分配不均。另外,零工经济劳动者的教育背景偏低,偏低的教育背景使得这些劳动者难以得到更好的工作而只能从事零工经济这种保障偏低的工作。这当然也与国家整体教育资源的分配以及财富资源分配的不均有很大的关系,使得零工经济劳动者没有得到较高质量的教育和较好的财富基础以支撑进一步的教育。零工经济的第三个特征则体现了社会保障与医疗资源分配不均等问题。本就处于经济上弱势地位的零工经济劳动者本应获得更多的社会关怀,尤其是在社会保险以及基础医疗保障等领域。但现实是这些零工经济劳动者反而是城市中最缺乏社会保险与基础医疗保障的群体之一,这就暴露了国家资源分配中不合理的地方。

对于零工经济中所暴露的问题,一个前提性的认识可能是,这是一个系统性的问题,不是某一领域单独处理能够解决的。例如,对于零工经济劳动者的社会保障问题,可能涉及平等分配社会服务资源以提供社会保险、分配财政,确保足够的资金进入社会保障池、缩小贫富差距,逐步减少社会保障的需要人群等多方面的问题。仅仅从社会保障问题入手不能从根本上解决问题。这就需要寻求一个具有维持各领域协调发展功能的社会产品来统筹和协调各方面的需求和利益,从而系统性地解决零工经济背后系统性的社会问题。

从上述对网约车平台与司机间关系在实然层面的分析可以看出,立法与司法层面上的规制并没有反映劳资双方在实然层面上的不平等关系及系统性问题。平台与司机间处于实质上不平等的地位,司机对于平台的实质从属性使得《网络预约出租汽车经营服务管理暂行办法》中所规定的近似尊重双方意思自治的规制方式缺乏现实基础。而《网络预约出租汽车经营服务管理暂行办法》单纯从侵权法角度思考问题设定双方间的关系则大大忽略了平台与司机背后存在的复杂系统性问题。这就有必要分析为什么立法与司法层面会存在上述缺失以为寻求解决方法提供思路。

四、从《宪法》层面分析网约车平台与司机间关系的必要性

(一)立法与司法层面分析的不足

上文已经分析了网约车平台与司机之间在实然层面的关系以及网约车司机的生存生态。从这些分析中可以看出,普通立法与司法判例在网约车行业规制中的乏力,主要体现在以下几个方面:

1. 缺乏价值指引

网约车平台与司机之间的劳资关系在立法层面的含糊与司法层面的混乱首先源于价值指引的缺失。具体而言,在对保障劳动者权益与保障经营者营业自由的权衡中,无论是立法还是司法,在我国的体制之下都不适于也不具备能力作出相应的判断。从立法而言,无论是保障劳动者权益的《劳动法》和《劳动合同法》,还是保障意思自治的《民法典》,都处于同一位阶。这就导致在缺乏更高位阶的价值指引的情况下,上述法律所保护的权益从法律位阶上判断都处于同一位阶,也就无法在网约车行业发展与劳动者权益保障之间作出价值权衡。这就需要更高位阶的规范来为立法者与司法者作出判断提供价值指引。从司法而言,在我国的体制中,法院并不适合代替立法者对劳动者休息权利与经营者营业自由之间的权利冲突作出判断。这就导致无论是立法还是司法都缺少能力对网约车行业产生的价值冲突进行判断。

此外,另一个能够体现普通立法在价值指引上乏力的表现是《劳动法》《劳动合同法》等对劳动关系内涵上规定的模糊性。在网约车平台与司机之间的劳资关系中,一个关键的问题可能在于,《劳动法》《劳动合同法》对于所调整的劳动关系缺乏实质性的认识。对劳动关系缺乏实质性认识使得《劳动法》《劳动合同法》中的价值过于模糊,进而被架空。《网络预约出租汽车经营服务管理暂行办法》以及司法判例也难以根据《劳动法》《劳动合同法》对劳动关系的定义来作出平台与司机之间的关系是否应该属于劳动关系的判断。而之所以《劳动法》《劳动合同法》等规范对于劳动关系缺乏实质性的认识,也是由于在立法时囿于保障劳动者权益与保障经营者营业自由的价值权衡中,难以从《劳动合同法》中真正剥离出劳动关系的实质性内涵,导致在定义劳动关系时要么陷入如“自用工之日起即与劳动者建立劳动关系”但何时为“用工之日”又需要依赖劳动关系判断一类的循环往复的论证之中,要么则落入了与《劳动合同法》中规定的其他法律关系难以区分的问题之中。[1]

2. 部门法发挥作用的局限性

考虑到现行法律体系是建立在依其所调整的社会关系和调整方法不同而进行分类的部门法之上的,这就意味着在一个问题涉及两个以上部门法的时候可能会出现部门法作用的交叠或者集体缺失。有的时候,不同的部门法可能对于同一领域都有规定,而不同的规定可能存在冲突,这就造成法律适用过程中大前提的混乱。而有的时候,不同的部门法可能都希望将这一领域交给其他部门法来进行规制,导致法律适用大前提的空白。另一个可能的问题是,在一个需要多个部门法协调来解决问题的领域,部门法之间应如何进行协调缺乏冲突规范来指引。这就可能导致在解

---

〔1〕　参见《劳动合同法》第7条。

决问题时法律资源分配的不均,也体现出以部门法为单位解决跨领域问题的局限性。

（二）运用《宪法》分析网约车平台与司机间劳资关系的必要性

立法层面与司法层面在解决网约车平台与司机间劳资关系问题上的乏力是寻求《宪法》为这一问题提供解决方案的现实原因。而《宪法》本身所具有的价值上的总括性以及调整范围的广泛性,构成运用《宪法》分析网约车平台与司机间劳资关系的基础。

1. 宪法的最高性以及价值上的总括性为立法与司法提供了价值指引

宪法在法律体系中具有最高的地位,这就解决了在普通立法领域因不同法之间处于同一位阶而难以作出价值判断的难题。宪法所确立的价值判断标准为解决不同部门法之间追求价值的不同提供了"冲突规范"。另外,《宪法》涵盖了社会领域几乎所有的价值,为解决网约车平台与司机之间的劳资关系提供了价值基础。例如,网约车平台的营业自由可以从《宪法》保障非公有制经济中得出其内涵,而劳动者权益的保障也可在劳动权以及劳动义务中找到其内涵与界限。

2. 宪法调整范围的广泛性为系统性解决零工经济模型下网约车平台与司机间的劳资关系提供了解决方案

宪法调整范围的广泛性使得在解决跨领域社会问题时不会出现部门法视野下不同部门法作用交叠冲突或者缺位的问题。宪法有足够充足的工具为整体性、系统性地解决社会问题提供解决方案。例如,在解决网约车平台与司机间劳资关系的时候,从国家与公民关系角度,既可以从基本权利出发划定劳动者劳动权与劳动义务的范围,或者经营者经营自由的范围来解决二者间的冲突,也可以从国家任务的角度,要求国家对二者间的冲突进行积极的干预。从网约车平台与司机间关系这一问题的跨领域角度,则可以从宪法上通过对政治体制、经济体制、社会体制、教育体制的安排来解决劳资关系问题背后的系统性社会问题。

综上所述,在分析过立法与司法对网约车平台与司机间劳资关系的规制现状以及网约车平台与司机间实然层面的劳资关系后,笔者认为当前立法与司法的规制一方面无法反映平台与司机间真实的劳资关系和司机真实的生存状况,另一方面以立法和司法的方式来规制符合零工经济模型下系统性社会问题存在缺失和不足。这些缺失和不足是由于立法和司法本身功能上的定位所决定的。立法的目的在于解决某一领域的问题,而司法的目的在于解决具体纠纷,它们并非都为解决系统性纠纷而生。因此,笔者认为,只有引入《宪法》劳动权与"劳动义务条款"对网约车平台与司机间劳资关系进行分析,从宪法的高度赋予平台与司机间关系的价值指引,也同时为零工经济下系统性解决平台与司机间劳资关系提供解决方案,才能真正解决网约车平台与司机之间劳资关系。

五、《宪法》中劳动权与劳动义务的规范解释

在分析了立法与司法领域关于规制网约车平台与司机间劳资关系的缺失以及考察过网约车平台与司机的现实生态的基础上,得出了要以《宪法》层面分析平台与司机间劳资关系的结论。《宪法》层面的分析在过往是建立在"国家与公民社会的二分"基础上的,因此以《宪法》来分析就要明确是否存在值得《宪法》所保护的基本权利以及国家保障基本权利的边界。在论及网约车平台与司机间劳资关系的问题上,需要处理的问题是网约车司机的权益是否应当落入《宪法》所保障的劳动权范围之中? 如果落入保障的劳动权范围之中,那么劳动权受到保障的界限又在哪里? 这涉及与《宪法》中"劳动义务条款"的协调问题。

(一)劳动权的内涵及保障范围

我国《宪法》第42条第1款规定,中华人民共和国公民有劳动的权利和义务。这一条被认为是有关我国《宪法》确立对劳动权保障的规定。此外,我国《宪法》第43条第1款规定,中华人民共和国劳动者有休息的权利。这条通常被认为是《宪法》关于劳动者休息权保障的规定。有学者将其作为"宪法上与劳动权有关的条款"[1]。但也有观点认为,休息权属于劳动权范畴之下,是劳动权的一个派生形态,因而亦可被认为属于对劳动权的规定。[2]但无论是认为休息权是"宪法上与劳动权有关的条款",抑或认为休息权就是劳动权的一个派生形态,一个共识是:宪法上的休息权与劳动权是一个集合,二者存在紧密的关系,并且在保障劳动者权益时共同发挥作用。因此本文在这个维度上并不需要对不同的观点进行区分和评价,只是将"劳动权"这一概念视为《宪法》上劳动权条款与休息权条款的集合。本文重点区分的是劳动权的性质问题。

关于劳动权的性质,学界存在不同的观点。在近代,劳动权首先表现为防御性的劳动自由权。近代的劳动权更多是一种劳动者与雇主之间契约自由的关系,国家被要求尊重并且保障这种基于契约自由所形成的劳资关系。[3]然而随着经济社会的发展,尤其是马克思主义理论对于资本主义经济剩余价值获取的深刻揭示,防御性劳动自由权的缺陷愈发明显。契约自由是建立在平等主体之间的,而随着资

---

〔1〕　王锴:《论我国宪法上的劳动权与劳动义务》,载《法学家》2008年第4期。

〔2〕　参见许崇德、胡锦光主编:《宪法》(第六版),中国人民大学出版社2018年版,第172页。

〔3〕　参见夏正林:《论宪法视野下的劳动关系》,载《西北大学学报(哲学社会科学版)》2016年第5期。

本主义的发展,贫富差距的拉大,作为契约自由前提性基础的平等已不再适于劳资关系。事实上,就上文对我国网约车平台与司机间劳资关系的研究业已说明了这一点。因此,一种需要建构在事实上不平等地位的劳资关系理论被提出,即认为劳动权同时是一种社会权。这也是目前普遍的通说。[1]基于社会权的构造,劳动权要求国家通过积极的措施保障公民的劳动自由,提供就业机会和劳动保障。国家还需要通过立法制定有关劳动的基本标准和保障。但也有学者认为社会权的一个问题在于,由于社会权的实现有赖于国家或社会的经济社会发展条件,因而其经常被认为是一项抽象的权利。[2]这种权利往往不能通过公民主张权利的方式得以实现,而更多是依赖国家通过立法予以具体化。[3]因此常常存在权利是否具有实效的问题。

有观点将劳动权理解为权利与义务的集合体。这种观点大抵来源于我国《宪法》。我国《宪法》第 33 条第 4 款规定:任何公民享有宪法和法律规定的权利,同时必须履行宪法和法律规定的义务。同时《宪法》第 42 条第 3 款规定,劳动是一切有劳动能力的公民的光荣职责。《宪法》第 53 条规定,中华人民共和国公民有遵守劳动纪律的义务。郑贤君就认为:劳动权具有复合属性,是权利义务的统一体。对公民而言劳动既是一种权利也是一种义务。这是由劳动权的宪法地位所决定的。[4]值得注意的是,这种观点也与修宪者的观点相仿。1982 年《宪法修正案(草案)》中曾规定:公民的权利和义务不可分离。任何公民享有法律规定的权利,同时遵守宪法和法律的义务。[5]这种观点起初是为了正确处理权利与义务之间的关系以及"国家—社会—公民"三者间的关系。但是这种观点目前受到了反思:宪法是规范政府行为的法律,它是公民在对政府进行授权时防止政府对公民权利的侵犯而要求政府对公民权利保障的宣示,因此不存在规定公民义务的问题。在公民与政府的关系上不存在权利义务一致的问题。[6]这种"不存在规定公民义务的问题"的观点虽然在现代也同样受到了反思,但是对于批驳认为某种权利既可以解释为权利又可以解释为义务的观点而言仍然是有力的。而对于公民义务的问题,后文将会提到如何处理基本权利与基本义务的关系问题。

综上所述,劳动权的性质经历了从传统防御性自由权到社会权,在我国还

---

〔1〕　参见王锴:《论我国宪法上的劳动权与劳动义务》,载《法学家》2008 年第 4 期。

〔2〕　参见许崇德、胡锦光主编:《宪法》(第六版),中国人民大学出版社 2018 年版,第 171 页。

〔3〕　参见〔日〕芦部信喜、〔日〕高桥和之增订:《宪法》(第 6 版),林来梵等译,清华大学出版社 2018 年版,第 215 页。

〔4〕　参见郑贤君、韩冬冬:《论宪法上的劳动权》,载《金陵法律评论》2009 年第 1 期。

〔5〕　参见蔡定剑:《宪法精解》,法律出版社 2004 年版,第 215—216 页。

〔6〕　参见蔡定剑:《宪法精解》,法律出版社 2004 年版,第 216 页。

曾有有关权利与义务一致性的理论认识。但这些认识或缺乏对于现实劳资关系不平等的认识,或将之委诸国家立法任务去解决而易形成空中楼阁。我国的权利与义务一致性理论甚至还有混淆权利主体与义务主体关系的危险。[1]这就需要从新旧权利性质的分类进行梳理和研究,为劳动权的性质提出具体的定位和解释。

1. 自由权与社会权

劳动权有关防御性自由权与社会权的分类源于瓦萨克的"三代人权"理论。在瓦萨克看来,人权可以分为三代:第一代为公民权与政治权。主要是《公民权利和政治权利国际公约》中所涉及的权利。它源于资本主义发展初期要求国家减少对公民社会干预的需要,因此又被称为消极的权利。在这一时期,权利的构造建立在"国家—公民社会"二元对立的基础之上。而权利的本质在于防止国家对公民自由的侵害,因此又被称为"防御性自由权"。第二代为经济社会权利。主要是《经济、社会及文化权利国际公约》所涉及的权利。它产生于垄断资本主义时期。随着资本主义社会的发展,资本主义社会的弊端逐渐凸显,社会矛盾愈发激烈。为缓和社会矛盾,实现资本主义的自我改良,要求国家大规模介入社会生活之中,为公民提供更多社会保障,因此第二代人权又被称为积极的权利。第三代为集体权利(Solidarity rights),源于第二次世界大战之后大量殖民地独立所形成的民族自决,以及全球化使各国互相依存所形成的发展权、环境权等概念。而劳动权的内涵正是形成于第一代人权发展时期,完成于第二代人权发展时期。因此劳动权常被认为兼有自由权与社会权的双重属性。

但需要追问的是,三代人权理论的划分是否科学呢? 对于三代人权的理解可以从两个方面入手:一方面是从人权理论历史发展的脉络入手,认为三代人权经历了一个从自由权到社会权再到集体权利的演变过程;另一方面是从不同人权对国家所要求承担的义务不同入手,将三代人权作为分析权利内容的分析框架。[2]但是事实上,无论从哪一个角度入手,三代人权理论都是存在缺陷的;从历史发展脉络看,三代人权理论常常主张:人权代际权利是一个一个产生的,不仅仅是代际中的权利的产生早于下一个代际权利的产生,它们之间的关系还像父母与孩子的关系,上一个代际的权利倾向于先于下一个代际的权利死亡。[3]但事实上,根据代际来考虑

---

〔1〕 参见许崇德、胡锦光主编:《宪法》(第6版),中国人民大学出版社2018年版,第171页。

〔2〕 Patrick Macklem, Human Rights in International Law: Three Generations or One? 3 London Review of International Law 62(2015).

〔3〕 See Carl Wellman, Solidarity, the Individual and Human Rights, 22 Human Rights Quarterly 641 (2000).

国际人权的发展,并不等同于这些权利的源起背景。[1]例如,1648 年的《威斯特伐利亚和约》就保障了少数群体的宗教信仰自由。

从三代人权理论作为权利内容分析框架的角度而言,瓦萨克在使用三代人权理论时,倾向于通过不同权利所产生的义务以及义务承担者的不同来划分权利的代际。[2]然而这同样存在缺陷,例如财产权在传统上被认为是消极的公民权而要求避免国家权利侵害。但事实上它需要国家通过积极的作为来保障公民的财产权免受他人的侵害。因此财产权事实上既需要国家避免侵害(protection from the government),也需要国家的积极保护(protection of the government)[3]。

2.国家的四重义务构造

在说明了三代人权理论的缺憾后,从全面保障劳动权的角度出发,应当建构起多层次、全方位的劳动权内涵。国家的四重义务构造是从国家应当对公民所享有的基本权利承担何种义务的角度出发的,可以概括为:①尊重的义务(the obligation to respect),要求国家对于公民的权利予以尊重。②保护的义务(the obligation to protect),要求国家保障公民的基本权利。③满足和实现的义务(the obligation to fulfil),要求国家尽可能满足和实现公民的基本权利。④促进的义务(the obligation to promote),要求国家积极创造机会去促进公民基本权利的实现。根据《联合国经济、社会及文化权利国际公约》第 6 条的第 18 号一般性意见,劳动权的内涵可以被概括为以下几点[4]:

(1)尊重的义务。缔约国有义务遵守工作权利,尤其是通过禁止强迫或强加劳动和避免拒绝或限制所有人平等获得体面的工作,尤其是弱势和被边缘化的个人和群体,其中包括囚犯或在押犯,少数群体成员和移徙工人。尤其是缔约国有义务必须遵守妇女和年轻人获得体面工作的权利,进而采取措施,减少歧视并促进平等获得机会。

(2)保护的义务。缔约国有责任通过立法或采取其他措施,确保平等获得工作和培训,确保私有化措施不损害工人的权利。扩大劳务市场灵活性的具体措施不能使工作稳定性减少,或降低对工人的社会保护。保护工作权利的义务包括缔约国有

————————

[1]　See Patrick Macklem, Human Rights in International law: Three Generations or One? 3 London Review of International Law 64(2015).

[2]　See Patrick Macklem, Human Rights in International Law: Three Generations or One? 3 London Review of International Law 68(2015).

[3]　See Neil K. Komesar, Imperfect Alternatives: Choosing Institutions in Law, Economic, and Public Policy, University of Chicago Press,1994, p. 245.

[4]　参见联合国经济与社会理事会《〈联合国经济、社会及文化权利国际公约〉第 6 条工作权利第 18 号一般性意见》。

责任禁止非国家角色的强迫或强制劳动。

（3）满足和实现的义务。缔约国应采取积极措施，使个人并帮助个人享有工作权利，并实施技术和职业教育计划，促进就业。

（4）促进的义务。要求缔约国承办制定和颁布教育和信息方案，使公众提高对工作权利的认识。

国家的四重义务构造相较于传统的三代人权理论之优势在于，它并不囿于权利的代际而赋予权利的内涵，而是全方位地为国家课以不同层次的保障公民基本权利的义务，从而实现对公民基本权利的全面保障。在以这种理论来阐释《宪法》所保障的劳动权时，劳动权的规范就不再囿于《宪法》第 42 条第 1、2 款，还包括诸如《宪法》第 33 条所确立的平等原则，《宪法》第 48 条、第 49 条关于保护妇女儿童权利的条款等都会与劳动权的保障产生联系。此外，对于《宪法》第 42 条第 2 款即"国家通过各种途径，创造劳动就业条件，加强劳动保护，改善劳动条件，并在发展生产的基础上，提高劳动报酬和福利待遇"，也不再单纯被理解为国家义务条款，而是公民有权利请求国家积极履行义务，若国家怠于履行义务则需承担相当于侵犯公民劳动权一般的违宪责任。

在网约车平台与司机间劳资关系法律认定问题上，采用国家四重义务理论来构造劳动权的内涵也将对平台与司机间劳资关系的认定产生积极意义：国家不应当规避对于平台与司机间劳资关系在法律性质上的认定，这不符合国家所负有的应当通过积极立法来保障劳动者劳动权的义务。尤其是在考察了平台与司机间在实然层面的关系以后，了解到司机实质从属性的增强已然破坏了可能平等协商的基础，放任平台与司机之间的约定会不可避免地损害劳动者劳动权，国家更负有积极介入之义务。需要注意的是，国家四重义务构造与国家义务条款对《宪法》第 42 条第 2 款之解释虽然都是要求国家履行义务，但其要求国家履行义务的程度是不同的：对于国家义务条款而言，国家只需要履行其义务进行立法，而对于立法保障劳动者权益之程度事实上并没有更多要求，而是委诸国家判断。而国家四重义务构造是以劳动者劳动权之实现为依归，这就要求国家履行义务务必要始终以实现劳动者之劳动权为履行义务正当性和适当性的标准。在网约车平台与司机间劳资关系这一问题中，《网络预约出租汽车经营服务管理暂行办法》并没有对网约车平台与司机之间的关系作出立法，但是从国家角度看，立法者制定《网络预约出租汽车经营服务管理暂行办法》已然在事实上履行了国家义务。但是如果以国家四重义务之构造观之，则《网络预约出租汽车经营服务管理暂行办法》之规定显然没有保障司机的劳动权，因而并不能认为国家对司机之保护已然到位。由此观之，以国家四重义务构造作为劳动权内涵的建构更有助于全面保障网约车平台与司机间关系中的劳动者即司机的权利。

（二）"劳动义务条款"之性质

在对《宪法》第42条第1、2款有关劳动权之内涵完成重构后,尚不足以在网约车平台与司机间的劳资关系中得出满意的答案。因为随之而来的另一个问题是:如何与《宪法》所规定的"劳动义务条款"相协调? 事实上,之所以在立法与司法实践中常出现对于"劳动关系"界定不清的情况,除了对劳动权价值内涵的不确定性外,还有来自劳动权界限的不确定性问题有待解决。而这一界限问题的澄清必然伴随对劳动权与"劳动义务条款"关系的澄清。

"劳动义务条款"在《宪法》中体现为第42条第1款:中华人民共和国公民有劳动的权利和义务;第3款:劳动是一切有劳动能力的公民的光荣职责,以及《宪法》第53条中规定的公民必须遵守劳动纪律。对"劳动义务条款"性质的研究通常置于公民基本义务条款研究的范畴之下。而对公民基本义务条款的性质,学界有不同的观点:

第一种观点认为,权利与义务相统一。这种观点主张当一个人行使权利时同时也意味着负有一定义务。[1]该观点已经受到了批判:如果所有权利行使的背后都必然伴随着基本义务履行的影子,在逻辑上很可能导致用基本义务取消基本权利的推论,从而使权利本身的价值内涵"收缩至零"。[2]

第二种观点认为,《宪法》的宗旨在于约束政府权力、保障公民权利,而非为公民设定义务。[3]典型的代表即前述所引用蔡定剑关于权利与义务相统一观点的批判。[4] 这种观点源于宪法是一种社会契约的理论预设。但是对于公民基本义务的否定又会存在问题:首先,公民基本义务条款已然构成《宪法》的一部分,断然否定基本义务条款之效力无疑不妥;其次,即便是基于社会契约论而建构起来的其他资本主义国家,也同样规定了基本义务条款。径直以社会契约论原理否定基本义务条款未免武断。还有相似的观点认为,劳动义务条款更多是一种道德义务,故可以认为我国将劳动作为一种义务规定在宪法里面,或许其宣示意义大于实际意义[5]。

第三种观点认为,公民基本义务构成对基本权利的限制。德国的基本义务概念

---

〔1〕 参见郑贤君:《权利与义务相一致原理的宪法释义——以社会基本权为例》,载《首都师范大学学报(社会科学版)》2007年第5期。

〔2〕 参见姜秉曦:《我国宪法中公民基本义务的规范分析》,载《法学评论》2018年第2期;王锴:《为公民基本义务辩护——基于德国学说的梳理》,载《政治与法律》2015年第10期。

〔3〕 参见姜秉曦:《我国宪法中公民基本义务的规范分析》,载《法学评论》2018年第2期。

〔4〕 参见蔡定剑:《宪法精解》,法律出版社2004年版,第216页。

〔5〕 参见童之伟主编:《宪法学》,清华大学出版社2008年版,第213页。

是费德尔在 18 世纪发明的。费德尔从法律平等中导出个人的消极义务,即不能侵犯他人的自然权利。[1]但是,公民基本义务并不能等同于基本权利的限制。正如霍夫曼认为:人们把基本义务理解为如同容忍原则般构成自由权的内在限制,但这窄化了与国家相关的人员和事务上的给付和忍受义务。因为基本义务不仅仅是防御性质的,而且还带有给付性。[2]

　　笔者认为,就上述有关基本义务性质观点之讨论,或有悖于宪法原理而存在损害基本权利内涵之嫌,或无视了中国宪法中基本义务条款的现实基础,或混淆了不同概念之功能面向,皆不可取。笔者认为,应当以本土视角来观察公民基本义务,尤其是"劳动义务条款"的性质。

　　王旭认为,我国宪法上的劳动权不仅仅是一种法律意义上的基本权利,而且具有一种内在的政治结构:劳动人民与剥削阶级的二元划分是我国宪法规定的国家性质的逻辑起点与现实基础。[3]笔者赞成此说,原因如下:

　　首先,基本义务条款并非仅具宣示意义或道德义务,而是维系保障公民基本权利的前提性基础。1795 年法国《人与公民权利和义务宣言》最早规定了公民义务,即"服从义务""财产牺牲义务""纳税义务"以及"兵役义务"。[4]这些义务均系为维护国家之存续。其次,我国《宪法》将劳动置于"劳动义务条款"之中,表明劳动具有与上述基本义务同样的维系国家存续的重要作用。这可以从两个维度来进行解释:第一个维度是从劳动所创造的社会财富是国家维系的经济源泉这一角度而言的,"劳动义务条款"是组织社会劳动的基础,特别是现代化大生产必不可缺少的制度。[5]"劳动义务条款"之目的在于维系现代化生产,从而保障国家的经济发展。但若从这一维度出发,事实上对于各国而言劳动似乎都具有这一功能,但各国未必都将其置于宪法的基本义务之中。因此"劳动义务条款"作为维系国家存续目的之重要性并不能得以此种维度完全凸显。这就需要引入"劳动义务条款"的第二个维度,即确认国家主人翁地位之作用。

　　根据王旭的研究,从《中华苏维埃共和国宪法大纲》伊始,劳动权就作为一个划

---

　　〔1〕　参见王锴:《为公民基本义务辩护——基于德国学说的梳理》,载《政治与法律》2015 年第10 期。

　　〔2〕　参见王锴:《为公民基本义务辩护——基于德国学说的梳理》,载《政治与法律》2015 年第10 期。

　　〔3〕　参见王旭:《劳动、政治承认与国家伦理——对我国〈宪法〉劳动权规范的一种阐释》,载《中国法学》2010 年第 3 期。

　　〔4〕　参见王锴:《为公民基本义务辩护——基于德国学说的梳理》,载《政治与法律》2015 年第10 期。

　　〔5〕　参见许崇德:《中华人民共和国宪法史(上卷)》,福建人民出版社 2005 年版,第 248 页。

分"敌我"的承认规范而存在。[1]在这一文件中,"劳动"具有双重功能:一个是从政治上通过是否属于劳动阶层来进行敌我之划分;另一个是从经济上通过劳动权来作为一项国家伦理以明确。[2]而到了1954年《宪法》,这种观念也被延续。许崇德在论述劳动纪律义务时提道:我们的国家是社会主义国家,工农劳动者是国家真正的主人。劳动在我国是光荣而崇高的事情,我们的劳动纪律是劳动人民自己建立、进行自我管理、自我约束的一种制度和秩序。它的目的与作用是不断提高劳动生产率,加速社会主义建设,因此它必然能为广大劳动者所自觉遵守。[3]这段话也表明,"劳动义务条款"作为公民基本义务条款对于维系国家存续的最重大意义在于确立劳动者作为国家主人翁的地位。对于《宪法》第42条第1款公民有劳动的权利与义务正是应当从这个维度去阐明:公民有权利劳动,是他作为国家主人翁的自我意识,而公民有义务劳动,则是劳动者为获得国家的主人翁地位所负担的义务。[4]

从这个角度来看待"劳动义务条款"事实上划定了劳动义务的界限,即劳动义务的履行不能侵犯劳动者的主体地位。劳动义务的履行是劳动者为维系其主体地位所负担之义务,如果这种义务的履行反而使劳动者丧失了主体地位而沦为劳动或机器的附庸,则违反了"劳动义务条款"设立的初衷。从这一观点来看,《宪法》上的劳动权和"劳动义务条款"事实上共同构成了劳动权的整体:劳动权的权利属性为劳动者提供了充分的保障;而"劳动义务条款"在正当化劳动者劳动义务社会性的同时也划定了对劳动者劳动义务履行的底线——不能侵害其主体地位。

在上文对网约车平台与司机间劳资关系在实然层面的研究中已经看到,司机存在形式从属性的减弱和实质从属性的增强。实质从属性的增强事实上愈发将司机捆绑在汽车以及不平等剩余价值获取机制之上,这无疑使司机丧失了其独立自主的地位而形成了附庸性和依附性。因此,这种形势下的"劳动义务的履行"无疑已经违反了"劳动义务条款"对劳动义务履行的底线要求,违反了宪法精神。

通过对我国《宪法》中关于劳动权与"劳动义务条款"的建构,一方面本文通过说明"劳动义务条款"之界限阐明平台当前这种使司机沦为附庸的不平等剩余价

---

〔1〕　参见王旭:《劳动、政治承认与国家伦理——对我国〈宪法〉劳动权规范的一种阐释》,载《中国法学》2010年第3期。

〔2〕　参见王旭:《劳动、政治承认与国家伦理——对我国〈宪法〉劳动权规范的一种阐释》,载《中国法学》2010年第3期。

〔3〕　参见许崇德:《中华人民共和国宪法史(上卷)》,福建人民出版社2005年版,第248页。

〔4〕　参见王旭:《劳动、政治承认与国家伦理——对我国〈宪法〉劳动权规范的一种阐释》,载《中国法学》2010年第3期。

获取机制并不符合我国《宪法》"劳动义务条款"的初衷,不应被认为合宪;另一方面本文也通过对劳动权内涵的重新建构确立了国家负有积极介入网约车平台与司机间劳资关系的义务,并以这种介入实现对劳动者权益保障为依归。但仅仅完成就劳动权和"劳动义务条款"的体系解释仍然不足以解决上文提到的零工经济模型下网约车司机面临的系统性社会问题,这就要求《宪法》整体必须同时提供体系性的解释以解决系统性社会问题。

六、《宪法》的系统性社会问题解决方案

(一)劳动权与"劳动义务条款"体系

在进行系统性建构之前,有必要在《宪法》中先对劳动权与"劳动义务条款"进行一个体系性的梳理:

劳动权与"劳动义务条款"体系首先是一个以《宪法》第42条第1款为核心,以第42条第2、3、4款以及第53条为次核心共同构建起来的内核。《宪法》第42条第1款表明了劳动权权利性与义务性的性质,而第42条第2、3、4款以及第53条都是用以完善、充实和解释第42条第1款有关"权利和义务"内涵的条款。由此构成了劳动权与"劳动义务条款"在公民这一维度理解劳动权与"劳动义务条款"内涵的基本框架。当然,如果从广义劳动权来进行理解,那么《宪法》第43条第1款也构成内核,第2款也构成外延。

除此之外,劳动权与"劳动义务条款"尚存在外延的部分。这是从另一个维度,即国家目标与国家义务的维度来理解。例如《宪法》序言规定要巩固有社会主义劳动者参与的广泛的爱国统一战线。[1]《宪法》第14条第1款规定:提高劳动者的积极性和技术水平,推广先进的科学技术,完善经济管理体制和企业经营管理制度……发展社会生产力,第4款规定:国家建立健全同经济发展水平相适应的社会保障制度,第15条第2款规定:国家加强经济立法,完善宏观调控,该条第3款规定:国家依法禁止任何组织或者个人扰乱社会经济秩序。这些条款可视作国家任务条款,要求国家为保障劳动权与"劳动义务条款"这一核心所需要担负的国家任务。而《宪法》第1条规定的社会主义制度,第6条规定的社会主义公有制消灭人剥削人的制度则可被视为国家目的条款。国家在对劳动者以及"劳动义务条款"规制时应当始终以国家目的条款作为依归。

---

〔1〕 参见《宪法》序言。

（二）"人权条款"的桥梁作用

在划定劳动权与"劳动义务条款"后,本文界定了一个相对稳定与封闭的劳动权与"劳动义务条款"体系。但是这一体系本身并不能自足。前述零工经济模型中所体现的系统性社会问题正体现了这一点。因此,这一体系还需要借助于一媒介与《宪法》中其他体系相联系,以阐明引入其他体系中的权利、国家目标和任务条款来解释和解决该体系内问题的正当性。笔者认为"人权条款"可以发挥这样的作用。系统性解决社会问题的前提是存在单一领域保障权利的缺位。为了实现对权利的全面保障才不得不引入其他体系中的权利以及国家目的和任务条款来对权利进行进一步的保障。因此,将其他体系中的权利以及国家目的和任务条款引入该体系中的正当性基础正是出于对人权的尊重和保障。

（三）外部体系的解决方案

在构筑了劳动权与"劳动义务条款"体系以及该体系与外界沟通的桥梁后,外部体系解决劳动领域问题的方案也可以被引入进来。例如,从政治层面,《宪法》规定了保障少数民族合法权利,可以为保障少数民族劳动者的权利提供保障;在经济层面,《宪法》规定了以按劳分配为主体的分配制度,有利于消除不平等的剩余价值获取现象;在文化层面,《宪法》规定了发展教育事业、保障劳动权等,可以提高劳动者自身的教育水平以实现就业市场上竞争力的提升;在社会层面,《宪法》规定了社会保险制度,可以为劳动者社会保障问题提供解决方案。

综上所述,通过建立劳动权与"劳动义务条款"体系,并且搭建其与外界的桥梁,使其他体系中的社会问题解决方案得以进入劳动体系中,可以系统性解决零工经济模型下错综复杂的社会问题。在网约车平台与司机间的劳资关系中,在仅仅通过劳动权和"劳动义务条款"难以解决的维度,例如教育水平低下、资源分配不均、社会保障缺失等问题,通过引入《宪法》中其他领域的解决方案可以从根本上解决司机相对平台弱势的问题。

七、结　论

本文通过考察网约车平台与司机间劳资关系在立法以及司法领域的认定情况,得出了立法在该领域的缺失以及司法在该领域"同案不同判"的结论。通过考察网约车平台与司机间在实然层面的分析,笔者认为二者间的关系并不具备适用契约自由的前提条件。此外,通过对网约车司机脸谱的绘制,发现网约车平台与司机间的劳资关系并不能仅通过劳资关系本身问题的解决来解决,而应求诸系统性解决问题的方案。笔者认为,立法与司法之所以不能对网约车平台与司机间的劳资关系作出正确的认定,是因为缺乏足够的价值指引以及部门法发挥作用的局限性。这需要通过《宪法》思维予以解决。本文通过建构劳动权的内涵以及阐明"劳动义务条款"的性质,表明劳动者之权利应当得到全方位的保障,对劳动义务的履行也应当以不违反人的主体性为前提。而为了解决网约车司机背后零工经济模型下的复杂社会问题,笔者提出通过从劳动权与"劳动义务条款"体系中搭建桥梁,引入《宪法》中其他体系的解决方案来解决这一系统性问题。

【责任编辑:张馨予】

数据安全保护义务:发展演进、理论基础与规范内涵

彭大千[*]

摘要:2021 年,我国《数据安全法》首次专章规定了数据处理者的数据安全保护义务,厘清了数据安全治理的基本逻辑。多年来,我国通过法律、法规和标准等规范构建了一套较为全面的数据安全保护义务规则体系。数据安全保护义务从个体安全保护需求逐渐发展为全社会普遍的安全需求,从依附于网络安全、信息安全的义务跃升为独立义务。《数据安全法》基于保护数据主体的合理信赖、对数据承载的多方利益的衡量、从赋权模式转向行为规制模式等因素为数据处理者设定数据安全保护义务有其正当性,数据安全保护义务应坚持"基于场景的安全风险防控"理论基础,综合考虑数据处理者、数据处理行为和数据安全风险等特征建立动态、多元的安全义务标准。数据安全保护义务的规范内涵应从数据安全的内涵和义务的法律性质两方面理解,数据安全内涵的"SEV"架构决定了数据安全保护义务的规范目的,数据安全保护义务既是以行为控制为核心的行为义务,也是以公法规制为主的"公私混合型"义务。

关键词:数据安全　安全保护义务　数据安全法　安全保障义务　安全风险

一、引　言

数据安全的法律属性与规范构造随着大数据技术的飞速发展而发生了质变,它

收稿日期:2024-06-05

[*] 彭大千,中金金融认证中心有限公司法务主管,公司律师,企业高级合规师。

所涉及的安全法益非常广泛,所面临的安全风险同样也非常复杂。2021 年,我国颁布的《数据安全法》设专章规定了数据安全保护义务,旨在规范数据处理活动,保障数据安全。但是,《数据安全法》作为数据安全保护领域的根本法,其法律规定普遍比较原则抽象,理解难度较大,在实践应用中存在很多争议。

当前,我国在数据安全保护领域的基础理论研究甚为不足,其在理论研究中的热度和深度也远不及个人信息保护,现有的研究视野更多聚焦于具体应用场景或交叉领域,例如针对人工智能生成数据、智能汽车数据、金融监管数据、能源数据的安全治理或数据犯罪的刑法规制等。数据安全保护义务作为数据安全治理的基石,是任何数据安全保护领域的理论研究都无法绕开的话题。我们在研究数据要素化和数据权利等热门前沿问题时,仍然应当认真思考这些基础问题:数据安全保护义务在我国如何演变而来? 法律要求数据处理者承担数据安全保护义务有何正当性?该义务的理论基础是什么? 法律属性和规范内涵是什么?

对此,本文拟梳理总结数据安全保护义务在法规范层面经历的变迁,论证数据处理者承担数据安全保护义务的正当性,分析构建数据安全保护义务理论基础,剖析数据安全保护义务法律属性与规范内涵,为数据安全保护义务的基础理论建设提供智识支撑,帮助完善我国数据治理的法律框架,推动数据治理体系的完善和发展。

二、规范变迁视角下的发展演进逻辑考察

数据安全保护义务并非肇始于《数据安全法》,实际上我国多年来已经形成了由法律、行政法规、部门规章、国家标准等规范性文件共同构建的数据安全保护义务规则体系。本文将从规范变迁的视角切入,详细梳理数据安全保护义务演进的脉络,深入把握其发展规律和内在逻辑。

(一)从个体安全发展为普遍安全

我国"数据安全保护义务"正式入法虽然始于 2021 年,但是数据安全保护的法规范要求却早已有之。早在 1996 年,我国《证券交易所管理办法》就已经要求证券登记结算机构采取完整的数据安全保护和数据备份措施来确保证券交易安全[1]。当时我国的证券登记结算机构已经开始采用电脑配对交易,长期下来产生并存储了海量的交易数据,这些数据的安全直接关系到证券交易安全。1998 年我国颁布的《证券法》也再次重申了这一要求[2]。但此时的数据安全保护要求还远远不足以

---

[1]　参见《证券交易所管理办法》(1996 年)第 69 条。
[2]　参见《证券法》(1998 年)第 152 条。

构成一种独立的法律义务,其规范内容也非常简单。在互联网并不发达的时代,数据安全保护还仅是对特定个体提出的要求,绝大多数主体根本不会面临数据安全的风险,也没有数据安全保护的必要。

21世纪以来,我国互联网行业飞速发展,数字技术深刻影响并重塑了经济形态。随着大数据和云计算等技术的不断进步,互联网巨头们通过数据分析和处理技术开发利用自身积累的海量数据,从中发掘出了前所未有的价值。全球都开始认识到原来单个数据的集合能够产生如此巨大的能量,大数据逐渐成为各国的基础性战略资源。数十年来,国务院出台很多促进新经济新业态发展的政策文件[1],各省也相继出台了很多大数据方面的地方性法规和政府规章[2],这些法规范中均有明确的数据安全保护规定。时至今日,数据安全保护不再只是少数个体的需求,大数据的应用发展使各行各业都产生了强烈的数据安全保护需求。数据安全保护义务的应用场域由此从个体安全发展为普遍安全。

(二)从依附义务跃升为独立义务

过去我国法律规范和政策通常将数据安全视作网络安全和信息安全的组成部分,数据安全保护义务作为依附义务被放置于网络安全和信息安全保障体系下考虑,并不具备相对独立的地位。例如2015年,在习近平总书记提出的总体国家安全观指导下,我国颁布的《国家安全法》将重要领域信息系统和数据的安全可控视为网络与信息安全保障的目标。[3]2016年,《中华人民共和国经济和社会发展第十三个五年规划纲要》从顶层设计的高度初步绘就了数据安全保护的蓝图,其第二十八章"强化信息安全保障"[4]第一节便是"加强数据资源安全保护"[5]。同年,我国颁

---

[1]　例如,2013年《国务院关于推进物联网有序健康发展的指导意见》;2014年《国务院办公厅关于促进电子政务协调发展的指导意见》;2015年《国务院关于促进云计算创新发展培育信息产业新业态的意见》《国务院关于印发促进大数据发展行动纲要的通知》;2016年《国务院办公厅关于促进和规范健康医疗大数据应用发展的指导意见》;2017年《国务院关于印发新一代人工智能发展规划的通知》。

[2]　例如,2019年《贵州省大数据安全保障条例》;2020年《山西省大数据发展应用促进条例》;2023年《四川省数据条例》《厦门经济特区数据条例》《广西壮族自治区大数据发展条例》《陕西省大数据条例》。

[3]　参见《国家安全法》第25条。

[4]　参见《中华人民共和国国民经济和社会发展第十三个五年规划纲要》第二十八章"强化信息安全保障":统筹网络安全和信息化发展,完善国家网络安全保障体系,强化重要信息系统和数据资源保护,提高网络治理能力,保障国家信息安全。

[5]　参见《中华人民共和国国民经济和社会发展第十三个五年规划纲要》第二十八章第一节"加强数据资源安全保护":建立大数据安全管理制度,实行数据资源分类分级管理,保障安全高效可信应用。实施大数据安全保障工程,加强数据资源在采集、存储、应用和开放等环节的安全保护,加强各类公共数据资源在公开共享等环节的安全评估与保护,建立互联网企业数据资源资产化和利用授信机制。加强个人数据保护,严厉打击非法泄露和出卖个人数据行为。

布了《网络安全法》，该法明确提出国家鼓励开发网络数据安全保护和利用技术[1]，将数据安全保护视作网络安全支持和促进的一部分。除此之外，该法还从各个角度对维护网络数据的完整性、保密性和可用性提出了分级分类、加密备份等安全保护要求。

随着 2019 年党的十九届四中全会发布的决定[2]首次提出"健全劳动、资本、土地、知识、技术、管理、数据等生产要素由市场评价贡献、按贡献决定报酬的机制"，数据要素被列为新时代五大生产要素之一，其经济价值被提升到前所未有的高度。与此同时，全球的数据安全形势变得愈发严峻，国内外不断发生数据安全事件[3]，严重损害社会公众和国家利益。我国逐渐认识到，数字经济的发展前提根本在于数据安全，数据安全已成为事关国家安全与经济社会发展的重大问题，其地位和重要程度已经毫不逊于网络安全和信息安全。按照党中央决策部署和贯彻总体国家安全观的要求，2021 年我国第十四个五年规划纲要明确提出要加快推进数据安全、个人信息保护等领域基础性立法，强化数据资源全生命周期安全保护。几个月后，全国人大常委会就审议通过《数据安全法》并公布施行，成为我国数据领域的基础性法律。数据安全保护义务也首次被确立为一项专门的、独立的、内涵丰富的法律义务，实现了从依附义务到独立义务的跃升。

(三)从安全保障义务演化为安全保护义务

2003 年，我国借鉴德国法上一般交往安全义务(verkehrspflicht)理论创设了安全保障义务。[4]在此之前，我国法律并未对公共场所经营者或群众性活动组织者设定安全保障义务。但随着一些特殊侵权行为类型的出现，原有的侵权法不足以评价这些不作为的侵权行为。故 2003 年最高人民法院在《关于审理人身损害赔偿案件适用法律若干问题的解释》第 6 条明确了安全保障义务[5]，此后我国《侵权责任法》第 37 条以正式立法的形式对其予以确认，最后发展成《民法典》侵权责任编第1198 条规定的安全保障义务。

---

〔1〕 参见《网络安全法》第 18 条。
〔2〕 《中共中央关于坚持和完善中国特色社会主义制度　推进国家治理体系和治理能力现代化若干重大问题的决定》，2019 年 10 月 31 日中国共产党第十九届中央委员会第四次全体会议通过。
〔3〕 例如，2018 年 Facebook 被曝 8700 多万条用户数据泄露，遭遇其有史以来最大数据泄露危机。参见段久惠：《神秘交易浮出水面：庞大金融信息谁卖出、谁买入》，载凤凰网财经(https://finance. ifeng. com/c/7vqcpex3bs0)，访问日期：2023 年 12 月 18 日。
〔4〕 参见刘召成：《安全保障义务的扩展适用与违法性判断标准的发展》，载《法学》2014 年第 5 期。
〔5〕 最高人民法院在释义中明确指出：本条以侵权法中的"一般安全注意义务"理论为基础，规定了从事住宿、餐饮、娱乐等经营活动或者其他社会活动的自然人、法人或者其他组织的社会活动安全保障义务。参见最高人民法院民事审判第一庭编著：《最高人民法院人身损害赔偿司法解释的理解与适用》，人民法院出版社 2004 年版，第 97 页。

随着互联网的迅速发展,人类活动从物理空间向虚拟空间延伸,网络空间高度技术化和信息化的特征,使得网络安全成为网络空间一切活动的基石。传统的侵权法理论和安全保障义务已经无法有效解决新型网络侵权形态,为此我国出台了一系列法律来回应新时代的安全保护需求。2018 年,我国《电子商务法》第 38 条规定了电子商务平台经营者的安全保障义务,将商场、超市这类主体的安全保障义务扩展到网络交易空间。[1]另外,《民法典》第 1194—1197 条规定了网络服务提供者侵权责任,要求网络服务提供者对自己管控的空间承担适当的管理和注意义务,此亦被认为是源自于安全保障义务。[2]传统的安全保障义务属于侵权法范畴,主要适用于防范可支配空间的人为活动风险,义务主体最初限定为经营场所的经营者、管理者或群众性活动的组织者,义务所保护的对象主要是自然人的人身安全和财产安全。但随着安全保障义务的适用标准在我国司法实践中不断被泛化,义务主体、义务内容和适用领域也在不断扩张。基于场所与活动的公共性,安全保障义务被扩张适用于一切具有公共性质的场景,而义务对象的不确定致使安全保障义务人对不特定对象的人身、财产利益负有不特定的危险防控义务[3],这种扩张趋势也助推了数字化时代一系列安全保护义务的产生。

2016 年,我国《网络安全法》对网络运营者(即网络所有者、管理者和网络服务提供者)设定了网络安全保护义务,要求网络运营者保护网络运行安全和网络信息安全。[4]2020 年,《民法典》第 1038 条明确了个人信息安全保护义务,包括不得泄露、不得篡改以及不得非法提供个人信息;2021 年,我国《个人信息保护法》第 51 条、第 58 条明确要求个人信息处理者应当根据个人信息的处理目的、处理方式、个人信息的种类以及对个人权益的影响、可能存在的安全风险等因素,承担个人信息安全保护义务。在上述法律规范中,对于安全法益不再使用安全保障义务,而是安全保护义务,体现的是传统安全保障义务法律属性和内涵的变化:从民事侵权责任逐渐扩张至民事、行政和刑事违法责任兼而有之,从私法义务逐渐变成公私结合的义务,从事后救济转变为事前预防,从危险防控演变为风险防范。从传统侵权法中的公共活动场所和群众性活动安全保障义务,到平台经济时代的网络服务提供者安全保障义务,再到数字经济时代的网络安全、个人信息安全以及数据安全保护义务,安全保障义务随着社会不断的变革而泛化其适用主体和内容,逐渐演化为安全保护义务。

---

[1]　参见蓝寿荣:《消法视角下的电子商务平台安全保障义务》,载《政法论丛》2023 年第 2 期。

[2]　参见刘文杰:《网络服务提供者的安全保障义务》,载《中外法学》2012 年第 2 期。

[3]　参见汪倪杰:《论〈民法典〉视域下安全保障义务的边界——对第 140、141 号指导案例的理论回应》,载《法商研究》2022 年第 6 期。

[4]　参见《网络安全法》第 9 条。

三、义务设定的正当性与理论基础阐释

《数据安全法》开了数据安全保护义务自成一体的先河,我国也正在不断建构广泛而又深入的数据安全保护义务规范体系。但是,这同样也意味着全社会各类数据处理者将会凭空增加更多的法律负担,在此之前很寻常的数据处理行为可能一夜之间变成违法行为,人们不得不预先付出更高成本来防范可能发生但未发生的数据安全损害,这似乎并非一种很经济的做法。那么法律设定这种义务的正当性何在? 又是基于何种理论基础?

(一)数据安全保护义务的正当性

有学者认为,《数据安全法》要求数据处理者承担数据安全保护义务具有正当性和合理性。数据处理者的数字基础设施法律地位、履行财产权社会义务的要求以及数据的公共安全属性决定了数据处理者应承担数据安全保护义务。[1]除此之外,保护数据主体的合理信赖利益、平衡数据承载的多方利益以及数据保护的路径转变亦能论证数据安全保护义务的正当性。

1.保护数据主体的合理信赖利益

现代商业社会中人们交往日益频繁,交往范围和深度不断延展,加深了人们之间的相互依赖和影响程度。数据处理者履行数据安全保护义务,首先源于对个人数据保护需求的回应,以及对数据权力滥用的限制。在个人数据场景下,数据主体在网络空间生产数据,被数据处理者收集分析并用于创造更多价值。在此过程中,数据主体会产生一种合理期待,即无论数据如何流通,数据处理者都应当尽到适当的安全保护义务。保障数据主体的信赖利益是数据自由流通的基本前提,正是因为数据主体有理由相信数据流通不会对其自身产生损害,他们才有动力接受服务进而生产数据,才会同意数据处理者对其数据进行处理。否则,当所有数据主体出于防止数据安全损害而拒绝生产数据、拒绝数据处理者处理数据时,整个数字社会将陷入丛林状态。因此,法律在对数据处理者施加数据安全保护义务时,实际上首先考虑的应当是数据主体的合理信赖利益。数据主体在网络活动中所产生的数据客观上并不在其直接控制范围内,光凭其自身能力根本无法实现数据安全的有效保护。因此,这样的设计可以最大限度节约社会总交易成本,在提升交易效率的同时确保交易安全。

---

[1]　参见王玎:《论数据处理者的数据安全保护义务》,载《当代法学》2023 年第 2 期。

2. 基于多方利益衡量的考虑

数据是指任何以电子或者其他方式对信息的记录,而各种信息之上映射的是丰富多样的权利。因此,数据可称得上是一切法律关系的客体。比如个人数据中包含了人格权,企业的经营生产数据包含了财产权,智力成果数据包含了知识产权,海量的地理、气象、交通数据甚至代表的是公共利益和国家主权。[1]在数字化社会中,人们既是数据的生产者也是数据的消费者,任何人都无法离开数据而生存。数据具有多重价值,包括人格自由和人格尊严、商业利益、公共利益甚至国家安全等。数据安全保护义务要达到的目的是多方共赢,因此数据保护与利用实际上就是利益衡量的过程。数据承载的利益主要可以分为两方面:数据主体的私人利益和其他利益。大数据时代离不开数据的自由流通和充分利用,人工智能和量子计算等技术极大地拓展了数据利用的边界。数据的商业价值日益凸显,各国围绕数据发展的商业市场不断膨胀。数据处理者从数据中挖掘出的价值堪比新时代的黄金和石油,与此同时,消费者也因为数据处理者对数据价值的充分利用而享受到更优质便捷的服务。但不可回避的是,一旦数据利用和资本扩张、政治对抗等因素结合起来,数据安全就会受到巨大威胁。数据安全事件通常影响的不仅是单个的主体,它往往导致持续且难以完全消弭的大规模损害,同时伴随着不可预估的连锁反应。因此,为了平衡数据所承载的多方利益,数据处理者在享受更多数据价值的同时也应当履行必要的数据安全保护义务。

3. 从主体赋权到行为规制的路径转向

多年来,基于公平信息实践(fair information practices)原理,各国在个人信息保护的立法实践中普遍采取以个体信息赋权为主、施加信息处理者义务为辅的进路。例如我国的《个人信息保护法》、欧盟的《数据交易指令》《个人数据保护指令》《通用数据保护条例》、美国的《加州消费者隐私法案》主要采取的都是赋权进路,即对个人数据主体赋予一系列的权利,如查询权、删除权、可携带权、被遗忘权等。同时,对信息处理者设定相应的配合义务以及违反义务的法律责任。但是,随着数字技术的不断发展进步,传统意义上基于公平信息实践的权利义务关系开始失衡,人们开始反思这样的保护模式是否真的行之有效,一方面,过度的数据主体赋权可能会增加权利保护成本,导致数据主体权利保护沦为形式;另一方面,有些数据处理原则在大数据应用场景下并非完全合理,反而会不当限制数据的合理流通与利用。[2]根据

---

〔1〕 参见齐爱民:《数据法原理》,高等教育出版社 2022 年版,第 49、50 页。
〔2〕 参见丁晓东:《论个人信息法律保护的思想渊源与基本原理——基于"公平信息实践"的分析》,载《现代法学》2019 年第 3 期。

法经济学观点,义务应当分配给可以最小成本实现它的人。[1]数据处理主体通常实际支配着数据流通的各个节点,为数据主体提供数据应用的基础设施,具备保障数据安全的技术条件和专业人员,因而更容易以较小的成本预防和控制风险,实现数据安全保护目的。除此之外,数据损害因果关系复杂、损害后果难以量化、损害来源难以追踪等特点都导致主体赋权进路的实现面临各种困难。而数据安全损害往往都是由数据处理者的不当处理行为所致,对其施加严格的法律义务更有助于从源头控制风险、预防损害。同时,对数据处理者进行监督所需的管理成本可能远低于数据主体自力救济所需社会成本和司法成本。由此,我国《数据安全法》从行为规制的立场出发,对数据处理者设定了全方位的安全保护义务。

(二)"基于场景的安全风险防控"理论

1. 安全保障义务理论解构

从历史演进的角度来看,安全保障义务的理论基础对于数据安全保护义务来说具有较强参考意义,认真检视该义务的各种理论学说,能够为我们确立数据安全保护义务的理论基础提供有效启示。梳理发现,这些理论观点分别侧重于从主体和目的两个不同的角度进行论述。

多数理论观点建立在安全保障义务主体特殊的控制能力之上。比如有学者认为,安全保障义务源自"控制者义务理论","任何人对自己控制的场所负有安全保障义务",其理论内核在于遵循收益与风险相一致原则以及危险控制理念。[2]"控制力理论"将网络空间的服务提供者对平台内信息和行为的控制力大小作为判断其义务和责任大小的依据,对信息和行为控制力越强的网络服务提供者,拥有范围越广的监管义务,并因此承担更重的责任。[3]"私权力控制说"认为平台并非公共机构,其所拥有的不是公权力而是新型私权力。这种私权力为其带来了更强的处分能力和监管能力,因此应当设定相应的义务以合理限制和监督私权力,防止其滥用。[4] 由此可见,正是因为安全保障义务人对其经营空间具有管领控制能力,法律更倾向于将义务分配给在交往活动中更有控制力和支配力的一方,这既是对社会权力的均衡调适,也是权利实现的最有效路径,更是公平原则的基本体现。

〔1〕 参见王思源:《论网络运营者的安全保障义务》,载《当代法学》2017 年第 1 期。
〔2〕 参见张新宝:《互联网生态"守门人"个人信息保护特别义务设置研究》,载《比较法研究》2021年第 3 期。
〔3〕 参见陈奕屹:《电子商务平台拒不履行信息网络安全管理义务罪认定的困境与出路》,载《法律适用》2020 年第 13 期。
〔4〕 参见刘权:《网络平台的公共性及其实现——以电商平台的法律规制为视角》,载《法学研究》2020 年第 2 期。

也有观点从义务的目的出发,认为安全保障义务的目的在于防范外界普遍存在的风险和危险,因此法律应当将义务分配给开启或者引发风险和危险的人。比如"危险源监督说"认为,在网络社会中,受横向功能分化趋势的影响,网络服务提供者的作用与地位将会影响其所管理的特定空间和领域的安全,其存在本身就是一种危险源。因此,安全保障义务源于其对特定危险系统的管理能力和地位,也正是其对这种危险来源的管理产生了监督控制义务。[1]"安全风险管理义务论"则认为,风险社会中的风险来源于工业社会的制度设计,属于不确定的制度风险,应当通过制定合理的制度进行权衡,分摊风险。[2]"危险控制说"认为,经营者因经营活动对进入其经营场所者开启了相关危险,故负有控制该危险、避免其实害化的义务。[3]还有学者认为,安全保障义务是一种危险防免义务,义务人对其在社会交往活动中所开启、维持或主导的对象,应采取积极、合理的措施对交往中的危险予以控制或者尽可能降低危险发生的可能性。[4]各观点看似众说纷纭,实则是同一硬币的两个侧面。每个侧面都可以描绘硬币的特征,但任何一个侧面都不足以构成硬币本身。因此,我们在构建数据安全保护义务时应当坚持全方位、多视角分析,避免有所缺漏。

2."基于场景的安全风险防控"理论建构

(1)风险防控是数据安全保护义务的首要原则。

早期社会生产力并不发达时,法律关注的重点仅在于狭义的个体人身和财产安全免受侵害,围绕安全法益设定的义务更多在于防控相对确定的危险。自近代工业革命至今,人类的生产力发生了几次飞跃,社会关系和法律结构也发生了彻底的变化。社会安全观念受到"效率"和"效益"价值的影响,法律开始关注更多新的个体风险类型和权利诉求。[5]现代社会普遍存在风险,每项社会活动的开启都不可避免地产生社会风险,社会风险的种类和影响因素充满不确定性,正是这样的"风险社会"促使安全法益的法律保护理念发生了新的转变。在数字时代,数据的生产和处理具有普遍性和持续性,人们无时无刻不在产生数据、利用数据。数据作为基础生产要素,面临的安全风险同样也是普遍且持续存在的。人类社会的存续不可避免地要产生和处理数据,那就同样不可避免地要应对数据安全风险。数据安全保护全生

〔1〕 参见储琪:《信息网络安全管理义务的立法现状、批判与匡正:从涂尔干社会分工论观瞻》,载《四川警察学院学报》2021年第4期。

〔2〕 参见梅传强、周鹏程:《论网络毒品犯罪中安全管理义务的实现路径》,载《河南警察学院学报》2022年第2期。

〔3〕 参见张新宝、唐青林:《经营者对服务场所的安全保障义务》,载《法学研究》2003年第3期。

〔4〕 参见孙瑛:《法律解释视角下安全保障义务裁判规则建构》,载《法律方法》2023年第1期。

〔5〕 参见赵精武:《民法上安全原则的确立与展开:以风险社会治理转型为视角》,载《暨南学报(哲学社会科学版)》2022年第4期。

命周期包括事前的预防、事中的控制以及事后的补救,其中首要的也是最重要的便是事前预防。

从比较法的角度看,美、欧在网络运营者的安全保护义务法律规范中,并未明确规定落实安全保护策略时应具体采用的技术或措施,而是要求网络运营者在设计安全保护策略时应遵循一定的原则和步骤,并且将风险管理作为设计安全保护策略的基本框架。[1]我国《数据安全法》在宏观层面要求国家建立集中统一、高效权威的数据安全风险评估、报告、信息共享、监测预警机制,又在微观层面要求数据处理者开展数据处理活动时应当加强风险监测,重要数据的处理者还应当按照规定对其数据处理活动定期开展风险评估,并向有关主管部门报送风险评估报告。安全风险防控缺位将导致数据持续暴露在危险面前,而数据安全事故损害的不仅仅是数据自身的价值,还有其所关涉的各种复杂利益。因此,数据安全面临的普遍性和持续性的风险决定了风险防控是保障数据安全的首要原则。

(2)数据安全保护义务的场景化区分。

有学者认为,大型互联网平台所承担的数据安全保障义务是法律施加给平台的一种负担,以衡平其在数据经济中的不同领域获得的权力或特权,是对于平台在数字经济社会生产中获得的权力的纠偏机制。[2]也有学者认为,数据安全法的法理基础在于"风险—安全的社会控制论",现代社会充满风险,安全义务应当由具备风险控制能力的主体来承担,义务来源于优势地位的支配力以及对危险源的控制能力。[3]这些观点都是立足于义务主体的特殊地位而言的,在谈及大型数据处理者时或许可以适用,却无法成为全部数据处理者的数据安全保护义务理论基础。

根据《数据安全法》,数据安全保护义务针对的是开展数据处理活动的主体,而该法对数据和数据处理的定义较为模糊,单从法条文义来看,数据处理者所涵摄的主体范围非常宽泛,既包括国家机关、互联网平台等大型数据处理者,也包括小商户、个人等微型数据处理者。[4]这些数据处理者的规模大小不一、特点千差万别,并非像安全保障义务人那样具有相同的本质特征。此外,由于数据安全利益主体存在不确定性,建构数据安全保护义务理论基础也不能从数据安全利益主体角度寻找答案。安全保障义务所针对的对象是比较明确的人,所保障的法益是人身和财产安

---

〔1〕　参见洪延青:《"以管理为基础的规制"——对网络运营者安全保护义务的重构》,载《环球法律评论》2016 年第 4 期。

〔2〕　参见张凌寒:《数据生产论下的平台数据安全保障义务》,载《法学论坛》2021 年第 2 期。

〔3〕　参见翟志勇:《数据安全法的体系定位》,载《苏州大学学报(哲学社会科学版)》2021 年第1 期。

〔4〕　江苏省曾开展过街头数据安全排查,查处了一批微型数据处理者。参见李玲、樊文扬:《当数据安全执法走到街头:超市足浴店如何保护顾客个人信息?》,载腾讯网(https://new.qq.com/rain/a/20230828A051M500),访问日期:2024 年 4 月 24 日。

全,而数据安全保护义务所针对的对象是数据。数据具有无形性、可复制性、非排他性等特征,加之其所承载的利益往往非常复杂,导致我们至今也无法构建一套完善清晰的确权规则。这就意味着数据不像财产那般具有明确的权利人,我们在讨论数据安全保护义务的时候,必然面临一个难题:数据安全保护义务究竟保护了何者的利益? 这个难解的命题迫使我们将目光从利益主体上抽离出来,转而聚焦于数据处理行为的场景化特征。

《数据安全法》并未对不同数据处理者和数据处理场景进行区分对待,与之相反的是,《个人信息保护法》第72条明确排除了自然人因个人或者家庭事务处理个人信息的情况。实践中,个人信息保护与数据安全保护确实存在很多交叉重叠情况,人们很多时候甚至直接将二者画等号。《个人信息保护法》以调整具有人机关系特征的信息处理关系为核心[1],数据安全保护在此层面与之相同,一方面,由于个人数据概念高度依赖于场景特征,不同的场景对应着不同的保护义务;[2]另一方面,非个人数据的保护需求也会随着场景而发生变化。因此,数据安全保护义务的理论基础也应当建立在数据处理者、数据处理行为和数据利益主体存在的场景化特征之上。比如个体工商户经营的小餐馆使用了美团提供的扫码点餐服务,其所处理的数据可能仅涉及消费者的微信头像和昵称以及点餐记录,我们就不能机械地依据《数据安全法》第27条来要求其履行大企业才能实现的义务内容。但是,这并不意味着它就完全没有数据安全保护义务,数据面临的安全风险并不会因为处理者是个体工商户就消失,仍应结合小餐馆的能力、数据处理方式和顾客安全利益等场景化要素来确定其数据安全保护义务。

总结来说,数据处理者的多样化和数据处理行为的场景化特征要求数据安全保护义务应当进行场景化区分,而数据安全风险的普遍性和持续性要求数据安全保护义务应当以风险防控为首要原则,二者结合起来构成"基于场景的安全风险防控"理论。

四、数据安全的规范内涵与义务的法律性质探析

数据安全保护义务是数据处理者在开展数据处理活动中,应当依据法律规定或合同约定采取合理且必要的措施持续保障数据的有效性,合法利用数据促进数据发

---

〔1〕 参见丁晓东:《隐私权保护与个人信息保护关系的法理——兼论〈民法典〉与〈个人信息保护法〉的适用》,载《法商研究》2023年第6期。

〔2〕 参见丁晓东:《论个人信息概念的不确定性及其法律应对》,载《比较法研究》2022年第5期。

展的义务。基于此，我们可以从数据安全的内涵与数据安全保护义务的法律性质来准确理解数据安全保护义务的规范内涵。

（一）数据安全的规范内涵："SEV"架构

我国采用的是数据与信息分立的二元化立法体制，我国《数据安全法》所规定的数据安全，只是数据作为信息记录方式的安全，并不包括信息内容安全本身。[1]这也意味着，数据安全保护的客体并非具体的信息内容，而是记录信息的数据形式以及数据处理过程的安全。数据具有流动性、可重复利用性以及公共属性，这些都决定了数据安全保障的必要性，同时也增加了数据安全保护的难度。[2]《数据安全法》对数据安全的定义与《国家安全法》对国家安全的法律定义模式相似[3]，它们的组成结构基本一致，即"状态+能力"。[4]由此可知，数据安全的内涵包括两层：一是数据安全状态，二是持续保障数据安全状态的能力。前者可以进而分为两个方面：一是数据自身的技术安全即有效性保护，二是数据流通的法律安全即合法利用。[5]后者则是贯穿于整个数据安全保护过程中的持续性要求。

第一，有效性保护从数据自身的技术安全状态层面出发，维护的是数据安全的保密性、完整性、可用性三要素。实际上，数据安全问题是伴随着互联网安全问题出现的。在地缘政治冲突下，数据安全已成为各国第一道防线。例如2022年俄乌军事行动开始前，便爆发了针对乌克兰政府机构的大规模分布式拒绝服务攻击和数据擦除恶意软件攻击，导致大量重要数据泄露和丢失。可见，数据安全首要的内涵就是要确保数据持续处于不被非法获取、访问的状态。[6]数据安全是网络安全[7]的

---

〔1〕　参见范明志：《论数据安全的客体》，载《法学杂志》2023年第2期。

〔2〕　参见朱军：《数据安全治理背景下数据安全审查制度的定位、功能与实践》，载《西部法学评论》2022年第6期。

〔3〕　《数据安全法》第3条第3款规定：数据安全，是指通过采取必要措施，确保数据处于有效保护和合法利用的状态，以及具备保障持续安全状态的能力。此定义基本沿用于《信息安全技术 数据安全能力成熟度模型》（GB/T 37988—2019），该标准将数据安全定义为：通过管理和技术措施，确保数据有效保护和合规使用的状态。

〔4〕　《国家安全法》第2条规定：国家安全是指国家政权、主权、统一和领土完整、人民福祉、经济社会可持续发展和国家其他重大利益相对处于没有危险和不受内外威胁的状态，以及保障持续安全状态的能力。

〔5〕　也有观点从数据安全与国家安全、网络安全之间的关系出发，认为数据安全内涵包括"自身安全""自主可控"和"宏观安全"三个层面。参见许可：《数据安全法：定位、立场与制度构造》，载《经贸法律评论》2019年第3期。

〔6〕　《贵州省大数据安全保障条例》第3条第1款规定：本条例所称大数据安全保障，是指采取预防、管理、处置等策略和措施，防范大数据被攻击、侵入、干扰、破坏、窃取、篡改、删除和非法使用以及意外事故，保障大数据的真实性、完整性、有效性、保密性、可控性并处于安全状态的活动。

〔7〕　《网络安全法》第76条第（二）项规定：网络安全，是指通过采取必要措施，防范对网络的攻击、侵入、干扰、破坏和非法使用以及意外事故，使网络处于稳定可靠运行的状态，以及保障网络数据的完整性、保密性、可用性的能力。

基础,网络中最重要的内容就是其所承载的信息,网络数据是信息的载体,因此信息安全问题直接被转化为数据安全问题。[1]在美国,数据安全(data security)指狭义上的个人数据安全静态保护,即免受未经数据控制者授权的访问和获取,重点强调存储方面的安全,这一点与有效性保护概念吻合。而数据隐私(data privacy)作为其上位概念则与我国的数据安全概念比较接近,它除了保护存储安全之外,还包括合法使用的要求,即防止数据控制者违背数据主体利益故意收集、使用数据的行为,可以理解为一种动态的数据安全。[2]总结来说,数据有效性保护需要防止的是超出数据控制者合理期待范围的处理行为。

　　第二,合法利用从数据的规范流通维度出发,针对的是数据利用的合法性、正当性。数据的生命力在于流通,静止不动的数据很难产生较大价值。当数据成为新的生产要素,企业数据财产性利益亟须得到法律明确保护。有的学者将数据安全利益和数据财产利益分而论之,认为安全和财产是两种法益。[3]数据利用行为的合法性决定了数据财产利益能否得到规范性保障,在这个层面上,数据安全法益和财产法益实现了有机统一。数据安全的内涵不仅包括狭义上的安全利益,还包括对实现数据财产利益的利用行为的合法性要求。[4]这也体现了《数据安全法》兼顾安全与发展的立法价值取向。安全和秩序是法律保护的重要价值,主要通过公法来实现,这也是《数据安全法》的立法宗旨之一。例如刑法中规定了"拒不履行信息网络安全管理义务罪"等侵犯网络安全、数据安全的网络犯罪。《数据安全法》中规定了数据安全的行政监管要求,以及违反数据安全保护义务的行政处罚标准。安全和秩序更是法律实现权利自由的手段,权利自由是法律追求的本质。合法利用数据就是在确保安全和秩序的基础上,实现最大限度的权利自由。[5]

　　第三,持续安全是对前面两个方面的补充,它强调的是安全状态的可持续性能力。数据在网络世界无时无刻不在产生、流动,面临的风险也是持续性的,对它的安全保护并非一时之功。尤其是在智能化、自动化时代,很多时候人类不需要时时操控计算机,数据会被设定好的程序自行处理。数据时刻面临着来自内外部的各种安全威胁,如果不对其加以持续性的安全保障,一旦发生数据安全事件,此前作出的其

---

　　[1]　参见杨蓉:《从信息安全、数据安全到算法安全——总体国家安全观视角下的网络法律治理》,载《法学评论》2021年第1期。

　　[2]　See William McGeveran, The Duty of Data Security, 103 Minnesota Law Review 1135(2018).

　　[3]　参见张浩然:《数据财产与数据安全法益保护的重叠及协调》,载《法律适用》2022年第9期。

　　[4]　《数据安全法》第32条规定:任何组织、个人收集数据,应当采取合法、正当的方式,不得窃取或者以其他非法方式获取数据。法律、行政法规对收集、使用数据的目的、范围有规定的,应当在法律、行政法规规定的目的和范围内收集、使用数据。

　　[5]　参见韩伟:《安全与自由的平衡——数据安全立法宗旨探析》,载《科技与法律》2019年第6期。

他努力都将付之东流。因此,持续性安全需要确保的是一种动态的安全,结合前两点静态安全构成完整的数据安全内涵,本文将之总结为"SEV"架构〔1〕。

（二）数据安全保护义务的法律性质探析

1.数据安全保护义务是以行为控制为核心的行为义务

数据安全保护主要通过事前防范风险来实现,《数据安全法》第四章规定的义务内容也是围绕事前风险预防展开。由于义务人不履行义务将会承担法律责任,那么义务人最关心的就应是何种情况下才算履行了义务？在传统民法中,根据是否以实现特定结果为标准,可以将义务分为结果义务和行为义务。那么,义务人所关心的问题就转化为:数据安全保护义务的完成是否以数据安全结果的实现为前提？如今数据安全事件频发,我们时常可以见到数据泄露、数据丢失和数据滥用等新闻。在这些事件中,义务人并非每次都是最终承担法律责任的主体。数据安全事件的发生原因通常包括内因和外因,内因主要是数据处理者未履行数据安全保护义务,外因则是不法分子主动侵害数据安全。内因和外因并非总是同时发生作用,二者皆可独立导致数据安全事件的发生。

数据安全本身是一种动态的、相对的安全概念,其内涵丰富而多变,因此现行法中并无评价数据安全的明确标准。《数据安全法》从数据安全所要实现的价值目标来描述其内涵,而这些目标所采用的修饰语均属于定性而非定量的词。因此,实践中数据安全内涵可能随着社会发展而不断变化,安全标准和安全风险也会随着技术发展而不断变化。基于此,数据处理者即使按照法律规定履行了义务,依然有可能发生数据安全事件。比如那些因为违反《数据安全法》第27条而被处罚的超市、商店,它们即使整改了,难道就能防住高级黑客攻击吗？答案显然是否定的。当数据处理者按照法律规定实施了保护行为,那么外因所导致的损害就不应归责于数据处理者。如果让数据处理者承担结果义务,就会产生反向激励,严重打击数据处理者的积极性,数字经济发展也会受到严重阻碍,这对于守法的数据处理者来说无疑是不公平的。

在制定法层面,《数据安全法》第四章从合规利用层面和技术安全层面对义务人设定了较为全面的数据安全保护义务,分别防范动态的数据利用风险和静态的数据存储风险。第六章规定了不履行义务的法律责任,比如第45条规定,开展数据处理活动的组织、个人不履行本法……数据安全保护义务的,由有关主管部门责令改正,给予警告,可以并处……该条法律责任明确指向的是数据处理者不履行义务的情况,即数据处理者只要不作为就需要承担法律责任,是否发生损害后

----

〔1〕　可持续性(Sustainability),有效性(Effectiveness),合法性(Validity),合称"SEV"。

果并非构成要件,而是加重情形。因此,数据安全保护义务属于以行为控制为核心的行为义务。

2. 数据安全保护义务是以公法规制为主的"公私混合型"义务

有学者认为,根据传统部门法的分类标准,《数据安全法》属于公法。[1]但笔者认为此观点并不全面。分析数据安全保护义务属于公法还是私法义务,主要应从两方面来看:一是其所保护的法律关系,二是违反义务面临的法律责任。

从法律关系的性质来看,数据安全保护义务是数据安全法律关系中的构成要素,数据安全法律关系的性质决定了义务的性质。我国《数据安全法》所调整的法律关系比较复杂,既包括国家之间的数据关系,比如第36条规定了我国主管机关如何处理外国司法或者执法机构关于提供数据的请求;也包括国家机关与民事主体之间的数据关系,比如第35条规定了国家机关向有关组织、个人调取数据的情形;还包括民事主体之间的数据关系,比如第33条规定了数据交易中介服务机构应在数据交易中要求数据提供方说明数据来源。以上法律关系主体呈现多样化特征,权利人和义务人之间的关系既包括公法关系也包括私法关系。

从法律责任性质来看,数据安全作为义务所要保护的法益,侵害数据安全法益所面临的法律责任性质决定了义务的性质。从数据处理者与个人之间的利益关系来看,数据安全是个人信息与隐私安全的实现前提。[2]根据《数据安全法》第52条的规定,当数据处理者不履行数据安全保护义务导致自然人的人格权和财产权遭受侵害时,需要承担民事赔偿责任。从数据处理者与国家之间的利益关系来看,数据安全是新时代国家安全的重要组成部分。根据《数据安全法》第45条的规定,当数据处理者未履行义务进而危害国家安全时,可能面临罚款、责令暂停相关业务、停业整顿、吊销相关业务许可证或者吊销营业执照等行政处罚和刑事责任。

数据安全保护义务的产生源于法律直接规定还是当事人之间的约定,决定了义务属于法定义务还是约定义务。实践中,一方面,数据的来源以及处理过程往往非常复杂,数据经过处理后可能已经发生了形态和内容上的变化,根本无法识别数据权利主体;另一方面,数据种类多样,并非所有数据都有对应的原始主体。这就使得数据处理者根本无法与数据主体达成数据安全保护约定。在个人数据处理情形下,即使个人数据可以与特定个人相对应,数据处理者与个人达成有效约定也并不可行。理由在于,以"告知—同意"框架为代表的合同法依赖于意思自治与形式主义的

---

[1]　参见齐爱民:《数据法原理》,高等教育出版社2022年版,第6页。

[2]　See Lauren Henry, Information Privacy and Data Security, Cardozo Law Review De-Novo, 2015, pp. 107-118.

主体平等，但在个人数据安全保护问题上，个人很难作出理性与有效的判断，个人与数据处理者之间的关系也存在巨大的专业性差距。[1]因此，我们无法寄希望于通过约定产生数据安全保护义务。

除此之外，还有很多时候数据处理者自身就是数据的生产者，比如某公司测绘地理地貌数据、采集气象数据后进行数据分析。如果我们认为数据处理者必须基于合同履行数据安全保护义务，那大量无法识别数据主体的数据就面临无法律保护的风险，数据处理者自身生产数据的情况也无须承担任何安全保护义务。而数据安全并非仅保护某些特定主体的利益，其底层所附着的还有整个社会共同体层面和国家层面的安全利益。因此，国家直接通过《数据安全法》设定了一系列数据安全保护义务，只要数据处理者开展数据处理活动就应当履行义务，这些义务无须通过合同设立，也无法通过合同约定进行克减。义务人不履行义务时，无论有没有对他人造成损害，都由国家机关出面对义务人施加不利后果。

基于上述分析，我们可以发现，数据安全保护义务是以公法规制为主的"公私混合型"义务，义务内容主要来自法律规定，违反义务面临的法律后果以行政责任为主。

五、结　语

数据安全保护是数字化时代的基础命题。随着数字化、网络化、智能化的发展，数据已经成为推动社会进步和发展的重要资源。数据安全保护义务在整个数据法体系中占据非常重要的位置，深入研究其来源、属性和内涵等基础理论问题，对于构建完善的数据法理论体系具有非常重要的意义。另外，研究数据安全保护义务的理论价值还体现在完善数据治理体系、促进数据流通和利用以及维护国家安全和社会公共利益等多个方面。围绕数据安全保护义务还存在许多基础问题可待研究，如数据处理者范围的合理界定、数据处理行为的类型化区分，数据安全保护侵权责任承担等问题。结合中国实践来解决这些问题，有助于我国数据安全治理能力的不断提升，进而构建中国特色的数据治理法律体系。

【责任编辑：张馨予】

---

〔1〕　参见丁晓东：《隐私政策的多维解读：告知同意性质的反思与制度重构》，载《现代法学》2023年第1期。

焦点法谈

有限公司股东失权制度研究
——以 2023 年《公司法》第 52 条为中心 *

薛　波 ** 　张灵琦 ***

摘要：股东失权是指股东因未按时足额缴纳出资丧失相应股权的制度。我国学界对股东失权与除名制度的认定存在分歧，但股东失权与股东除名在制度目的、适用范围、适用程序等多方面存在较大差异。2023 年《公司法》第 52 条的股东失权规定对股东出资责任和公司资本体系完善将会起到积极推动作用。该款在适用条件方面，应扩大适用范围，将抽逃出资、非货币财产作价出资囊括其中或允许以公司章程形式约定其他失权事由；在适用程序方面，针对前置程序，催告主体应规范为董事会或者执行公司职务的董事，并注意权利义务对等性，同时注意董事会不作为时监事会的救济作用，并考虑缩短宽限期。针对启动程序，应明确拟失权股东在董事会失权决议时的回避机制；在法律后果方面，在明确股东失的"权"不仅包括财产性权利还包含对应股权身份性权利的前提下，应当注意股权处理方式的先后顺序及股东优先购买权，明确失权股东的相应赔偿责任及保障失权股东的异议救济权利。

关键词：有限公司　股东失权　股东除名　股东资格

最新修订的《中华人民共和国公司法》（以下简称 2023 年《公司法》）第 52 条新

收稿日期：2024-07-15

* 本文系国家社科基金项目"公司减资对债权人通知义务研究"（项目编号：19CFX049）和深圳大学高水平大学三期建设项目"公司法修改背景下的资本法律责任研究"（项目编号：20231849）的阶段性成果。

** 薛波，深圳大学法学院长聘副教授，研究员，硕士生导师，法学博士。

*** 张灵琦，深圳大学法学院助理研究员。

增了股东失权制度。[1]这是一项重大的制度创新。股东失权制度对强化股东出资责任和完善公司资本责任制度体系均具有十分重要的现实意义。在 2023 年《公司法》已经实施的背景下,如何界定股东失权概念的内涵和外延?股东失权的理论基础及其与股东除名关系如何?股东失权的适用程序和适用方法为何?本文拟以《公司法》第 52 条为中心对此进行解释论研究。

一、股东失权之概念与理论基础

(一)股东失权与除名之概念辨析

关于股东失权制度的含义,结合 2023 年《公司法》第 51 条、第 52 条之规定[2],可将其定义为:股东失权是指当股东未依公司章程的规定按时缴纳出资时,经过催告程序后仍未履行出资义务,则公司有权通过一定的程序剥夺其对应未出资部分的股权。关于股东除名制度,我国目前还没有建立起一套完整的制度体系,只是在《最高人民法院关于适用〈中华人民共和国公司法〉若干问题的规定(三)》(以下简称《公司法解释(三)》)第 17 条中对股东在出资存在严重瑕疵时除名规则作出了规定,但一般认为,该条为股东除名的公司决议的正当性提供了司法裁判准则。[3]所谓除名,是指股东被迫离开公司,它的基本理念就是要保持公司的存在价值和其他股东对公司的持续经营的利益。[4]

股东失权与股东除名制度虽有相似之处,但归其本源确是两种不同的制度。

其相似之处主要体现在:一是从适用条件上看,"股东未及时足额缴纳出资"既是股东失权的适用条件,也可以作为股东除名的重要原因;二是从法律后果上讲,失权股东与被除名股东都失去了相应的股东资格;三是针对两者的性质,二者都是商法规范中的合同解除的特殊表现。从学理上讲,因股东不能充分履行其出资义务而导致其股份损失的情形,应当属于"合同解除"的范围。对于合同的部分解除,可以

---

[1] 2023 年《公司法》第 52 条规定:股东未按照公司章程规定的出资日期缴纳出资,公司依照前条第一款规定发出书面催缴书催缴出资的,可以载明缴纳出资的宽限期;宽限期自公司发出催缴书之日起,不得少于六十日。宽限期届满,股东仍未履行出资义务的,公司经董事会决议可以向该股东发出失权通知,通知应当以书面形式发出。自通知发出之日起,该股东丧失其未缴纳出资的股权。依照前款规定丧失的股权应当依法转让,或者相应减少注册资本并注销该股权;六个月内未转让或者注销的,由公司其他股东按照其出资比例足额缴纳相应出资。股东对失权有异议的,应当自接到失权通知之日起三十日内,向人民法院提起诉讼。

[2] 2023 年《公司法》第 51 条第 1 款规定:有限责任公司成立后,董事会应当对股东的出资情况进行核查,发现股东未按期足额缴纳公司章程规定的出资的,应当由公司向该股东发出书面催缴书,催缴出资。

[3] 参见李建伟:《有限责任公司的股东除名制度研究》,载《法学评论》2015 年第 2 期。

[4] 参见杨君仁:《有限公司股东退股与除名》,神州图书出版有限公司 2000 年版,第 117 页。

适用的合同标的物具有可分性,在"部分合同目的不能达到"的情形下,当事人仅对合同的一部分行使解除权,而非解除合同整体。[1]将该理念应用于股东失权制度中,股东的出资额具有可分性,如果股东不能按时足额出资,公司可以对其不能按期足额缴纳出资部分的股权予以没收,在这种情况下,股东继续享有已出资部分的权利,但对其未足额缴纳出资部分不再享有相应权益。因此,对于股东因未完全履行出资义务而造成的部分股权的丧失,从本质上讲是一种合同的不完全解除行为,属于合同的部分解除,该股东已经缴纳的部分出资依然有效。[2]而若股东因未履行出资等情形被公司除名,则属于合同的完全解除。因此,股东失权与股东除名都是商法规范中合同解除的特殊表现。

但在细致研究后,股东失权制度与除名制度有以下不同之处:

第一,目的不同。股东失权制度并不直接指向股东身份,只是让股东丧失其未缴纳出资额所对应的股权。这一制度旨在促使股东积极履行其出资义务,并收回其未缴出资部分所对应的股东权利,而股东身份的丧失则是其完全不履行出资义务所带来的附带结果。这是权利义务相一致的基本体现。[3]而股东除名制度立足于维护团体的利益,该制度直接指向股东的身份,将未履行出资义务或者抽逃全部出资的股东排除在公司之外,其主要目的不在于惩罚股东的严重不当行为,在于为了其他股东的利益而挽救公司生存。[4]

第二,适用范围不同。首先,根据2023年《公司法》第107条[5]的规定,股东失权的规定不仅适用于有限责任公司,还适用于股份有限公司;而股东除名制度,仅适用于有限责任公司。其次,股东失权的适用范围是股东未按照公司章程规定的出资日期缴纳出资;而股东除名的适用范围是股东未履行出资义务或抽逃全部出资。前者的适用范围不包含抽逃出资的情形,后者的适用情形不包含股东未全面履行出资义务但部分履行的情形。

第三,适用程序不同。股东失权由公司董事会作出失权决定;股东除名,即股东资格的解除必须由股东会作出除名决定。

---

〔1〕 参见陆青:《论法定解除事由的规范体系——以一般规范与特别规范的关系为中心》,载《华东政法大学学报》2015年第1期。

〔2〕 参见王琦:《有限责任公司股东失权程序的建构路径》,载《法律适用》2022年第7期。

〔3〕 参见曾佳:《股东失权制度功能定位与体系化适用——以〈公司法(修订草案)〉第46条为中心》,载《北京理工大学学报(社会科学版)》2023年第2期。

〔4〕 See Andreea Stoican, Aspects Concerning the Lengths of the Excluded Shareholder's Liability Toward-s third Parties in the Case of Limited liability Companies in Romania, 1 Juridical Tribune 100(2016).

〔5〕 2023年《公司法》第107条规定:本法第44条、第49条第3款、第51条、第52条、第53条的规定,适用于股份有限公司。

第四,生效时间不同。股东失权的生效时间是公司发出失权通知之日,由此可见其采取了"通知发出主义";对于股东除名的生效时间并没有进行明确规定。[1]

第五,法律后果不同。适用股东失权规则的后果是股东丧失了未出资部分的股权,股东身份并不当然解除;股东除名规则的适用会使被除名的股东被直接撤销股东身份,剥夺其所有的股份,从而使其退出公司。

(二)股东失权之理论基础

1. 公司契约理论

公司契约理论认为,公司可以被恰当地理解为一种法律的拟制,代表了一系列有组织的不同组成部分提供的多种生产要素之间形成的契约关系。[2]企业中存在众多利益相关者,而他们之间的联系又往往基于契约,因此公司契约理论将公司的本质认定为"契约纽带"。[3]公司契约理论为探索有限责任公司内部的关系提供了系统的工具,基于法律关系逻辑的契约结构,可以将公司契约关系分为外部关系契约和内部关系契约,而公司和股东便属于内部关系契约中的一束,在公司与股东这种"契约浓度强"的内部关系契约中[4],出资被认为是股东对公司负有的最主要甚至是唯一的义务[5],任何违反合同的行为都会给自己带来负面影响,因此股东失权制度可以视为公司契约理论的一种延伸。

2. 企业维持理论

在长期存续的过程中,有限责任公司不可避免地会产生一些内部冲突。如不能及时有效化解这些冲突,公司就有可能被解散。但是,如果一个公司因为个别股东之间的利益冲突而导致解散,则会给股东、公司和整个社会带来巨大的损失。企业维持理论包含了一个全面的公共利益理念,要求我们对传统的公司法理念进行反思,即公司不仅是为股东服务,同时也是为社会上的众多利益相关者服务,以此来维持企业长久健康发展。这一理论为股东失权提供了合理依据,符合一般正义的理念,有助于公司乃至社会的发展。

---

〔1〕　但是在实际操作中,通常需要公司参考合伙人除名规则(《合伙企业法》第49条第2款规定,对合伙人的除名决议应当书面通知被除名人。被除名人接到除名通知之日,除名生效,被除名人退伙),只有在除名决议被通知给被除名股东之后,股东除名的效果才会发生,所以,可以将股东除名的生效时间认定为除名通知到达被除名股东之日。

〔2〕　See Director Primacy in Corporate Takeovers: Preliminary Reflections, 3 Stanford Law Review 791(2002).

〔3〕　See Nancy L. Jacob, Alfred N. Page, Production, Information Costs, and Economic Organization: The Buyer Monitoring Case, 70 American Economic Review 476(1980).

〔4〕　参见蒋大兴:《公司法中的合同空间——从契约法到组织法的逻辑》,载《法学》2017年第4期。

〔5〕　参见李建伟:《公司法学》(第4版),中国人民大学出版社2018年版,第169页。

二、股东失权制度之适用条件

2023 年《公司法》第 52 条将股东失权制度单独以一个条文列出,对股东出资责任和公司资本体系的完善起到了积极的推动作用,但在此过程中仍需注意条款的可操作性。

(一)适用范围

与股东除名不同,股东除名程序为排除股东身份权利和财产权利的严重惩戒措施,为了限制股东权利和对除名程序滥用,最高人民法院民二庭负责人就《公司法解释(三)》的记者答问中明确提到,由于这种解除股东资格的方式相较于其他救济方式更为严厉,也更具有终局性,所以我们将其限定在股东未履行出资义务或者抽逃全部出资的场合。未全面履行出资义务或者抽逃部分出资的股东不适用该种规则。《公司法解释(三)》第 17 条已经明确将股东除名程序限定在根本未履行出资义务或抽逃全部出资的股东范围之内,显然不存在任何扩大解释适用的空间。[1]而就股东失权制度的适用范围而言,2023 年《公司法》第 52 条将股东失权制度的适用范围界定为"股东未按照公司章程规定的出资日期缴纳出资",针对于法条解读,仅确定了一种适用情形,但是否有利于立法目的实现,笔者持怀疑态度。

首先,非货币财产作价出资是否适用股东失权制度? 笔者持支持态度。出资不实包括货币出资不实和非货币财产作价出资不实。2023 年《公司法》第 48 条第 1 款规定:股东可以用货币出资,也可以用实物、知识产权、土地使用权、股权、债权等可以用货币估价并可以依法转让的非货币财产作价出资;但是,法律、行政法规规定不得作为出资的财产除外。依该款规定可见,我国公司法所承认的股东出资方式既包括货币出资,也包括非货币财产作价出资。在股东失权制度中,解决出资不实,促进公司资本流通是核心目的。但现行《公司法》所规定的股东失权制度仅针对货币出资而将非货币财产作价出资排除在外,具有一定的不合理性。

其次,抽逃出资是否适用股东失权制度? 笔者持赞成态度,理由如下:

第一,股东抽逃出资同样会造成出资不实。众所周知,公司资本是公司的"血液",股东出资是公司设立与经营的财产基础。它既是公司从事生产经营活动的物质基础,又是公司外债的信用保证。股东抽逃出资形同未出资[2],不仅违背了我国公司法中的法定资本原则,更为重要的是,还会给他人一种"股东已经缴足出资"的

〔1〕 最高人民法院(2022)最高法民再215号民事判决书。
〔2〕 参见李建伟主编:《公司法评注》,法律出版社2024年版,第219页。

错觉,但实际上法人根本无法偿还全部债务,这就给公司的债权人和其他股东的利益带来很大的损害,抽逃出资如同抽走公司的血液,公司将无法正常运营。[1]

第二,抽逃出资较瑕疵出资具有更大的恶意性。在何种行为构成抽逃出资、行为人如何承担法律责任等问题的认定上,法律对此的规定并不明确,因此各地法院还没有形成统一的判断标准。[2]相较于股东未足额出资,抽逃出资的恶意更为明显与严重,也更难以被发现,对公司、股东、债权人的损害更大,更不利于商业诚信制度的建立与资本维持原则的维护。依照"举轻以明重"的法学思维,若危害性相对较轻的未按期足额缴纳出资尚需股权失权的惩戒措施,那么危害性与隐蔽性更强的股东抽逃出资行为应当也需通过类似股东失权的方式加以规制。

除此之外,早在现行《公司法》出台前,最高人民法院就曾作出过支持将抽逃出资纳入股东失权的适用范围的判决。在尹继庆等诉王凤等股东资格确认纠纷再审案中[3],最高人民法院认定尹继庆有抽逃增资款的行为,经公司催讨后仍不能补足,公司股东大会有权解除其相应股权。[4]以此为依据,可以认为,在被公司催告后,有限责任公司股东还没有补足出资,即使该股东并没有抽逃全部出资,股东会决议可以在保留其股东资格的前提下,解除与其抽逃出资额相对应的股权。

最后,尽管法律仅规定了一种适用情形,但是否允许公司以公司章程的形式约定其他失权事由?股东失权制度中的相关适用条件存在法律层面的强制作用,股东会决议以及公司章程不能对其排除适用。2023年《公司法》没有规定失权事由可以由公司章程另行约定,但依据法无禁止即可为及商事自治的基本原则,公司章程可以对其他失权事由作出必要合理的约定,并由股东会以绝对多数决形成决议。例如在张新宇、庞静股权转让纠纷再审案中,云南省高级人民法院认为,对于股东对公司资本充实的责任,即股东的出资方式、出资额、出资时间、违约责任和股东失权程序由公司章程约定。[5]而最高人民法院在2018年发布的指导案例96号"宋文军诉西安市大华餐饮有限公司股东资格确认纠纷案",对公司章程中失权事由效力有所认可,体现了最高人民法院的立场。该案中,宋文军原本属于西安市大华餐饮有限公司的一名员工,因其出资2万元成了该公司的股东。其公司章程明确约定:持股人若辞职、调离或被辞退、解除劳动合同的,人走股留,所持股份由企业收购。法院指

---

〔1〕　参见张曦:《关于抽逃出资后股权转让适用〈公司法解释三〉第18条的实证研究》,载《法律适用》2022年第2期。

〔2〕　参见王军:《抽逃出资规则及公司分配制度的系统性改造》,载《法学研究》2021年第5期。

〔3〕　最高人民法院(2016)最高法民申237号民事裁定书。

〔4〕　参见毕秀娟:《瑕疵出资股东权利是否应该受到限制》,载《企业改革与管理》2018年第17期。

〔5〕　云南省高级人民法院(2016)云民再63号民事判决书。

出,大华餐饮有限公司章程将是否与公司具有劳动合同关系作为取得股东身份的依据继而作出"人走股留"的规定,符合有限责任公司封闭性和人合性的特点,亦系公司自治原则的体现,不违反公司法的禁止性规定。[1]故而,应允许公司章程对股东未按期足额缴纳出资以外的失权事由进行自治,如前文提到的抽逃出资行为便可约定在公司章程中。

2023 年《公司法》没有把非货币财产作价出资不实和股东抽逃出资纳入股东失权的范畴,笔者认为有可能是出于实务中对非货币财产评估作价以及核查股东抽逃出资相对比较困难等考虑,因此立法者可能期望将这两种情形涉及的股东失权交由此后的司法解释予以规制或细化。尽管如此,这并不是公司法回避非货币财产作价出资不实以及股东抽逃出资情形的理由,应将这两种情形纳入股东失权范围,以免司法实务中产生误解或增加日后司法解释工作的难度。

(二)适用时间

就股东失权制度的适用时间而言,2023 年《公司法》第 51 条明确规定其适用时间为"有限责任公司成立后",有学者认为股东失权制度在有限责任公司设立时就应适用,例如曾佳学者的观点,即在公司还未成立时,在必要的情形下,可参照适用股东失权制度。例如,在股份有限公司募集设立情形下,募集股份的前提是发起人已经完全缴足认购的股份。当发起人未及时缴足出资时,其他发起人就可以参照适用失权程序向该发起人发出催缴通知。宽限期后仍未收到出资的,其他发起人可尽快另寻认购人,以加快公司成立的速度[2]。但需要明确的是,股东失权程序中有出资核查权利的主体是董事会,可在有限责任公司还未成立时,董事会并未产生,又如何给董事会施加核查出资的义务?股东失权制度又该如何设立?因此,笔者认为,股东失权制度的适用时间设置为有限责任公司成立后并无不适。

三、股东失权制度之适用程序

一部法律的生命力不在于它的颁布,而在于它的有效实施。[3]而法律的有效实施,必定要有一套完整的适用程序。因此,对于失权制度,如果只规定了实体性内容,而没有建立合理的、正当的程序,就那毫无意义。

公司法的本质属性为团体法,在现代私法意义上,团体法是一种与个人法相对

---

〔1〕 陕西省高级人民法院(2014)陕民二申字第 00215 号民事裁定书。

〔2〕 参见曾佳:《股东失权制度功能定位与体系化适用——以〈公司法(修订草案)〉第 46 条为中心》,载《北京理工大学学报(社会科学版)》2023 年第 2 期。

〔3〕 参见陈瑞华:《法律程序构建的基本逻辑》,载《中国法学》2012 年第 1 期。

称的法律现象。现代私法应对团体法这一法律现象给予足够的重视,借助团体法特有的价值、理念与原则,对团体内外部不同当事人之间的利益关系进行调整,并将团体法的基本原则、逻辑结构和规范体系应用到分析和解决团体运行中的具体法律问题中,以达到团体及其成员利益的最优化。[1]而股东失权制度作为公司法制度体系中的重要制度之一,其程序设计除遵循合同解除基本程序[2],即设有"催告"与"通知"这两项程序要件外,也应充分考虑公司法的团体性特点。本文将从股东失权制度的前置程序与启动程序两方面来探讨股东失权程序的"应然模式"。

(一)前置程序

股东失权制度的前置程序——催告的制度设计。根据 2023 年《公司法》第 51 条和第 52 条的规定,可以分析出关于催告程序的如下规定:第一,有权对股东出资情况进行审查的主体为公司董事会;第二,催缴主体为公司;第三,催告通知必须是书面的,而非口头的;第四,公司在催缴书上载明宽限期是一项权利,而非义务;第五,宽限期的期限设置设有下限,即自公司发出催缴书之日起,不得少于 60 日;第六,只有在股东经过催告后仍未履行出资义务的情况下,才可向股东发出失权通知。催告这一股东失权前置程序的设立,正是对股东失权程序启动的必要限制。但仍有如下问题:

其一,有权进行出资核查的主体为董事会,具有不周延性。因为董事会并非公司所必须设立的机构。根据 2023 年《公司法》第 75 条的规定[3],当有限责任公司只设置一名董事时,董事会即不存在,那么在这种情况下,有权进行出资核查并进行催告的主体就应该是董事,而非董事会。故笔者认为,关于股东失权催告程序的主体规定,在这一方面应设置为董事会或者执行公司职务的董事。

其二,催缴主体设置为公司,未催缴的责任承担主体为董事,权利义务具有不对等性。2023 年《公司法》第 51 条第 1 款规定,发现股东未按期足额缴纳公司章程规定的出资的,应当由公司向该股东发出书面催缴书,催缴出资。具体而言,谁代表公司发出催缴通知?根据 2023 年《公司法》第 11 条的规定[4],法定代表人以公司名义从事民事活动,此时如若是法定代表人代表公司向未足额出资股东发出催缴通知,当法定代表人未履行该义务时,给公司造成损失的,依据 2023 年《公司法》第 51

---

〔1〕 参见李长兵:《论团体法思维在〈公司法〉修改中的运用》,载《甘肃社会科学》2022 年第 6 期。

〔2〕 本文在第一部分分析股东失权与股东除名共同点时,已阐明二者在性质上均为合同解除在商法规范中的特殊表现形式。

〔3〕 2023 年《公司法》第 75 条规定:规模较小或者股东人数较少的有限责任公司,可以不设董事会,设一名董事,行使本法规定的董事会的职权。该董事可以兼任公司经理。

〔4〕 2023 年《公司法》第 11 条第 1 款规定:法定代表人以公司名义从事的民事活动,其法律后果由公司承受。

条第 2 款的规定,承担赔偿责任的为负有责任的董事,权利义务明显失衡。故笔者认为,此处公司应理解为公司董事会,股东失权规则的利剑指向的是以公司资本充实性为基础的公司以及对公司债权人利益的保护,作为公司意思机关的执行机关的董事会完全有权利作出相应的意思表示,失权规则在注重公平的同时,在具体实施程序上追崇效率并无不可。

其三,没有董事会不作为时的救济程序,同时忽视了监事会(监事)的作用。根据 2023 年《公司法》第 78 条的相关规定,监事会有"检查公司财务""对董事、高级管理人员执行职务的行为进行监督,对违反法律、行政法规、公司章程或者股东会决议的董事、高级管理人员提出解任的建议"等职权,而"对股东的出资情况进行核查"的职权与监事会的职权有所重叠,将"对股东的出资情况进行核查"这一职权直接交给董事会行使,在一定程度上忽视了监事会的作用。因此,笔者认为,监事会在董事会未能履行核查股东出资义务的情况下,为达到相互监督的作用,应当督促董事会核查或补位核查。诚然,2023 年《公司法》第 69 条规定了有限责任公司可以不设监事会(监事)而在董事会中设置审计委员会,但这也只是一种特殊情况,并没有实际排除监事会机构。

其四,宽限期的规定存在一定不适。根据 2023 年《公司法》第 52 条的规定,宽限期是"可以载明"且"自公司发出催缴书之日起,不得少于六十日"。首先,根据法条规定,催缴通知载明宽限期是一项权利而非义务,但由此产生一个值得思考的问题,即如果公司发出书面催缴通知时未载明缴纳出资的宽限期,是否可以发出失权通知?一种理解是如果催缴通知没有载明宽限期,股东未补正,公司也无权通知失权;另一种理解是如果未载明,则认定为未按期足额缴纳出资的股东应当在合理期限内补正,比如 60 日。笔者认为第一种理解方式较为恰当。股东失权的重要前置程序便是公司发出催缴通知且宽限期届满股东仍未履行出资义务,二者缺一不可。不过尽管在催缴通知未载明宽限期的情况下,公司无权根据该催缴通知通知失权,但不妨碍公司发出第二次催缴通知,在载明宽限期且股东未按期足额缴纳出资的情况下,据此通知失权。其次,参照域外法,与《德国有限责任公司法》第 21 条规定的 1 个月宽限期和《意大利民法典》规定的 15 日或 1 个月的宽限期相比,2023 年《公司法》规定的 60 日宽限期时间较长,对于公司股权的及时收回和"亡羊补牢"是不利的。最后,在上述最短宽限期 60 日内,该股东除收到一纸催缴书外,不会受到任何实际规制,仍可以基于其所享有的股权行使各项权利,实务中有可能会发生不愿及时出资的股东在宽限期内趁机抓住这段最后享有股权的时间"为所欲为",危害公司治理的情形。基于上述原因,笔者认为首先应当缩短宽限期的规定,可以缩短至 30日内,其次可以增设在宽限期内对股东的权利限制规定,具体可结合《公司法司法解释(三)》第 17 条的内容,例如可作如下规定:若股东在宽限期内的前 15 日内仍不履行出资义务,可限制该股东的未履行出资义务部分股份所对应的分红权、新股优先认购权、剩余财产分配请求权,从而进一步促使股东履行出资义务,提升商业效率。

(二)启动程序

探讨股东失权制度的启动程序,主要目的在于解决失权程序由谁决定、决议规则如何以及生效决议如何通知几个问题。

首先,失权程序宣告主体应如何设计。按照 2023 年《公司法》第 52 条的规定,可以看出我国立法者对于失权决议主体究竟是董事会还是股东会的态度选择,即失权决议主体为董事会。虽有学者认为,股东失权事关重大以及站在失权规则应与其同源规则保持一致的立场上认为股东失权的决议主体应为股东会[1],但笔者认为董事会是公司意思机关的执行机关,它完全有权利作出相应的意思表示。失权规则在强调公平的同时,在具体实施程序上追求效率也是可以的。[2]但与本文前述关于有权进行出资核查并进行催告的主体的态度相同。[3]

其次,拟失权的股东在失权决议表决时应该回避。[4]实践中,由股东担任公司董事的现象比较普遍。拟失权的股东在失权决议表决时应该回避,根据 2023 年《公司法》第 180 条的规定,董事应采取措施避免自身利益与公司利益冲突,不得利用职权牟取不正当利益。若被失权的股东还继续参与董事会关于股东失权决议表决,可能为了其个人私益而枉顾公司的总体利益作出不公正的判断。[5]无论是从诚信原则出发,还是参考"洁手原则"[6],未履行出资义务的股东在失权决议中不应享有表决权。此外,在司法裁判中,涉及股东除名决议时,人民法院一般也采取"因股东未履行或全面履行出资义务而被公司股东(大)会除名的决议,可以适用表决权排除,被除名股东对该股东(大)会决议没有表决权"的观点。例如,在宋余祥诉上海万禹国际贸易有限公司等公司决议

---

[1] 参见王琦:《有限责任公司股东失权程序的建构路径》,载《法律适用》2022 年第 7 期。

[2] 《意大利民法典》第 2466 条规定:股东未在规定的期间内出资的,董事会应当对该股东提出警告……董事会得将该股东除名,扣留其缴纳的金额。《美国特拉华州普通公司法》第 164 条规定,股份支付期限届满时,经董事会以适当形式要求后,股东仍没能支付某期股款或者催缴的股款的董事可以通过法律行为从该股东那里收取任何此类分期付款或催缴通知的金额或未支付的任何余额,或者他们应公开出售该拖欠部分股份。《瑞士债法典》第 634 条规定:董事会决定未缴清其出资的股东缴纳最后出资的期限。均授权公司董事会来行使失权程序。

[3] 在公司成立后,董事会(董事)可以行使决定剥夺的权利。但是,如果董事会(董事)怠于行使此项权利,监事会(监事)可行使决定权。

[4] 该问题讨论的前提是拟失权股东是公司董事会成员。

[5] 参见王红霞:《新〈公司法〉股东失权制度之检讨——兼论相关司法解释之制定》,载《法学评论》2024 年第 3 期。

[6] 在英美法中,洁手原则(The Principle of Clean Hand),是指不得以自己之不法行为主张权利。

效力确认纠纷案中,上海市第二中级人民法院认为,股东除名权是公司享有的不以征求被除名股东的意思为前提和基础的法定权能。在特定情形下,股东除名决议作出时,会涉及被除名股东可能操纵表决权的情形。而涉案股东是持有万禹国际贸易有限公司99%股权的大股东,其与股东会讨论的决议事项有特别利害关系,不得就其持有的股权行使表决权。[1]笔者认为,在2023年《公司法》中,此种裁判逻辑在股东失权制度中仍有适用余地。"任何人不得为自己的法官",在失权规则中,董事会作为取消股东相应股东权利的"合议庭","合议庭"成员不得成为合议事项的对象,这是应当的。

最后,生效决议应由董事会书面通知,且在通知发出之日起,该股东丧失其未缴纳出资部分对应的股权。这当中涉及两个要点:其一,通知采用的方式应为书面通知。在股东没有出资的情况下,基于公司的人合性,有限责任公司可以口头催告没有出资股东履行其应尽的出资义务,虽然这几乎是一个人性化的、简单有效的解决方案,但口头催告也有其局限性,即如果未出资股东在启动未出资股东失权程序时否认已被告知,则其证据价值就很弱,就可能使催告权的设置化为乌有。书面警告比口头警告的方式更正式,其物证证明力也是有目共睹的。其二,失权通知生效时间应为"通知发出之日起"。采取"通知发出主义"即自通知发出之日起,股东即丧失其未缴纳出资对应的股权,公司自此时起即可开始后续的股份转让或者减资程序,虽有学者站在民商合一的角度指出股东失权的生效通知应与《民法典》规定的通知生效规则一致[2],但笔者认为,从及时消除因股东瑕疵出资对公司及债权人造成的不利影响等角度出发,采取通知发出主义的规定并无不适。

四、股东失权制度之法律后果

论及股东失权的法律后果,首先应思考的问题是如何理解"失权"的"权"。从股权内部包含的具体权利内容来看,股权包括表决权、知情权等身份性权利和利润分配请求权、新股优先认购权等财产性权利。因此,股东究竟是失的何种权利,尤其是是否包括股权中的身份性权利,值得探讨。

"同股同权"与"一股一权",是我国《公司法》的原则,即在没有特别规定的情况下,以出资额来认定股东的权利义务。[3]依据2023年《公司法》第210条和第227

〔1〕　上海市第二中级人民法院(2014)沪二中民四(商)终字第1261号民事判决书。
〔2〕　《民法典》第137条规定,以对话方式作出的意思表示,相对人知道其内容时生效。以非对话方式作出的意思表示,到达相对人时生效。
〔3〕　参见李洪健:《同股同权规则的再释义与我国公司股权结构改革》,载《西南政法大学学报》2018年第5期。

条的规定[1],股东依其实缴出资享有利益分配请求权和新股优先认购权,也即股东取得财产性权利的前提是实缴出资,因此,当股东未按期足额履行出资义务时,丧失其未出资部分对应的股权之财产性权利是毋庸置疑的。论及身份性权利,尽管股东未按期足额缴纳公司章程所规定的出资义务是未履行其财产性义务,但不能依此认为股东不应丧失对应的身份性权利。根据2023年《公司法》第52条的规定,丧失的股权在6个月内未转让或者注销的,由公司其他股东按照其出资比例足额缴纳相应出资,此时如若将失权股东的身份性权利排除在失权范围外,那么难以解释在此种情形下为何其他股东承担额外出资义务却无法取得相应的身份性权利。因此,股东失权不仅包含财产性权利,还应包含对应股权的身份性权利。

在处理完失权失的何种权后,首先面对的问题便是这部分股权应该如何处理?其次,失权股东是否需要承担一定的损害赔偿责任?最后,失权股东的异议救济程序如何?本文将对这三方面的法律后果依次进行辨析。

(一)股权去留

根据2023年《公司法》第52条规定的内容,股东失权后存在如下问题:

第一,依法转让丧失的该部分股权和相应减少注册资本并注销该股权这两种方式是否存在一定的先后顺序?笔者认为是存在先后顺序的,公司应首先选择依法转让,如果转让未成功,再选择相应的减少注册资本并将该股权予以注销。因为按照2023年《公司法》第66条第3款的规定[2],只有经代表三分之二以上表决权的股东同意才能作出减少注册资本的决定,且还要通知债权人,如果先采用减少注册资本这个方法,那么公司决策成本会较高。因此,笔者认为,基于提供效率和降低公司决策成本考虑,应当先选择依法转让,如果转让不成,再选择相应减少注册资本并注销该股权。转让或注销标的股权后,应当及时完成工商变更登记,自不待言。

第二,依法转让股权时,当公司股东与第三人均希望取得该股权时,应当怎样处理?有限责任公司具有极强的人合性,因此排斥陌生人特别是异己分子进入公司成

---

[1]　2023年《公司法》第210条第4款规定:公司弥补亏损和提取公积金后所余税后利润,有限责任公司按照股东实缴的出资比例分配利润,全体股东约定不按照出资比例分配利润的除外;股份有限公司按照股东所持有的股份比例分配利润,公司章程另有规定的除外。第227条规定:有限责任公司增加注册资本时,股东在同等条件下有权优先按照实缴的出资比例认缴出资。但是,全体股东约定不按照出资比例优先认缴出资的除外。股份有限公司为增加注册资本发行新股时,股东不享有优先认购权,公司章程另有规定或者股东会决议决定股东享有优先认购权的除外。

[2]　2023年《公司法》第66条第3款规定:股东会作出修改公司章程、增加或者减少注册资本的决议,以及公司合并、分立、解散或者变更公司形式的决议,应当经代表三分之二以上表决权的股东通过。

为股东的需求。[1]笔者认为,根据公司人合性的特质,在相同情况下,应该给予公司股东优先购买权;如果有多个股东都想购买,可以按照其出资比例作出合理的分配。在股权转让的方式上,可参照《德国有限责任公司法》第27条和《美国特拉华州普通公司法》第164条的规定,以拍卖的形式进行,既能确保股权转让价格的公平,又能使股权转让更加方便。

第三,如果采用相应减少注册资本并注销该股权的方式,按照上述所言,须经代表三分之二以上表决权的股东通过,有待商榷之处在于进行决议的股东范围。如果该股东的表决权超过了三分之一,那么减资决议必然不能通过,故笔者认为,决议时应排除上述被失权股东。

(二)责任承担

2023年《公司法》第51条仅对董事未履行催缴义务的责任承担问题进行了规定,并未就股东的赔偿责任进行规定,是立法漏洞还是立法者有意为之?因法律规定的模糊性,有学者提出是否存在原股东借助"失权"逃避出资责任的疑问。[2]笔者认为,即使股东在相应股权丧失后不能再行使附属于该部分出资的权利,也不能免除其因未及时足额缴纳出资而产生的责任。具体的赔偿范围因股东侵权性质不同而存在一定的差异,需要法院具体情况具体分析。[3]值得思考的问题是,在失权情况下,2023年《公司法》第88条能否适用?[4]股东自失权通知发出之日起即丧失其未缴纳出资部分的股权,也即如若采取转让股权的处理方式是在股东已失权的背景下处理的,那么此时如果受让人未按期足额缴纳出资,失权股东是否应对受让人未按期缴纳的出资承担补充责任?笔者认为,在股东失权后,其已不再是出资义务人,失权后股权先被公司收回后再转让,此时的转让是以公司的名义进行的,即公司是转让人,如若转让不成,公司自可采取减少注册资本并注销该股权的措施。与此同时,在运用股东失权制度时,对公司债权人的利益进行保护,也是一个必要的考虑。为防止股东利用失权制度逃避债务,从而对公司债权人利益造成损害,失权股东应在未出资本息范围内对公司未偿还部分债务承担补充赔偿责任,之后才可进行

---

〔1〕　参见李辉:《论法律行为视角下的公司股权转让》,载《江汉论坛》2018年第3期。

〔2〕　参见沈朝晖:《重塑法定资本制——从完全认缴到限期认缴的动态系统调适》,载《中国法律评论》2024年第2期。

〔3〕　参见郝磊:《公司股东除名制度适用中的法律问题研究》,载《法律适用》2012年第8期。

〔4〕　2023年《公司法》第88条规定:股东转让已认缴出资但未届出资期限的股权的,由受让人承担缴纳该出资的义务;受让人未按期足额缴纳出资的,转让人对受让人未按期缴纳的出资承担补充责任。未按照公司章程规定的出资日期缴纳出资或者作为出资的非货币财产的实际价额显著低于所认缴的出资额的股东转让股权的,转让人与受让人在出资不足的范围内承担连带责任;受让人不知道且不应当知道存在上述情形的,由转让人承担责任。

股权转让或公司办理减资手续。

(三)异议救济

失权通知一旦作出,即具有变更权利状态的效用。股东在接到失权通知后,如何寻求救济途径是十分关键的。关于失权股东的异议救济程序,根据 2023 年《公司法》第 52 条第 3 款的规定,股东对失权有异议的,应当自接到失权通知之日起 30 日内,向人民法院提起诉讼。由此可见,此处 30 日属于另有规定,不适用一般的 3 年诉讼时效。除此之外,本条规定的申请异议救济主体也值得思考,即此款规定的股东,是否包含对失权决议有异议的其他股东?根据文义解释,2023 年《公司法》第 52 条第 3 款所规定的股东应当是失权股东,但笔者认为应当扩大失权异议股东的范围,不仅应当包含失权股东,还应当包含其他对股东失权有异议的股东,因为在股东失权的情况下,其他股东承担着补足出资的责任,公司作出的失权决定不仅影响失权股东自身的利益,还牵涉其他股东的利益,因此在未来法律解释上扩大失权异议股东的范围实属必要。

五、结　语

公司作为市场经济活动中最微观的主体,公司法制建设的好坏,既影响着社会经济的发展,亦和广大投资者的切身利益密切相关。在当前公司信用制度还尚待完善的现实下,股东失权制度可以有效弥补现行的股东出资责任体系不完善的问题,落实未及时缴纳出资股东的法律责任。本文开篇在廓清股东除名与股东失权制度区别的基础上,从适用条件、适用程序和法律后果三个角度对有限责任公司股东失权制度的具体规则适用进行了系统研究,以期能够切实推动该制度的司法适用。

【责任编辑:吴晓婧】

《民法典》与 2023 年《公司法》对法人本质规定性的贯通阐释刍议

潘克三 *

摘要:本文尝试从何为民法上的人的逻辑前设分析入手,对法人本质的学说源流进行辨析,认为被习惯认为是实在说分支之一的组织体说,就像对传统拟制说的缺陷作出了修正,其本质应为拟制说。我国视作通说的组织体说应作修正拟制说的正本清源。进而,以修正拟制说检视《民法典》法人能力的规定,以及 2023 年《公司法》的有关规定,明显可见其能消除之前组织体说与制定法存在的貌合神离问题,与《民法典》和新《公司法》的制定法规定融贯统一,并能提供有力的法理支撑。

关键词:民法典　法人本质　修正拟制说　公司治理

我国《民法典》颁布前,基于《民法通则》第 36 条第 1 款将法人定义为具有民事权利能力和民事行为能力的组织,学界通说认为我国法人本质系采实在说中的组织体说。[1]然而,该通说也被批评,除与定义条款有些字面关联外,与其他规定实是"貌合神离",谈不上什么"指导思想"。[2]反观我国法律实践,学界和实务界对法人本质未持定见,常在拟制说与实在说之间徘徊或转换[3],骑墙现象比较明显。若从表

收稿日期:2024-06-06

* 潘克三,北京德和衡律师事务所执业律师,中国政法大学民商法学硕士。

〔1〕 参见梁慧星:《民法总论》(第 2 版),法律出版社 2001 年版,第 142 页。
〔2〕 参见仲崇玉:《法人组织体说的内涵、旨趣及其启示》,载梁慧星主编:《民商法论丛》(第 63 卷),法律出版社 2017 年版,第 2—3 页。
〔3〕 例如,在黄薇主编的《中华人民共和国民法典总则编解读》一书中,对于法人定义条款的解读未提及组织体说,而在解读第 59 条和第 61 条时,分别用了拟制说和实在说进行解读。参见黄薇主编:《中华人民共和国民法典总则编解读》,中国法制出版社 2020 年版,第 177、181 页。

象观察,其显见问题是,如果按学理一般认为的组织体说是实在说的一个分支〔1〕,与同属实在说的有机体说"并无根本区别"〔2〕,则如此笼统的实在说认识与制定法不能完全融贯。最直观之点,即不论根据《民法通则》第 37 条、第 40 条,还是根据《民法典》第 58 条、第 68 条,法人权利能力的取得与终止明确具有法定主义的特征〔3〕,当为拟制说;如果认为组织体说与有机体说并无根本区别,就应当认为法人与自然人一样先于法律而存在,其权利能力取得与终止不依赖法律规定,从而与制定法"精神分裂"。再者,组织体说如果混同于笼统的实在说,不言而喻,也会笼罩在有机体说不能自圆其说的阴影之中,有失法理的支撑作用。例如,《民法典》第 61 条第 3 款关于法定代表人越权行为不得对抗善意相对人的规定,若按有机体说的同一人格说,即使法定代表人的越权行为仍属于法人行为,交易相对人恶意也不例外,这很难对法条提供解释。〔4〕这类问题更关系到对法人是如何运作的治理问题的深层次解构,容后文详述,有机体说容易让人潜意识地把法人当成具有"集体意志"或"共同意志"的人,使对法人行为意志的决定过程的理解向法人成员"共决"偏离,导致将股东会"神化",习惯认为股东会是公司的意思机关,形成或产生公司意思,成为一切职权的来源;董事会在一定范围内享有的公司意思形成权,实质是股东会之职权分化与委托的结果;而法定代表人是公司的意思表示机关,作为公司的人格象征并对外代表公司,负责公司意思的真实表达〔5〕,这虽合乎其承载的想象,却不符合现实——现实很直感——公司经常是由实际控制人及其左右的董事长、总经理等一类人物"主宰"沉浮,明显是他们牵着公司意志和行为在走,并不存在传说的罗马元老院一样的整日争论、辩驳和合议进而产生共同意志并掌控公司主要行为的股东会,后者只是一种屡屡与现实碰壁的臆想或理想而已。

于是,诸种表象表明,组织体说要么不该作为我国法人本质通说,要么不该与笼统实在说混同。而笔者努力求证和厘清的正是后者。本文即将展开的分析是,当民法上的人被笃定为法的唯一主宰,且人的规定性牢不可破地确立于人的自由意志,法人何以得为人的本质问题,以法人有无固有意志为论争的焦点,形成了拟制说(法人无固有意志故是依赖于法律的拟制的人)与实在说(法人有其固有意志故是先于

---

〔1〕 参见史尚宽:《民法总论》,中国政法大学出版社 2000 年版,第 140 页。

〔2〕 谢鸿飞:《论民法典法人性质的定位——法律历史社会学与法教义学分析》,载《中外法学》2015 年第 6 期。

〔3〕 参见最高人民法院民法典贯彻实施工作领导小组主编:《中华人民共和国民法典总则编理解与适用》,人民法院出版社 2020 年版,第 304、496 页。

〔4〕 参见迟颖:《法定代表人越权行为的效力与责任承担——〈民法典〉第 61 条第 2、3 款解释论》,载《清华法学》2021 年第 4 期。

〔5〕 参见梁开银:《我国公司法定代表人规则的重塑》,载《法商研究》2023 年第 1 期。

法律的实在的人)的两大分野。沿此原始楚河汉界,组织体说究其本质当属拟制说,因为它不认为法人先天就有固有意志,而是承认法人能够建构归属于它的实在行为意志;也由此,它就像对拟制说将法人的后天行为意志一并抹杀的缺陷作了修正,故更妥当的定位是修正拟制说。是故,我国视作通说的组织体说实应作修正拟制说的正本清源,若如此,其与制定法存在的龃龉大可迎刃而解。

　　法人本质之于民法,不仅关乎法教义学体系的构建[1],而且作为法理前提的解释论亦不可或缺。[2]尤其我国是民商合一国家,《民法典》的法人制度理当统御公司制度,为公司法基础提供民法法源的支撑。若法人本质定见不统一,无疑易使认识陷于碎片化与自相矛盾[3],起不到应有的支撑作用。当下,我国《民法典》时代已扬帆启航,新《公司法》自 2024 年 7 月 1 日起施行,其是《民法典》颁行后的首次修订,也是修订内容最多、力度最大的一次大修。值此之际,构建融贯《民法典》和新《公司法》的法人本质理论,形成有效的价值引领,已具备契机并有切实的意义。笔者不揣冒昧,尝试作一浅析,并求教于大家。

一、作为法人本质逻辑前设的民法上的人

　　从历史与逻辑统一的视角观察,法人本质之问虽最早可追溯到中世纪教会法学,但作为法人本质理论,却源起于萨维尼提出的拟制说[4],并始于 1868 年以基尔克所倡导的有机体说对拟制说的批判为标志,将法人本质争论在德国民法典制定时期推向高峰。[5]整个 19 世纪没有一个问题像关于法人本质问题这样使德国民法界投入那么多的精力。[6]此即拟制说与作为真正实在说的有机体说争论的历史源头,也堪称法人本质争论的高光时刻,这不仅由于此后的争论无出其右,更因为争论的逻辑前设——何为民法上的人,经由萨维尼融于体系地塑造完成。

---

　　[1]　参见谢鸿飞:《论民法典法人性质的定位——法律历史社会学与法教义学分析》,载《中外法学》2015 年第 6 期。

　　[2]　参见梁慧星:《民法总论》(第 2 版),法律出版社 2001 年版,第 143 页。

　　[3]　参见杨代雄:《越权代表中的法人责任》,载《比较法研究》2020 年第 4 期。

　　[4]　法人本质的最古说法即拟制说,可从罗马法传统中找到其意念元素,并在 13 世纪教皇英诺森四世的裁决用语中最早可见其得名。但在萨维尼之前尚未形成统一的法律学说,是萨维尼从理论上阐发了拟制说并其理论甚巨,便仿佛与拟制说画上等号。参见谢鸿飞:《论民法典法人性质的定位——法律历史社会学与法教义学分析》,载《中外法学》2015 年第 6 期;唐晓晴、鲍衍亨、马哲:《法人是怎样炼成的》,载《澳门法学》2018 年第 3 期。

　　[5]　参见谢鸿飞:《论民法典法人性质的定位——法律历史社会学与法教义学分析》,载《中外法学》2015 年第 6 期。

　　[6]　参见[德]托马斯·莱赛尔:《德国民法中的法人制度》,张双根译,载《中外法学》2001 年第 1 期。

关于民法上的人,如果隐去罗马法古典启蒙时期已萌芽的"自由的人"的形象[1],实是折射了人类渐次摆脱懵懂愚昧以及封建的、教会的、行会的和身份等级等种种压迫与束缚的多帧艰辛画卷,借用德国学者哈腾鲍尔的表达,可标志性地划分为"只有自然人才是人"——"一切自然人都是人"——"作为权利能力'主体'的人"的重要里程。[2]每一里程都是对人的价值与尊严的创世性高擎。

在 19 世纪法人本质激烈争论之前,民法上的人已走过前两大里程,完成了近代史上人的概念的两方面完整意义的艰苦玉成。根据哈腾鲍尔的观察,把自然人和其他的被造物区分开来,在法律上明确"只有自然人才是人",实际用了很长的时间才获得成功,一直到 15—16 世纪才确定下来,而为之塑造理论基础的是中世纪经院哲学最伟大的代表人物托马斯·阿奎纳,按照他的说法,自然人是上帝所创造的唯一的既作为被创造物又同时作为其他的被造物之王或者主人的造物。[3]其见之于法律的理解便是,上帝的统治计划乃为永恒法;人类因为上帝赐予的理性可以洞见永恒法的一些原则,此乃形成自然法;自然法具有决定意义,当政者发布的法令("人法")应合乎人的理性,否则可以不被服从,因为我们只服从上帝。[4]可见,此等观念尽管存在宗教色彩,但结合中世纪历史考察,却是对人的主体性的一次大规模的唤起。然而,这还不意味着"一切自然人都是人",后一观念是随着 16—18 世纪理性法的兴起才扩展开来。为了使得每一个自然人都能享有人格,理性法的法学家主张成为法律上的人的前提条件只能有一个:他是自然人。[5]对此,不妨稍作一点补充。理性法发轫于用科学概念取代"上帝的观点"的一种努力,始于格老秀斯,杰出代表包括霍布斯、斯宾诺莎、普芬道夫、沃尔夫、洛克、孟德斯鸠以及卢梭等一大批近代著名思想家[6],按照他们的认识,即使上帝不存在或不理会人间的事,自然法也不会有什么

〔1〕　参见[德]奥科·贝伦茨:《〈德国民法典〉中的私法——其法典编纂史、与基本权的关系及其古典共和宪法思想基础》,吴香香译,田士永校,商务印书馆 2021 年版,第 14 页。

〔2〕　参见[德]汉斯·哈腾鲍尔:《民法上的人》,载孙宪忠编译:《德语民法学精读译文集》,北京大学出版社 2019 年版,第 101—112 页。

〔3〕　参见[德]汉斯·哈腾鲍尔:《民法上的人》,载孙宪忠编译:《德语民法学精读译文集》,北京大学出版社 2019 年版,第 101 页。

〔4〕　参见[美]E.博登海默:《法理学:法律哲学与法律方法》,邓正来译,中国政法大学出版社 1999 年版,第 28—31 页;[德]卡尔·乔基姆·弗里德里希:《历史视域下的法哲学》,张超译,商务印书馆 2020 年版,第 48—49 页。

〔5〕　参见[德]汉斯·哈腾鲍尔:《民法上的人》,载孙宪忠编译:《德语民法学精读译文集》,北京大学出版社 2019 年版,第 103—104 页。

〔6〕　参见[德]卡尔·乔基姆·弗里德里希:《历史视域下的法哲学》,张超译,商务印书馆 2020 年版,第 122 页;[美]E.博登海默:《法理学:法律哲学与法律方法》,邓正来译,中国政法大学出版社 1999 年版,第 41—42 页。

不同,因为自然法的普遍规则是由人类本性的某些必须性得出。[1]理性法发展到
18 世纪与当时达到顶峰的欧洲启蒙运动交织在一起,实现了向自然权利理论的过
渡,后者主张人生来自由平等,一切人都具有追求生存和幸福的权利,它们是不能被
剥夺的自然权利。[2]这一思想成为法国大革命的主题,并为著名的 1804 年《法国民
法典》奠定理论基础,《法国民法典》明确宣示"所有法国人均享有民事权利",其确
立的无条件承认自然人之法律人格的法律基本原则,具有超民族的广泛吸引力,在
19 世纪的世界所向披靡。[3]

　　但是,这还未达到人的理论的顶峰。因为理性法诉诸的自然权利,是以"人类本
性"作为论证的出发点,不具有逻辑的普遍性。[4]所以,民法上的人注定要走向"作
为权利能力'主体'的人"的新里程,即 19 世纪欧洲法史演变的理论谱系上存在的康
德——萨维尼——《德国民法典》的历史脉络[5],亦是引发法人本质激烈争论的
前奏。

　　首先是康德,德国人常常会把其哲学思想当作启蒙理论的顶峰[6],他称赞卢
梭是"道德世界的牛顿",亦即他认为卢梭把自由看作人的主要构成,就如同发现万
有引力之于物体,并说出了法律和国家可获得理解的观点[7];但他又冲破了卢梭
"人生而自由,却无往不在枷锁之中"的感叹,基于一个人的自由不可能是他人的不
自由的不矛盾律,提出了纯粹实践理性的普遍法则。他认为,与由本能控制的动物
不同,人类拥有的自由意志,可以在道德领域为自身立法,能够依据一种同时被承认
为普遍法则的行为准则行事。[8]换句话说,每个人在他自由的王国里,既是服从者
又是主权者。是服从者,因为他必须服从束缚一切的那些普遍法则;又是主权者,因
为这些普遍法则是他自己的理性加在他身上的。而普遍法则用康德的话说,即外在

---

〔1〕　参见[法]雅克·盖斯旦、[法]吉勒·古博:《法国民法总论》,谢汉琪等译,法律出版社 2004 年
版,第 12 页。

〔2〕　参见舒国滢:《17、18 世纪欧洲自然法学说:方法、知识谱系与作用》,载《比较法研究》2014 年
第 5 期。

〔3〕　参见[德]卡尔·乔基姆·弗里德里希:《历史视域下的法哲学》,张超译,商务印书馆 2020 年
版,第 134 页。

〔4〕　参见顾祝轩:《体系概念史:欧陆民法典编纂何以可能》,法律出版社 2019 年版,第 69 页。

〔5〕　参见顾祝轩:《体系概念史:欧陆民法典编纂何以可能》,法律出版社 2019 年版,第 120 页。

〔6〕　参见[美]詹姆斯·E. 赫格特:《当代德语法哲学》,宋旭光译,中国政法大学出版社 2019 年版,
第 101 页。

〔7〕　参见[德]卡尔·乔基姆·弗里德里希:《历史视域下的法哲学》,张超译,商务印书馆 2020 年
版,第 136 页。

〔8〕　参见[美]詹姆斯·E. 赫格特:《当代德语法哲学》,宋旭光译,中国政法大学出版社 2019 年版,
第 101—102 页。

地要这样去行动:你的意志的自由行使……能够和所有其他人的自由并存〔1〕。这样,康德不仅给自由去掉了枷锁,还形而上地推知了一个完全由自由法则支配的规范世界,并且他认为这是人类完全可知的超验世界。〔2〕在该世界,(法律上的)人是指那些能够以自己的意志为某一行为的主体〔3〕,而法律应是那些能使一个人的专断意志按照一般的自由律与他人的专断意志相协调的全部条件的综合〔4〕。总之,"这种唯一的、原始的、赋予每一个人"〔5〕的自由意志,既是人之为人的规定,又是国家和法律存在的目的和根据。至此,正如一种评价,关于法律上的人的理论探讨似乎就要结束了。〔6〕

康德的上述哲学观念深刻地影响了萨维尼。萨维尼在他 1840 年出版的《当代罗马法体系》第 2 卷对民法上的人提出了如下著名定理:所有的法律都为道德的、内在于每个人的自由而存在。因此,人格人或法律主体的源初概念必须与人的概念相一致,并且可以将这两种概念的源初同一性表述为:每个人,并且只有每个人,才具有权利能力。〔7〕很明显,这完全与康德一样,将人类固有的自由意志提升到至高无上的地位,将法律人格与自然人完全叠合,并视法服务于人的自由的实现。不仅如此,萨维尼更将上述定理熔铸于他的私法学体系,他导入法律关系的概念并将其本质定义为私人意志独立统治的领域,从形式上保障自由意思的活动空间,又将自由意志转义为自我决定的意思表示,与当时已经出现的法律行为理论相结合,形成了以个人意思表示直接设定、变更法律关系的理论框架,即著名的"意思表示理论"。〔8〕这些,如同是对法典体系的预言,尔后,1900 年的《德国民法典》就以之在逻辑上构

---

〔1〕 参见[德]康德:《法的形而上学原理——权利的科学》,沈叔平译,商务印书馆 1991 年版,第 41 页。

〔2〕 康德认为,我们经验的自然世界,受因果律支配,是虚幻世界,即为我们通过有色的、有缺陷的眼镜看到的现象世界;而我们超经验的道德和法律世界,则是一个本体世界,真实的世界,后者乃基于人类理性中的实践理性作用而建立,它的纯粹形式便是意志自由的原理。参见韩忠谟:《法学绪论》,中国政法大学出版社 2002 年版,第 242—243 页;[美]E.博登海默:《法理学:法律哲学与法律方法》,邓正来译,中国政法大学出版社 1999 年版,第 76 页。

〔3〕 参见[德]汉斯·哈腾鲍尔:《民法上的人》,载孙宪忠编译:《德语民法学精读译文集》,北京大学出版社 2019 年版,第 108 页。

〔4〕 参见[美]E.博登海默:《法理学:法律哲学与法律方法》,邓正来译,中国政法大学出版社 1999 年版,第 77 页。

〔5〕 [德]H.科殷:《法哲学》,林荣远译,华夏出版社 2002 年版,第 26 页。

〔6〕 参见[德]汉斯·哈腾鲍尔:《民法上的人》,载孙宪忠编译:《德语民法学精读译文集》,北京大学出版社 2019 年版,第 109 页。

〔7〕 参见[德]罗尔夫·克尼佩尔:《法律与历史:论〈德国民法典〉的形成与变迁》,朱岩译,法律出版社 2003 年版,第 62—63 页。

〔8〕 参见顾祝轩:《体系概念史:欧陆民法典编纂何以可能》,法律出版社 2019 年版,第 141 页;[德]罗尔夫·克尼佩尔:《法律与历史:论〈德国民法典〉的形成与变迁》,朱岩译,法律出版社 2003 年版,第 64 页。

筑了整体。[1]

　　不难认识到，以上从康德到萨维尼，民法上的人虽其原型为自然人，然人之为人的规定性却从阿奎纳的"上帝赐予的理性"、理性法诉诸的"人类本性"，牢固地确立为人所固有的自由意志——须认识其是涤除了个性、欲望和偏好的抽象无差别意志，是自主选择与服从普遍法则的实践理性。[2]由此，每个人皆享有平等的权利能力已由其是唯一赋有自由意志的实体而不言自明，且此一理由也决定了个人可基于自己的意思为他自己形成法律关系，这不仅使近代史上人的概念的两方面完整意义获致普遍性，更使民法立于对人类理性的无限信任而高耸矗立，闭合于永远把人作为目的的至上逻辑。自此，法律主体与意志无条件地等同，人即为自由意志表征的自由的人格，更始自《德国民法典》以权利能力替代表达，仿佛使萌芽于罗马法的"自由的人"的形象被抽象和体系化地塑造完成。也因此，当有需要承认团体的法律人格时，权利能力不仅在技术上为法人提供了栖身之所[3]，还使原本一望便知的法人不是自然人，被平添出法人或许一如自然人的推想，不得不说，这正是引发法人本质争论的逻辑基点和诱因。[4]

二、同一逻辑前设下组织体说该当为
修正拟制说的学说源流辨析

　　当民法上的人变身为权利能力，法人似有了存身可能性。但很清楚，权利能力表征的是一种自主与他人形成法律关系的意志能力，所以，法人本质问题，说到底就是要回答法人是否有其固有意志，若没有又何以得为人。沿此逻辑进路观察，对法人本质的争论虽迄无定论，但透过岁月积淀的实证经验，拟制说与有机体说的争论已使结论且近，而在两说争论局外的组织体说似以"旁观者"揭晓了结论。

---

　　〔1〕　参见［德］卡尔·拉伦茨：《德国民法通论》，王晓晔等译，法律出版社 2003 年版，第 45—47 页。

　　〔2〕　按拉伦茨的话说，那些只追随其瞬间倾向和欲念的、无法把控自己的、得过且过的人，则在此意义上是不自由的。因为他是影响他的"诱惑"或外部原因的玩物。只有当他能通过其良心将自己置于行为法则之下，并据此来确定其行为时，他才能创造出伦理意义上的自由。参见［德］卡尔·拉伦茨：《正确法：法伦理学基础》，雷磊译，法律出版社 2022 年版，第 44 页。

　　〔3〕　参见尹田：《论法人的权利能力》，载《法制与社会发展》2003 年第 1 期。

　　〔4〕　法人本质争论非单纯的逻辑问题，其实也深受政治理念、公法技术的考量的影响。如《法国民法典》当时未将法人规定为民事主体，就有对从中间团体解放出来的个人的忌惮。类似的心结，《德国民法典》制定时期也一样存在。参见［日］星野英一：《私法中的人——以民法财产法为中心》，王闯译，载梁慧星主编：《民商法论丛》（第 8 卷），法律出版社 1997 年版，第 155 页；［德］托马斯·莱赛尔：《德国民法中的法人制度》，张双根译，载《中外法学》2001 年第 1 期。

(一)拟制说与有机体说争论的且近结论

经由萨维尼阐发的拟制说,直白意义与古老的拟制说并无不同,都仅视自然人为天生的且是预设为法律秩序的法律主体,法人只是借助于法律的创设才得与自然人一样享有权利能力,并不能取代人所固有之属性,仅仅是拟制而已。[1]然而,如前文所述,是萨维尼秉承康德的哲学理念将人之为人的规定性确立为自由意志,进而使传统拟制观念建立在以意志理论为基础的权利主体理论之上[2],形成了逻辑自洽,又与他以自由意志为基石构建的私法学体系奉行不悖[3],从而其逻辑坚固有力。按照萨维尼的具体论断,"权利能力是与个体的人的概念相叠合的",仅仅是为了某一法律目的才将权利能力扩张地赋予法人。[4]法人仿佛是人,但其实不是道德的、更不是一个神秘的超人,而是拟制的,一个能够拥有财产的、人为设定的主体,其天生无行为能力——行为以一个思想的、意愿的物体,一个单个的人为前提——由符合公司章程所确定的代理人加以补充。[5]这最后一句话便是拟制说对法人怎样拟制为人的特征诠释,也遭到了基尔克的激烈痛斥 。

对于以上拟制说,基尔克并不反对萨维尼创设的逻辑前设,并且他也认为"意志是人格的灵魂"[6],但他绝不同意法人需由法律拟制,并被当成一个孩童或者一个疯子一样须由个体的人代理的"法律残疾"。针对《德国民法典》第一草案包含的拟制说,基尔克言辞激烈地批判道,拟制的人像虚无缥缈的幽灵一样仍在作祟,私法一直坚持这捏造人格而拒绝赋予其真正的社团结构,即使在财产法的领域也不承认其真实状态——而依照公法这些已经是完全合法地存在和活动着了![7]为推翻拟制说的立论,基尔克所提倡的有机体说极力主张,法人之实体乃为具备团体意思之社会有机体[8],是一个身体精神的单元,甚至是高于个人的生命单元。[9]为说明这一点,有机体说的显著之点是以机关理论作补充,把依照团体

---

〔1〕 参见[德]托马斯·莱赛尔:《德国民法中的法人制度》,张双根译,载《中外法学》2001 年第 1 期。

〔2〕 参见唐晓晴、鲍衍亨、马哲:《法人是怎样炼成的》,载《澳门法学》2018 年第 3 期。

〔3〕 对于拟制说,即使它的批评者也承认,只有它是合乎主观权利的观念、意志的性质和能力的逻辑的。参见[法]莱翁·狄冀:《宪法论》,钱克生新译,商务印书馆 1959 年版,第 346 页。

〔4〕 参见[德]弗里德里希·卡尔·冯·萨维尼:《萨维尼论法人的概念》,田士永译,王洪亮校,载张谷等主编:《中德私法研究》(总第 9 卷),北京大学出版社 2013 年版,第 38 页。

〔5〕 转引自[德]罗尔夫·克尼佩尔:《法律与历史:论〈德国民法典〉的形成与变迁》,朱岩译,法律出版社 2003 年版,第 67—68 页。

〔6〕 Gierke,Das deutsche Genossenschaftsrecht,II,Berlin:Weidmann,1873,S. 475. 转引自仲崇玉:《法人本质学说的法律技术和价值理念》,载《现代法学》2021 年第 1 期。

〔7〕 参见[德]奥托·基尔克:《私法的社会使命》,杨若漾译,商务印书馆 2021 年版,第 52 页。

〔8〕 参见史尚宽:《民法总论》,中国政法大学出版社 2000 年版,第 140 页。

〔9〕 参见[德]罗尔夫·克尼佩尔:《法律与历史:论〈德国民法典〉的形成与变迁》,朱岩译,法律出版社 2003 年版,第 69 页。

内部的"法律"来表示自己的意志并行使自己的活动能力的个人或个人集团称为法人机关,并把法人机关看作法人的法律肉体[1],一如口、眼等器官之于人的行为,并非是一个人代理另一个人,而是仅存在一个人格,即由它的机关来表达其意志和行为的人格。[2]

以上拟制说与有机体说的争论,最终以《德国民法典》采取了类似"调和"的态度[3]而未有确定的终局。然而,透过岁月积淀的实证经验辨析,两者的争论实已使结论且近。一方面没有终局的对决实已表明法人无固有意志之拟制说论断未被根本动摇。尽管有机体说痛快淋漓地痛斥了拟制说矮化法人为"法律残疾"的痛点,并且其旨趣是为法人摆脱国家控制而自由设立开辟道路[4],这些都很容易引起共鸣,也因此,法人实在说曾经在欧陆颇受重视,一度成为通说[5],可是,当争论褪去激情,直面可经验的事实,有机体说所极力主张的法人有其固有意志反倒被批评为"拟人化"或"生物化"地过于先验[6],其主要错误在于将社团的组成部分视为血肉之躯,这就产生了集体意志和集体自觉的幻觉错误,不仅在解释机构、基金会和一人公司时会产生困难,而且还会对意志的理解制造障碍,因为这样一来,集合体只能被理解为"超人"。[7]而事实上,一种总的精神和集体心理的存在无法在经验上被探知,团体意志或共同意志是实体意志的观点,与经验可验证的事实并不相容,并为哲学、社会学和法学文献的主流学说所拒绝[8]。所以,直面事实,有机体说的立论已彻底落败。而另一方面,有机体说又的确戳中了拟制说的痛点,即拟制说将法人后天行为意志一并抹杀,严重忽视了法人一经拟制所具有的社会实在性与精神实在

〔1〕　参见[德]罗尔夫·克尼佩尔:《法律与历史:论〈德国民法典〉的形成与变迁》,朱岩译,法律出版社 2003 年版,第 70 页。

〔2〕　参见[法]莱翁·狄冀:《宪法论》,钱克新译,商务印书馆 1959 年版,第 348 页。

〔3〕　《德国民法典》立法理由书虽仍言"法人作为人为创造之、缺乏意思的权利载体,必须由他人代表",但对于法人侵权能力,并未采行萨维尼的"法人欠缺思想意志,不能承担侵权责任"的立场,却在《德国民法典》第 31 条规定,法人应对董事会及其成员或其他组织上任命的代表人,在执行职务时引起的侵权责任后果承担责任,等于采行了法人与机关构成一体的有机体说立场。参见龙卫球:《民法总论》(第 2版),中国法制出版社 2002 年版,第 367 页。

〔4〕　参见[德]托马斯·莱赛尔:《德国民法中的法人制度》,张双根译,载《中外法学》2001 年第 1 期。

〔5〕　参见谢鸿飞:《论民法典法人性质的定位　法律历史社会学与法教义学分析》,载《中外法学》2015 年第 6 期。

〔6〕　参见[德]罗尔夫·克尼佩尔:《法律与历史:论〈德国民法典〉的形成与变迁》,朱岩译,法律出版社 2003 年版,第 70 页。

〔7〕　参见[德]贡塔·托伊布纳:《企业社团主义:新工业政策与法人的"本质"》,仲崇玉译,载《南京大学法律评论》2006 年第 1 期。

〔8〕　参见[德]马蒂亚斯·波恩:《团体决议的社会学性质》,关华鹏译,载王洪亮、张双根、张谷等主编:《中德私法研究(21):私法上的决议》,北京大学出版社 2022 年版,第 45 页。

性。[1]尤其是当今的公司,像擅长变形的"物种",不仅不会因年老而死亡,而且还可以随意创造"后代",拥有"永生不灭"的特权[2],显然无法用"法律残疾"去解释。各国法律实践中,并没有国家把法人一直当作被"代理"或被"监护"的人,尤其涉及法人责任能力时,实按健全人一样对待。《德国民法典》在激烈争论过后采取了"调和"主义。英国枢密院虽认为公司乃拟制实体,却发展了"归属理论",将符合公司章程和公司法相关规定的董事和股东(通过股东会决议)的意志和行为归属于公司。[3]该等法律的实然状态表明,拟制说虽未被根本动摇却须修正,可明确的修正之点便是一种追问:法人尽管先天无固有意志,但可否后天为之建构归属于它的实在行为的意志呢? 这或许也是拟制说未加深刻回答的法人凭何拟制和怎样拟制的问题,不然"石头+代理人"也可拟制为人,显属悖论,还可能滑向法律专断主义。[4]

　　(二)组织体说不意以"旁观者"揭晓的结论

　　组织体说由法国学者米休、萨莱耶所提倡,完善于 20 世纪初[5],晚于拟制说和有机体说。因其不否认法人实在性,被习惯认为是实在说的一个分支。但该说所指的法人实在性,非以固有意志为逻辑前设,而是其定义的权利主体该当具备的两种构成要素——利益和代表、捍卫该利益的意志,并以利益为基本要素;而且,按其具体说法,两种构成要素既可以具备于同一的实体,如完全自知其行为的个人,还可以分离开来立足于不同执掌者之上,如法人和无行为能力的自然人。[6]故而,如同在无行为能力自然人那里观察到的一样,法人的利益与意志要素实由不同执掌者执掌,其中"利益"的执掌者即那些对于特定事业有共同追求的个人组成的集合体,亦即就公司而言的全体股东——实以公司本体为执掌者的化身,因为该利益须区别于股东或股东集合体而独立存在,只有通过公司这一观念整体才可保障股东人人受益;而"意志"的执掌者则是依法组织起来的代表机关,实赖代表机关中按照一定意志形成规则发挥作用的自然人,亦即就公司而言的董事。这也容易理解,它不可能是全体股东,否则就滑向了有机体说的先验的"集体意志"或"共同意

　　〔1〕 参见[德]托马斯·莱赛尔:《德国民法中的法人制度》,张双根译,载《中外法学》2001 年第 1 期。

　　〔2〕 参见[英]约翰·米克尔思韦特、[英]阿德里安·伍尔德里奇:《公司简史——一种革新性理念的非凡历程》,朱元庆译,北京大学出版社 2021 年版,第 4 页。

　　〔3〕 参见黄辉:《现代公司法比较研究:国际经验及对中国的启示》(第二版),清华大学出版社 2020 年版,第 129—130 页;[英]保罗·戴维斯:《英国公司法精要》,樊云慧译,法律出版社 2007 年版,第 43—48 页。

　　〔4〕 参见[法]莱翁·狄冀:《宪法论》,钱克新译,商务印书馆 1959 年版,第 346 页。

　　〔5〕 参见仲崇玉:《法人组织体说的内涵、旨趣及其启示》,载梁慧星主编:《民商法论丛》(第 63 卷),法律出版社 2017 年版,第 9 页。

　　〔6〕 参见[法]莱翁·狄冀:《宪法论》,钱克新译,商务印书馆 1959 年版,第 351—352 页。

志"。[1]因此,就像有监护人的自然人,纵然代表利益的那个意志在形而上学的意义上不属于法人,只要在社会上和实践上能把这种意志归属于法人,其即是法人自己的意志。[2]

　　于是,尽管组织体说是一种按照自我逻辑的自话自说,却像是把拟制说与有机体说的立论作了"中和":一方面它明显与拟制说一样,认为只有个人的意志才是真实的意志,不存在基尔克所说的先验的团体意志[3];但它又扬弃了拟制说,如同让拟制说接受了基尔克的批评,不再陌生地对待"社团结构",而令依法组织起来的代表机关中的个人或集体按一定形成规则所决定的意志获得法人意志的资格,使法人具有可归属于它的实在行为意志,并非委诸代理人。另一方面它在对待"社团结构"上又与有机体说明显划清了界限,即它所说的代表机关在外延上不包含法人成员集体,最重要的,它不认为代表机关与法人是躯干和精神合一,而是通过米休所称的"代表关系"[4],将代表机关决定的意志归属于法人,这好比为法人的利益身躯外接了一个意志头颅,该意志既有实在性又有外部性,后者就如同人的器官移植不免会产生排斥或变异反应一样,从而使本文言及的法定代表人越权代表规则的适用有了解释空间,并在代表机关成员恶意妄为侵权行为时,避免按有机体说认为是法人的肉体在动,让法人去"顶雷",而可认为全然无法人行为,由妄为者承担责任,或当法人须承担严格责任时让妄为者承担终局责任。可见,组织体说对另外两个学说既吸收又扬弃,更切合法人的实际生活图景。但行文至此也须特别指出,正如前述分析已揭明,组织体说认为法人意志并非天生固有的,实是借着法来授予其组织法上的实在,接近于在法以前唯有承认自然人的实在之拟制说的主张[5],所以,若沿拟制说与有机体说的原始楚河汉界,其不该归为实在说,毋宁直视其本质,将之重新阐述为修正拟制说,也因之,组织体说似乎为前述拟制说所需作出的修正提供了现成答案。

　　(三)我国组织体说通说的该当正本清源

　　承接上文分析,本文描述的我国组织体说通说被批评的"貌合神离"问题症结已

---

〔1〕　参见[法]莱翁·狄冀:《宪法论》,钱克新译,商务印书馆 1959 年版,第 350—354 页;仲崇玉:《法人组织体说的内涵、旨趣及其启示》,载梁慧星主编:《民商法论丛》(第 63 卷),法律出版社 2017 年版,第 20 页。

〔2〕　参见[法]莱翁·狄冀:《宪法论》,钱克新译,商务印书馆 1959 年版,第 352 页。

〔3〕　参见仲崇玉:《法人组织体说的内涵、旨趣及其启示》,载梁慧星主编:《民商法论丛》(第 63 卷),法律出版社 2017 年版,第 17 页。

〔4〕　参见[法]莱翁·狄冀:《宪法论》,钱克新译,商务印书馆 1959 年版,第 353 页。

〔5〕　参见刘得宽:《法人之本质与其能力》,载刘得宽:《民法诸问题与新展望》,中国政法大学出版社 2002 年版,第 500 页。

昭然若揭,即若以法人是否有其固有意志的逻辑进路观察,组织体说与有机体说并非无根本区别,将其混同实在说不免存在较大错谬。而若对其作修正似制说的正本清源,则其与制定法直观可见的"精神分裂"问题自然消解,并且如后详析,笼罩于有机体说的不能自圆其说的阴影问题,也同样云开雾散。这正是修正拟制说更切近法人应然本质的体现。故而,我国视作通说的组织体说理应作修正拟制说的重新阐释。

将组织体说重新阐释为修正拟制说,实质是以拟制说为体、以组织体说为用,核心要义是法人并非先天有其固有意志而先于法律存在,注定为法律拟制的产物,然法人需要拟制也能够拟制,实以可为之建构利益与意志的独立性为应然条件,这就团体法人而言,可理解为,首先是存在一种应受法律保护的利益,即私人旨在通过创建的长久从事特定目的事业的利益实体而谋求获得的相互一致利益,该利益一俟法人成立便以法人的独立利益为存在形式;同时,法律与实践亦承认该等利益实体可由私人选举代表机关来执掌其意志,故被创建的利益实体一经创建即有其利益和意志的独立性,适合以独立的身份出现在社会交往中,维系作为一个"人"的存在。这也因应了法人一经拟制或建构就实在地存在的可经验的社会现实。[1]还应看到,如此诠释法人与萨维尼的拟制说并不构成逻辑冲突。萨维尼在给法人安排一种人的活法时,提出的代理关系的方案,或许仅是他的一种选项,有学者分析,他作此选项实与"主权者(君主)至上论"相关联,政治旨趣在于如何在团体日常运作方面加强监控[2],并未排斥以"代表关系"取代"代理关系"的逻辑。而"代表关系"较比"代理关系",是从为法人明确一个监护意义上的代理人,到为法人建构一个社会上和实践上均认可的代表和捍卫其利益的"意志头颅"或"意思形成机制",这只是在拟制逻辑不变前提下的技术性改变。然而,作此技术改变的意义极大。因为尽管法人不存在有机体说认为的先验的集体意志或共同意志,但是一旦将代表机关具体行动的个人实在意志按一定形成规则归属于法人,法人展现出来的生命力即能得到正视和合理解释。较直观的意义是法人不再蒙尘于"法律残疾",那种在逻辑上将法人定性为无侵权行为能力,在规则上又按"健全人"对待的矛盾被消除;而这并不意味着法人与其代表机关始终是同一人格,由于代表机关是法人利益身躯外接的"意志头颅",当其出现外部性问题时,依然不应认为是法人的行为,进而在更深层次直面法人组织体内部的利益冲突,为完善法人治理提供正确指引。

总之,法人是法律拟制的产物,与自然人不是一个价值位阶——这一点非常重

---

〔1〕 参见王涌:《私权的分析与建构:民法的分析法学基础》,北京大学出版社 2020 年版,第 157 页。

〔2〕 参见仲崇玉:《论萨维尼法人代理说的政治旨趣和知识谱系》,载《现代法学》2011 年第 6 期。

要——实系表明,自然人本身就是目的,而法人是法律基于特定的目的而建构的[1],举例来说,一个具有反社会目标的黑社会组织也具有形成组织体的要素,法律却不能赋予其法律人格,而对于自然人,法律绝无限制其为民事主体的理由。[2] 然而,法人既然能够拟制,就意味着可以为之建构合法代表它的代表机关,使之具有属于它的实在的行为意志,能够维系作为"人"的目的和利益的整体性,拥有"拟制生"与"实在活"的完美人生。由之,就民法体系整体观之,最终因应的是:自然人的价值具有终极性,法人只是自然人的手足和工具。[3]

三、《民法典》对法人能力内在规定性的修正拟制说的重述与检视

若对我国通说的组织体说作修正拟制说的重新阐释,则需对《民法典》法人能力内在规定性作出有别于笼统实在说的解读或重述,这可进一步检验其与《民法典》制定法的融贯性和法理支撑之作用。

(一)法人民事权利能力的拟制属性回归

法人民事权利能力依赖法律承认抑或如自然人一样自然地享有,这是拟制说与实在说的根本分歧。如本文已述内容,不论之前的《民法通则》还是《民法典》,对法人权利能力取得与终止的规定实皆采拟制说立场,因此,重释组织体说为修正拟制说,最直观的意义是使法人的本质认识与我国制定法的精神融贯统一。

不仅如此,以修正拟制说重述法人权利能力,不应止步于拟制结论,还应吸收组织体说关于权利主体的"利益"与"意志"要素,明晰拟制法人的应然条件。结合法律实践,其即为建构法人"利益"与"意志"的独立性,如设立公司,其是通过股东将出资交付或承诺交付公司并将公司控制权交给发起股东推举的董事和董事会来满足条件。[4]其中,将出资交付或承诺交付公司,形成公司资本并奠定公司利益赖以存在的基石;而将控制权交付董事和董事会,则建构了公司独立意志,这些共同构成了公司不可或缺的法律人格要素。就此认识,《民法典》第 58 条第 2 款列举的法人设立条件,其中的"组织机构"和"财产或者经费"应视为最核心要件,且应从建构法人独立意志和独立利益的要义进行理解。

法人民事权利能力另有一重要理论问题是其权利能力范围应否受到限制。不

---

[1]　参见王涌:《私权的分析与建构:民法的分析法学基础》,北京大学出版社 2020 年版,第 156 页。

[2]　参见仲崇玉:《法人组织体说的内涵、旨趣及其启示》,载梁慧星主编:《民商法论丛》(第 63 卷),法律出版社 2017 年版,第 21 页。

[3]　参见张俊浩主编:《民法学原理》(修订第三版),中国政法大学出版社 2000 年版,第 173 页。

[4]　参见朱慈蕴:《公司法人格否认法理研究》,法律出版社 1998 年版,第 74 页。

论拟制说还是实在说,人们习惯认为,法人不同于自然人,其民事权利能力应受其性质、法令和目的范围的限制,实在说还认为,法人民事权利能力受到的限制会同步影响其行为能力。[1]萨维尼创制拟制说时即强调有必要限定法人能力能够涉及的法律关系领域。受此影响,按传统拟制说,法人只享有法人成立文件或法律明定的权利能力,逾越限制的行为无效,这被称为权利能力限制说。[2]我国司法实务在较长一段时期即采权利能力限制说,将超出法人经营范围所实施的行为认定为无效。[3]然而,为了交易相对方的信赖利益和交易安全,各国法律实践对于超越经营范围的法律行为都经历了从绝对无效到原则有效的演变。[4]我国在 1999 年《合同法》颁布后,司法实践即放弃了权利能力限制说,相当于参酌了《合同法》第 50 条法定代表人越权行为的规定,准用了表见代理规则。[5]《民法典》不仅不再规定企业法人在核准登记的经营范围内从事活动,还于第 505 条明确规定"不得仅以超越经营范围确认合同无效",从而已将权利能力限制说摒弃。以上演变过程表明,随着国家治理水平的提高和现代企业制度的完善,加之鼓励经济自由,权利能力限制说渐失其实益,而根据逐渐形成的通识,不论是法律还是法人章程对于法人目的范围的限制,并不影响法人民事权利能力,也不能约束相对人,只约束法人自身的具体行为。由此,超越法人目的范围的该当规则是,越权行为违反公法禁令的,适用违法无效规则;不违反的,适用表见代理(代表)规则。[6]但是,对于上述变化,囿于传统拟制说与有机体说的定见都不能对为何适用表见代理(代表)规则作出贯通解释。由于修正拟制说认为的法人意志是将代表机关决定的意志归属于法人,并不认为两者在任何情况下仅存在一个人格,当法人超越目的范围行为时,可理解为是代表机关或在我国法律语境下的法定代表人发生了越权代表行为,且因其行为严重违背法人目的,又可归结为是代表机关或法定代表人发生了外部性问题,故该行为的意志不该归属于法人,不应认为是法人行为;但是,为保护交易相对方信赖利益和交易安全,法人除非能够证明交易相对人恶意,仍应承受行为的法律后果。总之,依据修正拟制说,没有必要让权利能力承载更多的功能——毕竟其表征的是自由平等的法律人

---

〔1〕 参见史尚宽:《民法总论》,中国政法大学出版社 2000 年版,第 153—158 页。

〔2〕 参见梁慧星:《民法总论》(第 2 版),法律出版社 2001 年版,第 151 页。

〔3〕 参见梁慧星:《民法总论》(第 2 版),法律出版社 2001 年版,第 153 页;尹田:《论法人的权利能力》,载《法制与社会发展》2003 年第 1 期。

〔4〕 参见最高人民法院民法典贯彻实施工作领导小组主编:《中华人民共和国民法典合同编理解与适用》,人民法院出版社 2020 年版,第 321—322 页。

〔5〕 参见梁慧星:《民法总论》(第 2 版),法律出版社 2001 年版,第 153 页。

〔6〕 参见谢鸿飞:《论民法典法人性质的定位 法律历史社会学与法教义学分析》,载《中外法学》2015 年第 6 期。

格,不该有范围之分,即使对于事关国计民生或国家安全的特殊营业的法律限制,也完全可以通过采取特许或审核设立主义在拟制的"入口"处施以放行或禁行的区别政策,而法人一旦被赋予权利能力,只应受法律行为的合法性规则[《民法典》第 143 条第(三)项]和法定代表人的越权代表规则(《民法典》第 61 条第 3 款)的调整。

(二)法人民事行为能力与有机体说的关系撇清

我国《民法典》第 57 条延续了《民法通则》第 36 条第 1 款的法人定义条款,该定义条款因为肯认法人具有民事行为能力,在以往被看作我国采行法人实在说的实证法基础。但是,按修正拟制说,并不否认法人一经拟制所具有的行为能力,所以,法人有无行为能力不应再视为拟制说与实在说的一道分水岭,应当摒弃将法人行为能力与实在说画等号的认识。这是以修正拟制说重述法人民事行为能力应首先厘清之点。

而需厘清的另一重要之点是在法定代表人与法人关系的认识上,应彻底撇清有机体说的同一人格说。如前文已揭明,按修正拟制说,代表机关是法人利益身躯外接的意志头颅,两者并非铁板一块的躯干与精神合一,当法定代表人的行为明显背离法人目的,以及下文即将说到的超越法律和法人章程对法定代表人的业务执行权作出的限制时,应认为是法定代表人发生了外部性问题,不能一概将行为归属于法人。

我国《民法典》第 61 条第 3 款规定:法人章程或者法人权力机构对法定代表人代表权的限制,不得对抗善意相对人。此即新增加的引人瞩目的法定代表人越权代表规则。另外,《民法典》第 504 条承袭原《合同法》第 50 条法定代表人超越权限订立的合同除相对人恶意仍对法人发生效力的规定;第 505 条新增加的"不得仅以超越经营范围确认合同无效"的规定;以及《民法典》第 85 条新增的营利法人依据瑕疵决议与善意相对人形成的民事法律关系不受影响的但书规定,明显都与《民法典》第 61 条第 3 款一脉相承,它们结合在一起无疑构成了广义的法定代表人越权代表行为的全部形态(即也包含了前文已述超越法人目的范围的行为),且被明确的一致规则是:不得对抗善意相对人。对于该一致规则,依传统拟制说,法定代表人系法人的代理人,越权代表行为按照无权代理规则,对法人不发生效力,除非经过法人的追认。依有机体说,法定代表人与法人为同一人格,其行为为法人人格所吸收,即使越权代表的场合亦复如此,仍对法人发生效力。上述"全无"或"全有"的判定都与"不得对抗善意相对人"无涉。但正如前文在分析法人权利能力时已作的分析,修正拟制说可为之提供鞭辟入里的解释。在此,不妨再把善意相对人包括在内作一全景透视:一方面就法人而言,尽管法定代表人的越权行为属于外部性问题,该行为意志不该归属于法人,但法人对于法定代表人的选任有其利益,也负有相应的注意义务和责任;另一方面就交易相对人而言,既然法定代表人与法人并非总是同一人格,其对法定代表人的权利外观也有一定的注意义务。因此,利益衡量的结果应是,如果交易相对人尽到了应有注意后还有理由信赖权利表象,那么他也就为此拥有一种受保护的信赖,"他就处于与他所认为的情况相符的地位",即有关的法律后果视为已经发生或者继续存在,这实质上是让法人承受了一种拉伦茨所说的"权利表见责任"。[1]而若交易相对人明知或只要尽到普通注意,就该发现法定代表人的行为明显属于越权行为,该恶意相对人不值得保护,越权行为理所当然不归属于法人,其后果应直接由越权的法定代表人与恶意相对人自行或共同承受,且不存在效力待定或可由法人追认的逻辑。可见,通过如上解析可使法定代表人越权代表规则轻松获得合乎逻辑和正当性的解释。过去,我国司法实践对于法定代表人违反原《公司法》第 16 条规定未经决议越权担保行为的效力,曾有过管理性规定说(不影响担保合同的效力)、效力性规定说(担保合同无效),直到 2017 年前后最高人民法院转向了代表权限限制说才尘埃落定,绕了大大的一圈。[2]如作如上解析可省却很多思想回路。

(三)法人侵权责任能力的连带责任形态扩充

传统拟制说与有机体说对法人侵权行为能力存在"全无"或"全有"的认识对立,都有失偏颇。[3]修正拟制说打破了两者的认识堵点,对法人侵权行为能力给出了妥当和完善的诠释。

我国《民法典》第 62 条规定:法定代表人因执行职务造成他人损害的,由法人承担民事责任。法人承担民事责任后,依照法律或法人章程的规定,可以向有过错的法定代表人追偿。该条规定无疑是《民法典》对法人侵权行为能力规定的一般条款。其第 1 款是对法人侵权行为能力或侵权责任能力的肯认;而第 2 款规定可向有过错的法定代表人追偿,明显未采有机体说的同一人格说,而与修正拟制说对于法定代表的外部性的理解契合。

再则,按修正拟制说,法定代表人职务侵权行为的责任,不应仅限于让法人一人"顶雷"。法人不可能为实施不法行为设立,所以,职务侵权行为较越权代表行为在常理上更是背离了法人目的,应认为是代表机关发生了外部性问题,而不应视为法人侵权。即使基于填补损害的实质公平要求并避免法人反向寻租不免除法人侵权责任,法人此际所承担的应是一种严格责任,也不妨碍让故意或存有重大过失的职务侵权人承担相应的责任,这样更有利于对受害者的保护,并消除让法人一人"顶雷"的弊端。我国《证券法》第 85 条规定的不能证明自己没有过错的董事应当对发行人虚假陈述承担连带赔偿责任,就属于代表机关成员与法人对外承担连带责任的

---

[1]　参见[德]卡尔·拉伦茨:《德国民法通论》,谢怀栻等译,法律出版社 2003 年版,第 886—887 页。
[2]　参见最高人民法院民事审判第二庭编著:《〈全国法院民商事审判工作会议纪要〉理解与适用》,人民法院出版社 2019 年版,第 181 页。
[3]　参见史尚宽:《民法总论》,中国政法大学出版社 2000 年版,第 160 页。

成例,其理据若作如上修正拟制说理解,则显然发行人是严格责任人,虚假陈述的始作俑者是终局责任人,其他有重大过失的董事是司法判例业已达成共识的比例连带责任人,他们所承担的是一种不真正连带责任,发行人和比例连带责任人承担了责任后,都有权向终局责任人追偿,这样更符合《证券法》保护投资者的法律目的,并能严惩"首恶"和"关键少数人"。[1]2023 年《公司法》第 191 条规定:董事、高级管理人员执行职务,给他人造成损害的,公司应当承担赔偿责任;董事、高级管理人员存在故意或者重大过失的,也应当承担赔偿责任。该条规定可以依修正拟制说作出与前述对《证券法》第 85 条相通的解读,并可理解,董事与公司之间的责任形态视具体情形,适用《民法典》第 1168 条至第 1172 条的规定,可以是连带责任、不真正连带责任、按份责任或补充责任等。这无疑为法人侵权责任形态扩充又增加了新的立法成例。可见,《民法典》第 62 条的规定还留有有机体说的印记,相对《民法典》第 61 条第 3 款越权代表规则的规定稍有逊色,宜在立法和司法解释上作连带责任形态突破和扩展。

此外,还应认识到,法人职务侵权行为的职务行为人不仅限于法定代表人,而应涵盖代表机关的所有成员,并且还应包括"事实董事"和"影子董事"。如上市公司的虚假陈述行为,其职务行为人不仅涉及法定代表人,还实际涉及全体董事,始作俑者更可能是构成"事实董事""影子董事"的实际控制人。故而,应对《民法典》第 62 条中的"法定代表人"作扩大解释,就像《德国民法典》第 31 条将"董事会的成员或其他组织上任命的代表人"都包括在内。

综上可见,以修正拟制说解读和重述我国《民法典》关于法人能力内在规定性,明显能够与制定法条文规定融贯统一;而以之检视,还可以拨开一定的思想迷雾,为制定法的适用提供符合法律目的可伸缩解释的空间,从而起到法理前提解释论的支撑作用。

四、2023 年《公司法》对公司治理规则的修正拟制说的特别检视

以往法人本质理论多集中于法人能力的讨论,但法人本质追问无疑也是解读公司是如何运作等公司治理问题的"基因密码"。此次我国《公司法》大修,公司治理制度是与资本制度比肩的两大修订重点之一[2],其主要修订内容是以优化公司组织机构设置为主线,突出董事会在公司治理中的中心地位并相应强化董事的义务和

---

〔1〕　参见潘克三:《董事对发行人虚假陈述连带责任的法理探析》,载《投资者》2023 年第 2 期。
〔2〕　参见赵旭东:《〈公司法〉修订中的突破与创新》,载《中国法律评论》2020 年第 3 期。

责任。包括对股东会职权"瘦身",删除了"决定公司的经营方针和投资计划""审议批准公司的年度财务预算方案、决算方案"两项职权(2023 年《公司法》第 59 条),不言而喻其归于董事会;而董事会职权,新规定了一款:公司章程对董事会职权的限制不得对抗善意相对人(2023 年《公司法》第 67 条第 3 款),其"潜台词"是董事会拥有支配公司经营的共识性广泛职权;再则,允许公司只设董事会、不设监事会,而在董事会中设置审计委员会行使监事会职权(2023 年《公司法》第 69 条、第 121 条),将经理职权由法定变为根据公司章程或者董事会的授权行使(2023 年《公司法》第 74条、第 126 条);与此同时,明确界定董事忠实与勤勉义务的内涵、新增事实董事和影子董事的认定规则(2023 年《公司法》第 180 条、第 192 条),并规定了董事在 11 种情形下的损害赔偿责任[1]等,使公司治理的规则面貌一新。前述 2023 年《公司法》作出的修订,固然有公司法自身的理论与实践的考量,也必然能够从法人本质理论找到其法理支撑,以下尝试以修正拟制说予以检视分析。

(一)2023 年《公司法》优化公司组织机构设置的组织体基本关系原理

依修正拟制说,公司作为人的"利益"与"意志"要素是由股东与董事分别执掌,由此,公司组织体必然包含如下两对基本关系[2]:

1.股东与公司的关系

按股东执掌公司"利益"要素解读,必然是股东作为公司的"缔造者"和"最终受益者"决定和控制公司设立和存续的目的,包括向公司输入资本使公司成立、决定公司特定目的事业范围、选举和更换董事会成员,以及决定其他影响公司目的实现的重大结构事项等,其核心是股东控制公司目的事业范围及其实现,可简称控制公司目的。股东有三大控制领域:对公司章程的控制、对公司管理层的控制和对公司经济盈余的控制[3],归根结底是对公司目的的控制。还应看到,前述由股东控制公司目的不仅是其执掌公司利益的实际体现,而且股东唯有对公司目的控制方有可能,这是股东集体行动必然采行的"资本多数决"的表决机制使然。不难理解,股东一致签署章程是完成对公司目的控制的第一步。而当公司进入存续阶段,公司目的和结构事项需因时循事作出必要调整时,由于股东利益的多元化和风险偏好差异,以及

---

[1] 该 11 种情形具体包括:利用关联关系损害公司利益(第 22 条)、未及时履行催缴出资义务(第51 条)、股东抽逃资金(第 53 条)、董事会的决议违法或违反章程或股东会决议(第 125 条)、股份公司为他人违规提供财务资助(第 163 条)、执行职务违法或违反章程(第 188 条)、执行职务中故意或者重大过失给他人造成损害(第 191 条)、惮于控股股东或实际控制人从事损害公司或股东利益的行为(第 192条)、违法分配利润(第 211 条)、违法减资(第 226 条)以及未及时履行清算义务(第 232 条)等给公司或者债权人造成损失的情形。

[2] 参见潘克三:《董事会中心主义的法人本质理论检视》,载《多层次资本市场研究》2022 年第 3 辑。

[3] 参见[英]保罗·戴维斯:《英国公司法精要》,樊云慧译,法律出版社 2007 年版,第 17 页。

不可避免的信息不对称,再求一致决,就可能像寻找两片相同树叶一样困难,或若硬要坚持一致决,不免会以迟缓或不决为代价,还可能导致被少数派股东控制作出逆向选择,从而以"资本多数决"的股东会决议行为取代股东一致决的共同行为便是顺理成章的选择,而此等选择只有在股东唯对公司目的控制的前提下才有充分必要和合理性。这是因为,"资本多数决"是每个股东都可以本于自利追求而非他利追求参与表决却应服从于向公司输入资本较多的多数股东作出的抉择,体现的是一种利益博弈理性,即向公司输入资本越多,承担风险越大,越有资格对公司目的事业范围和风险偏好作出抉择,而他们作出的抉择,依一般经验法则,也通常是有利于少数股东的"水涨船高"的抉择,与股东控制公司目的正相契合。但若股东不只是控制公司,还支配公司的经营行为,则明显会因股东之间的利益分歧和信息不对称,无法明智地对一个重要的公司决策进行表决[1],或者使股东会的权力事实上为大股东的权力[2],不免将公司沦为业主型或合伙型企业,失去法人的利益与意志独立性。因此,股东之于公司的关系是应然地且最大可能地控制公司目的,也因此,股东会在公司治理结构中的恰当定位是"目的"控制"经营"的场所,且仅限在此意义上方可被喻为"最高权力"机关,不言而喻,股东会并不适合充当支配公司经营行为的"意思机关",更不可能是"总意机关"和"万能机关"。

2. 董事与公司的关系

按董事执掌公司"意志"要素解读,应是公司作为"人"的意志由董事及其组成的董事会具体执掌。正如民法学主流观点认为,唯董事会为公司的"意思机关"(决定如何行动之机关)"代表机关"和"执行机关",就公司一切之事务代表公司并为其执行。[3]"董事管理公司"在公司发明之初即为一种事实和惯例。[4]而今,董事会对外代表公司并在内部关系上领导业务,具有代表权和业务执行权,这几乎是现代公司团体化组织结构的特征。[5]而且,公司越是脱离业主型或合伙的封闭性越应如此。前述公司意志由董事执掌,最根本理由是实在意志仅存在于个体意志的规律使然,即当不能奢望"集体意志""共同意志"形式的存在,则相对于股东董事更适合作为公司意思担当人,且董事会决议机制不仅适合作出集体决策,而且不失董事个人为其行为对公司负责的责任理性。具言之,董事是由股东选举的理论上最能领导

---

〔1〕 参见[美]罗伯特·C.克拉克:《公司法则》,胡平、林长远、徐庆恒等译,工商出版社 1999 年版,第 70—71 页。

〔2〕 参见潘林:《论公司机关决策权力的配置》,载《中国法学》2022 年第 1 期。

〔3〕 参见史尚宽:《民法总论》,中国政法大学出版社 2000 年版,第 172 页。

〔4〕 参见仲继银:《董事会与公司治理》(第 3 版),企业管理出版社 2018 年版,第 45 页。

〔5〕 参见[德]克里斯蒂娜·温德比西勒:《德国公司与合伙法》(第 24 版),殷盛、王杨译,中国人民大学出版社 2023 年版,第 322 页。

公司业务的人,并依法对公司负有忠实勤勉义务,不代表个人利益而应对公司利益最大化负责,没有股东那样的利益多元性和信息不对称问题,所以,是最适合充当为公司思考如何行动的意思担当人。同时,董事虽被要求以董事会集体行动,按一人一票表决机制作出董事会决议,但董事会的表决机制明显不是利益博弈,是服从真理的责任理性(服从于董事本人代表和捍卫公司利益的理性确信,董事不能证明自己获得了合理确信,即使站在了多数人一边也不能免责);此外,决议过程也非对董事个人意见的"化合",实际是对事先确定的议案进行表决,核心是运用思想交流与说服机制〔1〕——现代公司还存在独立董事的监督机制,以期收到"克服有限理性及消减个人偏见"的集体决策功效〔2〕。故而,尽管支配公司行为的意志会以董事会决议的形式作出,或最终还要提交股东会决议批准,但该等意思的形成仍可追溯至每位董事独立地为公司作出的思考、判断和决定,好比"每个董事都是独立的受托人……应当独立承担个人责任"〔3〕。而若对董事会表决的议案再追本溯源,每位董事都有可能是提案人,当然最主要的提案者通常是那些被冠以董事长或总经理头衔的企业家,这样可一直穿透"主宰"公司沉浮的关键人物,也因应了法人实在意志存在于个体意志之中的组织体说的基本判断,与"谁在牵着公司意志走"的日常观察相符。总之,当股东选择了董事,便主要由董事就公司一切之事务如何行动为公司独立地思考和作出决定,董事会也自然成为董事采取集体行动、集中代表和捍卫公司利益并主宰公司经营的场所,是公司名副其实的"意思机关""代表机关"和"执行机关"。

由以上两对基本关系分析可见,公司组织体结构明显不是受有机体说影响而习惯认为的股东会是"最高权力""最高意思"机关,董事会受命于股东会的"纵向一体"的关系,而更应理解为"股东(股东会)——公司""公司——董事(董事会)"的耦合结构。在此耦合结构中,股东控制公司目的,董事执掌公司意志,从不同方面给定公司的规定性,几乎与现代公司经济学意义上的所有权与控制权分离的特征息息相通,也与董事对公司负有义务而不是对股东负有义务、股东对公司享有权利而不是对董事享有权利的公司法实然状态相契合,体现了修正拟制说可为后两者提供注解的能力。

于是,容易理解,2023 年《公司法》对于公司组织机构作出的优化设置,具有合乎法人本质的内在必然性,并可按两对基本关系原理作出指向性的解读。

一方面,2023 年《公司法》对于股东会职权的"瘦身"体现了向股东控制公司目

---

〔1〕　参见仲崇玉:《法人组织体说的内涵、旨趣及其启示》,载梁慧星主编:《民商法论丛》(第 63 卷),法律出版社 2017 年版,第 19 页。

〔2〕　参见林少伟:《董事义务研究》,法律出版社 2023 年版,第 29—31 页。

〔3〕　参见叶林:《公司治理制度:理念、规则与实践》,中国人民大学出版社 2021 年版,第 153—154 页。

的事项的聚焦。投资计划和财务预决策这类被"瘦身"事项,或许对于规模较小的单一经营公司尚有由股东控制的意义,但就大型或从事多元化经营的公司而言,实涉及或牵涉纷繁复杂的投资、收益与风险评估,并需要处理庞大信息,此就股东信息不对称一点而言,便不可行,不免沦为笼统或抽象数字水幕,徒具形式,由此将之删除,符合股东控制公司目的的要旨。不仅如此,股东会职权"瘦身"的意义大于事项本身,可理解打破了习惯认为的"由董事会制订方案、股东审议批准"的权力位阶式的分权结构,昭示不再对股东会职权作万能式的解释或章程设定,并当出现权属不清时,应沿股东控制公司目的之必要和可行去辨识,而不是一味蚕食董事会的权力。

另一方面,2023 年《公司法》对于董事会职权的扩张体现对其意思机关、代表机关和执行机关地位的实化,确立了董事会在公司治理中的中心地位。《公司法》对于董事会职权的规定(第 67 条第 2 款)虽未表现出条目的加强,但联系其对股东会职权"瘦身"、允许可由董事会(通过其审计委员会)吸收监事会职权,以及不再对经理设定法定职权而委诸董事会的授权等相关修改作体系化解读,可以理解为:公司经营行为的支配权除股东会保留目的控制外,都属于董事会;而董事会的职权特别是业务执行权,既可以自己行使,也可以委托经理代为行使,故经理层应为董事会的辅助执行人,其职权当然来自董事会,也就是说,董事会可根据公司实际情况,通过调整与经理的关系,选择让自己变成事必躬亲型、战略管理型或者作为监督者和系统维护型的董事会。[1]至于董事会与监事会,由于公司监督的重心恰在于执掌公司意志的董事自身,所以将监督机制建于董事会的"堡垒内部",同样符合公司组织体的机理,也是比较法上早已存在的单层制治理结构。可见,2023 年《公司法》不仅使董事会主宰公司经营的地位获得了切实的加强,还为以董事会为中心结点,选择性地为建构公司组织结构关系提供了选择性空间。

(二)2023 年《公司法》确立董事会中心地位的公司意志决定机理再检视

前述关于 2023 年《公司法》确立董事会中心地位的解读可能过于笼统。尤其 2023 年《公司法》修订前,股东会中心主义抑或董事会中心主义是聚讼纷纭的话题,而 2023 年《公司法》第 67 条第 3 款"公司章程对董事会职权的限制不得对抗善意相对人"的规定,明显是该聚讼纷纭的"残垣断壁",因为该条既然可对董事会职权抱有善意,那就意味着董事会拥有不言自明的广泛控制权却没有被明确说出。所以,不妨沿修正拟制说可以揭明的公司意志决定机理,将法条没有说出的定见在法理上坚固,这包括为什么公司不可或缺董事或董事会(其反对观点是股东加经理足矣),

---

〔1〕　参见邓峰:《中国法上董事会的角色、职能及思想渊源:实证法的考察》,载《中国法学》2013 年第 3 期。

以及为什么董事会需要有广泛的控制权或治权。

关于为什么公司不可或缺董事会,前述公司组织体基本关系分析已经说出了最根本理由,即可归属于公司的实在行为意志最适合由董事或董事会担当,而股东和股东会囿于其信息获取、自身利益和风险偏好的固有差异,以及股东会必然采取的资本多数决的利益博弈机制,不适合作为高效公司治理需要的权威决策结构。那么,如果是一人公司或股东人数较少的公司,是否可以不需要董事会呢?对此,修正拟制说实际也已作答。按修正拟制说,公司自创立即应建构作为人的"利益"与"意志"两个独立性的人格要素,其中,公司利益的独立性是通过股东将出资交付或承诺交付公司初始生成,之后,便以公司为其唯一权利主体,很显然,该利益若基业长青,必然以公司意志的独立性,亦即将公司的控制权交由选举出来的董事及其组成的董事会集中行使为充分必要条件,故而,公司两个独立性的人格要素皆须以董事执掌公司意志为首要前提。换句话说,董事或董事会是公司人格的最大表征和实现者,主要由其代表并实现公司利益,否则公司的独立人格无从实现[1],或将沦为业主型或合伙型企业[2]。故而,公司无论大小,不可无董事或董事会。这也应理解是2023年《公司法》第75条和第128条对于规模较小或者股东人数较少公司规定可不设董事会、设一名董事的要义。

不仅如此,若依修正拟制说解析公司意志决定过程,其不应认为是源于股东会自上而下的"总意"或"总成",更宜把董事会看作公司意志的"策源地"和"发动机",这也决定了董事会代表和执行的权力应当全面而广泛。具言之,当立体地观察公司意志决定过程,一个不该忽视却常被熟视无睹的事实是:无论是股东会还是董事会,其集体行动的决议都是针对事先所确定的决议事项作出,而决议事项被"事先确定"这点可以揭秘股东之于公司意志决定的作用,即便是对于公司目的控制,除了于公司设立时一致签署章程给出"第一推动力"之外,只待有议案被提出时才付诸表决,在此,股东会只是作为一个消极的批准机关,不具备天然的意思能力,其所有行动几乎都依赖其法定召集权人和议案提出者,不论是根据法律还是行为惯例,董事会批准是公司意志决定的先决条件。而与之相对,董事和董事会就公司一切事务代表公司并为其执行,是时刻为公司思考和作出决定者,是真正产生公司如何行动意志的"策源地"和"发动机"。当然,董事会作为董事集体行动的会议机构,也依赖它的召集权人和议案提出者,这必然一直穿透"主宰"公司沉浮的关键人物,从中可见那些

---

[1] 参见徐强胜:《我国公司人格的基本制度再造——以公司资本制度与董事会地位为核心》,载《环球法律评论》2020年第3期。
[2] 参见邓峰:《公司利益缺失下的利益冲突规则——基于法律文本和实践的反思》,载《法学家》2009年第4期。

具有非凡社会勇气的企业家所发挥的关键作用。因此,就以上公司意志决定机理观察,毫无疑问,董事会对于公司业务及其执行应拥有广泛的权力,且董事会应是公司剩余权力的恒定所有人。

总之,如果将剩余权力说作为界定股东会抑或董事会中心主义的判断标准[1],则 2023 年《公司法》显然由股东会中心主义转变为董事会中心主义,扩张了董事会权力。[2]也因此,对于 2023 年《公司法》第 67 条第 2 款第(十)项:公司章程规定或者股东会授予的其他职权——这明显是又一处"残垣断壁",不能解读为董事会职权的兜底条款,而应视作股东会可将一定目的控制事项授权给董事会的列举项,这也可从 2023 年《公司法》第 59 条第 2 款:股东会可以授权董事会对发行公司债券作出决议的规定找到佐证。

(三)2023 年《公司法》强化和细化董事责任的核心义务规范要义

按照修正拟制说,既然股东会只以公司目的控制经营,董事会执掌公司意志,享有广泛的经营权,不言自明,公司法和公司治理的核心问题是防止公司代表机关发生外部性问题。这与现代经济理论立于公司所有权和控股权分离的现象将代理问题作为公司法的基本问题几乎异曲同工。但是,修正拟制说比代理理论更有解释的穿透力,即其不认为董事仅是股东的受托人,即使视作受托人,也应是公司的受托人,对公司利益负责,代表和捍卫公司的利益;同时公司利益和福祉大于股东利益,股东利益聚合性地表现在公司利益当中,公司在追求股东利益时,需要顾及员工、消费者、环境、居住地区等的利益[3],以确保公司利益基业长青,并承担该有的社会责任。照此理解,董事义务与责任严于和广泛于受托人或代理人。另外,按修正拟制说,当董事违反义务时,会认为是董事发生了外部性问题,其责任人格不应被公司人格所吸收,应当对给公司或他人造成的损失承担赔偿责任,或在公司需要承担严格责任时,与公司一道向被侵权人承担不真正连带责任,董事该等责任形态也是代理理论不能够理解的。由此,不妨认为董事是公司行为责任的终结者。法律上"董事"的引入,就是为了在提供有限责任的同时,设立一个追究"无限"责任的通道。[4]董事个人赔偿责仕自产生以来,一直是公司法的基石。[5]

沿着上述修正拟制说认识,具体解读 2023 年《公司法》强化董事义务与责任的

---

〔1〕　参见刘斌:《董事会权力的失焦与矫正》,载《法律科学(西北政法大学学报)》2023 年第 1 期。

〔2〕　参见潘勇锋:《论审判视角下新公司法主要制度修订》,载《中国应用法学》2024 年第 1 期。

〔3〕　参见[德]克里斯蒂娜·温德比西勒:《德国公司与合伙法》(第 24 版),殷盛、王杨译,中国人民大学出版社 2023 年版,第 333 页。

〔4〕　参见仲继银:《董事会与公司治理》(第 3 版),企业管理出版社 2018 年版,第 50 页。

〔5〕　参见[美]杰弗里·N.戈登、[德]沃尔夫-格奥尔格·林格编:《牛津公司法与公司治理手册》(上册),罗培新等译,上海人民出版社 2022 年版,第 211 页。

规定,应作如下加深认识:其一,董事义务必然是面向公司而非面向股东。这也为2023 年《公司法》第 180 条对于董事忠实与勤勉义务的定义性规定所明确。其二,董事作为公司意志执掌者,肩负公司利益的代表和捍卫责任,义务范围必然广泛。对此,《公司法》第 180 条对董事信义务的内涵和行为标准予以明晰界定。规定忠实义务,应以公司利益至上,避免与公司利益冲突和不得牟取不正当利益;规定勤勉义务应为公司的最大利益,"尽到管理者通常应有的合理注意"。同时,第 179 条延续了对于董事遵守法律和公司章程的义务规定,该条可理解为是董事在忠实和勤勉义务之外,还应承担的诚信义务,基本理念是:主观诚实、不违反适用于商业行为的公认礼仪标准、不违反公认的公司基本准则等。[1]其三,董事违反义务应承担的赔偿责任必然是公司治理问责的重心。2023 年《公司法》规定了负有责任的董事应承担损害赔偿责任的 11 种情形,分别是对董事违反忠实义务、勤勉义务,应对公司承担赔偿责任的细化规定,对董事责任作了前所未有的夯实。同时,第 191 条规定了董事、高级管理人员执行职务,故意或重大过失给他人造成损害的,也应承担赔偿责任,明显是对《民法典》第 62 条的突破,联系前文对法人侵权责任的解析,等于把董事从公司身后推到身前,若董事是侵权行为的始作俑者,按本条规定,其将与公司一起对被侵权人承担不真正连带责任,且董事应承担终局责任。

还应认识到,以上强化和细化董事义务与责任,似与我国公司治理实践中的主要利益冲突是控股股东和实际控制人滥用控制权的问题南辕北辙。但控股股东和实际控制人滥权问题的要害是董事会被"鸠占鹊巢",董事会被架空或失灵,公司意志机关虚化,而股东会又力不能及,其状态不过是"披着独立人格和享受有限责任保护的合伙"而已。[2]因此,解决滥用控制权问题重在铲除其生存土壤,而不是另起炉灶加以规制。2023 年《公司法》第 180 条第 3 款和第 192 条实际借鉴了"事实董事"或"影子董事"的立法例,对于那些虽未正式获得委任但事实上以董事会成员行事或在暗处对董事会和公司事务实施真正的影响的人,要求其和董事一样对公司承担义务,如果他们利用股东控制权事实充当董事或操纵董事会进行损害公司或其他股东利益的行为,则应承担严格的"董事"责任。显然,这既贯彻了股东在实际执掌公司"利益"之界域内只有权利并无义务,有权本于自利追求行事的规则,又能促使防范关口前移,把董事会的防线做实,遏制大股东的滥权行为,并使滥权的控股股东和实际控制人承担如董事一样的严格责任,起到一剑封喉的遏制作用。

---

[1]　参见林少伟:《董事义务研究》,法律出版社 2023 年版,第 49 页。

[2]　参见邓峰:《中国法上董事会的角色、职能及思想渊源:实证法的考察》,载《中国法学》2013 年第 3 期。

总之,结构性规则和信义规则是公司法上的两大"宪章性规则"[1],其分别对应公司法制度的两个核心:股东权利和董事义务[2],公司股东应在结构性规则中追求自己的利益,董事应在信义规则下保证公司利益的最大化实现,如果控股股东、实际控制人和董事恣意违反规则,则应面临严厉追责,并让始作俑者承担终局责任。

五、结　语

我国《民法典》颁行和 2023 年《公司法》的实施,为重塑我国法人本质理论提供了契机。传统拟制说最符合民法将人之为人的规定性确立为自由意志的逻辑前设,但其在否认法人有其固有意志的同时,也将法人一经拟制而具有的实在性一并抹杀,不免存在缺陷。我国视作通说的组织体说,原本与传统拟制说一样不认为法人先天具有固有意志,实是承认法人可建构归属于它的实在行为意志,从而就像对拟制说的缺陷作了修正,更切合法人的实际生活图景。我国视作通说的组织体说若作修正拟制说的正本清源,则可完全消除法人本质假说与制定法存在的貌合神离问题,实现与《民法典》和 2023 年《公司法》相关法人制定规定的融贯统一。

【责任编辑:郦雯倩】

---

　[1]　[美]M. V. 爱森伯格:《公司法的结构》,张开平译,载王保树主编:《商事法论集》(第 3 卷),法律出版社 1999 年版,第 391 页。
　[2]　参见林少伟:《董事义务研究》,法律出版社 2023 年版,第 1 页。

论行政当罚性中的
主观过错定位多元化

——2021年《行政处罚法》第33条等之解构分析

孙中原*

摘要:2021年《行政处罚法》在行政当罚性强调主观过错要素的趋势下逐渐褪去了"客观归责"的色彩,区别于以往将主观过错作为行政处罚"归责原则"或"构成要件"等单一角色的模式,围绕该法第33条等,行政处罚制度明确了主观过错在行政当罚性中的多元化定位:作为归责原则(举证不罚),行政处罚的成立以过错为条件并排除了过错推定的模式;作为构成要件的否定要素(裁量不罚),无主观过错否定了行政处罚的行为要件导致处罚不成立,而存在主观过错未必构成行政处罚的行为要件使得处罚成立;作为量罚标准(从轻或减轻处罚),责任年龄、责任能力等考察皆凸显了主观过错要素的重要作用;作为规制主观过错的配套机制,行政教育得以更好地实现矫正与预防且与行政处罚相配合,实现惩戒与教育相结合的行政管理目标,而过错量罚标准的倡导则有助于行政处罚在实质层面提升对特定违法行为的规制效果。

关键词:行政当罚性 主观过错 多元定位 归责原则 构成要件

基于法治原则,不唯刑事处罚需对主观过错加以考察,行政处罚亦需以相对人主观过错为基础达到当罚性(可谴责性)的标准。然即便《行政处罚法》修改之后,

收稿日期:2024-06-05
* 孙中原,中国人民大学法学院讲师,法学博士。

围绕行政处罚制度中主观过错认识的争论也未曾结束,相关论题如"行政处罚是否应考察主观过错""主观过错是行政处罚的归责原则还是构成要件""我国新《行政处罚法》对主观过错的规定如何理解"等一直未见定论,但行政处罚愈加重视主观过错的倾向则凸显无疑,渐成主流之势。[1]

通过考察 2021 年《行政处罚法》的相关内容可以发现,关于主观过错的规定已愈加丰富,其角色也不再局限于以往争论中"考察或不考察""构成要件或归责原则"等非此即彼的传统模式,而呈现出一种立体、丰富的多重定位。

一、行政当罚性中主观过错要素兴显之理论溯源

行政处罚中主观过错因素愈受重视乃基于当下的时代背景,传统正义价值的回归、法治一致原则的要求以及我国行政法治的转型进程都在客观上促进了行政处罚理论与实务对主观过错的关注与强调。

(一)传统"过错—责任"理论对主客观关联性的强调

对主观过错要素考察的坚持,主要源于公平正义原则下衍生的"过错—责任"理论,即人作为权利主体应基于自由意志选择下的过错承担责任,行政处罚若不对主观过错加以考察即施以制裁,显然有悖于人作为权利主体的尊严。[2]对公平正义的强调主要有以下背景:

第一,行为主义的衰落引发了对客观归责的批判。作为第二次世界大战之后长期占据社会科学垄断地位的研究范式,行为主义思潮造成政治学、法学[3][4]等学科发展过度自然科学化的趋势,在此影响下,法学亦难免将行为人作"原子化"理解,行政处罚研究认为行政相对人的主观过错没有实际意义,其从属于行为且通过行为体现[5],由此促成了客观归责[6](以行政违法行为发生、公共利益受损等结果为处罚依据)的处罚原则。但随着 20 世纪 70、80 年代对行为主义的反思,这种具有"机械唯物主义"[7]色彩的观点受到批判。不是所有的有目的的或者已经预见到

---

〔1〕　参见李孝猛:《主观过错与行政处罚归责原则:学说与实践》,载《华东政法大学学报》2007 年第 6 期。

〔2〕　参见[日]藤木英雄:《責任主義と責任論の基礎》,载《法学セミナー》1977 年第 268 号。

〔3〕　如行为主义法学等思潮,尽管尚不足以被称为法学研究的主要流派之一,但其研究范式与实证主义法学相结合之后,相当长的时间内在法学理论与实践领域影响广泛。

〔4〕　张文显:《行为主义法学派评介》,载黎国智、马宝善主编:《行为法学在中国的崛起》,法律出版社 1993 年版。

〔5〕　[日]福田平:《刑法总论:新版》,有斐阁 1976 年版。

〔6〕　参见袁曙宏:《论行政处罚的实施》,载《法学研究》1993 年第 4 期。

〔7〕　林定夷:《十九世纪:自然科学家对机械论的辩护与批判》,载《暨南学报(哲学社会科学)》1990 年第 2 期。

或者可能预见的行为都要作为其态度决定或者其意义表达而归咎于一个人。[1]

第二,工具主义的反思使得过错考察重新被重视。以往在法律工具主义[2][3]的影响下,主流观点偏向认为行政处罚制度应向管理目标、执法效率、运行成本等倾斜[4],对主观过错的考察难度较大且意义有限,不宜引入。但随着法律工具主义受到越来越多的质疑,主观过错考察所体现的公平正义价值被视为法律的核心内容被再次强调。

第三,域外经验的参照揭示了行政处罚考察主观过错的趋势。既有研究集中对大陆法系的德国[5]、奥地利[6]的行政处罚制度加以分析,指出过错考察是各国家或地区的通行原则和现代趋势。值得关注的是,尽管英美等国家或地区长期以来在权力分立体制下对行政权膨胀保持了限制与警惕[7][8],使得具备裁量性质的行政处罚未得到与大陆法系同样程度的发展,但随着现代经济社会的不断发展,涉及行政管理与处罚的事项不断膨胀,20世纪70年代美国国会开始赋予行政机关更多的处罚权力,由此200多部法律订立了行政处罚条款[9]。自英美等国家或地区行政处罚进入迅速发展阶段,其相关立法也在不断完善,受奥地利、德国等影响,英国、美国、印度等国家或地区也相继开始在道路交通法等法规中实现改革,一些较为原则式的法律规范也有出现,如《美国联邦行政秩序法》第1条完整地规定了行政机关可采取的处罚种类;一些专门领域的处罚规范也对相对人主观过错加以考量,如《美国国家劳资关系法》第12条规定:凡是故意抵制、阻挠、妨碍或干涉委员会任何成员或其任何代理人或代理机构执行本法规定的职责的任何人,得判处不超过五千美元的罚款或不超过一年的监禁,或并处二者。即考量了故意等过错情形。

---

〔1〕 参见周光权:《刑法学的向度:行为无价值论的深层追问》,中国人民大学出版社2023年版,第189页。

〔2〕 法律工具主义渊源主要包含:①美国的司法工具主义;②中国传统法制工具主义;③苏联"实践社会主义"时期的法律工具主义。尽管内涵存在差异,但都与实证主义法学关系密切,其大部分强调法律的核心在于其实然层面,在于满足特定时空与情境下的需要,其主要关注"有效或无效",并不存在"善与恶""合理与欠妥"等评价维度。

〔3〕 参见谢晖:《法律工具主义评析》,载《中国法学》年1994年第1期。

〔4〕 参见尹培培:《不予行政处罚论——基于我国〈行政处罚法〉第27条第2款规定之展开》,载《政治与法律》2015年第11期。

〔5〕 参见吴庚:《行政法之理论与实用》,中国人民大学出版社2005年版,第296—299页。

〔6〕 参见城仲模:《行政法之基础理论》,三民书局1994年版,第197页。

〔7〕 如英国法学家戴西认为,行政裁量权是专横的,必须被严格限制以防其对公民权益的肆意侵害。

〔8〕 参见张千帆:《行政自由裁量权的法律控制——以美国行政法为视角》,载《法律科学(西北政法学院学报)》2007年第3期。

〔9〕 See Gary J. Edles, In Defense of a Micro Agency: a Look at the Administrative Conference of the United States, 3 Public Law 20 (1995). See Recommendation Civil Money Penalties as a Sanction, 2 Recommendations and Reports of the Administrative Conference of the United States 67, 1972.

（二）法治一致原则影响行政当罚性的要素构成

法治一致原则,即各部门法对相关内容(如公民违法行为的制裁)的规定应在立法精神、处罚原则、制度设置等方面保持某种程度的一致或相互衔接与参照的可能性[1][2],在此原则下,近代以来各国或地区的行政处罚也出现了向刑事处罚靠拢的势态[3],过错观念以及由此确立的主观不法与客观不法之间的对立贯穿了整个法律体系:在每一种法律关系当中都对过错观念给予应有的重视。也就是说,在每一种法律关系当中,过错的存在或者不存在都会导致法律责任的差异。[4]故应对民事责任与刑事处罚中的过错内容加以重视:

第一,民法对主观过错的考察。在结果归责原则被完全否定之后,民法侵权责任中的过错考察在《十二铜表法》即有体现[5],并最早为《阿奎利亚法》所确认[6],此后又经让·多马《自然秩序的民法》中"无过错不担责"的论证、波蒂埃的体系阐释,于1803年体现于《法国民法典》第1382条、1383条之规定而逐渐成为近现代民法的三大支柱原则之一(与所有权平等、契约自由并列)。至19世纪、20世纪之交,"无过错即无责任"(no liability without fault)的观点已在民法侵权责任中占统治地位。[7]耶林指出:使人负赔偿责任的,不是因为有损害,而是因为有过失。[8]我国民事立法则更清晰地确立了包含考察过错的归责原则体系,也更直接地规定了责任构成、过错责任原则等内容。

第二,刑法对主观过错的强调。刑罚的发展经历了受单纯的情感冲动到不再受

---

〔1〕　对此佐证的是各部门法制度之间衔接,例如尽管我国《行政处罚法》第8条规定:公民、法人或者其他组织因违法受到行政处罚,其违法行为对他人造成损害的,应当依法承担民事责任。违法行为构成犯罪,应当依法追究刑事责任,不得以行政处罚代替刑事处罚。但这仅仅是为了再次强调我国法律体系内部门法划分现状下行政处罚、民事责任、刑罚三类不同法律责任的类型差异,而并不表示三者在性质与机制上泾渭分明,不能参照与借鉴;相反,《行政处罚法》第35条还规定:违法行为构成犯罪,人民法院判处拘役或者有期徒刑时,行政机关已经给予当事人行政拘留的,应当依法折抵相应刑期。违法行为构成犯罪,人民法院判处罚金时,行政机关已经给予当事人罚款的,应当折抵相应罚金;行政机关尚未给予当事人罚款的,不再给予罚款。我国《治安管理处罚法》第2条规定:扰乱公共秩序,妨害公共安全,侵犯人身权利、财产权利,妨害社会管理,具有社会危害性,依照《中华人民共和国刑法》的规定构成犯罪的,依法追究刑事责任;尚不够刑事处罚的,由公安机关依照本法给予治安管理处罚。这些都佐证了行政处罚的责任性质与其他责任,尤其是与刑罚的近似之处,其处罚之执行可对等折抵,表现出责任的同质性。故此行政处罚得以参照刑事处罚的过错考察。

〔2〕　参见朱景文:《中国特色社会主义法律体系:结构、特色和趋势》,载《中国社会科学》2011年第3期。

〔3〕　参见葛克昌:《行政程序与纳税人基本权》,北京大学出版社2005年版,第982页。

〔4〕　参见薛铁成、丁晓晗:《盗窃罪以非法占有为目的的教义学重释》,载《河北法学》2022年第6期。

〔5〕　参见王利明:《侵权行为法归责原则研究》,中国政法大学出版社2003年版,第33页。

〔6〕　参见肖登辉:《论行政法上的过错原则与违法责任原则》,载《理论月刊》2009年第2期。

〔7〕　参见马怀德主编:《国家赔偿问题研究》,法律出版社2006年版,第111页。

〔8〕　参见王泽鉴:《民法学说与判例研究》(第2册),北京大学出版社2009年版,第106页。

感情冲动的转变,法律已经失去了那种不以过错评价行为的激情。[1]作为犯罪构成要件之一,德国刑法研究自"新古典阶段"即由迈尔、绍尔、梅茨格尔等正式引入主观判断,在"目的论"阶段,更是极大程度地提升了主观层面的考察。[2]故而主观过错考察很早即为德国、日本等世界上大多数国家或地区的刑法所确认。我国《刑法》总则第二章在第 13 条犯罪概念之后即通过第 14、15 条明确分类了犯罪的两种类型,即故意犯罪与过失犯罪,其主观心态指向的是发生危害社会的结果,明确了以主观过错作为犯罪与非罪的界限之一;其后第 16 条规定:行为在客观上虽然造成了损害结果,但是不是出于故意或者过失,而是由于不能抗拒或者不能预见的原因所引起的,不是犯罪。再次将过错犯罪与主观意志之外的不可抗力与意外事件加以区分。除法治一致原则,行政处罚脱胎于刑事处罚的历史进程使得其对后者的参照更为紧密,行政处罚的出现源于德国最初的"警察犯",该制度直接开启了 20 世纪初欧陆公法中刑罚与行政处罚分立的进程。[3]作为未达到犯罪危害程度但危及社会秩序的应罚行为[4],1975 年的《德国刑法典》基于危害程度不高再次将行政违法应罚行为排除出刑罚体系,该违法部分被《德国违反秩序法》加以规定而得以分立[5]。这种模式也为清末、民国时期《违警罚法》《刑法》分立的移植立法所承袭。[6]由于刑法考察主观过错的传统,该观点继而主张行政处罚也应以主观过错为依据。与刑罚保持一致的理由主要基于:刑事处罚与行政处罚仅限于"量"的差异,即刑事犯罪与行政违法的差异仅在于对社会公益"危害程度"的大小[7][8],不承认二者间源于自然伦理犯与法定犯等类型差别产生的"质""质和量"方面的差异,行政法与刑法保护的是同一个社会关系,只是程度和方式不同而已……行为已构成犯罪,就应当由司法机关追究刑事责任……不再追究行政处罚责任,否则有悖一事不二罚原则……(只有)在特殊情况下,如果法律有特别规定,当事人除依法承担刑事责任外,还须依

---

〔1〕 参见[德]鲁道夫·冯·耶林:《罗马私法中的过错要素》,柯伟才译,中国法制出版社 2009 年版,第 15 页。

〔2〕 参见邵栋豪:《从明文到明确:语词变迁的法治意义 Beling 构成要件理论的考察》,载《中外法学》2010 年第 2 期。

〔3〕 参见吴庚:《行政法之理论与实用》,中国人民大学出版社 2005 年版,第 299 页。

〔4〕 参见刘军:《刑法与行政法的一体化建构——兼论行政刑法理论的解释功能》,载《当代法学》2008 年第 4 期。

〔5〕 参见张明楷:《行政刑法辨析》,载《中国社会科学》1995 年第 3 期。

〔6〕 参见王贵松:《论行政处罚的责任主义》,载《政治与法律》2020 年第 6 期。

〔7〕 从社会层面来看,违法或犯罪行为的认定取决于某一行为对社会危害程度的高低;从普通民众及犯罪人角度而言,违法或犯罪的认定直接关乎其切身利益。两者对国家和社会都具有很大程度的危害性,但违法行为的危害性相对较轻。

〔8〕 参见高铭暄、孙晓:《行政犯罪与行政违法行为的界分》,载《人民检察》2008 年第 15 期。

法承担行政责任,这种情况一般发生在资格准入领域。[1]由此行政处罚应遵循其所脱胎的刑事处罚制度,以主观过错的存在为处罚原则。

(三)行政法治转型借由主观过错之考量实现行政合理性

法治的历史进程可以描述为从形式法治到形式法治与实质法治协调的过程[2],现代法治要求在以往形式法治,即制定和严格遵循实在法的基础上,实现合法性与合理性的平衡兼顾,通过权力的合理运行[3]使得合法性与人民接受认同的社会公平正义实现一致,"古往今来,处罚是与行为的可谴责性联系在一起的,否则,就很难与专横和暴政相区别"[4]。随着经济社会的不断繁荣,各类行政管理事项愈发繁杂,行政处罚等行政权力的介入不可避免,真正实现效率行政的关键在于行政处罚的裁量正当公平,从而使得相对人接受,避免二次争议与处罚履行问题。这种可接受性又直接取决于"罚责相当"等原则,没有过错而被处罚显然与此不符。中国特色社会主义法律体系的形成标志着我国行政处罚法律体系"形式法治"目标的完成,行政处罚的时代命题也应紧扣改革、发展等时代主题,公平法治、以人为本、合理执政等理念都为主观过错之考量提供依据。党的十五大提出依法治国,建设社会主义法治国家的基本方略和目标,党的十六大、十七大、十八大都对推进依法治国作出重要部署。党的十八大及三中全会明确了以人为本的基本精神,四中全会更加明确了人民主体地位。十九届四中全会再次强调坚持和完善中国特色社会主义制度、推进国家治理体系和治理能力现代化,坚持和完善中国特色社会主义行政体制,构建职责明确、依法行政的政府治理体系。无论是法治建设要求,还是国家治理体系与政治制度的变革,无不体现出党对于规范公权力运行、保障人民合法权利的追求,其中重要的环节就是行政机关权力执行的规范,只有在更高水平上实现合法行政与合理行政的有机协调,通过过错考量制约行政处罚等权力滥用,从过错与责任相适应的维度推进社会公平正义,才能保障相对人与人民群众的利益。在此背景下,秩序稳定与管理效率的需求,也仅仅是立法价值的一个维度,应与行政管理公平正义、公民权利保障等原则在主观过错的考察中实现整合。

---

[1] 参见胡建淼:《行政法学》(第 5 版),法律出版社 2023 年版,第 413 页。

[2] 参见公丕祥:《法制现代化的理论逻辑》,中国政法大学出版社 1999 年版,第 340—341 页。

[3] 参见张春林:《主观过错在行政处罚中的地位研究——兼论行政处罚可接受性》,载《河北法学》2018 年第 5 期。

[4] 江必新:《论应受行政处罚行为的构成要件》,载《法律适用》1996 年第 6 期。

二、2021 年《行政处罚法》中主观过错之角色类型

上述背景下,修改后的《行政处罚法》对主观过错的重视达到了空前的程度,在建构行政当罚性的过程中,传统将主观过错作为"构成要件"或"归责原则"等单一角色的模式已然难以适应时代要求,即主观过错的作用方式已呈现出多维趋势,并集中体现在该法第 33 条各项的丰富内容。

(一)归责原则:举证不罚——第 33 条第 2 款

当事人有证据足以证明没有主观过错的,不予行政处罚。法律、行政法规另有规定的,从其规定。

2021 年《行政处罚法》针对主观过错最明确的规定见于此款,该款直接明确了行政处罚以主观过错为归责原则,即相对人无主观过错则否定行政处罚的当罚性。

第一,客观归责的否定。针对此款,部分学者认为主观过错因素仅仅是成立行政处罚情况下不予处罚的特殊事由,即"不罚情形"[1],其并未影响行政处罚"客观归责"的模式。其理由在于:若该款意味着行政处罚以主观过错为成立条件,行政机关需基于自身职责对主观过错加以调查、裁量并以此为据决定处罚成立与否。但本款规定以行政相对人举证的形式提出,若相对人无法证明不存在主观过错,则应承担不利负担[2],即处罚成立,故而一般情况下主观过错未对行政处罚的成立产生影响。该观点有待商榷:其一,行政相对人的举证规定在逻辑上并不能反推出"行政机关不考察行为人主观过错,行政相对人不能自证无过错则过错存在,机关得以基于过错决定处罚"。基于下文对第 33 条第 1 款的规定可以发现主观过错也是行政机关决定行政处罚的考察因素。其二,"特殊事由"之规定类似刑罚构成中的"阻却事由",根据犯罪构成"阶层说"的相关观点,阻却事由主要包括"违法阻却"和"责任阻却"。前者主要是指在符合主体、行为、结果、因果关系等要件的情况下,权力机关基于社会公益、公平正义等价值考虑,通过"排除违法"对行为人的合理正当行为所实施的保护,如正当防卫、紧急避险、被害人承诺等。但上述内容往往是基于存在行为人之外的因素,如正当防卫是基于其他人的不法侵害,紧急避险是基于社会公众的整体利益等,行政相对人主观过错主要围绕行为人自身,不存在其他因素的影响,不宜类比"违法阻却"事由。此外,正当防卫、紧急避险等"违法阻却"见于《刑法》第 20 条、第 21 条等规定,而纵观《行政处罚法》修订前后,似乎都没有类似的制度设

---

〔1〕　张明楷:《违法阻却事由与犯罪构成体系》,载《法学家》2010 年第 1 期。

〔2〕　参见章剑生:《现代行政法基本理论》(第 2 版),法律出版社 2014 年版,第 63 页。

置。而后者主要包含责任年龄、责任能力、违法性认识、期待可能性等内容，而这些内容恰恰与主观过错联系紧密，往往以主观过错为主要内容或基础前提，从而影响法律对相关行为的评价或措施，故而忽视本款依然坚持"客观归责"的观点已然不宜。

第二，过错归责原则的确立。该条款很明显地确定了行政处罚的过错归责原则，即行政处罚基于行政相对人的主观过错，无过错则不处罚。对于"归责原则"的理解，往往可以参照民事责任与刑事处罚中的相关内容。一般而言，民事侵权中的归责原则即责任确定原则，是指以何种判断标准使行为人承担侵权责任，其旨在填补损害后果，将消极结果转移给原因一方[1]；而刑法之中，由于只有一种归责原则，即无过错非犯罪的过错原则，大部分情况下主观过错仅仅在构成要件中加以讨论。这种区别的根源在于，对于民事侵权责任，其逻辑顺序是出现了损害结果并有一方以上当事人的诉求，在确定责任赔偿时需要在不同当事人之间确定责任划分，需要根据不同的侵权类型明确行为人承担责任的标准（归责原则），其后再依据不同的构成要件判断该对象的责任是否成立，由此解决争议；而刑罚的逻辑在于，基于损害结果的事实，在国家公权力的介入下，司法机关明确了犯罪嫌疑人与被害人，责任追究直接指向了唯一一方，这时需要解决的问题在于明确该嫌疑人是否具备主观过错等所有的构成要件，故而在唯一的归责原则——过错原则下，仅在构成要件内讨论主观过错即可，此时构成要件代替（同时承担）归责原则作为不法行为的类型化标准。尽管民事责任与刑事处罚的"归责原则"存在差异，但其实质都指向处罚成立的基础，即不存在此（主观过错），则不构成彼（处罚制裁），本条款规定"没有主观过错不予行政处罚"正是契合了归责原则的内容。本条款规定的特殊之处在于相对人举证的情景限制，但此处相对人举证并未排除一般情况下行政机关对相对人过错的主动考察职责，该职责被第33条第1款明确，故而过错责任原则得以作为一般性的归责原则成立。

第三，过错推定的排除。过错责任的规定并非以"过错推定"实现，过错推定即由于行政机关对于相对人主观过错的取证与判断较为困难，为效率计，只要出现了行政违法行为，先行推定相对人存在主观过错加以处罚，同时为公平正义计，相对人若有相反证据表明自身无过错，则可免于处罚。[2]但过错推定通常指向了行政相对人不利负担的结果，故其前提在于法律的明确规定。如《民法典》第1165条承继了原《侵权责任法》第6条"过错责任原则"的规定：行为人因过错侵害他人民事权

---

〔1〕　参见邱聪智：《庞德民事规则理论之评介》，载《台大法学论丛》第11卷第2期。
〔2〕　参见翁岳生：《行政法》（下册），中国法制出版社2002年版，第854页。

益造成损害的,应当承担侵权责任。依照法律规定推定行为人有过错,其不能证明自己没有过错的,应当承担侵权责任。《行政处罚法》第 33 条第 2 款一方面未明确这种推定机制,即举证不能则过错与处罚成立。相对人能够成功举证,其结果是不予处罚,即便相对人无法举证,也不会因此获得更重的处罚。[1]另一方面,更进一步的逻辑分析应当是,即便无法举证,过错也未必成立,仍需综合行政机关的主动调查与认定,因为过错认定的依据并不唯一源于推定或相对人举证,行政机关需依据第 33 条第 1 款的职责对主观过错加以考察。

《行政处罚法》第 33 条第 2 款明确了行政处罚的过错归责原则,即行政处罚的成立需以主观过错为基础,即考察内容之一,但主观过错是否构成行政处罚的构成要件,则需结合该法第 33 条第 1 款加以分析。

（二）构成要件的否定要素:裁量不罚——第 33 条第 1 款前部

违法行为轻微并及时改正,没有造成危害后果的,不予行政处罚。

事实上,围绕主观过错的考察,相较于第 33 条第 2 款最直接明确的规定,本条款属于更为原则性的规定,即对行政处罚的裁量决定应包含对主观过错的考察。

第一,构成要件包含“行为”与“结果”两部分内容。民法中构成要件是行为人承担侵权责任的条件,是其应负责的标准,责任的成立即取决于构成要件,而归责原则是其根据。[2]刑法中的构成要件是在唯一的过错责任原则下讨论犯罪构成的标准,传统的“四要件”说包含主体、主观层面、客体、客观层面等要素。[3]如贝林格认为构成要件即确定各类型犯罪的轮廓标准之一,迈耶则更直接地提出构成要件即违法。苏联的刑法学家特拉伊宁也主张构成要件是刑事责任的唯一依据,是其成立的总和。[4]无论是民法还是刑法,构成要件旨在揭示各类违法及处罚制裁所需要的所有条件,在完全满足各类要件的情况下,法律责任得以实现。《行政处罚法》第 2 条规定,行政处罚针对的是行政相对人“违反行政管理秩序”,该内容在实质上包含“行为”“结果”两部分,即行政相对人既实施了违法行为,又对行政管理秩序造成了损害结果,该条款即开宗明义地廓定了行政处罚的构成要件应包含“行为”与“结果”两方面。这一点在《治安管理处罚法》等具体领域的行政立法中也得到验证,参照其处罚行为主要包括:其一,明确规定行为与结果。如其第 25 条规定,散布谣言等行为必须达到“扰乱公共秩序”的程度,散布行为本身若无人知悉,不造成影响则不应构成处罚;其第 29 条规定,入侵计算机系统,需“造成危害”,对计算机信息系统

---

[1]　参见尹培培:《论新〈行政处罚法〉中的“主观过错”条款》,载《经贸法律评论》2021 年第 3 期。

[2]　参见王利明:《侵权行为法研究》(上卷),中国人民大学出版社 2004 年版,第 194 页。

[3]　参见陈兴良:《刑法阶层理论:三阶层与四要件的对比性考察》,载《清华法学》2017 年第 5 期。

[4]　参见马克昌:《构成要件理论的沿革》,载《岳麓法学评论》2000 年第 1 期。

功能进行删除、修改、增加、干扰,需"造成计算机信息系统不能正常运行"。其二,结果蕴含于行为。如其第 26 条规定处罚结伙斗殴,其对他人身体的伤害与公共秩序的扰乱是蕴含于行为表述的。其三,危险犯与结果犯。与刑事处罚划分犯罪类型[1]类似,行政处罚对违法后果的强调也覆盖了对公共利益的损害风险,其与实际损害结果同为公法规制的范围。如其第 30 条规定,如果说爆炸性、毒害性、放射性、腐蚀性等危险物质的买卖、运输行为尚可能存在"结果犯",那么存储行为则完全是因其对社会安全与治理秩序的危害风险而被禁止。

而"法律是行为规范"[2],行为是法律的规范对象与制裁基点,危害结果也是行为的逻辑后果,这一观点明确体现在《行政处罚法》第 1 条、第 4 条等规定中。故而,行政处罚的前提是违法行为一定存在,其差异仅仅是"轻微"或"非轻微"的区别;而结果方面则可大致裁量为有无危害结果,其严重与否往往作为量罚的参考因素。

第二,无主观过错否定构成要件的成立。根据本条款,行政相对人"情节轻微"且"无危害后果"则不予处罚,该条件是与上述处罚构成要件中的"行为"加"结果"两部分对应的。[3]一方面,依据本条款的规定,行政机关需对相对人行为与危害结果加以考察,该考察包含对主观过错的考量,无主观过错一般指向处罚不成立。事实上,早在 1996 年《行政处罚法》出台之后,直接参与行政处罚立法工作的全国人大常委会法制工作委员会国家行政法室就曾在其编著的《〈中华人民共和国行政处罚法〉讲话》《〈中华人民共和国行政处罚法〉释义》中"权威"确认:虽然客观上实施了违反行政管理秩序的行为,但是,如果在主观上不存在实施违法行为的故意或者过失,就不具备需要给予行政处罚的主观要件。[4]不存在实施违法行为的故意或者过失,就不具备需要给予行政处罚的主观要件。[5]这一观点也得到司法裁判的支持,如(行政机关)综合考虑案件整体情况,结合行为人实施的违反治安管理行为的性质、情节、危害后果及程度、行为人的主观过错等情况,认定行为情节特别轻微,并据此作出了不予行政处罚的决定,该决定并无不当[6]。(行政机关)对商标侵权行

---

〔1〕　参见刘之雄:《刑罚根据完整化上的犯罪分类——侵害犯、危险犯、结果犯、行为犯的关系论纲》,载《中国法学》2005 年第 5 期。

〔2〕　张明楷:《任何人不因思想受处罚》,载《法律与生活》2016 年第 11 期。

〔3〕　需要注意的是,依据构成要件的定义,满足所有构成要件构成处罚意味着未满足所有要件则处罚不成立,则不予处罚的条件并不一定要求本款"行为轻微""无危害后果"同时具备。

〔4〕　参见全国人大常委会法制工作委员会国家法行政法室编著:《〈中华人民共和国行政处罚法〉讲话》,法律出版社 1996 年版,第 90 页。

〔5〕　参见全国人大常委会法制工作委员会国家法行政法室编著:《〈中华人民共和国行政处罚法〉释义》,法律出版社 1996 年版,第 74 页。

〔6〕　江苏省无锡市梁溪区人民法院(2020)苏 0213 行初 180 号行政判决书。

为进行行政处罚,应当遵循过罚相当原则,要综合考虑商标法的立法目的、处罚相对人的主观过错程度、违法行为的情节、性质、后果、危害程度以及侵权商品的具体情况等因素。如果商标侵权行为轻微并及时纠正,也没有造成实际损害后果的,应不予处罚。[1]更有裁判在 2021 年《行政处罚法》出台之前即直接指出主观过错在应罚行为构成中的考量因素:鉴于原审第三人系对政策规定理解有误,并无主观恶意,初次违法,情节轻微并及时纠正,未造成危害后果,被上诉人参照……裁量基准作出不予行政处罚的决定,符合(原)《中华人民共和国行政处罚法》第 27 条之规定,也符合该法教育与处罚相结合的精神。[2]同时,以法律语言与立法体例的规律分析[3],2021 年《行政处罚法》作为一部较为完善的法律,其品质既应反映在"统一的立法目的、协调的章节体例"[4],也应体现在一致的法律条文以及在条文之间的"相互交织与合作"[5],形成一个严密的、逻辑自洽的体系,这一特征也应更加明显地体现在第 33 条等相关的新增与修改内容之中。本条款位于条文最前部分,一般属于某项规则的原则性规定,前述第 33 条第 2 款不予处罚的规定应是以主观过错为典型内容触发了本条"不予处罚"的规定,行政处罚的构成要件包含"行为""结果"两部分,作为纯客观事实,危害后果的认定不受主观过错之影响,则主观过错必然是否定了"行为"构成要件的成立,即第 33 条第 2 款中的无主观过错造成了"行为轻微"要件的成立,从而不予处罚。以 2020 年 12 月广东东莞网约车司机为救婴儿连闯三红灯事件[6]为例,尽管乘客拒绝作证,东莞市公安局常平分局交警大队勤务中队在调证流程中获取了公共视频、医院记录、平台车内录音录像、行车记录仪录像及其他证明资料,认定事实而取消了吊销驾照和罚款的处罚。由于行政相对人目的在于及时救治乘客而非违反交通秩序,引起公共安全风险,其主观并不存在过错,故而可以直接指向第 33 条第 1 款的"违法行为轻微",结合其未造成交通事故等危害后果,应免除处罚。与日常情况对比,在基本情况一致的前提下,假设不存在救治乘客等情形,连闯红灯行为意味着对交通秩序的漠视和对公共安全风险的期待,在相对人举证不能、行政机关未获取不存在过错证据的情况下,一般会予以罚款等处罚,由此可直观发现主观过错在行政处罚中的"否定要件""一票否决"等属性。

---

[1] 浙江省义乌市人民法院(2020)浙 0782 行初 273 号行政判决书。
[2] 山东省青岛市中级人民法院(2019)鲁 02 行终 710 号行政判决书。
[3] 参见许显辉:《行政程序法体例研究》,载《行政法学研究》2010 年第 1 期。
[4] 匡凯:《民法科学性的历史演进与现实回应》,法律出版社 2018 年版。
[5] 陈锐:《社会主义核心价值观融入民法典的理论意蕴与实践样态》,载《理论探索》2021 年第 3 期。
[6] 参见《他为救婴儿连闯三红灯,事后家属拒绝作证……最新进展来了!》,载新华社(https://mp.weixin.qq.com/s/Gam6HIENIEQBbwhkXum9_g),访问日期:2020 年 12 月 14 日。

　　第三,主观过错并不必然成立构成要件。从以上分析可以发现,《行政处罚法》从反面"不予处罚"的条件进行规定,却未从正面表述行政处罚成立的"构成要件",如上文所述,该法第 2 条指出行政处罚的构成要件应包含"行为"与"结果"两部分,但其具体标准并未明确。行政处罚对行为的考察包含了对主观过错的考察,无主观过错则"行为轻微"而不予处罚,存在主观过错是否成立"行为非轻微",并可进一步结合危害后果成立处罚呢? 答案是否定的。康德言:没有客观就没有主观,没有主观就没有客观。[1]客观行为受过错等主观因素影响,但主观不能完全决定最终客观行为的性质,对违法行为的性质分析,尤其是行为"非轻微"的认定需要综合众多要素;一方面,从逻辑角度来看,在不具备充分必要条件的语境中,无主观过错构成"行为轻微",未必意味着有主观过错可以构成"行为非轻微",行为具体类型、次数等因素皆可能对行为"非轻微"的认定造成影响;另一方面,从规范层面来看,《行政处罚法》第 5 条规定行政处罚必须以事实为依据,与违法行为的事实、性质、情节以及社会危害程度相当。再以《治安管理处罚法》为例,除主观过错,认知错误亦可能影响或决定行为"轻微"与否,如该法第 37 条,故意安装误以为是电网的绝缘网、故意毁损误以为是覆盖物、警示物等物体,并不能仅仅因其存在故意的主观过错认定行为"非轻微";再如其第 63 条、第 65 条,故意损坏误以为是国家保护的文物或名胜古迹的物体或场所,故意破坏、污损误以为是他人坟墓的土丘或故意毁坏、丢失误以为是他人尸骨、骨灰的物品,皆不仅仅因存在过错而成立行政处罚。此外,行为次数亦可影响或决定行为"轻微"与否,如其第 42 条,除干扰他人正常生活的结果等因素,发送淫秽、侮辱、恐吓或者其他信息还需达到"多次"的条件,其主观过错并不必然导致行为的"非轻微"。司法裁判也支持了这一观点,如(行政机关应)综合考量事发的起因、行为人的主观过错和采取的手段方式、造成的危害后果等因素[2]。

　　故而,在 2021 年《行政处罚法》中,主观过错并不直接作为行政处罚的构成要件,行政处罚包含行为与结果两大要件,主观过错与行为次数、行为种类等众多要素共同影响行为要件的成立,并从反向直接否定行为要件的成立,即"无主观过错必然行为轻微而不予处罚,有主观过错并不一定情节非轻微而导致行政处罚"。从这点来看,构成行为"非轻微"成立并予以处罚的标准更高,考察更为谨慎精细,体现出

---

　　〔1〕　参见[日]西原春夫:《构成要件的概念与构成要件的理论》,陈家林译,载《法律科学(西北政法学院学报)》2007 年第 5 期。

　　〔2〕　上海市静安区人民法院(2020)沪 0106 行初 851 号行政判决书。对行为性质的综合分析还可参见江苏省泰州市中级人民法院(2020)苏 12 行终 333 号行政判决书、广西壮族自治区防城港市防城区人民法院(2020)桂 0603 行初 49 号行政判决书、沈阳铁路运输法院(2021)辽 7101 行初 373 号行政裁定书。

2021 年《行政处罚法》通过重视主观过错对行政相对人权利的尊重和保护。

（三）典型适用：首违不罚——第 33 条第 1 款后部

初次违法且危害后果轻微并及时改正的，可以不予行政处罚。

新法对主观过错考察的另一体现见于本条款"首违不罚"，首违不罚的一项重要法理在于，首次违法往往与主观过错联系紧密，往往是由于对自身行为性质或相关法律规范的知晓或理解不够，不存在对危害结果发生的故意心态，如可能是因疏忽大意也可能是因过于自信导致的过失违法或是因相关法律规定的修改、撤销等不能归责于行为人的特殊原因导致的违法[1]。与第 33 条第 2 款类似，作为主观过错考察的一种典型，也因满足了第 33 条第 1 款前部的原则性规定而不予处罚。

需要注意的是，与第 33 条第 1 款前部与第 33 条第 2 款严格不予处罚相区别，首次违法不予处罚的决定属于裁量范畴，需要行政机关依据实际情况加以考察，其重要原因之一在于首次违法案件并非全部无主观过错，仍存在相当一部分的首次违法具备主观故意，需行政机关依据自身职责综合考察是否满足上述"行为非轻微"与"危害后果"两项构成要件决定处罚与否。《武汉市生态环境局关于全面推行涉企行政处罚三张清单实施包容审慎执法的实施意见》第 6 条第 2 款规定：对可辨别的非主观故意过错行为，执法人员可以采取预警、提醒等方式帮助当事人及时纠错改正。《云南省人民政府办公厅关于印发云南省进一步优化营商环境更好服务市场主体 28 条措施的通知》第四部分第 17 条，建立"容错"机制，对非主观故意、没有造成危害后果的首次轻微违法行为先行告诫说理，指导公民、法人和其他组织自觉改正，一般不予行政处罚。

（四）其他角色：量罚标准等——第 30、31、32 条等

第一，无过错状态。尽管存在争议，但原《行政处罚法》在一定程度上是体现出过错考察的内容的[2]，其第 25 条、第 26 条分别明确了责任年龄与责任能力，该类型行为人因年龄、心智状况等客观事实不具备主观过错的可能，自然不存在非难性[3]。2021 年《行政处罚法》第 31、32 条予以承继并补充了智力残疾作为责任能力的内容。对于此部分规定，存在观点认为其并非是对主观过错的考察，仅仅是一种"主观状态"或辨识控制能力。[4]该观点有待商榷：其一，辨识控制能力并非讨论

---

〔1〕　参见江国华、丁安然：《"首违不罚"的法理与适用——兼议新《行政处罚法》第 33 条第 1 款之价值取向》，载《湖北社会科学》2021 年第 3 期。

〔2〕　参见王贵松：《论行政处罚的责任主义》，载《政治与法律》2020 年第 6 期。

〔3〕　参见杨利敏：《论我国行政处罚中的责任原则——兼论应受行政处罚的过失违法行为》，载《华东政法大学学报》2020 年第 2 期。

〔4〕　参见熊樟林：《行政处罚责任主义立场证立》，载《比较法研究》2020 年第 3 期。

处罚适宜与否的最终理由,辨识控制能力最终指向的是主观过错的存在。依据现代理性与责任主义的观点,人因自身的过错承担责任。[1]"过错—责任"理论强调行政处罚中应重视行政相对人在公共生活中的主体地位,作为心智成熟的行为主体,行政相对人具备能力认识、理解外部客观世界,并依据自身的判断与偏好决定行为的选择(如实施违法与否),由此产生的责任因源于自身的自由选择而自我承担,即"能力—自由—责任"的逻辑[2],其中过错即包含于自由的内容之中。若不对主观过错加以考察即施以处罚,显然有悖于人作为自由主体的尊严。故而,辨识控制能力是过错的基础,是为讨论主观过错存在的。其二,所谓"主观状态"的含义亦过于模糊,难以作为分析处罚与否的依据。从实质来看,主观过错包含于笼统的主观状态,更是其中最关键、最主要的特征。对主观状态的考察目的是分析主观状态中过错的可能性与程度。包含认知、意志等要素的主观过错是主观状态中核心、唯一、实质的内容,除过错外,主观状态的其他要素含混不清且意义不大,如情绪亢奋或同情心理等。故而若坚持所谓"状态",毋宁称 2021 年《行政处罚法》第 31 条前部、第 32 条前部为"无过错状态"。

第二,量罚标准。主观过错除影响行政处罚的成立与否,还影响处罚的轻重程度。[3]除不可能存在主观过错的责任年龄与责任能力,2021 年《行政处罚法》第 31 条后部、第 32 条后部还规定了行为人在相对(限制)责任年龄或相对(限制)责任能力情况下,因自身认知与控制能力欠缺,其主观过错较轻,予以从轻或减轻处罚,该规定也是责任主义观点下"过罚一致原则"的体现。此外,2021 年《行政处罚法》第 32 条第(二)项规定受他人胁迫或者诱骗实施违法行为的应从轻或减轻处罚,也是基于上述"能力—自由—责任"的逻辑中主观自由被部分限制,导致过错程度相对较小从而影响处罚轻重。

(五)行政当罚性中主观过错要素的复合型角色总结

事实上,无论归责原则还是构成要件,在行政法上的意义都是相对的。一方面,无论是在刑法还是民法领域,无论是归责原则还是构成要件,这些概念都只是为了学理分析或条文实施的便利,尽管有相似表述,但各国立法规范并未曾确认相关概念,例如德国、日本等国家或地区刑法并未有"构成要件"等表述[4],在英美等国家

---

〔1〕　参见蔡小雪:《试论合法行政处罚的条件》(上),载《中国卫生法制》1994 年第 6 期。

〔2〕　参见[日]佐伯仁志:《制裁论》,丁胜明译,北京大学出版社 2018 年版。

〔3〕　参见章剑生:《行政处罚中的"主观过错":定位、推定与例外——〈行政处罚法〉第 33 条第 2 款评释》,载《浙江学刊》2023 年第 3 期。

〔4〕　参见李瑞杰:《犯罪故意的比较考察——基于中国、德国、日本三国刑法典的研究》,载《中财法律评论》2018 年第 1 期。

或地区的侵权行为立法也只有为诉讼便宜所设置的"责任构成""可诉标准"等规定。另一方面,具体到行政处罚,由于其公法追责的逻辑,归责原则与构成要件的关系并非侵权法上明显的"前者是前提基础,后者是具体落实"〔1〕的联系,与刑罚类似,在确立了过错归责的原则后,主观过错在行政处罚的领域,既构成归责原则的内容,也是构成要件的重要考察要素,还是处罚程度的裁量标准。从行政处罚成立的正向过程来看,主观过错的考察被包含在各种要素的综合考察中,在各个具体的案件裁判中,其裁量过程颇有司法"心证"的模糊属性〔2〕,体现出为应对当下社会复杂环境,尊重行政处罚自由裁量权限以实现行政管理目标的价值选择;而从不予处罚的反向过程来看,主观过错作为构成要件的一项"否定要件",直接发挥"一票否决"的作用,体现出当代行政公权力对公民权利的重视与保护。

三、主观过错要素之针对性规制

作为行政当罚性的构成要素,主观过错的作用在现代行政处罚制度中相当重要,对其重视程度应当在具体制度实践中加以体现,一方面,2021 年《行政处罚法》对教育措施的细化规定反映出立法者在"入罚"维度聚焦行政违法个案事实、强调相对人主观恶性的人文关怀的初衷;另一方面,还应在行政处罚的裁量基准中提升主观过错的影响比重,在"量罚"层面实现过罚相一致原则。

(一)教育条款之落实——第 33 条第 3 款

对当事人的违法行为依法不予行政处罚的,行政机关应当对当事人进行教育。

自 1996 年《行政处罚法》诞生以来,"处罚与教育相结合"即作为行政机关及其工作人员实施行政处罚的原则之一,但长期以来,该条款中的"教育原则"主要被作为行政处罚的价值追求与指导原则为理论与实务界认识,如"行政处罚制度虽然以教育为目标价值之一,但处罚是手段,教育主要是一种导向""教育是目的、处罚是手段""教育通过处罚得以实现",等等,对教育条款更具体化、操作性的理解也仅仅停留在行政处罚"应当告知当事人拟作出的行政处罚内容及事实、理由、依据,并告知当事人依法享有的陈述、申辩、要求听证等权利"等内容。〔3〕修改后的《行政处罚法》在第 6 条延续了这一规定,并首次以本条对行政教育措施进行具体规定。

需要强调的是,行政教育的适用正是基于《行政处罚法》对主观过错的强调:对

---

〔1〕 汪永清:《关于应受行政处罚行为的若干问题》,载《中外法学》1994 年第 2 期。

〔2〕 参见施鹏鹏:《刑事裁判中的自由心证——论中国刑事证明体系的变革》,载《政法论坛》2018 年第 4 期。

〔3〕 类似体现还比如《治安管理处罚法》第 6 条、第 9 条(化解社会矛盾、增进和谐、调解)等规定。

个人的惩罚,必须触及个人的灵魂,重新唤起个人的规范感觉,使之与社会沟通,增强其与社会合作的可能性。[1]一方面,行政处罚的制裁性质较为强烈,易引发相对人的逆反拒斥心理,其作用途径主要在于强制与威慑,难以很好地实现纠正与预防的功能。而行政教育则主要通过劝导、训诫等"柔性"措施对违法性质、危害后果加以解释,不在行政机关与相对人之间产生物理性链接[2],不直接使用暴力控制等强制手段,并通过观念引导作用于相对人主观层面,更有利于相对人纠正或规避主观过错,更好地实现错误感知与违法预防的效果。另一方面,根据上述分析,不予处罚的情形很大一部分是基于无主观过错或过错较小,"过罚相一致"之执法结果是相对人认同接受的伦理基础,此时行政教育的适用虽然仅基于违法行为事实的存在而非主观过错,但行政教育可以在主观上更好地帮助相对人对法律规范、管理秩序加以理解,避免违法行为的重复,故而其必要性不容忽视。

我们不能将行政教育简单理解为行政处罚的替换措施,行政教育应与行政处罚相互配合,相辅相成,共同追求《行政处罚法》的立法目的。2021年《行政处罚法》首次对行政教育的内容加以拓展,理论研究应保持突破和探索的可能,制度实践也必然经历不断调整的过程。对于第33条第3款的理解,一方面,不能局限在严格的适用情景,即行政处罚与行政教育的适用泾渭分明,不处罚即教育,不教育即处罚。作为对行政违法行为的矫正与预防措施,行政教育理应拓展至与处罚同时适用的情形。另一方面,行政教育主要针对的是行政相对人的主观层面,对于完全不存在主观过错、不存在危害结果或结果轻微的情形,尽管行政教育仍有预防违法之效用,但从过罚相当、社会危害性等角度出发,亦应考虑为该类违法行为留有不予处罚与教育的空间。

由于行政教育的惩戒与威慑色彩较淡,某些特定情况可能出现行政相对人以此规避法律责任的风险,需以"前置一次"原则加以完善。例如交通违法行为在一段时间内往往具有重复性,若多次违法违章行为皆涉及轻微可以不予处罚而施以教育,则不应放任相对人通过多次行政教育逃避法律责任,故单独施以教育的措施,应以一次为限:一方面,应强调违法次数而排除"行为轻微"的判断,施以行政处罚,重复违法行为可以理解为行政教育在此具体个案中并不能很好地发挥作用,应以处罚规制;另一方面,单独的教育措施以一次为限意味着行政教育发挥了行政处罚前置程序的作用,行政处罚在一次教育之后的适用可以作为制裁威慑,提升行政教育的效果。此时应参考江西省、江苏省"首次不罚"[3]、深圳市、杭州市"违停十分钟内开

---

〔1〕　参见周光权:《刑法学的向度:行为无价值论的深层追问》,中国人民大学出版社2023年版。
〔2〕　参见黄锫:《行政执法中责令改正的法理特质与行为结构》,载《浙江学刊》2019年第2期。
〔3〕　章剑生:《罚抑或不罚?——基于行政处罚中"首次不罚"制度所展开的分析》,载《浙江学刊》2011年第2期。

走免罚"〔1〕等机制,建立案件记录制度,对案件事实和行政教育情况予以记录,以备在案件作出终局性处理并履行之前进行查询。

(二)过错量罚标准之倡导

除上文所涉责任年龄、精神状态等量罚标准,主观过错宜明确以独立形式作为案件定罚裁量的标准。对主观过错之强调,不仅反映在对于情节轻微、主观过错不大的违法行为可以教育处置,还应试图构建权重差异的量罚标准,对恶性主观犯意加以惩戒和震慑。

一方面,法治社会倡导公民形成以平等、公正、法治等社会主义核心价值观为主要内容的道德标准与价值意识,并在日常行为中亲身践行,在社会生产、生活中知法守法,与其他社会个体和谐共处、协调发展,但公民行为引导与价值塑造不能仅仅依靠没有强制机制的说教,靠道德,太软,管不住;靠说教,难以长久,并且在权钱交易的巨大利益诱惑面前几乎是无效的〔2〕,制度好可以使坏人无法任意横行,制度不好可以使好人无法充分做好事,甚至会走向反面。还是要靠法制、搞法制靠得住些。〔3〕行政处罚需以量罚标准对主观过错加以强调以体现公权力主体对法治善行等价值观的倡导。另一方面,尽管20世纪中后期以来刑法的"轻刑化"趋势〔4〕对行政处罚执法领域产生了一定影响,但在当前社会背景下,行政处罚作为我国法治政府建构的重要领域也肩负着自身的时代任务,中国特色社会主义法律体系的形成标志着我国行政处罚法律体系"形式法治"目标的完成,行政处罚的时代命题指向了积极应对行政职能的转变,即顺应当代行政法目标从"权力规范"转向"积极作为"的趋势〔5〕,新时代的行政处罚执法,不应仅是遵循以往"一刀切"的"入罚"与"量罚"标准,仅聚焦在高速效率地完成恢复社会治理秩序的机械任务,更应主动反思能贴近繁复社会问题与差异个案情况的执法标准,通过主观过错等更能强调行为性质的因素实现执法的合理公正。

针对权重不同的量罚标准,在以往违法行为严重的案件类型中,一般重点考量"事实、性质、情节、社会危害程度"等因素〔6〕,并主要落实为以行为类型、损失标的及金额裁定行为危害性,其主观过错的恶性一般已被上述考察包含吸收,实现了适

---

〔1〕 尹培培:《处罚法定的价值蕴含与现代行政法的变迁》,载《江苏社会科学》2018年第6期。

〔2〕 参见张文显:《习近平法治思想研究(下)——习近平全面依法治国的核心观点》,载《法制与社会发展》2016年第4期。

〔3〕 参见邓小平:《邓小平文选》(第2卷),人民出版社1994年版,第333、379页。

〔4〕 参见[美]D.斯坦利·艾兹恩、[美]杜格·A.蒂默、邹明安:《美国的监禁与非监禁化危机》,载《环球法律评论》1987年第4期。

〔5〕 参见江国华、孙中原:《行政处罚法律制度融贯社会主义核心价值观研究》,载《理论探索》2021年第5期。

〔6〕 国家市场监管总局《关于规范市场监督管理行政处罚裁量权的指导意见》(国市监法规〔2022〕2号)。交通运输部《关于规范交通运输行政处罚自由裁量权的若干意见》(交政法发〔2010〕251号)。

应的责任追究;而在所谓行为"轻微"的案件中,在损失标的或金额、行为次数都尚不构成情节严重时,理应重点考察行为人的主观层面,对于恶意、故意违法,或以报复社会、泄愤无辜等目的的违法行为需在量罚标准中重点强调主观过错的权重,明确其情节恶劣、严重违法的属性,在法定处罚范围内从重处罚,并考虑以特别情形规定提升处罚基准,强调随意违法成本,对主观恶劣、法治意识淡薄的相对人形成震慑,肯定守法公民的行为选择,保护其守法初衷与积极性,改变以往"恶人横行、好人隐忍"的不合理局面。正如习近平所强调的,有些人法治意识淡薄,动辄为一己之利为所欲为,侵犯他人权益,危害公共安全,挑战法律底线……要严格执法,依法惩治……不能让这种歪风邪气蔓延开来……对人民内部矛盾,要坚持和风细雨、为民服务,但对违法问题,害群之马,一定要依法处置,以儆效尤,这才是保护广大人民群众的根本利益。[1] 在多层次的"过罚相适应"原则下贯彻法治原则,规范行政执法过程,倡导全社会形成守法善行的价值意识。行政管理中造谣、寻衅滋事、毁坏他人财物等行为一般违法成本低甚至为零,复原、维权等成本却极高甚至难以消除潜在影响,如随意造谣对当事人名誉的影响在很长一段时间难以消除,由此还可能造成因社会评价降低带来的物质收益机会。由此《治安管理处罚法》第25条、第26条、第49条散布谣言险情、寻衅滋事、哄抢损毁公私财物等违法行为宜径行以故意等主观过错为严重判断标准,而不存在非"情节较重"的量罚情形。再如南京市地方金融监督管理局《南京市地方金融监管行政处罚自由裁量规则(试行)》也在第4条自由裁量的基准中以第(一)项的位置强调了对主观过错的考察。北京市生态环境局《行政处罚自由裁量基准(试行)》亦在"从重处罚的情形"中以第1项"主观恶意,明知故犯"予以探索。

四、结　语

随着时代的发展与我国法治国家、法治政府、法治社会一体建设,行政处罚制度对于主观过错的考察必然还将是个动态发展的过程。但在当下,一方面主观过错考察作为公平正义、主体权利、合理行政等价值原则的体现必然会在行政权力规范化的过程中得到明确和进一步强调;另一方面基于现实操作性的要求,行政处罚还将细化主观过错的判断标准,丰富行政教育、主观过错量罚具体机制等内容。

【责任编辑:张馨予】

---

〔1〕　参见习近平:《论坚持全面依法治国》,中央文献出版社2020年版,第260页。

融资租赁交易结构项下"双租赁"的法律性质浅析及实务建议

辛安檩*

摘要：针对近年来融资租赁实务中出现的"双租赁"交易模式，本文结合"双租赁"相关的裁判，从交易结构、商业逻辑等方面对"双租赁"与实务中认可程度较高的"转租赁"进行对比分析，进一步剖析"双租赁"交易模式的法律性质、法律风险，以期在实践中正确运用"双租赁"交易模式，并通过合法、谨慎的交易安排以期尽可能实现法律风险的事前防范。

关键词：融资租赁　双租赁　转租赁　融物属性　平静占有权

一、融资租赁交易结构项下的"双租赁"

(一)"双租赁"交易模式内容

"双租赁"交易模式是近年来融资租赁实务中出现的"创新型"交易形式，具体内容如下：

实际使用租赁物的承租人(以下简称"实际承租人")通过售后回租形式将租赁物转让给第一出租人(以下简称"第一出租人"或"转租人")后租回租赁物，第一出租人向实际承租人支付租赁物转让价款；或由实际承租人通过直租的形式直接从出

收稿日期：2024-07-05

* 辛安檩，上海经证科技有限公司法务，西南政法大学法律硕士。

租人处租凭租赁物,向第一出租人支付租金;实际承租人与第一出租人成立第一层融资租赁关系。在第一层融资租赁关系存续期间,第一出租人再将其取得所有权的租赁物转让给第二出租人(以下简称"第二出租人"),第二出租人向第一出租人支付租赁物转让价款,并由第一出租人向第二出租人支付租金,第二出租人与第一出租人建立第二层融资租赁关系。

在不同法院裁判及相关论述中,法院或相关学者对上述交易模式有着不同的命名,如"'多重买卖型'转租赁"[1]"双租赁"[2]"'转出租人'式的转租赁"[3]等,为更好地将以上交易模式与"转租赁"交易模式进行比较分析,本文将前述交易模式简称为"双租赁"交易模式。

(二)"双租赁"交易模式出现的商业逻辑

在"双租赁"的交易模式下,虽然两层租赁交易的成立存在先后,但实质上是同一个交易,两层租赁交易"同时产生并相互依存"[4]。故转租人基于同一租赁物同时安排两层租赁交易,可通过两层租赁交易项下的租金差实现盈利。

同时,区别于融资租赁公司之间直接的"融资租赁合同"债权转让,"双租赁"交易模式项下两个租赁关系同时存在,在第二出租人对实际租赁物(如汽车、特种设备等)的运营、操作缺乏资产管理经营及能力的情况下,由第一出租人继续行使第一层交易关系项下出租人权利、履行对租赁物的管理义务,可帮助缺乏相关行业经验的第二出租人相对安全地参与新型行业的融资租赁管理、并拓展新的市场领域。

二、融资租赁交易结构项下的"转租赁"与"双租赁"

(一)融资租赁交易结构项下"转租赁"的界定

中国人民银行于 2000 年颁布的《金融租赁公司管理办法》(中国人民银行令〔2000〕第 4 号,已废止)曾对"转租赁业务""转租人""租赁物所有权归属"[5]进行

---

〔1〕　许建添、袁雯卿:《融资租赁法律实务 20 讲》,法律出版社 2023 年版,第 272 页。

〔2〕　关丽、焦清扬:《融资租赁之"双租赁"业务模式的合法合规性研析》,载微信公众号"法盏"(https://mp.weixin.qq.com/s/MPSZEeF-r3RF604hEfynCw),访问日期:2024 年 7 月 17 日。

〔3〕　李鹏飞、侯怀霞:《〈民法典〉时代融资租赁法律合规研究》,上海交通大学出版社 2023 年版,第363 页。

〔4〕　杨楠:《融资租赁交易结构之转租赁》,载微信公众号"金石租赁"(https://mp.weixin.qq.com/s/JrcrfrOfpOXwbHyAPomIYw),访问日期:2024 年 7 月 17 日。

〔5〕　《金融租赁公司管理办法》(中国人民银行令〔2000〕第 4 号,已废止)第 48 条:本办法中所称转租赁业务是指以同一物件为标的物的多次融资租赁业务。在转租赁业务中,上一租赁合同的承租人同时又是下一租赁合同的出租人,称为转租人。转租人从其他出租人处租入租赁物件再转租给第三人,转租人以收取租金差为目的的租赁形式。租赁物品的所有权归第一出租人。

了明确,但相关内容并未包含在现行有效的《金融租赁公司管理办法》(国家金融监督管理总局令 2024 年第 6 号)中。现行有效的法律法规及监管文件虽然存在"转租赁"的表述,但尚未对"转租赁"的定义及交易结构进行明确界定。融资租赁实务及司法裁判中多将以下文件中关于融资租赁交易结构项下"转租赁"的表述作为适用依据:

《最高人民法院关于融资租赁合同司法解释理解与适用》一书中关于"转租赁"的描述:融资租赁交易中的转租赁有两种方式:第一种方式是出租人将租赁物给第一承租人,承租人经出租人同意,又以第二出租人的身份把租赁物转租给第二承租人……第二种方式是出租人把购买租赁物的买卖合同转让给第三人,由第三人作为买受人及出租人履行买卖合同,出租人再从第三人手中租回租赁物,并转租给最终承租人。[1]

(二)融资租赁交易结构项下"转租赁"的特征

以上关于"转租赁"的描述体现出融资租赁交易结构中"转租赁"的特征,具体包括:①基于同一租赁物发生两次融资租赁行为;②两段融资租赁关系同时存续期间,租赁物的实际承租人并不对租赁物的所有权人直接负责;③第二层融资租赁关系项下未发生租赁物的所有权转移;④第一层融资租赁模式可采用直租或售后回租的形式,但第二层融资租赁模式仅能为直租模式;⑤两层融资租赁关系的衔接点在于第一层融资租赁关系项下的承租人(即承租人 1),具体交易结构如图 1 所示。

图 1　转租赁交易结构

(三)"双租赁"交易模式的特征

区别于前文所描述的"转租赁",融资租赁实务中出现的"双租赁"交易模式项下第二层交易关系发生于新增出租人(即出租人 2)与第一段租赁关系项下的出租人(即出租人 1)之间。

与前述"转租赁"相同,"双租赁"交易模式(交易结构如图 2 所示)中的交易主体同样基于同一租赁物完成了两次融资租赁行为,租赁物的实际承租人亦不对租赁

〔1〕　参见最高人民法院民事审判第二庭编著:《最高人民法院关于融资租赁合同司法解释理解与适用》,人民法院出版社 2016 年版,第 59 页。

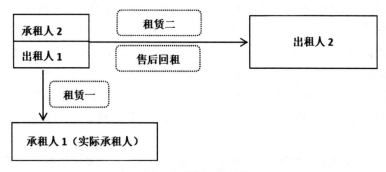

图 2　双租赁交易结构

物的所有权人直接负责,租赁物在租赁物所有权人与实际承租人之间实现了"转租"。相较于"转租赁","双租赁"交易模式亦存在区别性特征,具体包括:①在第二层租赁关系项下,租赁物所有权发生了改变,即第一出租人将租赁物所有权转让给第二出租人;②第一层融资租赁模式可采用直租或售后回租的形式,但第二层融资租赁模式仅能为售后回租模式;③两层融资租赁关系的衔接点在于第一层融资租赁关系项下的出租人(即出租人1)。

三、"双租赁"项下第二段交易法律性质之认定

(一)否定"双租赁"项下第二段交易"融资租赁"法律性质的判决理由

司法实践中,法院大多认可图1所示"转租赁"中第二层交易关系的融资租赁性质。与此相反,对于图2所示"双租赁",因其在两层租赁关系衔接点、租赁物所有权转移状态、可适用租赁模式等方面存在区别于"转租赁"的特征,法院在裁判中通常否定"双租赁"项下第二层交易的融资租赁性质,其裁判理由主要包括:

1. 第二层交易与前述"转租赁"的概念及相关规定中的形式要求不符

在工银金融租赁有限公司(以下简称"工银租赁公司")与和润集团有限公司等融资租赁合同纠纷一案中,上海金融法院认为:转租赁业务中,上一租赁合同的承租人同时又是下一租赁合同的出租人,称为转租人。转租人从其他出租人处租入租赁物件再转租给第三人,转租人以收取租金差为目的的租赁形式。故《融资租赁合同》的交易模式并不属于转租赁业务。[1]

在该案中,法院认定的主要案件事实包括:2017 年 12 月 7 日,工银租赁公司(出

---

〔1〕　上海金融法院(2020)沪 74 民初 1806 号民事判决书。

租人)与中民租赁公司(承租人)签订编号为 2017 年工银租赁设备字第 027 号《融资租赁合同》,约定:承租人以筹措资金、回租使用为目的,以售后回租方式向出租人出售基础合同(即承租人与最终用户开展融资租赁交易分别签署的 CMILF-2016-027-SB-HZ-002、CMILF-2016-125-SB-HZ-004、CMILF-2016-056-SB-HZ-001 号《融资租赁合同》、所有的担保类合同及其全部附件)项下租赁物,出租人从承租人处购买租赁物并出租给承租人使用,承租人承租租赁物须支付租前息、租金给承租人。

案涉《融资租赁合同》项下交易模式可概括为:上一租赁合同出租人将其与最终承租人已签署《融资租赁合同》项下租赁物向下一租赁合同的出租人进行出售,并作为承租人租回,即上一租赁合同的出租人同时是下一租赁合同的承租人。故案涉《融资租赁合同》项下交易模式与"上一租赁合同的承租人同时又是下一租赁合同的出租人"的形式要求不符即成为法院否定其"融资租赁"法律关系的理由之一。

2. 第二层交易缺乏"融物"属性

在上海金融法院(2020)沪 74 民初 1806 号民事判决书和北京市高级人民法院(2021)京民终 804 号民事判决书中,法院均将"缺乏融物属性"作为其否定第二层交易"融资租赁"法律关系的关键理由。如在北京市高级人民法院(2021)京民终 804号民事判决书中,法院认为:故所谓"多重买卖型转租赁"或"双租赁"的实质是两层独立的售后回租业务的嵌套,特别是第二层售后回租交易(即后一个交易模式)与真实售后回租的制度基础根本不符,缺乏融物属性,最终出租人与第一次出租人(转租人)之间回租租赁物的目的已不在于继续使用租赁物,而只是在于借助租赁物这一在形式上真实存在的物,以售后回租为名,行借款之实。因此,后一个交易模式的性质依法应认定为民间借贷关系。同时,在上海金融法院(2020)沪 74 民初 1806 号民事判决书中,法院认为:案涉《融资租赁合同》虽约定:承租人以筹措资金、回租使用为目的,以售后回租方式向出租人出售基础合同项下租赁物。但案涉租赁物仍为最终承租人实际控制、使用,中民租赁公司对其并无实际使用需求。

综上,在否定第二层交易"融资租赁"法律性质的判决中,法院判断案涉《融资租赁合同》是否具有"融物"属性的标准为:第二层交易中的"承租人"(即第一出租人、第二承租人)是否对租赁物存在实际使用需求,是否实际控制"租赁物"。

(二)以上判决理由之商榷

1. 机械适用"转租赁"形式要求之商榷

在多个法院判决中,因为在"双租赁"项下,两段租赁交易的链接点是"出租人"而非相关规定、文献中"转租赁"定义项下的"承租人",法院通常否定"双租赁"的"融资租赁"法律性质。而对比法院对于"转租赁"的法律性质的认定,因为有《最高人民法院关于融资租赁合同司法解释理解与适用》中关于"转租赁"的论述,法院认可其融资租赁法律性质便"有据可依"。

如在上海金融法院(2021)沪 74 民终 1767 号民事判决书中,法院认定的事实包括:2017 年 3 月,理光公司与中粮公司签署《租赁合同》,约定由理光公司出租两台打印设备及相关配件给中粮公司使用。租赁期限 60 个月,起租日为《验收证明书》上所记载的 2017 年 4 月 21 日。2017 年 3 月,理光公司与案外人亿多世公司上海分公司签订《购销合同》及《租赁合同》各一份。《购销合同》约定理光公司为卖方,案外人亿多世公司上海分公司为买方,产品信息与理光公司、中粮公司间的《租赁合同》一致,产品货款 670213 元,送达地址亦为理光公司、中粮公司间《租赁合同》约定的租赁物安装地址。《租赁合同》约定,出卖人及承租人均为理光公司,出租人为亿多世公司上海分公司,租赁物为理光 Pro8110SE(含打印扫描组件)贰套、理光 Pro1107EX(含打印扫描组件)贰套,租赁物设置场所为理光公司、中粮公司间《租赁合同》约定的租赁物安装地址。基于法院所认定的案件事实,案涉合同签署情况及交易结构如图 3 所示。

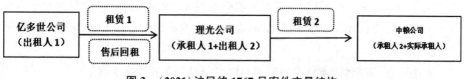

图 3　(2021)沪民终 1767 号案件交易结构

案件审理过程中,理光公司主张:本质上理光公司应当为融资租赁中的供货方、亿多世公司上海分公司为出租人、理光公司为承租人。但由于理光公司与亿多世公司上海分公司长期固定合作以及理光公司巨大的客户业务量,亿多世公司上海分公司不愿与大量零散的承租人签订协议,因此统一由理光公司代替客户签订融资租赁协议后,再与承租人以相同条件签订租赁协议,从而形成了上述非典型的融资租赁模式。

关于租赁 2 的法律性质,出租人 2 理光公司主张其构成"非典型的融资租赁模式";而承租人 2 作为实际承租人,以出租人 2 不享有租赁物所有权为由主张租赁 2 仅构成经营性租赁,促使理光公司所主张的"提前终止违约金"得不到法院支持。上海金融法院作为二审法院并未将以上交易中的两层租赁关系单独进行认定,而是将其作为一个整体交易;同时以前文所引用《最高人民法院关于融资租赁合同司法解释理解与适用》中描述的第一种转租赁方式为依据,认定:本案理光公司从事的业务模式属于上述第一种"转租赁"模式,即以同一物件为租赁物的多次融资租赁业务;

上一租赁合同的承租人同时又是下一租赁合同的出租人,也就是"转租人"。

除直接以《最高人民法院关于融资租赁合同司法解释理解与适用》中所描述的第一种"转租赁"方式作为直接依据以外,上海金融法院将案涉两层交易关系均认定为"融资租赁"法律关系的以下理由亦可适用于"双租赁"交易模式:

首先,在三个主体所建立的两段租赁关系中,真正承担融资功能的只有一个主体(在案涉交易中为第一出租人"亿多世公司"),而真正占有、使用租赁物的亦始终为一个主体(在案涉交易中为第二承租人"中粮公司")。该交易模式项下,"融资融物"属性的判断应结合整体交易进行而不应将其拆分为两段租赁关系予以判断。其次,案涉交易模式符合《国际融资租赁公约》第2条的规定,即在一次或多次转租交易涉及同一设备的情况下,本公约适用于每一项本应适用本公约的融资租赁交易,如同向第一个出租人(见前条第1款的规定)提供设备的人是供应商,据以取得该设备的协议是供应协议一样。

综上,"双租赁"交易模式与法院认可的"转租赁"交易模式在交易目的、商业逻辑等方面均存在共性,"双租赁"与"转租赁"相同,租赁物均实现了在租赁物所有权人与实际承租人之间的"转租",满足了实际承租人的融物需求。故仅因为两个租赁交易关系链接点的不同而对两种交易模式的性质认定进行区别对待存在可商榷之处。

2.法院在"双租赁"案件中所适用"融物"属性判断标准之商榷

(1)"融资租赁"合同纠纷中"融物"属性的一般判断标准

根据《民法典》第735条关于"融资租赁合同"的定义:融资租赁合同是出租人根据承租人对出卖人、租赁物的选择,向出卖人购买租赁物,提供给承租人使用,承租人支付租金的合同。[1]《最高人民法院关于审理融资租赁合同纠纷案件适用法律问题的解释》(以下简称《融资租赁司法解释》)为"融资租赁合同"性质认定提供的以下依据:人民法院应当根据《民法典》第735条的规定,结合标的物的性质、价值、租金的构成以及当事人的合同权利和义务,对是否构成融资租赁法律关系作出认定。对名为融资租赁合同,但实际不构成融资租赁法律关系的,人民法院应按照其实际构成的法律关系处理。[2]承租人是否能通过签署、履行《融资租赁合同》满足其对租物的真实使用需求成为认定其所签署《融资租赁合同》是否构成"融资

---

〔1〕 《民法典》第735条规定:融资租赁合同是出租人根据承租人对出卖人、租赁物的选择,向出卖人购买租赁物,提供给承租人使用,承租人支付租金的合同。

〔2〕 《最高人民法院关于审理融资租赁合同纠纷案件适用法律问题的解释(2020年修正)》第1条第1款规定:人民法院应当根据民法典第735条的规定,结合标的物的性质、价值、租金的构成以及当事人的合同权利和义务,对是否构成融资租赁法律关系作出认定。

租赁"合同的重要判断因素。

　　通过对相关判决的检索,笔者发现,基于以上《民法典》第 735 条、《融资租赁司法解释》第 1 条关于"融资租赁合同"的定义及认定依据的规定,法院通常将融资租赁交易的特征聚焦在"融资属性"及"融物属性"之上,认为"融资租赁交易具有融资和融物的双重属性,缺一不可"[1];并将"融物"属性作为"融资租赁合同"区别于借贷合同的关键特征。然而,"融物"到底是什么,有哪些构成要件? 目前并没有统一的概念或共识。[2]在相关判决中,法院认定"融物"属性的依据包括:①案涉"标的物"的真实性、可特定性。根据《民法典》第 737 条规定:当事人以虚构租赁物方式订立的融资租赁合同无效。案涉合同项下是否存在真实、可特定化的"租赁物"成为法院判断案涉合同是否构成"融资租赁"以及是否有效的首要关注点。如在最高人民法院(2020)最高法民终 1275 号民事裁定书中,因当事人在二审过程中对于案涉设备具体是什么、由什么组成等,不能作出回答;如何交接的案涉设备,是否现场核验,各方陈述不一;最高人民法院作为二审法院撤销一审法院判决并发回重申,要求一审法院在案件重审过程中应在查清案件事实前提下确定"案涉设备是否真实、特定化,能否与区域内其他采油井、注水井设备区分"。②案涉"标的物"的"适格性"。在以地下管网、市政工程等特殊标的物作为"租赁物"的合同纠纷中,承租人通常以租赁物不具有"适格性"作为抗辩理由,主张案涉合同不属于融资租赁合同。上海金融法院关于租赁物"适格性"的审查标准,具有一定代表性。可作为融资租赁标的物的一般应具有以下法律特征:租赁物依法可流通;租赁物为特定的有形物、有体物;租赁物为非消耗物、租赁物权属和所有权应当清晰。[3]③出租人取得案涉"标的物"所有权的真实性、合法性。"融资租赁"交易项下"物"之"融通"要求在直租模式下体现为:"租赁物"所有权合法且完整地从供应商处转移至出租人处;在售后回租模式下体现为:"租赁物"所有权合法且完整地从承租人处转移至出租人处。如租赁物所有权未从出卖人处转移至出租人就无法起到对租赁债权的担保,该类融资租赁合同没有融物属性,系以融资租赁之名行借贷之实,应认定为借款法律关系[4]。④出租人取得租赁物的价格的公允性。为保证融资租赁合同项下租赁物能够起到保障担保租赁债权实现的作用,如出租人取得租赁物时存在明显的"低值高买"或

　　[1]　最高人民法院(2020)最高法民终 173 号民事判决书。

　　[2]　参见李鹏飞、侯怀霞:《〈民法典〉时代融资租赁法律合规研究》,上海交通大学出版社 2023 年版,第 120 页。

　　[3]　参见李鹏飞、侯怀霞:《〈民法典〉时代融资租赁法律合规研究》,上海交通大学出版社 2023 年版,第 158 页。

　　[4]　最高人民法院(2020)最高法民终 173 号民事判决书。

"高值低买"情形,法院通常否定案涉合同的"融资租赁"性质。如在最高人民法院(2020)最高法民终 1154 号民事判决书中,联合出租人长城租赁公司、大通租赁公司与承租人胜利宾馆签订《回租租赁合同》《回租买卖合同》;长城租赁公司、大通租赁公司共同向胜利宾馆购买财产后将所购财产再行出租给胜利宾馆并收取租金;其中,三方约定,租赁物的购置价款为 350000000 元,其中长城租赁公司支付租赁物购置价款 300000000 元,大通租赁公司支付租赁物购置价款 50000000 元,此资金的用途为补充流动资金;但根据当事人所提供证据材料,租赁物原价为 601728000 元,净值 601728000 元。最高人民法院在二审判决中认为:租赁物(胜利宾馆)出让价仅为 350000000 元,明显低于其实际价值 601728000 元,故一审法院认定长城租赁公司、大通租赁公司与胜利宾馆之间不存在真实的融资租赁关系,而实质上成立了民间借贷法律关系并无不当。[1]

(2)在"双租赁"案件中,法院所适用的"融物"属性判断标准

在前文所引用的北京市高级人民法院(2021)京民终 804 号民事判决书中,法院将"缺乏融物属性"作为其否定第二层交易模式构成"融资租赁"法律关系的关键理由;其中,法院认定的租赁物的主要事实包括:浩瀚公司、融信公司共同作为承租人,于 2016 年与出租人康富公司先后签署《新三板融资租赁业务的合作协议》《售后回租合同》(合同编号:KFHZ2016-9001),并约定:承租人在合作协议合作期内将其通过融资租赁购买并有权处分的资产出售给出租人,再将该物件从出租人处租回使用;出租人同意购买上述物件,并将上述物件回租给承租人,分期向承租人收取租金。

融信公司或浩瀚公司首先与实际承租人签订售后回租型融资租赁合同,实际承租人将其自有物的所有权转让给融信公司或浩瀚公司,再从融信公司或浩瀚公司处租回该物使用,并按期向融信公司或浩瀚公司支付租金,租赁物仍由实际承租人占有、使用。融信公司或浩瀚公司依据其与实际承租人签订的合同,向实际承租人付款后,再与康富公司签订租赁合同及买卖合同,将其与实际承租人合同关系中所涉租赁物的所有权转让给康富公司,康富公司再向其支付款项,融信公司或浩瀚公司向康富公司支付租金及保证金、融资顾问费等。

康富公司、融信公司确认案涉租赁合同项下共发生 131 个项目(应为 130 个项目),其中尚有 31 个项目未结清。上述 31 个项目均附有《租赁附表》《融资租用款申请书》《租赁物所有权转移证明》《租赁物件接收证明》及《租赁物件明细表》《"新三板快易租"项目合作确认书》及租赁物照片。《租赁物所有权转移证明》中载明,

---

[1]　最高人民法院(2020)最高法民终 1154 号民事判决书。

自承租人(融信公司或浩瀚公司)收到租赁物转让价款之日起,租赁物的所有权转移至康富公司。《租赁物件接收证明》中载明承租人(融信公司或浩瀚公司)验收了租赁物,验收完毕。前述 31 个项目所涉租赁物均为数控立式车床、木板指接机、压铸机 300T 等动产设备。

故在与出租人康富公司签署案涉租赁合同前,融信公司、浩瀚公司已通过与实际承租人签署售后回租合同取得租赁物的所有权;案涉租赁合同为"双租赁"中第二段交易。案涉租赁合同项下租赁物均为动产,融信公司、浩瀚公司作为承租人通过"占有改定"的形式从实际承租人出取得租赁物所有权后,再与出租人康富公司签署售后回租合同并向其转让租赁物所有权。融信公司、浩瀚公司通过与出租人康富公司签署《租赁物所有权转移证明》《租赁物件接收证明》及《租赁物件明细表》等完成租赁物所有权在承租人与出租人之间的转移。

一审、二审法院在判决中均否定了案涉租赁合同的融物属性,但并未对案涉租赁物的真实性、可特定性、适格性,案涉租赁物所有权在出租人与承租人之间是否实现转让,以及出租人取得租赁物的价格是否明显低于或高于其实际价值进行论述及分析。其中,一审法院认为:租赁物由实际承租人占有、使用,康富公司在签订案涉租赁合同时即明确知晓融信公司、浩瀚公司并无融物需求……合同中关于租赁物的相关约定并非签约各方的真实意思表示,各方当事人的真实意思是通过签订租赁合同达到康富公司提供资金的融资目的,偏离了融资租赁的本质。二审法院否定案涉合同融资属性的理由为:第二层售后回租交易(即后一个交易模式)与真实售后回租的制度基础根本不符,缺乏融物属性,最终出租人与第一次出租人(转租人)之间回租租赁物的目的已不在于继续使用租赁物,而只是在于借助租赁物这一在形式上真实存在的物,以售后回租为名,行借款之实。

在上述案件中,法院以租赁物一直由实际承租人占有及使用,转租人并未实际占有使用租赁物而否定转租人的"融物"的主观目的及真实意思表示,进而完全否定"双租赁"中第二段交易的"融物"属性。而对比前文所述"融资租赁"合同"融物"属性的一般性判断依据,在北京市高级人民法院(2021)京民终 804 号民事判决书中,法院对其"融物"属性的否定存在以下可商榷之处:①法院未认定案涉租赁合同存在"租赁物虚假、不可特定化""高值低卖或低值高卖""租赁物不适合"等情形;②法院未否定最终出租人与第一出租人(即案涉承租人)通过"占有改定"的形式完成动产租赁物所有权转移的法律效力;③法院亦未对租赁物转让价款对比租赁物价值的公允性提出质疑及异议;该案项下租赁物能够起到保障担保租赁债权实现的作用;④物权四项基本权能包括占有、使用、收益、处分,第一出租人(即案涉承租人)虽未实际占有和使用租赁物,但其将租赁物转租给实际承租人,即是为了满足物权权能中"收益""处分"的"融物"要求。

四、"双租赁"的法律性质认定标准及反思

(一)应将两层交易作为一个整体交易进行法律性质认定

"双租赁"与目前司法裁判中所认定的"转租赁"均属于多个主体基于同一租赁物展开的交易,两层租赁交易"同时产生并相互依存"[1];两种交易模式项下,三个交易主体中,起到实质"融资"功能的均仅为一个主体,实现"融物"功能的主体为实际占有、使用租赁物的"实际承租人";"双租赁"模式与"转租赁"模式均实现了租赁物在其所有权人与实际承租人之间的"转租"。基于前述"双租赁"模式与"转租赁"交易模式的共性,对于"双租赁"交易模式法律性质的认定,不应当仅仅因为两段租赁关系的衔接点与《金融租赁公司管理办法》第 48 条所描述的"转租赁"中所规定的衔接点存在区别而将"双租赁"拆分为两段单独的法律关系分别进行"融资融物"属性的判断。

同时,目前法院将《最高人民法院关于融资租赁合同司法解释理解与适用》中等非现行生效法律文件中关于"转租货"的描述作为形式判断依据的行为是否恰当则有待商榷。然而,笔者认为,以《国际融资租赁公约》第 2 条中"Sub-leasing"的相关内容[2]作为融资租赁法律性质判断依据,基于整体交易的"融资融物"目的,将一次或多次的"Sub-leasing"认定为"融资租赁"法律关系更符合交易的商业逻辑及交易本质。

(二)对"双租赁"项下"融物"属性的判断应以一般性判断标准为基础

如前文所提及的上海金融法院(2020)沪 74 民初 1806 号民事判决书和北京市高级人民法院(2021)京民终 804 号民事判决书中,在否定第二层交易模式构成"融资租赁"法律关系的判决中,法院对案涉《融资租赁合同》"融物"属性的判断标准或主要考虑因素包括:一是第二层交易模式中的"承租人"是否对租赁物存在实际使用需求,是否实际控制"租赁物";二是第二层交易模式项下当事人是否存在进行"融资"且"融物"的真实意思表示,抑或仅希望通过签订租赁合同达到"第二出租人"对

---

〔1〕 杨楠:《融资租赁交易结构之转租赁》,载微信公众号"金石租赁"(https://mp.weixin.qq.com/s/JrcrfrOfp0XwbHyAPomIYw),访问日期:2024 年 7 月 17 日。

〔2〕 《国际融资租赁公约》第 2 条规定:在一次或多次转租交易涉及同一设备的情况下,本公约适用于每一项本应适用本公约的融资租赁交易,如同向第一个出租人(见前条第 1 款的规定)提供设备的人是供应商,据以取得该设备的协议是供应协议一样。

外提供资金的目的。前述判断因素并未将合同项下租赁物能否起到保障担保租赁债权实现的作用作为"融物"属性的判断的出发点。

为体现融资租赁合同项下"融物"属性的特征,对"双租赁"项下"融物属性"的判断应以一般性判断标准为基础,以"租赁物"在融资租赁合同中所承担的担保功能为着眼点,通过对租赁物真实性、特定性、适格性、其所有权转让的合法有效性、租赁物转让价款对比租赁物价值的公允性及以上各因素对租赁物担保功能的影响程度对案涉合同是否存在"融物"属性进行判断。

五、"双租赁"相关法律风险及实务建议

(一)两个融资租赁合同履行行为之间相互影响的潜在法律风险及缓释

根据《民法典》第 748 条规定[1],"双租赁"交易模式项下第一出租人应保证实际承租人对租赁物的占有和使用。根据第一出租人与第二出租人所签署《融资租赁合同》,第一出租人将租赁物的所有权转让给第二出租人,所有权的变更可能对实际承租人的"平静占有权"构成威胁;因此,第一出租人可能因为实际承租人行使《民法典》第 748 条所赋予的权利承担赔偿责任。

同时,根据第一出租人与第二出租人所签署《融资租赁合同》,第一出租人需承担《融资租赁合同》项下其作为承租人需履行的租金支付等义务及责任。如出租人出现前述《融资租赁合同》项下约定的违约行为,第二出租人有权根据违约行为的严重程度采取"收回"租赁物等必要措施限制租赁物的使用和处置。然而,因为《民法典》第 748 条所赋予实际承租人的"平静占有权",实际承租人可行使该权利以阻碍第二出租人对租赁物的处置。

针对以上第一出租人的违约风险以及第二出租人无法实际处置租赁物以减少损失的风险,建议将以下措施安排进"双租赁"的整体交易中以实现对前述风险的缓释:

(1)第一出租人在与第二出租人签署《融资租赁合同》并转让租赁物之前,应取得实际承租人的书面同意,以防备实际承租人针对第一出租人转让租赁物的行为行使《民法典》第 748 条项下的赔偿请求权。

(2)第二出租人可要求第一出租人将其与实际承租人所签署《融资租赁合同》

---

〔1〕《民法典》第 748 条规定:出租人应当保证承租人对租赁物的占有和使用。出租人有下列情形之一的,承租人有权请求其赔偿损失:(一)无正当理由收回租赁物;(二)无正当理由妨碍、干扰承租人对租赁物的占有和使用;(三)因出租人的原因致使第三人对租赁物主张权利;(四)不当影响承租人对租赁物占有和使用的其他情形。

项下的应收账款向第二出租人进行出质,以担保第二层《融资租赁合同》项下债权的实现。

（二）"融物"属性的认定风险及防御

融资租赁实务中的确存在融资租赁公司基于不适合、不真实、无法特定化的租赁物,借由"双租赁"的交易结构开展借贷业务的情形。前述情形下,法院通常否定其所开展业务的"融资租赁"属性。同时,融资租赁公司开展借贷业务的行为属于《融资租赁公司监督管理暂行办法》所禁止的"发放或受托发放贷款""融资租赁公司之间拆借或变相拆借资金"等行为,融资租赁公司即面临相关合规风险。

为保证融资租赁合同的效力,"双租赁"交易模式项下融资租赁合同中的租赁物以及租赁物的转让应当满足"融物"属性的一般性要求,包括:①租赁物应真实、适格、可特定化;②租赁物转让对价对比租赁物价格不应出现"低值高买"或"高值低买"情形;③租赁物实现真实的所有权转让。

（三）两层融资租赁交易项下租赁期、租金等交易环节的衔接风险及防范

如前文所论述,"双租赁"交易模式项下的两层"融资租赁"交易同时存在、相辅相成,故两个融资租赁合同项下租金、租赁期限等交易环节应相互衔接以避免两个合同的交叉违约,具体建议包括:

(1)基于第一出租人通过两个《融资租赁合同》的同时履行赚取差价的商业目的,第一层《融资租赁合同》项下租金的总额应高于第二层《融资租赁合同》项下租金。

(2)第一层《融资租赁合同》项下租期应长于第二层《融资租赁合同》项下的租期,以保证第二层《融资租赁合同》租金的回收;以及避免在第二层《融资租赁合同》履行完毕之前,实际承租人在第一层《融资租赁合同》终止后直接取得租赁物所有权而导致第二出租人丧失租赁物所有权、处置权。

【责任编辑:吴晓婧】

《北大法宝大数据分析报告》稿约

一、简介

北大法律信息网于 1995 年建站,经过七年积淀,2002 年推出文章精选集《北大法律网苑》。2013 年"法学在线"栏目创办十周年之际,为回馈忠实作者以及广大读者对"法学在线"栏目的厚爱和支持,北大法律信息网隆重推出精选集《北大法律信息网文粹》,这也是中国第一家将法学网络文章集结成册正式出版的刊物。

2021 年《北大法律信息网文粹》更名为《北大法宝文粹》。顺应时代发展,为更好地突出刊物特色,2023 年《北大法宝文粹》更名为《北大法宝大数据分析报告》。

主要读者对象:法律理论研究人员及法学教学工作者、立法和司法工作者、律师、国内外法律图书馆同仁、法学专业学生、法学理论爱好者以及各界关心法治建设的人士。

《北大法宝大数据分析报告》将作为长期出版物,每年一部。

二、征稿栏目

为推进数字中国与法治建设,传播和研究全球法域内具有重要价值的变革性技术,更好地服务法律同仁,《北大法宝大数据分析报告》开设【大数据分析】【数字法治】【法宝应用】等特色专栏,欢迎广大作者以"北大法宝"数据库为数据源样本,围绕法律问题进行大数据分析。此外,本刊还常设【焦点法谈】、【实务探讨】等栏目,欢迎广大作者针对栏目进行投稿。

【大数据分析】以大数据分析为支撑,以法律法规、司法案例、法学期刊、立法等数据为统计源,围绕相关法律问题进行实证研究。

【数字法治】围绕网络治理、数据法学、人工智能、大模型等领域新技术(比如

ChatGPT)、新发展带来的问题与需求,进行前瞻性、创新性、深入性和科学性的法学理论探讨、学术研究或实证研究。

【法宝应用】以"北大法宝"各个数据库为数据统计源及研究对象,进行相关法律问题的实证研究。

【焦点法谈】积极拓宽法治视野,聚焦法学研究新高地,探讨学术前沿新话题,围绕焦点法律问题进行研究。

【实务探讨】聚焦实务领域的前沿热门话题,探讨法律适用的难点热点、聚焦典型案例、研究实务操作中的新问题,针对法律实务中遇到的典型或疑难问题进行探讨。

北大法律信息网·法学在线栏目注册作者的优秀稿件可优先入选《北大法宝大数据分析报告》。未入选的来稿将择优发表在北大法律信息网·法学在线栏目。

三、投稿须知及相关约定

1. 稿件要求言之有物、有理、有据,来稿语种中文,原作、译作均可,译作须提供原文和授权书。

2. 提倡一稿专投、反对一文多用,凡已在公开出版物、互联网上发表的文章,一律不予以采用。

3. 来稿由题目(中英文)、作者姓名及简介(包括姓名、性别、单位、职务或职称、学位、地址、联系电话、电子邮箱及主要研究方向)、内容摘要、关键词和正文构成。内容摘要为文章主要观点之提炼,字数一般控制在 200~300 字为宜;关键词一般为 3~5 个(提供英文摘要及关键词更佳)。

4. 稿件字数要求在 8000~20000 字之间,最多不超过 25000 字,特别优秀稿件除外。

5. 来稿文章内容涉及法律法规、司法案例及法学期刊等统计分析,鼓励以"北大法宝"数据库作为统计源。

6. 关于使用人工智能写作工具的说明:暂不接受任何大型语言模型工具单独或联合署名的文章;如在论文创作中使用过相关工具,需单独提出;如需引用人工智能写作工具的文章作为参考文献的,需提供详细的引用论证。

7. 自征稿截止后一个月内,将发出《用稿情况通知》,获得用稿通知者,可按编辑部建议进一步修改后提交电子文稿。如在收到《用稿情况通知》前,文章已在其他公开出版物或互联网上发表,请作者务必告知。

8. 采取隐名审稿方式选用来稿。稿件先由编辑部进行匿名处理,交由责任编辑进行初审,编辑委员会进行匿名复审。

9. 来稿作者应保证对其作品具有著作权并不侵犯其他个人或组织的著作权,译者应保证该译本未侵犯原作者或出版者任何可能的权利,并在可能的损害产生时自行承担损害赔偿责任。编辑委员会或其任何成员不承担由此产生的任何责任。

10. 来稿视为作者同意由北大法律信息网将其收入相关网站及相关的电子出版物中。如作者不同意,请在邮件中注明。

11. 为扩大该刊及作者知识信息交流渠道,除非作者在来稿时声明保留,否则视为同意北大法律信息网拥有以非专有方式向第三人授予已刊作品电子出版权、信息网络传播权和数字化汇编、复制权。

12. 任何来稿视为作者、译者已经阅读或知悉并同意本须知约定。

四、注释体例

《北大法宝大数据分析报告》执行《法学引注手册》(北京大学出版社 2020 年版)引注标准。

(一)引用正式出版物,出版时间应精确到月;根据被引资料性质,可在作者姓名后加"主编"、"编译"、"编著"、"编选"等字样。

(二)文中注释均采用脚注,每篇文章注释每页重新编号,注码样式为:〔1〕〔2〕〔3〕等。

(三)非直接引用原文时,注释前加"参见";非引用原始资料时,应注明"转引自"。

(四)引文出自于同一资料相邻数页时,注释体例为:……第 23 页以下。

(五)引用自己的作品时,请直接标明作者姓名,不要使用"拙文"等自谦词。

(六)具体注释体例:

1. 引用书籍的基本格式为:

〔1〕王名扬:《美国行政法》,北京大学出版社 2007 年版。

〔2〕张新宝:《侵权责任法》(第 4 版),中国人民大学出版社 2016 年版,第 73—75 页。

〔3〕高鸿钧等主编:《英美法原论》,北京大学出版社 2013 年版,第二章"英美判例法"。

〔4〕〔美〕富勒:《法律的道德性》,郑戈译,商务印书馆 2005 年版。

2. 引用已刊发文章的基本格式为:

〔5〕季卫东:《法律程序的意义:对中国法制建设的另一种思考》,载《中国社会科学》1993 年第 1 期。

〔6〕王保树:《股份有限公司机关构造中的董事和董事会》,载梁慧星主编:《民商法论丛》第 1 卷,法律出版社 1994 年版,第 110 页。

〔7〕〔美〕欧中坦:《千方百计上京城:清朝的京控》,谢鹏程译,载高道蕴等编:《美国学者论中国法律传统》,中国政法大学出版社 1994 年版。

〔8〕何海波:《判决书上网》,载《法制日报》2000 年 5 月 21 日,第 2 版。

3. 引用网络文章的基本格式为:

〔9〕汪波:《哈尔滨市政法机关正对"宝马案"认真调查复查》,载人民网 2004 年 1 月 10 日,http://www. people. com. cn/GB/shehui/1062/2289764. html。

〔10〕《被告人李宁、张磊贪污案一审开庭》,载新华网,http://www. xinhuanet. com/legal/2019-12/31/c_1125406056. htm。

〔11〕北大法宝法律法规编辑组:《〈民法典〉立法分析报告》,载微信公众号"北大法律信息网"2020 年 6 月 15 日,https://mp. weixin. qq. com/s/rnIk85gERykPjoNOks4WTg。

〔12〕参见法国行政法院网站,http://english. conseil-10etat. fr/Judging,2016 年 12 月 18 日访问。

4. 引用学位论文的基本格式为:

〔13〕李松锋:《游走在上帝与凯撒之间:美国宪法第一修正案中的政教关系研究》,中国政法大学 2015 年博士学位论文。

5. 引用法律文件的基本格式为:

〔14〕《民法总则》第 27 条第 2 款第 3 项。

〔15〕《国务院关于在全国建立农村最低生活保障制度的通知》,国发〔2007〕19 号,2007 年 7 月 11 日发布。

6. 引用司法案例的基本格式为:

〔16〕包郑照诉苍南县人民政府强制拆除房屋案,浙江省高级人民法院(1988)浙法民上字 7 号民事判决书。

〔17〕陆红霞诉南通市发改委政府信息公开案,《最高人民法院公报》2015 年第 11 期。

7. 引用英文报刊文章和书籍的基本格式为:

〔18〕Charles A. Reich, *The New Property*, 73 Yale Law Journal 733, 737–38 (1964).

〔19〕Louis D. Brandeis, *What Publicity Can Do*, Harper's Weekly, Dec. 20, 1913, p. 10.

〔20〕William Alford, *To Steal a Book is an Elegant Offense: Intellectual Property Law in Chinese Civilization*, Stanford University Press, 1995, p. 98.

8. 英文以外的外文文种

依照该文种注释习惯。

五、投稿时间及方式

1. 本征稿启事常年有效。

2. 请提交电子稿或书面打印稿(电子稿更佳)。电子稿(存为 word 文件)投稿邮箱:wencui@ chinalawinfo. com;书面打印稿邮寄地址:北京市海淀区中关村大街 27 号中关村大厦 9 层北大法律信息网编辑部,邮编:100080。来稿恕不退还,请自留底稿。

3. 投稿截止时间:每年 5 月 31 日。

六、联系方式

联系电话:010-82668266-191   010-82668266-152

E-mail:wencui@ chinalawinfo. com

传真:010-82668268

地址:北京市海淀区中关村大街 27 号中关村大厦 9 层。

北大法律信息网

2024 年 7 月

北大法宝引证码说明

　　"北大法宝引证码"缘起 2004、2005 年在北京大学法学院召开的两次"中国法律文献引用注释标准论证会"。2004 年 6 月和 2005 年 5 月,在北京大学法学院召开了两次"中国法律文献引用注释标准论证会",该会由北京大学法制信息中心主办。2007 年,根据会议成果所著的《法律文献引证注释规范》(建议稿)一书由北京大学出版社正式出版,该书系法律引证注释领域内的开篇之作,在业界引起广泛影响。

　　针对国内法律文献引用领域对法律数据库引证码研究的空白及对法律数据库和网络资源引证不规范的现状,"北大法宝"萌发了建立一套法律数据库引证码规范的想法。通过对美国通行引注标准《蓝皮书:统一注释体系》的深入研究,借鉴其模式,同时根据法律数据库的内容体系、构架及发展趋势,"北大法宝"积极探索,自主研发出一套专业化程度高、实用性强的引证编码体系。希望以此能推动业内对法律信息引证码体系的重视,建立法律数据库引证码规范,引领该领域引证码的发展方向,开创法律信息检索领域引证趋势。

　　"北大法宝引证码"主要用于法律文献的引证注释和查询检索服务,目前,VIP和法宝 6.0 的文件均有法宝引证码的专门字段,现在法宝引证码的检索地址是 http://www.pkulaw.com/fbm,在检索框中输入北大法宝引证码可检索到具体文件。在地址栏中输入 http://www.pkulaw.com/后加具体法宝引证码,也可查询到具体文件。例如输入:http://www.pkulaw.com/CLI.1.153700,可检索到《中华人民共和国个人所得税法(2011 修正)》这篇文件。

　　凡购买《北大法宝法律人高级助手书系》的读者,在"北大法宝"数据库网站(www.pkulaw.com)的地址栏或者引证码检索框中输入北大法宝引证码,即可免费参考使用书中所引用的资料。

　　"北大法宝引证码"的统一标识为 CLI,即"Chinalawinfo"的简写,意即中国法律信息编码,同时涵盖"北大法宝"之意。中文部分编写体例为"CLI. 文件类型代码. 文件编码",英文部分编写体例为"CLI. 文件类型代码. 文件编码(EN)",其中文件编码具有唯一性。

下面分述各库的引证码编写规范。

(一)法律法规

1. 文件类型代码

法律:1

行政法规:2

司法解释:3

部门规章:4

团体规定:5

行业规定:6

军事法规:7

军事规章:8

军事规范性文件:9

地方性法规:10

地方政府规章:11

地方规范性文件:12

地方司法文件:13

2. 例如:《中华人民共和国保险法》(2009 年 2 月 28 日修订)

北大法宝引证码为:CLI. 1. 113980

(二)司法案例

1. 文件类型代码:C（Cases）

2. 例如:郑筱萸受贿、玩忽职守案

北大法宝引证码为:CLI. C. 99328

(三)法学期刊、律所实务、法学文献、法学年鉴

1. 文件类型代码:A（Articles）

2. 例如:陈兴良《四要件:没有构成要件的犯罪构成》

北大法宝引证码为:CLI. A. 1143788

(四)香港特别行政区法律法规

1. 文件类型代码:HK（Hong Kong）

2. 例如:第 1085 章 教育奖学基金条例

北大法宝引证码为:CLI. HK. 4211

（五）澳门特别行政区法律法规

1. 文件类型代码：MAC（Macau）

2. 例如：第 10/2008 号行政法规，修改《法定收藏制度》

北大法宝引证码为：CLI. MAC. 7141

（六）我国台湾地区法律法规

1. 文件类型代码：TW（Taiwan）

2. 例如：粮食标示办法

北大法宝引证码为：CLI. TW. 4544

（七）中外条约

1. 文件类型代码：T（Treaty）

2. 例如：中华人民共和国与美利坚合众国联合声明

北大法宝引证码为：CLI. T. 6998

（八）外国法律法规

1. 文件类型代码：FL（Foreign Law）

2. 例如：日本农业机械化促进法

北大法宝引证码为：CLI. FL. 772

（九）合同范本

1. 文件类型代码：CS（Contract Sample）

2. 例如：产品销售合同范本

北大法宝引证码为：CLI. CS. 6292

（十）法律文书

1. 文件类型代码：LD（Legal Documents）

2. 例如：安全生产行政执法文书行政处罚告知书

北大法宝引证码为：CLI. LD. 3678

（十一）案例报道

1. 文件类型代码：CR（Case Reports）

2. 例如："售楼先生"骗女友冒领客户 2 万元 法院判决诈骗罪徒刑九月

北大法宝引证码为：CLI. CR. 132167

（十二）仲裁裁决与案例

1. 文件类型代码：AA（Arbitration Awards）

2. 例如：仲裁条款效力争议案裁决书

北大法宝引证码为：CLI. AA. 419

(十三)立法背景资料

1. 全国人大常委会工作报告

文件类型代码:WR(Work Report of the NPC Standing Committee)

例如:中华人民共和国第十一届全国人民代表大会第四次会议全国人民代表大会常务委员会工作报告

北大法宝引证码为:CLI. WR. 3563

2. 国务院政府工作报告

文件类型代码:WR(Work Report of the State Council)

例如:中华人民共和国第十一届全国人民代表大会第四次会议政府工作报告

北大法宝引证码为:CLI. WR. 3553

3. 最高人民法院工作报告

文件类型代码:WR(Work Report of the Supreme People's Court)

例如:中华人民共和国第十一届全国人民代表大会第四次会议最高人民法院工作报告

北大法宝引证码为:CLI. WR. 3564

4. 最高人民检察院工作报告

文件类型代码:WR(The Supreme People's Procuratorate Working Report)

例如:中华人民共和国第十一届全国人民代表大会第四次会议最高人民检察院工作报告

北大法宝引证码为:CLI. WR. 3565

5. 立法草案及其说明数据

文件类型代码:DL(The Draft of legislation)

例如:进出口许可证证书管理规定(修订征求意见稿)

北大法宝引证码为:CLI. DL. 3658

6. 全国人大常委会执法检查

文件类型代码:LEI(Law Enforcement Inspection)

例如:全国人民代表大会常务委员会执法检查组关于检查《中华人民共和国节约能源法》实施情况的报告(2010)

北大法宝引证码为:CLI. LEI. 3550

7. 中国政府白皮书

文件类型代码:WP(White Papers)

例如:中国的反腐败和廉政建设

北大法宝引证码为:CLI. WP. 3529

8. 有关法律问题答记者问

文件类型代码:AR(Answer Questions from Reporters)

例如:国家预防腐败局办公室负责同志就《国务院办公厅转发人民银行监察部等部门关于规范商业预付卡管理意见的通知》有关问题答记者问

北大法宝引证码为:CLI. AR. 3661

(十四)英文译本

1. 文件类型代码与中文部分相同,编码后加(EN);

2. 例如:Law of the Application of Law for Foreign-related Civil Relations of the People's Republic of China《中华人民共和国涉外民事关系法律适用法》(2010. 10. 28)

北大法宝引证码为:CLI. 1. 139684(EN)

编　者

2024 年 7 月